FRANSIZCA CEP SÖZLÜĞÜ

FRANSIZCA - TÜRKÇE
TÜRKÇE - FRANSIZCA

FRANÇAIS - TURC
TURC - FRANÇAIS

DICTIONNAIRE DE POCHE

FONO YAYINLARI: 002
CEP SÖZLÜKLERİ DİZİSİ

Basım yeri : İstanbul
Basım tarihi : Mayıs 2022
Baskı sayısı : 19. Baskı
Baskı ve Cilt : İMAK OFSET (SER. NO:45523)
Akçaburgaz Mh. 137. Sk. No: 12
Esenyurt-İstanbul
Tel: 0212 656 49 97

ISBN: 978 975 471 024 3
YSN: 44386

FONO ÖZEL EĞİTİM KURUMLARI VE YAYIN DAĞITIM SAN. VE TİC. LTD. ŞTİ.
Merkez: Haramidere, Beysan Sitesi, Birlik Cad. No:32/3 34524 Beylikdüzü-İst.
Tel: (0212) 422 07 80 (pbx) Faks: (0212) 422 29 01 E-posta: fono@fono.com.tr
İrtibat bürosu: Barbaros Bulvarı, No: 47/15A 34022 Beşiktaş-İstanbul
Tel: (0212) 422 77 60 (pbx) Faks: (0212) 422 45 62 E-posta: yayin@fono.com.tr

FRANSIZCA CEP SÖZLÜĞÜ

FRANSIZCA - TÜRKÇE
TÜRKÇE - FRANSIZCA

FRANÇAIS - TURC
TURC - FRANÇAIS

DICTIONNAIRE DE POCHE

Hazırlayanlar:

Aydın KARAAHMETOĞLU
Ali Bayram

ÖNSÖZ

Çağdaş Türkçe ve Fransızca'nın sözvarlığı göz önünde tutularak konusunda uzman olan FONO Yayın Hazırlama Grubu tarafından hazırlanan bu sözlükte, çeşitli bilim dalları ile ilgili binlerce terimin yanı sıra günlük dile ait çok sayıda sözcük ve deyimler de olmak üzere 25.500 sözcük vardır.

Sözlükte madde başı olan bütün sözcükler ile okunuşlarında değişiklik gösteren bütün yan girişlerin söylenişleri okura kolaylık olması amacıyla Türk harfleri ile gösterilmiştir. Birden çok karşılık olması durumunda eş ya da yakın anlamlı olanlar virgül ile, anlamca farklı olanlar ise noktalı virgül ile ayrılmıştır.

Sözlük, çağdaş sözvarlığı, kolay kullanımı sağlayan temiz dizgisi ve sağlam cildi ile güvenilir bir yapıttır.

FONO

SÖZLÜĞÜN KULLANIMI

* Bir ad ya da sıfatın dişil biçimi farklı ise bu durum sözlükte gösterilmiştir:

cascadeur, euse **lecteur, trice**
gentil, le **petit, e**

Buna göre yukarıdaki adların eril biçimleri **cascadeur**, **lecteur**; dişil biçimleri ise **cascadeuse**, **lectrice** şeklindedir. Örnekteki sıfatların eril biçimleri **gentil**, **petit**; dişil biçimleri ise **gentille** ve **petite** olacaktır.

* Sözlükte çoğulu düzensiz olan adlar belirtilmiştir:

œil [öy], (ç.) **yeux** [yö]
travail, aux [travay, o]

* Türkçe karşılıklarda kullanılan + işareti, söz konusu adın sıfat gibi kullanılacağını gösterir:

public, ique [püblik] halkla ilgili, halk+, kamu+
solaire [soler] güneşle ilgili, güneş+

* Karışıklığa yol açmaması için bir sözcüğün ad anlamı, onun eylem, sıfat, vb. anlamlarından sonra verilmiş ve sözcük türü geçişleri ¤ imi ile belirtilmiştir.

végétal, e, aux [vejetal, o] bitkisel ¤ *le* bitki
souper [supe] akşam yemeği yemek ¤ *le* akşam yemeği

* Fransızca sözcüklerin okunuşları Türk harfleriyle gösterilmiştir. Sözlükte [n] ve [ö]'nün yanı sıra [ñ] ve [õ] de kullanılmıştır:

[ñ] : [a, e, o] ve [ö] ünlülerinden sonra gelen bu ses, genizden çıkan bir [n] sesini gösterir.

Örn.: **dans** [dañ], **bien** [byeñ]
bombe [boñb], **parfum** [parföñ]

[õ] : Belli belirsiz çıkarılan [ö] sesini gösterir. Bu sesin isteğe bağlı olarak çıkarıldığı yerler, harfin ayraç içine alınmasıyla gösterilmiştir.

Örn.: **dedans** [dõdañ], **premier** [prõmye]
averse [avers(õ)], **chambre** [şañbr(õ)]

* Bir adın eril mi dişil mi olduğu, başka bir deyişle hangi tanımlığı (artikeli) aldığı sözlükte belirtilmiştir.

le = eril adları,
la = dişil adları,

le+la	=	hem eril hem de dişil olarak da kullanılabilen adları,
le, la	=	eril ya da dişil olarak kullanılabilen adları,
le+ç.	=	çoğul olarak kullanılan eril adları,
la+ç.	=	çoğul olarak kullanılan dişil adları,
s+le	=	sıfat olarak da kullanılan eril adları,
s+la	=	sıfat olarak da kullanılan dişil adları,
s+a.	=	sıfat, eril ya da dişil ad olarak da kullanılabilen sözcükleri belirtir.
quh	=	quelque chose bir şey
qn	=	quelqu'un biri

KISALTMALAR

anat.	anatomi / anatomie
ask.	askerlik / domaine militaire, armée
bitk.	Bitkibilim / botanique
biy.	Biyoloji / biologie
coğ.	coğrafya / géographie
den.	denizcilik / nautique
dilb.	dilbilgisi, dilbilim / grammaire
fiz.	fizik / physique
hayb.	Hayvanbilim / zoologie
hek.	hekimlik / médecine
huk.	hukuk / domaine juridique
kim.	kimya / chimie
mat.	matematik / mathématique
müz.	müzik / musique
oto.	otomobil / l'automobile
sin.	sinema / cinéma
sp.	spor / sport
tek.	teknik, teknoloji / technique, technologie
tic.	ticaret / commerce
tiy.	tiyatro / théâtre
arg.	argo / argot
bkz.	bakınız / voir
ç.	çoğul / pluriel
kb.	kaba / vulgaire

kd.	konuşma dili / langue familière
mec.	mecaz / emploi figuré
le+ç.	le+çoğul
la+ç.	la+çoğul
s+le	sıfat+le
s+la	sıfat+la
s+a.	sıfat+ad

¤ imi, sözcük türü değişikliklerini gösterir.

FRANÇAIS - TURC
FRANSIZCA-TÜRKÇE

A a

à [a] -e, -a, -ye, -ya; -de, -da; -li, -lı
abaisser [abese] indirmek, alçaltmak
abandon [abañdoñ] *le* bırakma, terk etme
abandonner [abañdone] bırakmak, terk etmek; vazgeçmek
abasourdir [abazurdir] sersemletmek, afallatmak
abat-jour [abajur] *le* abajur
abats [aba] *le+ç.*sakatat
abattement [abatmañ] *le* umutsuzluk; bitkinlik
abattoir [abatuar] *le* mezbaha, kesimevi
abattre [abatr] devirmek, yıkmak; kesmek; vurmak, öldürmek ***s'abattre*** düşmek, yıkılmak
abbaye [abey] *la* manastır
abbé [abe] *le* başpapaz
abcès [apse] *le* çıban
abdomen [abdomen] *le* karın
abeille [abey] *la* arı
abîme [abim] *le* uçurum
abîmer [abime] bozmak, berbat etmek
aboiement [abuamañ] *le* havlama, ürüme
abominable [abominabl] iğrenç, tiksinç
abondance [aboñdañs] *la* bolluk, bereket
abondant, e [aboñdañ, t] bol, çok
abonné, e [abone] *le+la* abone
abonnement [abonmañ] *le* abone olma; abonman kartı
abonner [abone]: ***s'abonner à*** -e abone olmak
abord [abor] *le* yanaşma, girme ***abords*** *le+ç.* çevre, yöre ***d'abord*** önce, ilkin
abordable [abordabl] yanaşılabilir, yanına varılabilir
aborder [aborde] yanaşmak, karaya çıkmak; ulaşmak, varmak
aboutir [abutir] bitmek, sonuçlanmak ***aboutir à*** sonu -e varmak, -e yol açmak
aboyer [abuaye] havlamak
abrégé [abreje] *le* özet
abréger [abreje] kısaltmak; özetlemek
abreuver [abröve] sulamak ***s'abreuver*** içmek
abréviation [abreviasyoñ] *la* kısaltma
abri [abri] *le* barınak, sığınak ***à l'abri*** güvenlikte, emniyette
abricot [abriko] *le* kayısı

abriter [abrite] barındırmak, korumak ***s'abriter*** sığınmak
abruti, e [abrüti] *le+la*, kd. aptal, sersem
abrutir [abrütir] aptallaştırmak, şaşkına çevirmek
absence [apsañs] *la* bulunmayış, yokluk
absent, e [apsañ, t] bir yerde bulunmayan, olmayan, yok
absolu, e [apsolü] salt, saltık, mutlak
absolument [apsolümañ] mutlaka; kesinlikle
absorbant, e [apsorbañ, t] emici, soğurucu
absorber [apsorbe] içmek, emmek, soğurmak
abstinence [apstinañs] *la* perhiz
abstraction [apstraksyoñ] *la* soyutlama ***faire abstraction de*** hesaba katmamak, göz önünde bulundurmamak
abstrait, e [apstre, t] soyut
absurde [apsürd] saçma, anlamsız
abus [abü] *le* kötüye kullanma
abuser [abüze] aldatmak, kandırmak ***abuser de*** -i kötüye kullanmak ***s'abuser*** aldanmak, yanılmak
académie [akademi] *la* akademi
académique [akademik] akademik
acajou [akaju] *le* akaju, maun
acariâtre [akaryatr] hırçın, huysuz, geçimsiz
accabler [akable] ezmek, bunaltmak, belini bükmek
accélérateur [akseleratör] *le* gaz pedalı
accélération [akselerasyoñ] *la* hızlanma, ivme
accélérer [akselere] oto. gaza basmak, hızlandırmak
accent [aksañ] *le* vurgu; ağız, aksan; ses tonu
accentuer [aksañtüe] vurgulamak
acceptation [akseptasyoñ] *la* kabul
accepter [aksepte] kabul etmek
acception [aksepsyoñ] *la* anlam
accès [akse] *le* girme, giriş; kriz, nöbet
accessible [aksesibl(ö)] erişilebilir, varılır, girilebilir
accessoire [aksesuar] ikincil, tali ¤ *le* aksesuar
accident [aksidañ] *le* kaza; aksaklık, arıza
accidenté, e [aksidañte] kazaya uğramış; engebeli, arızalı
accidentel, le [aksidañdel] rastlantısal, tesadüfi

acclamer [aklame] alkışlamak
accommoder [akomode] yemek hazırlamak, yapmak; uzlaştırmak ***s'accommoder de*** ile yetinmek
accompagnement [akoñpanymañ] *le*, müz. eşlik
accompagner [akoñpanye] eşlik etmek
accomplir [akoñplir] yapmak, yerine getirmek
accomplissement [akoñplismañ] *le* yapma, yapılma, yerine getirme
accord [akor] *le* anlaşma; uyum; müz. akort ***d'accord*** tamam, anlaştık ***être d'accord*** anlaşmak, aynı görüşte olmak
accordéon [akordeoñ] *le* akordeon
accorder [akorde] vermek, bağışlamak; müz. akort etmek ***s'accorder*** anlaşmak, uzlaşmak
accotement [akotmañ] *le* yol kenarı
accouchement [akuşmañ] *le* doğum, doğurma
accoucher [akuşe] doğurmak
accoucheuse [akuşöz] *la* ebe
accoutumer [akutüme] alıştırmak ***s'accoutumer*** alışmak
accroc [akro] *le* yırtık; mec. engel, pürüz
accrocher [akroşe] asmak, takmak ***s'accrocher*** asılmak, askıntı olmak (à, -e); sarılmak, tutunmak (à, -e)
accroissement [akruasmañ] *le* artma, çoğalma
accroître [akruatr] artırmak, çoğaltmak ***s'accroître*** artmak, çoğalmak
accroupir [akrupir]: ***s'accroupir*** çömelmek
accueil [aköy] *le* karşılama, kabul
accueillir [aköyir] karşılamak
accumulateur [akümülatör] *le* akü, akümülatör
accumuler [akümüle]: ***s'accumuler*** birikmek, yığılmak
accusation [aküzasyoñ] suçlama
accusé [aküze] *le+la* sanık
accuser [aküze] suçlamak; göstermek, ortaya koymak ***accuser réception de*** -in alındığını bildirmek
acerbe [aserb] sert, acı
achat [aşa] *le* satın alma; satın alınan şey ***faire des achats*** alışveriş yapmak
acheter [aşte] satın almak
acheteur, euse [aştör, öz] *le+la* alıcı, müşteri
achèvement [aşevmañ] *le* bitirme, tamamlama

achever [aşve] bitirmek
s'achever bitmek, sona ermek
acide [asid] ekşi ¤ *le* asit
acier [asye] *le* çelik
acné [akne] *la* sivilce
acompte [akoñt] *le* borca sayılmak üzere ödenen para; taksit
acoustique [akustik] *s+la* akustik
acquéreur [akerör] *le* alıcı, müşteri
acquérir [akerir] elde etmek, edinmek; kazanmak
acquis, e [aki, z] *le* deneyim, tecrübe
acquisition [akizisyoñ] *la* edinme, kazanma; satın alma
acquit [aki] *le* alındı, makbuz, fiş
acquittement [akitmañ] *le* aklama, temize çıkarma; ödeme
acquitter [akite] ödemek; aklamak, beraat ettirmek
s'acquitter de borç ödemek; yapmak, yerine getirmek
âcre [akr] acı, sert
acrobate [akrobat] *le+la* akrobat, cambaz
acrobatie [akrobasi] *la* akrobasi, cambazlık
acrobatique [akrobatik] akrobatik
acte [akt] *le* iş, eylem; hareket, davranış; belge; tiy. perde
acteur [aktör] *le* aktör, erkek oyuncu
actif, ive [aktif, v] etkin, faal, aktif; dilb. etken
action [aksyoñ] *la* iş, eylem; davranış, tutum; etki; tic. hisse senedi
actionnaire [aksyoner] *le+la* hissedar
activer [aktive] hızlandırmak
s'activer acele etmek
activité [aktivite] *la* etkinlik, faaliyet
actrice [aktris] *la* aktris, kadın oyuncu
actualite [aktüalite] *la* güncellik; güncel olaylar
actuel, le [aktüel] güncel, şimdiki
actuellement [aktüelmañ] şimdi, şu anda
acupuncture [aküpoñktür] *la* akupunktur
adaptateur, trice [adaptatör, tris] *le* adaptör, uyarlaç
adaptation [adaptasyoñ] *la* uyum, adaptasyon; uyarlama
adapter [adapte] uydurmak; uyarlamak
additif [aditif] *le* ek, katkı

addition [adisyoñ] *la* mat toplama; lokanta, vb.'de hesap
additionnel, le [adisyonel] ek, katma
additionner [adisyone] toplamak
adhérence [aderañs] *la* yapışma
adhérent, e [aderañ, t] *le+la* üye, taraftar
adhérer [adere] yapışmak
adhérer à -e üye olmak, katılmak
adhésif, ive [adezif, iv] *s+le* yapıştırıcı, yapışkan
adhésion [adezyoñ] *la* yapışma, bitişme; üyelik, katılma
adieu, x [adyö] allahaısmarladık, hoşça kal ¤ *le* veda
adjacent, e [adjasañ, t] bitişik, komşu
adjectif [adjektif] *le*, dilb. sıfat
adjoint, e [adjueñ, t] *le+la* yardımcı
admettre [admetr] kabul etmek, almak
administrateur, trice [administratör, tris] *le+la* yönetici
administratif, ive [administratif, v] yönetimsel, yönetsel, idari
administration [administrasyoñ] *la* yönetim, idare
administrer [administre] yönetmek
admirateur, trice [admiratör, tris] *le+la* hayran
admiration [admirasyoñ] *la* hayranlık
admirer [admire] hayran olmak
admissible [admisibl] kabul edilebilir, akla yatkın
admission [admisyoñ] *la* kabul, alınma
adolescence [adolesañs] *la* yeniyetmelik, ergenlik
adolescent, e [adolesañ, t] *le+la* yeniyetme, ergen, delikanlı
adonner [adone]: ***s'adonner à*** kendini -e vermek
adopter [adopte] evlat edinmek; kabul etmek, benimsemek
adoptif, ive [adoptif, iv] öz olmayan, manevi
adoption [adopsyoñ] *la* evlat edinme; kabul etme
adoration [adorasyoñ] *la* tapma
adorer [adore] tapmak
adoucir [adusir] yatıştırmak; yumuşatmak
adresse [adres] *la* adres; ustalık, beceri
adresser [adrese] göndermek; konuşmak, hitap etmek

s'adresser à -e başvurmak; -e seslenmek, hitap etmek
adroit, e [adrua, t] usta, becerikli
adulte [adült] *le+la* yetişkin, ergin
adultère [adülter] *le* zina
advenir [advõnir] olmak, meydana gelmek
adverbe [adverb] *le* belirteç, zarf
adverse [advers] birbirine hasım; karşı
adversité [adversite] *la* bahtsızlık, kara baht
aérer [aere] havalandırmak ***s'aérer*** hava almak, kafasını dinlendirmek
aérien, ne [aeryeñ, yen] havayla ilgili, havai
aéro [aero] 'hava' anlamında bir önek
aérodrome [aerodrom] *le* havaalanı
aérodynamique [aerodinamik] aerodinamik
aéronautique [aeronotik] *la* havacılık
aéroport [aeropor] *le* havalimanı
aérosol [aerosol] *le* aerosol
affable [afabl] nazik, tatlı dilli
affaiblir [afeblir] güçsüzleştirmek, zayıflatmak
affaiblissement [afeblismañ] *le* zayıflama, güçsüzlük
affaire [afer] *la* iş; sorun; dava; alışveriş, ticaret ***affaires*** *la+ç.* iş, ticaret; eşya, öteberi ***avoir affaire à*** ile işi olmak, -e işi düşmek
affaisser [afese]: ***s'affaisser*** çökmek, yıkılmak
affamer [afame] aç bırakmak
affecter [afekte] gibi görünmek, taslamak; etkilemek
affection [afeksyoñ] *la* sevgi; hastalık
affectionner [afeksyone] sevmek, beğenmek
affectueux, euse [afektüö, z] sevecen, şefkatli
affiche [afiş] *la* afiş
afficher [afişe] ilan asmak; açığa vurmak, ilan etmek
affiner [afine] arıtmak, tasfiye etmek
affinité [afinite] hısımlık; ilgi, yakınlık
affirmatif, ive [afirmatif, v] olumlu
affirmation [afirmasyoñ] *la* sav, iddia
affirmer [afirme] ileri sürmek, iddia etmek
affliction [afliksyoñ] *la* acı, dert
affliger [aflije] üzmek, sarsmak
affluence [aflüañs] *la* kalabalık
affoler [afole] korkutmak, ürkütmek

affranchir [afranşir] pul yapıştırmak; azat etmek
affréter [afrete] oto vb. kiralamak
affreux, euse [afrö, z] iğrenç, çirkin; korkunç
affronter [afronte] göğüs germek, karşı çıkmak
afin [afen]: ***afin de que*** için, diye, üzere
Afrique [afrik] *la* Afrika
agacer [agese] sinirlendirmek, sıkmak
âge [aj] *le* yaş; ömür; çağ ***quel âge as-tu?*** kaç yaşındasınız?
âgé, e [aje] yaşlı ***âgé de*** ... yaşında
agence [ajans] acente, ajans; şube ***agence de voyages*** seyahat acentası
agenda [ajenda] *le* ajanda, andaç
agenouiller [ajnuye]: ***s'agenouiller*** diz çökmek
agent [ajant] *le* acente; görevli; etken ***agent de police*** polis
agglomération [aglomerasyon] *la* yerleşim yeri, meskûn yer
aggraver [agrave] kötüleştirmek, ağırlaştırmak ***s'aggraver*** kötüleşmek, ağırlaşmak
agile [ajil] çevik, atik
agilité [ajilite] *la* çeviklik, atiklik
agir [ajir] hareket etmek, davranmak; etkimek ***il s'agit de*** söz konusu olan ... -dır
agitation [ajitasyon] *la* karışıklık, huzursuzluk
agité, e [ajite] yerinde duramayan, huzursuz; çalkantılı
agiter [ajite] sallamak, çalkalamak; tartışmak ***s'agiter*** yerinde duramamak, huzursuzlanmak
agneau, x [anyo] *le* kuzu
agrafe [agraf] *le* kopça
agrafer [agrafe] kopçalamak
agrandir [agrandir] büyütmek; genişletmek
agrandissement [agrandisman] *le* büyütme; genişletme
agréable [agreabl] hoş, şirin
agréer [agree] kabul etmek ***agréer à*** -in hoşuna gitmek
agrément [agreman] *le* rıza, izin; zevk
agresseur [agresör] *s+le* saldırgan
agressif, ive [agresif, v] saldırgan
agression [agresyon] *la* saldırı
agricole [agrikol] tarımsal
agriculteur [agrikültör] *le* çiftçi
agriculture [agrikültür] *la* tarım, çiftçilik
agrumes [agrüm] *le+ç.* turunçgiller, narenciye

ahurissement [aürismañ] *le* şaşkınlık, afallama
aide [ed] *la* yardım ¤ *le+la* yardımcı ***à l'aide de*** yardımıyla ***venir en aide à*** -in yardımına koşmak
aider [ede] yardım etmek
aïeux [ayö] *le+ç.* atalar, dedeler
aigle [egl] *le* kartal
aigre [egr] ekşi, sert
aigre-doux, -douce [egrõdu, dus] mayhoş
aigreur [egrör] *la* ekşilik
aigrir [egrir] ekşitmek; hırçınlaştırmak ***s'aigrir*** ekşimek; hırçınlaşmak
aigu, ë [egü] sivri, keskin
aiguille [eguiy] *la* iğne; ibre
aiguillon [eguiyoñ] *le* böcek iğne
aiguillonner [eguiyone] kışkırtmak, kamçılamak, dürtmek
aiguiser [egize] bilemek; mec. kışkırtmak, uyarmak
ail [ay] *le* sarmısak
aile [el] *la* kanat
ailleurs [ayör] başka yere, başka yerde ***d'ailleurs*** ayrıca, bundan başka ***par ailleurs*** öte yandan
aimable [emabl] nazik, ince, sevimli
aimant [emañ] *le* mıknatıs
aimer [eme] sevmek; beğenmek, hoşlanmak ***aimer mieux*** yeğlemek, tercih etmek
aine [en] *la* kasık
aîné, e [ene] yaşça büyük ¤ *le+la* ağabey, abla
ainsi [eñsi] böyle, şöyle; böylece, böylelikle ***ainsi que*** -diği gibi, nasıl ki ***et ainsi de suite*** vesaire
air [er] *le* hava ***avoir l'air de*** -e benzemek
aire [er] *la* alan
aise [ez] *la* rahat, huzur
aisselle [esel] *la* koltuk altı
ajourner [ajurne] ertelemek
ajouté [ajute] *le* ek
ajouter [ajute] katmak, eklemek
ajuster [ajüste] ayarlamak, düzeltmek; uydurmak
alarme [alarm] *la* alarm
alarmer [alarme] ürkütmek, telaşlandırmak ***s'alarmer*** ürkmek, telaşlanmak
album [albom] *le* albüm
alcool [alkol] *le* alkol
alcoolique [alkolik] *le+la* alkolik, ayyaş
alcoolisé, e [alkolize] alkollü
alcoolisme [alkolizm(õ)] *le* alkolizm, içki düşkünlüğü
alentour [alañtur] çevrede, ortalıkta ***alentours*** çevre, yöre

alerte [alert] çevik, atik ¤ *la* alarm, uyarı
alerter [alert(ö)] uyarmak, haber vermek
algèbre [aljebr] *la* cebir
algébrique [aljebrik] cebirsel
algue [alg] *la* suyosunu
aliénation [alyenasyoñ] *la* yabancılaşma
aliéné, e [alyene] *le+la* deli, akıl hastası
aliéner [alyene] yabancılaştırmak; vermek, devretmek
aligner [alinye] dizmek, sıralamak
aliment [alimañ] *le* besin
alimentaire [alimañter] besinle ilgili; yenebilir
alimentation [alimañtasyoñ] *la* beslenme; besleme, bakım
alimenter [alimañte] beslemek
alinéa [alinea] *le* satırbaşı
aliter [alite]: ***s'aliter*** yatağa düşmek, hastalanmak
allaiter [alete] emzirmek
allée [ale] *la* bahçe yolu, ağaçlı yol
alléger [aleje] yatıştırmak, dindirmek
allègre [alegr] canlı, neşeli
allégresse [alegres] *la* canlılık, sevinç, keyif
alléguer [alege] ileri sürmek
aller[1] [ale] gitmek ***comment allez-vous?*** nasılsınız? ***comment ça va?*** işler nasıl? ***s'en aller*** çekip gitmek, ayrılıp gitmek
aller[2] [ale] *le* gidiş; gidiş bileti ***aller et retour*** gidiş dönüş; gidiş dönüş bileti
allergie [alerji] *la* alerji
alliage [alyaj] *le* alaşım
alliance [alyañs] *la* ittifak, birleşme; evlilik; nişan yüzüğü
allié, e [alye] *le+la* müttefik, bağlaşık
allier [alye] birleştirmek; karıştırmak
allô [alo] alo!
allocation [alokasyoñ] *la* ödenek; para yardımı ***allocation de chômage*** işsizlik ödeneği ***allocations familiales*** aile zammı
allocution [aloküsyoñ] *la* kısa konuşma, demeç
allonger [aloñje] uzatmak ***s'allonger*** uzamak; uzanmak
allumage [alümaj] *le* ateşleme, yakma
allumer [alüme] yakmak ***s'allumer*** yanmak
allumette [alümet] *la* kibrit
allure [alür] *la* yürüyüş, gidiş; tutum, tavır ***à toute allure*** son hızla
allusion [alüzyoñ] *la* anıştırma, ima ***faire allusion à*** -i ima etmek, anıştırmak

almanach [almana] *le* almanak, takvim
alors [alor] o zaman ***alors que*** iken, -diği sırada; -diği halde, oysa ki
alouette [aluet] *la* tarlakuşu, çayırkuşu
aloyau [aluayo] *le* sığır filetosu
alphabet [alfabe] *le* alfabe, abece
alphabétique [alfabetik] alfabetik, abecesel
alpinisme [alpinism] *le* dağcılık
alpiniste [alpinist] *le+la* dağcı
altérer [altere] susatmak; bozmak, değiştirmek ***s'altérer*** bozulmak
alternatif, ive [alternatif, v] *la* seçenek, alternatif
alterner [alterne] alınaşmak, birbirini izlemek
altier, ière [altye, yer] kibirli
altitude [altitüd] *la* yükselti, irtifa
alto [alto] *le* alto, viyola
aluminium [alüminyom] *le* alüminyum
amabilité [amabilite] *la* nezaket, incelik
amaigrir [amegrir] zayıflatmak; inceltmek
amande [amañd] *la* badem; çekirdek içi
amant [amañ] *le* âşık, sevgili
amarre [amar] *la* palamar, halat
amas [ama] *le* yığın, küme
amateur [amatör] *le* amatör ***amateur de musique*** müziksever ***amateur de sport*** sporsever
ambassade [añbasad] *la* büyükelçilik
ambassadeur [añbasadör] *le* büyükelçi
ambiance [añbyañs] *la* çevre; hava, ortam
ambigu, ë [añbigü] belirsiz, anlaşılmaz
ambitieux, euse [añbisyö, z] hırslı, tutkulu
ambition [añbisyoñ] *la* hırs, tutku
ambre [añbr] *le* amber
ambulance [anbülañs] *la* cankurtaran, ambulans
âme [am] *la* ruh, can
amélioration [amelyorasyoñ] *la* iyileşme, düzelme; iyileştirme, düzeltme
améliorer [amelyore] düzeltmek, iyileştirmek ***s'améliorer*** düzelmek, iyileşmek
aménagement [amenajmañ] *le* düzenleme
aménager [amenaje] düzenlemek
amende [amañd] *la* para cezası
amender [amañde] düzeltmek, değiştirmek

amener [amne] getirmek; neden olmak
amer, amère [amer] acı, sert
américain, e [amerikeñ, en] Amerikalı, Amerikan
Amérique [amerik] *la* Amerika
amertume [amertüm] *la* acılık
ameublement [amöblõmañ] *le* döşeme, mobilya
ami, e [ami] *le+la* dost, arkadaş; sevgili
amiante [amyañt] *le* amyant
amical, e, aux [amikal, o] dostça, dostane
amidon [amidoñ] *le* nişasta, kola
amiral, aux [amiral, o] *le* amiral
amitié [amitye] *la* dostluk ***prendre en amitié*** ile dost olmak
ammoniaque [amonyak] *la* amonyak
amnistie [amnisti] *la* genel af
amonceler [amoñsle] yığmak, biriktirmek
amorce [amors] *la* yem
amorphe [amorf] silik, cansız, durgun
amortir [amortir] azaltmak, hafifletmek
amour [amur] *le* aşk, sevi; sevgili ***faire l'amour*** sevişmek
amoureux, euse [amurö, öz] âşık, tutkun, vurgun
amour-propre [amurpropr(õ)] *le* özsaygı, izzetinefis
ampère [añper] *le* amper
amphibie [añfibi] ikiyaşayışlı, amfibi
amphithéâtre [añfiteatr] *le* amfiteatr
amplificateur [añplifikatör] *le* amplifikatör, yükselteç
amplifier [añplifye] büyültmek, genişletmek
ampoule [añpul] *la* ampul; hek. kabarcık
amputer [añpüte] hek. kesmek, kesip almak
amusant, e [amüzañ, añt] eğlenceli, eğlendirici, hoş
amusement [amüzmañ] *le* eğlence, eğlenme
amuser [amüze] eğlendirmek; kandırmak, oyalamak ***s'amuser*** eğlenmek; oyalanmak
amygdale [amidal] *la* bademcik
an [añ] *le* yıl
analogie [analoji] *la* benzerlik, benzeşme
analyse [analiz] *la* çözümleme, analiz
analyser [analize] çözümlemek, analiz etmek
analyste [analist(õ)] *le+la* çözümleyici
analytique [analitik] çözümsel, analitik

ananas [anana] *le* ananas
anarchie [anarşi] *la* anarşi
anarchiste [anarşist(ö)] *le+la* anarşist
anatomie [anatomi] *la* anatomi
anatomique [anatomik] anatomik
ancêtre [añsetr] *le+la* ata
anchois [añşua] *le* hamsi
ancien, ne [ansyeñ, yen] eski
ancre [añkr] *la* çapa, demir
âne [an] *le* eşek
anéantir [aneañtir] yok etmek, ortadan kaldırmak
anecdote [anekdot] *la* fıkra, küçük öykü
anémie [anemi] *la* kansızlık
anesthésie [anestezi] *la* anestezi, duyum yitimi
anesthésier [anestezye] anestezi yapmak, duyumsuzlaştırmak
anesthésique [anestezik] anestezik, uyuşturucu
ange [añj] *le* melek
angine [añjin] *la* anjin, boğak
angle [añgl] *le* açı; köşe
anglican, e [añglikañ, an] Anglikan
angoisse [añguas] *la* sıkıntı, acı
anguille [añgiy] *la* yılanbalığı
anicroche [anikroş] *la* pürüz, engel
animal, aux [animal, o] *le* hayvan
animal, e [animal] hayvani
animateur, trice [animatör, tris] *le+la* sunucu
animation [animasyoñ] *la* canlılık; canlandırma
animé, e [anime] canlı, hareketli ***dessin animée*** çizgi film
animer [anime] canlandırmak, hareketlendirmek; kışkırtmak, cesaretlendirmek ***s'animer*** canlanmak, hareketlenmek; cesaretlenmek
animosité [animozite] *la* hınç, kin
anis [ani] *le* anason
anneau, x [ano] *le* halka; yüzük
année [ane] *la* yıl
annexe [aneks] eklemek, katmak
annihiler [aniile] yok etmek, ortadan kaldırmak
anniversaire [aniverser] *le* doğum günü; yıldönümü
annonce [anoñs] *la* duyuru, bildiri; ilan
annoncer [anoñse] bildirmek, ilan etmek
annonceur, euse [anoñsör, öz] *le+la* sunucu, spiker
annuaire [anuer] *le* yıllık ***annuaire téléphonique*** telefon rehberi
annuel, le [anuel, anüel] yıllık

annulation [anülasyoñ] *la* iptal, bozma
annuler [anüle] iptal etmek, bozmak
anode [anod] *la* anot
anodin, e [anodeñ, in] zararsız; önemsiz
anonyme [anonim] anonim, adsız
anorak [anorak] *le* anorak
anormal, e, aux [anormal, o] anormal
anse [añs] *la* kulp, sap
antarctique [añtarktik] antarktik ¤ *le*: ***l'Antarctique*** Antarktika
antenne [añten] *la* anten; duyarga
antérieur, e [añteryör] önceki; ön
anthologie [añtoloji] *la* seçki, antoloji
anthropologie [añtropoloji] *la* antropoloji, insanbilim
anthropologue [añtropolog] *le+la* antropolog, insanbilimci
antiaérien, ne [añtiaeryeñ, en] uçaksavar
antialcoolique [añtialkolik] yeşilaycı, içkiye karşı
antibiotique [añtibyotik] *le* antibiyotik
antichambre [añtişañbr] *la* bekleme odası, giriş odası
anticipation [añtisipasyoñ] *la*: ***d'anticipation*** bilimkurgu ***par anticipation*** önceden
anticiper [añtisipe] öncelemek, öne almak; önceden görmek, önceden sezmek
anticonceptionnel, le [añtikoñsepsyonel] gebelik önleyici
anticyclone [añtisiklon] *le* antisiklon
antidote [añtidot] *le* panzehir
antilope [añtilop] *la* antilop
antipathie [añtipati] *la* antipati, soğukluk
antipathique [añtipatik] sevimsiz, soğuk, antipatik
antiquaire [añtiker] *le+la* antikacı
antique [añtik] eski, antika
antiquité [añtikite] *la* antika
antisémite [añtisemit] Yahudi düşmanı
antisémitisme [añtisemitism(õ)] *le* Yahudi düşmanlığı
antiseptique [añtiseptik] *s+le* antiseptik
antonyme [añtonim] *le* karşıt anlamlı sözcük
antre [añtr] *le* in
anus [anüs] *le* anüs
anxiété [añksyete] *la* tasa, sıkıntı
anxieux, euse [añksyö, z] tasalı, sıkıntılı

aorte [aort] *la* büyük atardamar
août [u] *le* ağustos
apaiser [apeze] yatıştırmak, dindirmek ***s'apaiser*** yatışmak, dinmek
apercevoir [apersõvuar] görmek ***s'apercevoir de*** -ın farkına varmak, anlamak
aperçu [apersü] *le* özet
apéritif [aperitif] *le* aperitif
aphrodisiaque [afrodizyak] *s+le* cinsel gücü artırıcı, şehvet uyandırıcı
aplatir [aplatir] yassıltmak, yassılaştırmak ***s'aplatir*** yassılaşmak; boylu boyunca yere yatmak
aplomb [aploñ] *le* denge; özgüven, kendine güven ***d'aplomb*** sağlamca, sapasağlam
apogée [apoje] *le* doruk
apologie [apoloji] *la* savunma
apostrophe [apostrof] *la* apostrof, kesme işareti; azarlama, çıkışma
apôtre [apotr] *le* havari
apparaître [aparetr] görünmek
appareil [aparey] *le* aygıt, cihaz, alet; makine; uçak; telefon
apparemment [aparamañ] görünüşe göre
apparence [aparañs] *la* görünüş ***en apparence*** görünüşte, görünürde
apparent, e [aparañ, t] görünür, gözle görülen; belli, açık, ortada
apparition [aparisyoñ] *la* görünme, belirme; görüntü, hayalet
appartement [apartõmañ] *le* (apartman) daire
appartenir [apartõnir] ait olmak (à, -e)
appât [apa] *le* (olta, tuzak) yem
appâter [apate] yemlemek
appel [apel] *le* çağırma; çağrı; yoklama ***faire appel à*** -e başvurmak ***faire l'appel*** yoklama yapmak
appeler [aple] çağırmak; gerektirmek, istemek ***en appeler à*** -e bırakmak, havale etmek ***s'appeler*** denmek, adı ... olmak
appendice [apeñdis] *le* ek, ilave
appendicite [apeñdisit] *la* apandisit
appétissant, e [apetisañ, t] iştah açıcı, ağız sulandırıcı
appétit [apeti] *le* iştah ***bon appétit*** afiyet olsun!
applaudir [aplodir] alkışlamak
applaudissements [aplodismañ] *le+ç.* alkış

application [aplikasyoñ] *la* uygulama
applique [aplik] *la* aplik, duvar lambası
appliqué, e [aplike] çalışkan; uygulamalı
appliquer [aplike] uygulamak
appointements [apueñtmañ] *le+ç.* aylık, maaş
apporter [aporte] getirmek
apposer [apoze] koymak, atmak, basmak
appréciation [apresyasyoñ] *la* takdir, beğenme; tahmin
apprécier [apresye] takdir etmek, beğenmek; tahmin etmek
appréhender [apreañde] korkmak, çekinmek; yakalamak, kavramak
appréhension [apreañsyoñ] *la* korku, çekinme
apprendre [aprañdr] öğrenmek; haber almak ***apprendre qch à qn*** birine bir şeyi haber vermek; birine bir şey öğretmek ***apprendre à faire*** -meyi öğrenmek ***apprendre à qn à faire*** birine -meyi öğretmek
apprenti, e [aprañti] *le+la* çırak
apprentissage [aprañtisaj] *le* çıraklık
apprivoiser [aprivuaze] evcilleştirmek, ehlileştirmek
approbation [aprobasyoñ] *la* onay, onama
approche [aproş] *la* yaklaşma; yaklaşım
approcher [aproşe] yaklaşmak; yaklaştırmak ***s'approcher de*** -e yanaşmak
approfondi, e [aprofoñdi] derin, ayrıntılı
approfondir [aprofoñdir] derinleştirmek
approprié, e [apropriye] uygun, elverişli
approprier [apropriye]: ***s'approprier*** sahip çıkmak, kendine mal etmek
approuver [apruve] onaylamak
approvisionner [aprovizyone] vermek, tedarik etmek
approximatif, ive [aproksimatif, v] yaklaşık, aşağı yukarı
approximativement [aproksimativmañ] yaklaşık olarak, aşağı yukarı
appui [apui] *le* destek
appuyer [apuiye] dayamak; desteklemek ***appuyer sur*** basmak; vurgulamak ***s'appuyer sur*** -e dayanmak; -e güvenmek
âpre [apr] acı, sert
après [apre] -den sonra; sonradan, daha sonra ***d'après*** -e göre

après-demain [apredömeñ] öbür gün, yarından sonra
après-midi [apremidi] *le*, *la* öğleden sonra
apte [apt] yatkın,elverişli (à, -e)
aptitude [aptitüd] *la* yetenek, yatkınlık
aquarelle [akuarel] *la* suluboya resim
aquarium [akuaryom] *le* akvaryum
aqueduc [akdük] *le* sukemeri
arachide [araşid] *la* yerfıstığı
araignée [arenye] *la* örümcek
arbitrage [arbitraj] *le* hakemlik
arbitre [arbitr] *le* hakem
arbitrer [arbitre] hakemlik etmek
arbre [arbr] *le* ağaç; dingil
arbre généalogique soyağacı
arbrisseau, x [arbriso] *le* ağaççık, çalı
arbuste [arbüst] *le* çalı
arc [ark] *le* yay
arcade [arkad] *la* kemer
arcades sıra kemerler
arc-en-ciel [arkañsyel] *le* gökkuşağı
archaïque [arkaik] arkaik, eski
archéologie [arkeoloji] *la* arkeoloji, kazıbilim
archéologique [arkeolojik] arkeolojik
archéologue [arkeolog] *le*+*la* arkeolog, kazıbilimci
archet [arşe] *le* keman, vb. yay
archevêque [arşõvek] *le* başpiskopos
archipel [arşipel] *le* takımadalar
architecte [arşitekt] *le* mimar
architecture [arşitektür] *la* mimarlık
arctique [arktik] arktik ¤ *le*: ***l'Arctique*** kuzey kutup bölgesi
ardent, e [ardañ, t] yakıcı, kızgın; ateşli, coşkun
ardeur [ardör] *la* yakıcılık, kızgınlık; şevk, coşku
ardoise [arduaz] *la* arduvaz, kayağantaş
ardu, e [ardu] çetin, zor
are [ar] *le* ar
arène [aren] *la* arena
arête [aret] *la* kılçık
argent [arjañ] *le* para; gümüş
argent compte peşin para
argent de poche cep harçlığı
argenté, e [arjañte] gümüş kaplamalı
argenterie [arjañtri] *la* gümüş eşya
argile [arjil] *la* kil
argot [argo] *le* argo
argument [argümañ] *le* kanıt, delil

argumenter [argümañte] kanıtlamak
aride [arid] kurak, çorak
aristocrate [aristokrat] *le+la* soylu, aristokrat
aristocratie [aristokrasi] *la* aristokrasi, soyluerki
aristocratique [aristokratik] aristokratik
arithmétique [aritmetik] *s+la* aritmetik
armateur [armatör] *le* armatör
arme [arm] *la* silah
armée [arme] *la* ordu ***armée de l'air*** hava kuvvetleri ***armée de terre*** kara kuvvetleri
armement [armõmañ] *le* silahlanma; donatım
armer [arme] silahlandırmak
armoire [armuar] *la* dolap
armure [armür] *la* zırh
arôme [arom] *le* güzel koku
arqué, e [arke] eğri, yay biçiminde
arrache-pied [araşpye]: ***d'arrache-pied*** aralıksız, durup dinlenmeksizin
arracher [araşe] sökmek, çıkarmak
arrangement [arañjmañ] *le* düzenleme; anlaşma, uzlaşma
arranger [arañje] düzenlemek; onarmak; çözmek, çözümlemek ***s'arranger*** anlaşmak, uzlaşmak
arrestation [arestasyoñ] *la* tutuklama
arrêt [are] *le* durma; durdurma; durak
arrêté [arete] *le* karar
arrêter [arete] durdurmak; saptamak, kararlaştırmak; tutuklamak ***s'arrêter*** durmak
arrhes [ar] *la+ç.* pey, kaparo
arrière [aryer] *le* arka, kıç; sp. bek ***en arrière*** geriye; geride ***en arrière de*** arkasında
arriéré, e [aryere] geri zekâlı; geri kalmış ¤ *le* ödenmemiş borç, bakiye
arrière-boutique [aryer butik] *la* ardiye, dükkânda arka oda
arrière-goût [aryer gu] *le* ağızda kalan tat
arrière-plan [aryerplañ] *le* arka plan, geri plan
arrivée [arive] *la* gelme, geliş; varma, varış
arriver [arive] varmak, gelmek; olmak, başa gelmek ***arriver à*** -e varmak, -e ermek ***arriver à faire*** -meyi başarmak
arrogance [arogañs] *la* kibir, kurum

arrogant, e [arogañ, t] kibirli, küstah
arrondissement [aroñdismañ] *le* ilçe
arroser [aroze] sulamak; ıslatmak
arrosoir [arozuar] *le* süzgeçli kova, sulama kabı
arsenal, aux [arsõnal, o] *le* askeri tersane; cephanelik
arsenic [arsõnik] *le* arsenik, sıçanotu
art [ar] *le* sanat ***arts ménagers*** ev idaresi
artère [arter] *la* atardamar
artichaut [artişo] *le* enginar
article [artikl] *le* madde; yazı, makale; tic. eşya, mal; dilb. tanımlık, artikel
articulation [artikülasyoñ] *la* eklem
articuler [artiküle] eklemlemek; boğumlamak, tane tane söylemek
artifice [artifis] *le* oyun, hile, üçkâğıt
artificiel, le [artifisyel] yapay, yapma
artillerie [artiyri] *la* topçuluk, topçu sınıfı
artisan [artizañ] *la* zanaatçı, esnaf
artiste [artist] *le+la* sanatçı; oyuncu
artistique [artistik] sanatsal
arvhives [arşiv] *la+ç.* arşiv, belgelik
as [as] *le* birli, as
ascendant, e [asañdañ, t] yükselen ¤ *le* nüfuz, etki
ascenseur [asañsör] *le* asansör
ascension [asañsyoñ] *la* yükselme, çıkma
asembler [asañble] takmak, monte etmek; toplamak, toparlamak
asiatique [azyatik] *s+a.* Asyalı
Asie [azi] *la* Asya
asile [azil] *le* sığınak, barınak
aspect [aspe] *le* görünüş
asperge [asperj] *la* kuşkonmaz
asperger [asperje] serpmek
asphalte [asfalt] *le* asfalt, zift
asphyxie [asfiksi] *la* boğulma, soluk alamama
aspirateur [aspiratör] *le* elektrik süpürgesi
aspirer [aspire] içine çekmek, çekmek ***aspirer à*** -e can atmak, -i çok istemek
aspirine [aspirin] *la* aspirin
assaillir [asayir] saldırmak
assainir [asenir] temizlemek, arıtmak
assaisonnement [asezonmañ] *le* çeşnileme, çeşnilenme; baharat
assaisonner [asezone] baharatlamak, çeşni katmak

assassin [asaseñ] *le* katil, cani
assassinat [asasina] *le* cinayet, kıya
assassiner [asasine] öldürmek
assaut [aso] *le* saldırı, baskın
assemblage [asañblaj] *le* takma, birbirine geçirme
assemblée [asañble] *la* toplantı; kurul
assembler [asañble] bir araya getirmek, toplamak; birleştirmek ***s'assembler*** toplanmak
assentiment [asañtimañ] *le* onay, rıza
asseoir [asuar] oturtmak; kurmak, yerleştirmek ***s'asseoir*** oturmak
assez [ase] yeter, yeterince; oldukça, hayli
assiéger [asyeje] kuşatmak, sarmak
assiette [asyet] *la* tabak ***assiette creuse*** çorba tabağı, çukur tabak ***assiette plate*** düz tabak
assigner [asinye] ayırmak; vermek, tahsis etmek
assimilation [asimilasyoñ] *la* benzetme; sindirme
assimiler [asimile] sindirmek, özümlemek ***assimiler à*** -e benzemek
assis, e [asi, z] oturmuş, yerleşmiş
assistance [asistañs] *la* izleyiciler, dinleyiciler; yardım
assistant, e [asistañ, t] *le+la* yardımcı, asistan
assister [asiste] yardım etmek ***assister à*** -de hazır bulunmak, -e katılmak, gitmek
association [asosyasyoñ] *la* birlik, dernek; ortaklık; çağrışım
associé, e [asosye] *le+la* ortak
associer [asosye] birleştirmek ***s'associer*** birleşmek; ortak olmak
assombrir [asoñbrir] karartmak
assommer [asome] döverek öldürmek; usandırmak, canını sıkmak
assorti, e [asorti] uygun, uyumlu
assortiment [asortimañ] *le* uygunluk, uyum; takım
assortir [asortir] uygun düşürmek, uydurmak
assoupir [asupir]: ***s'assoupir*** uyuklamak, kestirmek
assourdir [asurdir] sağır etmek; ses azaltmak, hafifletmek
assumer [asüme] üstlenmek, üstüne almak
assurance [asürañs] *la* güvence, teminat; güven; sigorta

assuré, e [asüre] güvenli, güvenilir, emin
assurément [asüremañ] şüphesiz, elbette
assurer [asüre] sağlamak; sigorta etmek; güvence vermek ***s'assurer*** emin olmak; kendini sigortalamak
assureur [asürör] *le* sigortacı
astérisque [asterisk] *le* yıldız işareti
asthme [asm] *le* astım
astre [astr] *le* yıldız
astrologie [astroloji] *la* astroloji
astrologue [astrolog] *le+la* astrolog, müneccim
astronaute [astronot] *le+la* astronot, uzayadamı
astronome [astronom] *le+la* gökbilimci, astronom
astronomie [astronomi] *la* gökbilim, astronomi
astronomique [astronomik] astronomik
astuce [astüs] *la* kurnazlık; dolap, dümen
astucieux, euse [astüsyo, öz] kurnaz
asyméetrique [asimetrik] bakışımsız, asimetrik
atelier [atölye] *le* atölye, işlik
athée [ate] *s+a.* tanrıtanımaz, ateist
athlète [atlet] *le+la*, sp. atlet
athlétique [atletik] atletik
athlétisme [atletism(ö)] *le* atletizm
atlantique [atlañtik] Atlas Okyanusuyla ilgili, Atlantik + ¤ *le*: ***l'océan Atlantique*** Atlas Okyanusu
atlas [atlas] *le* atlas
atmosphère [atmosfer] *la* atmosfer
atome [atom] *le* atom
atomique [atomik] atomik, atomal
atout [atu] *le* koz
âtre [atr] *le* ocak
atroce [atros] acımasız, gaddar
atrocité [atrosite] *la* acımasızlık, gaddarlık
attabler [atable]: ***s'attabler*** sofraya oturmak
attache [ataş] *la* raptiye; bağ
attaché, e [ataşe] bağlı ¤ *le* ataşe
attacher [ataşe] bağlamak, tutturmak ***s'attacher*** bağlanmak
attaque [atak] *la* saldırı
attaquer [atake] saldırmak
attarder [atarde]: ***s'attarder*** oyalanmak; gecikmek
atteindre [ateñdr] yetişmek, erişmek; vurmak, yaralamak
atteint, e [ateñ, t]: ***atteint de*** -e yakalanmış, -den mustarip

attendant [atañdañ]: ***en attendant*** bu arada, o zamana kadar
attendre [atañdr] beklemek ***s'attendre à*** ummak, beklemek
attendrir [atañdrir] duygulandırmak, etkilemek
attendrissant, e [atañdrisañ, añt] acıklı, dokunaklı
attendu [atañdü] beklenen ***attendu que*** -diği için, buna göre, olduğundan
attentat [atañta] *le* suikast ***attentat à la bombe*** bombalı saldırı
attente [atañt] *la* bekleme; beklenti
attentif, ive [atañtif, v] dikkatli; titiz, özenli
attention [atañsyoñ] *la* dikkat; ilgi, özen ***faire attention à*** -e dikkat etmek
attentivement [atañtivmañ] dikkatle; ilgiyle
atténuer [atenue] azaltmak, zayıflatmak
atterrir [aterir] yere inmek, iniş yapmak
atterrissage [aterizaj] *le* yere inme, iniş
attester [ateste] doğrulamak; kanıtlamak
attirail [atiray] *le* takım; eşya
attirance [atirañs] *la* çekicilik, alımlılık
attirant, e [atirañ, t] çekici, alımlı
attirer [atire] çekmek, cezbetmek
attiser [atize] canlandırmak, tutuşturmak
attitré, e [atitre] imtiyazlı, gedikli; yetkili
attitude [atitüd] *la* tutum, davranış
attraction [atraksyoñ] *la* çekim; çekicilik; varyete, gösteri
attraper [atrape] yakalamak
attrayant, e [atreyañ, t] çekici, alımlı
attribuer [atribue] vermek, ayırmak; dayandırmak, atfetmek ***s'attribuer*** kendine mal etmek
attribut [atribü] *le*, dilb. yüklem
attrister [atriste] üzmek
au [o] ***à le*** 'nün kısa biçimi
aube [ob] *la* tan, gün ağarması
auberge [oberj] *la* han ***auberge de jeunesse*** hostel, gençlik yurdu
aubergine [oberjin] *la* patlıcan
aubergiste [oberjist] *le+la* hancı; otelci
aucun, e [okön, ün] hiç, hiçbir; hiçbiri ***d'aucuns*** kimileri, bazıları
aucunement [okünmañ] hiç, asla

audace [odas] *la* küstahlık, densizlik; yüreklilik, cesaret
audacieux, euse [odasyö, öz] yürekli, cesur
au-delà [odla] ötede
au-dessous [odsu] altta, altında
au-dessus [odsü] üstte, üstünde
au-devant [odvañ] önde ***aller au-devant de*** gidip karşılamak
audience [odyañs] *la* görüşme, kabul; oturum, celse
audio-visuel, le [odyovizuel] görsel-işitsel
auditeur, trice [oditör, tris] *le+la* dinleyici
audition [odisyoñ] *la* işitme; dinleme
auditoire [odıtuar] *le* dinleyiciler
augmentation [ogmañtasyoñ] *la* artma, çoğalma ***augmentation de salaire*** ücret artışı, aylığa zam
augmenter [ogmañte] artırmak; artmak
aujourd'hui [ojurdui] bugün
aumône [omon] *la* sadaka
aumônier [omonye] *le* rahip, papaz
auparavant [oparavañ] daha önce; önceden
auprès [opre]: ***auprès de*** yanına, yakınına; yanında, yakınında
auquel [okel] ***à lequel*** 'in kısa biçimi
aurore [oror] *la* tan, gün ağarması
aussi [osi] de, da; kadar; bu yüzden, onun için
aussitôt [osito] hemen, derhal ***aussitôt que*** yap-ar yapmaz
autant [otañ] gibi, olduğu kadar ***autant de ... que*** kadar ***d'autant plus que*** -dikçe, -diği oranda
autel [otel] *le* sunak, mihrap
auteur [otör] *le* yazar
authentique [otañtik] gerçek, özgün, otantik
auto [oto] *la* oto, araba
autobus [otobüs] *le* otobüs
autocar [otokar] *le* otokar, yolcu otobüsü
auto-école [otoekol] *la* sürücülük okulu
automatique [otomatik] otomatik
automatiquement [otomatikmañ] kendiliğinden, otomatik olarak
automatiser [otomatize] otomatikleştirmek
automne [oton] *le* güz, sonbahar

automobile [otomobil] *la* otomobil, araba
automobiliste [otomobilist(ö)] *le+la* sürücü
autonome [otonom] özerk
autonomie [otonomi] *la* özerklik
autopsie [otopsi] *la* otopsi
autorisation [otorizasyoñ] *la* izin; yetki
autoriser [otorize] izin vermek, yetki vermek
autoritaire [otoriter] otoriter, sert
autorité [otorite] *la* otorite, yetke; yetki
autoroute [otorut] *la* otoyol
auto-stop [otostop] *le* otostop ***faire de l'auto-stop*** otostop yapmak ***prendre qn en auto-stop*** birisini arabasına almak
auto-stoppeur, euse [otostopör, öz] *le+la* otostopçu
autour [otur] çevrede, yörede ***autour de*** çevresinde, yöresinde
autre [otr] öteki, diğer; başka ***autre chose*** başka bir şey ***autre part*** başka yere, başka yerde ***d'autre part*** öte yandan, ayrıca
autrefois [otröfua] eskiden, bir zamanlar
autrement [otrõmañ] başka türlü; yoksa, aksi takdirde ***autrement dit*** başka bir deyişle
autruche [otrüş] *la* devekuşu
autrui [otrui] başkası, başkaları
aux [o] ***à les*** 'in kısa biçimi
auxiliaire [oksilyer] *s+a.*yardımcı
auxquels, auxquelles [okel] ***à lesquels, à lesquelles*** 'in kısa biçimi
avalanche [avalañş] *la* çığ
avaler [avale] yutmak
avance [avañs] *la* ilerleme; avans, öndelik ***à l'avance*** önceden
avancement [avañsmañ] *le* yükselme, terfi
avancer [avañse] ilerlemek; ilerletmek; avans vermek
avant [avañ] -den önce; önce ¤ *le* ön; sp. forvet ***avant tout*** her şeyden önce ***en avant*** ileri ***en avant de*** önünde
avantage [avañtaj] *le* üstünlük, avantaj
avantageux, euse [avañtajö, öz] elverişli; yararlı, avantajlı
avant-bras [avañbra] *le* önkol
avant-dernier, ère [avañdernye, yer] sondan bir önceki
avant-garde [avañgard] *la* öncü

avant-hier [avañtyer] önceki gün
avare [avar] *s+a.* cimri, pinti
avarice [avaris] *la* cimrilik, pintilik
avarié, e [avarye] bozulmuş, çürümüş
avec [avek] ile
avenir [avnir] *le* gelecek ***à l'avenir*** gelecekte, ilerde
aventure [avañtür] *la* serüven, macera ***s'aventurer*** tehlikeye atılmak
aventureux, euse [avañtürö, öz] serüvenci, gözü pek; tehlikeli, maceralı
avenue [avnü] *la* ağaçlı yol, cadde
averse [avers] *la* sağanak
aversion [aversyoñ] *la* tiksinti, iğrenme
avertir [avertir] uyarmak, haber vermek
avertissement [avertismañ] *le* uyarı
aveu, x [avö] *le* itiraf
aveugle [avögl] *s+a.* kör
aveuglément [avöglemañ] körü körüne
aveuglement [avöglômañ] *le* körlük
aveugler [avögle] kör etmek; gözlerini kamaştırmak
aviateur, trice [avyatör, tris] *le+la* havacı, pilot
aviation [avyasyoñ] *la* havacılık
avide [avid] açgözlü, obur
avion [avyoñ] *le* uçak ***par avion*** uçakla
aviron [aviroñ] *le* kürek
avis [avi] *le* düşünce, görüş ***à mon avis*** bence ***changer d'avis*** fikrini değiştirmek
aviser [avize] fark etmek, gözüne ilişmek; bildirmek, haber vermek
avocat, e [avoka, t] *le+la* avukat ¤ *le* amerikaarmudu, avokado
avoine [avuan] *la* yulaf
avoir [avuar] sahip olmak; elde etmek ¤ *le* mal, varlık ***il y a*** vardır
avortement [avortômañ] *le* çocuk düşürme
avorter [avorte] çocuk düşürmek
avoué, e [avue] *le* davavekili
avouer [avue] itiraf etmek
avril [avril] *le* nisan
axe [aks] *le* eksen; dingil
azalée [azale] *la* açalya
azote [azot] *le* azot

B b

babiller [babiye] gevezelik etmek, çene çalmak

bâbord [babor] *le* iskele
babouin [babueñ] *le*, hayb. şebek
bac [bak] *le* araba vapuru
baccalauréat [bakalorea] *le* olgunluk sınavı, bakalorya
bâche [baş] *la* çadır bezi, yelken bezi
bâcler [bakle] şişirmek, baştan savma yapmak
bactérie [bakteri] *la* bakteri
badigeon [badijoñ] *le* badana
badigeonner [badijone] badanalamak
badiner [badine] şaka etmek
bafouiller [bafuye] kekelemek
bagages [bagaj] *le+ç.* bagaj, eşya ***bagages à main*** yanda taşınacak eşya
bagarre [bagar] *la* kavga, dövüş ***se bagarrer*** dövüşmek, kavga etmek
bagatelle [bagatel] *la* değersiz şey, ıvır zıvır
bagnole [banyol] *la*, kd. araba, oto
bague [bag] *la* yüzük; halka
baguette [baget] *la* çubuk; müz. orkestra şefinin sopası; uzun francala
baie [be] *la* koy, körfez; üzüm gibi taneli meyve
baignade [benyad] *la* yıkanma, banyo
baigner [benye] bebek yıkamak; ıslatmak ***se baigner*** yıkanmak, suya girmek
baignoire [benyuar] *la* banyo teknesi
bail, baux [bay, bo] *le* kira
bâillement [baymañ] *le* esneme
bâiller [baye] esnemek
bain [beñ] *le* banyo ***prendre un bain*** banyo yapmak ***bain de soleil*** güneş banyosu ***prendre un bain de soleil*** güneşlenmek, güneş banyosu yapmak
baïonnette [bayonet] *la* süngü
baiser [beze] öpmek ¤ *le* öpücük, öpüş
baisse [bes] *la* alçalma, inme, düşme, azalma; ucuzlama
baisser [bese] indirmek, alçaltmak; kısmak, azaltmak; alçalmak, azalmak ***se baisser*** eğilmek
bal [bal] *le* balo ***bal costumé*** kıyafet balosu
balade [balad] *la* gezinti, dolaşma
balader [balade] gezdirmek, dolaştırmak ***se balader*** gezinmek, dolaşmak
balafre [balafr] *la* kesik, bıçak yarası
balai [bale] *le* süpürge
balance [balañs] *la* terazi; tic. denge ***la Balance*** Terazi burcu

balancer [balañse] sallamak; atmak, fırlatmak; sallanmak ***se balancer*** sallanmak
balançoire [balañsuar] *la* salıncak; tahterevalli
balayer [baleye] süpürmek
balbutier [balbüsye] kekelemek
balcon [balkoñ] *le* balkon
baleine [balen] *la* balina
balistique [balistik] *la* balistik
balivernes [balivern] *la+ç.* zırva, boş laf
ballade [balad] *la* balad
balle [bal] *la* mermi, kurşun; sp. top
ballerine [balrin] *la* balerin
ballet [bale] *le* bale
ballon [baloñ] *le*, sp. top; balon ***ballon de football*** futbol topu
ballotter [balote] sallanmak, oynamak; sallamak, sarsmak
Baltique [baltik]: ***la mer Baltique*** Baltık Denizi
balustrade [balüstrad] *la* parmaklık, tırabzan
bambou [bañbu] *le* bambu, hintkamışı
banal, e [banal] bayağı, sıradan, beylik
banane [banan] *la* muz
banc [bañ] *le* sıra, kanepe
bancaire [bañker] banka +
bandage [bañdaj] *le* sargı
bande [bañd] *la* şerit, bant, kuşak; sargı
bander [bañde] sarmak, bağlamak; germek ***bander les yeux à*** -in gözlerini bağlamak
banderole [bañdrol] *la* bandrol
bandit [bañdi] *le* haydut, eşkıya
banlieue [bañlyö] *la* banliyö
bannière [banyer] *la* sancak, bandıra
bannir [banir] sürgüne göndermek
banque [bañk] *la* banka
banquet [bañke] *le* ziyafet, şölen
banquette [bañket] *la* kanape; tren, vb.'de yer, oturacak yer
banquier [bañkye] *le* bankacı; banker
baptême [batem] *le* vaftiz
baptiser [batize] vaftiz etmek
bar [bar] *le* bar
baraque [barak] *la* baraka, kulübe; kd. ev
barbare [barbar] *s+a.* barbar, vahşi
barbe [barb] *la* sakal
barbelé [barböle] *le* dikenli tel
barbier [barbye] *le* berber
barboter [barbote] suda, çamurda çırpınmak, batıp çıkmak; kd. araklamak, aşırmak

barbouiller [barbuye] bulamak, bulaştırmak
barbu, e [barbü] sakallı
bariolé, e [baryole] alacalı, rengârenk
barman [barman] *le* barmen
baromètre [barometr] *le* barometre, basınçölçer
baron [baroñ] *le* baron
baronne [baron] *la* baronun karısı
baroque [barok] barok; acayip, garip
barque [bark] *la* kayık, sandal
barrage [baraj] *le* baraj, bent
barre [bar] *la* çubuk, sopa, sırık ***barre fixe*** sp. barfiks ***barres parallèles*** sp. paralel barlar
barreau, x [baro] *le* çubuk, parmaklık ***le barreau*** baro
barrer [bare] tıkamak, kapamak; üstünü çizmek, karalamak
barrette [baret] *la* saç tokası, süs iğnesi
barricade [barikad] *la* barikat
barrière [baryer] *la* çit, engel parmaklığı
baryton [baritoñ] *le* bariton
bas, basse [ba, bas] alçak; alt; bayağı, adi; alçaktan, aşağıdan; aşağıya, aşağıda ¤ *le* alt kısım; kadın çorabı ***à bas ...!*** kahrolsun ...! ***en bas*** aşağıda
bascule [basküll] *la* baskül
base [baz] *la* temel; taban; ask. üs; kim. baz
base-ball [bezbol] *le* beysbol
baser [baze] dayandırmak
basket-ball [basketbol] *le* basketbol
bassin [baseñ] *le* havuz; coğ. havza
bataille [batay] *la* savaş
bataillon [batayon] *le* tabur
bâtard, e [batar, d] *le+la* piç
bateau, x [bato] *le* gemi, vapur ***bateau à voiles*** yelkenli gemi
bâtiment [batimañ] *le* yapı, bina; inşaat
bâtir [batir] yapmak, kurmak, inşa etmek
bâton [batoñ] *le* çubuk, sopa
batterie [batri] *la* batarya; bateri, davul
battre [batr] dövmek, vurmak; yumurta, vb. çırpmak, çalkalamak; karmak, karıştırmak ***se battre*** dövüşmek, çarpışmak ***battre des mains*** el çırpmak
bavard, e [bavar, d] geveze; boşboğaz
bavardage [bavardaj] *le* gevezelik; dedikodu
bavarder [bavarde] gevezelik etmek, çene çalmak; dedikodu yapmak
bave [bav] *la* salya

baver [bave] salyası akmak
bavette [bavet] *la* bebek göğüslüğü, önlük
bazar [bazar] *le* çarşı, kapalı çarşı
béat, e [bea, t] çok mutlu
beau, bel, belle, beaux [bo, bel] güzel; yakışıklı ***bel et bien*** adamakıllı, gerçekten ***du plus belle*** pekâlâ, yine de
beaucoup [boku] çok, birçok, pek ***de beaucoup*** kat kat, büyük bir farkla
beau-fils [bofis] *le* damat; üvey oğul
beau-frère [bofrer] *le* kayınbirader; bacanak; enişte
beau-père [boper] *le* kaynata, kayınpeder; üvey baba
beauté [bote] *la* güzellik
beaux-arts [bozar] *le+ç.* güzel sanatlar
beaux-parents [boparañ] *le+ç.* kaynana ve kaynata
bébé [bebe] *le* bebek
bec [bek] *le* gaga; uç; ağızlık
bécane [bekan] *la* bisiklet
bécasse [bekas] *la*, hayb. çulluk
bêche [beş] *la* bel, bahçıvan beli
becqueter [bekte] gagalamak
bedaine [bõden] *la* göbek
bégayer [begeye] kekelemek
béguin [begeñ] *le*: ***avoir le béguin de pour*** -e vurulmak, tutulmak
beige [bej] *s+le* bej
beignet [benye] *le* yağda kızartılmış börek
bel [bel] bkz. ***beau***
bêler [bele] melemek
belette [bõlet] *la*, hayb. gelincik
bélier [belye] *le* koç ***le Bélier*** Koç burcu
belle [bel] bkz. ***beau***
belle-fille [belfiy] *la* gelin; üvey kız
belle-mère [belmer] *la* kaynana; üvey ana
belle-sœur [belsör] *la* görümce; baldız; elti; yenge
bémol [bemol] *le* bemol
bénédiction [benediksyoñ] *la* kutsama, takdis
bénéfice [benefis] *le* kazanç, kâr; yarar; üstünlük, avantaj
bénéficiaire [benefisyer] *le+la* yararlanan kişi; kazançlı olan şey
bénéficier [benefisye] yararlanmak, istifade etmek, faydalanmak
bénin, igne [beneñ, iny] yumuşak, iyi yürekli; ur iyicil, selim
bénir [benir] kutsamak, takdis etmek

benjamin, e [beñjamE, in] *le+la* ailede, toplulukta en küçük çocuk
benzine [beñzin] *la* benzin
béquille [bekiy] *la* koltuk değneği
berceau, x [berso] *le* beşik
bercer [berse] sallamak
berceuse [bersöz] *la* ninni
béret [bere] *le* bere
berger, ère [berje, er] *le+la* çoban
besogne [bõzony] *la* iş, çalışma
besoin [bõzueñ] *le* gereksinim, ihtiyaç ***au besoin*** gerekirse, gerektiğinde ***avoir besoin de*** -i gereksinmek, -e ihtiyacı olmak
bétail [betay] *le* çiftlik hayvanları
bête [bet] *la* hayvan ***bête noire*** en nefret edilen şey ya da kimse
bêtise [betiz] *la* aptallık
béton [betoñ] *le* beton
betterave [betrav] *la* pancar ***betterave sucrière*** şekerpancarı
beurre [bör] *le* tereyağı
beurrer [böre] tereyağı sürmek
bévue [bevü] *la* gaf, hata
biais [bye] *le* eğiklik; eğrilik; eğik çizgi
bibelot [biblo] *le* biblo
biberon [bibroñ] *le* biberon ***nourrir au biberon*** biberonla beslemek
biblio- [bibliyo] `kitap' anlamında bir önek
bibliographie [bibliyografi] *la* kaynakça, bibliyografi
bibliophile [bibliyofil] *le+la* kitapsever
bibliothécaire [bibliyoteker] *le+la* kütüphaneci
bibliothèque [bibliyotek] *la* kütüphane; kitaplık
biche [biş] *la* maral, dişi geyik
bicyclette [bisiklet] *la* bisiklet
bidon [bidoñ] *le* bidon, teneke
bidonville [bidoñvil] *le* gecekondu mahallesi
bien [byeñ] iyi; pek, pek çok ¤ *le* iyilik; mal, mülk ***bien que*** -e karşın, -e rağmen
bien-aimé, e [byeñeme] *s+a.* sevgili
bien-être [byeñetk(ö)] *le* varlık, gönenç, rahat
bienfait [byeñfe] *le* iyilik, yarar
bienheureux, euse [byeñöro, öz] mutlu
bienséance [byeñseañs] *la* görgü, yakışık
bienséant, e [byeñseañ, t] yerinde, uygun
bientôt [byeñto] birazdan, yakında ***à bientôt*** görüşürüz, görüşmek üzere

bienveillant, e [byeñveyañ, t] iyilikçi, iyiliksever
bienvenu, e [byeñvnü] hoş karşılanan ¤ *la* geliş, hoş gelme ***souhaiter la bienvenue à*** -e hoş geldiniz demek ***soyez le bienvenu, la bienvenue*** hoş geldiniz
bière [byer] *la* bira ***bière brune*** siyah bira ***bière à la pression*** fıçı birası
biffer [bife] çizmek, karalamak
bifteck [biftek] *le* biftek
bifurquer [bifürke] yol ikiye ayrılmak, çatallaşmak
bigot, e [bigo, ot] *s+a.* yobaz, koyu sofu
bigoudi [bigudi] *le* bigudi
bijou, x [biju] *le* mücevher
bijouterie [bijuteri] *la* mücevhercilik; kuyumcu, cevahirci dükkânı
bijoutier, ière [bijutye, yer] *le+la* cevahirci, mücevherci
bikini [bikini] *le* bikini
bilan [bilañ] *le* bilanço
bile [bil] *la* öd, safra ***se faire de la bile*** kd. meraklanmak, kaygılanmak
bilingue [bileñg] ikidilli, iki dil konuşan
billard [biyar] *le* bilardo
bille [biy] *la* bilya
billet [biye] *le* bilet; kâğıt para, banknot ***billet d'aller et retour*** gidiş dönüş bileti ***billet de loterie*** piyango bileti
billot [biyo] *le* kütük
biographie [byografi] *la* yaşamöyküsü, biyografi
biologie [byoloji] *la* biyoloji, dirimbilim
biologique [byolojik] biyolojik, dirimsel
biologiste [byolojist(ö)] *le+la* biyolog, dirimbilimci
bis, e [bi, biz] boz, esmer; bir daha! tekrar!
biscornu, e [biskornü] acayip, tuhaf
biscotte [biskot] *la* peksimet
biscuit [biskui] *le* bisküvi
bise [biz] *la* öpücük; kuzey rüzgârı
bistrot [bistro] *le* içkili lokanta
bizarre [bizar] tuhaf, acayip
blafard, e [blafar, d] soluk, uçuk
blague [blag] *la* şaka
blaguer [blage] şaka yapmak; dalga geçmek
blaireau, x [blero] *le* tıraş fırçası
blâme [blam] *le* kınama; azar
blâmer [blame] kınamak, ayıplamak
blanc, blanche [blañ, blañş] beyaz, ak; boş, yazılmamış ¤ *le+la* beyaz insan

blanchir [blañşir] beyazlatmak, ağartmak; beyazlaşmak
blanchisserie [blañşisri] *la* çamaşırhane
blason [blazoñ] *le* arma
blasphème [blasfem] *le* küfür; sövgü
blasphémer [blasfeme] kutsal şeylere küfretmek
blé [ble] *le* buğday
blesser [blese] yaralamak; gücendirmek, kırmak
blessure [blesür] *la* yara
bleu [blö] *s+le* mavi
blizzard [blizar] *le* tipi
bloc [blok] *le* blok; yığın
bloc-notes [bloknot] *le* bloknot
blocus [bloküs] *le* abluka
blond, e [bloñ, d] *s+a.* sarışın
bloquer [bloke] tıkamak, kapamak; sıkıştırmak
blottir [blotir]: ***se blottir*** büzülmek
blouse [bluz] *la* iş gömleği
blue-jean [bludjin] *le* blucin
bluff [blöf] *le* blöf, kurusıkı
bluffer [blöfe] blöf yapmak
bobard [bobar] *le*, kd. yalan, martaval
bobine [bobin] *la* makara; bobin
bocage [bokaj] *le* koru, ağaçlık
bocal, aux [bokal, o] *le* kavanoz
bock [bok] *le* bira bardağı; bardak dolusu bira
bœuf [böf, ç. bö] *le* öküz, sığır; sığır eti
bohème [boem] bohem, derbeder
bohémien, ne [boemyeñ, yen] *le+la* Çingene
boire [buar] içmek
bois [bua] *le* odun; tahta; ağaç ***de bois, en bois*** ahşap
boisé, e [buaze] ağaçlı, ağaçlık
boisson [buasoñ] *la* içecek; içki
boîte [buat] *la* kutu ***boîte d'allumettes*** kibrit kutusu ***boîte aux lettres*** posta kutusu ***boîte de nuit*** gece kulübü ***boîte de vitesses*** vites kutusu
boiter [buate] topallamak, aksamak
boiteux, euse [buatö, öz] topal, aksak
bol [bol] *le* kâse
bolide [bolid] *le* yarış arabası
bombarder [boñbarde] bombalamak
bombe [boñb] *la* bomba
bon, bonne [boñ, bon] iyi ¤ *le* bono; kupon, belge ***bon à pour*** -e iyi gelen ***bon anniversaire*** doğum gününde mutlu yıllar! ***bon marché*** ucuz; ucuza ***bonne année*** yeni yılınız kutlu

olsun! ***bonne chance*** bol şanslar! iyi şanslar! ***bonne nuit*** iyi geceler! ***bon sens*** sağduyu ***bon voyage*** iyi yolculuklar! ***de bonne heure*** erkenden
bonbon [boñboñ] *le* şekerleme, bonbon
bond [boñ] *le* sıçrama, atlama
bonde [boñd] *la* tıkaç; delik
bondé, e [boñde] dopdolu, tıklım tıklım
bondir [boñdir] sıçramak, atlamak
bonheur [bonör] *le* mutluluk ***au petit bonheur*** rasgele ***par bonheur*** bereket versin, iyi ki
bonhomme (ç. bonshommes) [bonom, boñzom] *le* saf adam ***bonhomme de neige*** kardan adam
boni [boni] *le* kazanç, kâr
bonjour [boñjur] günaydın; selâm, merhaba
bonne [bon] bkz. ***bon*** ¤ *la* hizmetçi kadın
bonnet [bone] *le* başlık, bere
bonneterie [bonetri] *la* tuhafiye dükkânı
bon-papa [boñpapa] *le* dede, büyükbaba
bonsoir [boñsuar] iyi akşamlar
bonté [boñte] *la* iyilik
bord [bor] *le* kenar, kıyı ***à bord*** gemide ***au bord de*** yakınında, kıyısında ***au bord de la mer*** deniz kıyısında
bordeaux [bordo] bordo ¤ *le* bordo şarabı
bordel [bordel] *le* genelev
bordereau, x [bordöro] *le* bordro
bordure [bordür] *la* kenar, sınır
borgne [borny] tek gözlü
borne [born] *la* sınır taşı
borner [borne] sınırlamak ***se borner à*** ile yetinmek
bosquet [boske] *le* koru, ağaçlık
bosse [bos] *la* tümsek, kabartı; kambur ***avoir la bosse de*** -e karşı yeteneği olmak
bosser [bose] kd. çalışmak
bossu, e [bosü] *le+la* kambur
botanique [botanik] *s+la* botanik
botte [bot] *la* çizme, bot; demet, deste
bouc [buk] *le* teke ***bouc émissaire*** şamar oğlanı
bouche [buş] *la* ağız ***bouche de métro*** metro girişi
bouchée [buşe] *la* lokma
boucher [buşe] kapamak, tıkamak ¤ *le* kasap ***se boucher*** tıkanmak
boucherie [buşri] *la* kasap dükkânı

bouchon [buşoñ] *le* tıkaç, tapa, kapak
boucle [bukl] *la* halka; toka; saç lüle ***boucle d'oreille*** küpe
bouclé, e [bukle] kıvrımlı, bukleli
boucler [bukle] tokalamak, bağlamak; kıvrılmak
bouclier [bukliye] *le* kalkan
bouder [bude] somurtmak, surat asmak
boudeur, euse [budör, öz] somurtkan, asık suratlı
boudin [budeñ] *le* domuz sucuğu
boue [bu] *la* çamur
bouée [bue] *la* şamandıra ***bouée de sauvetage*** cankurtaran simidi
boueux, euse [buö, z] çamurlu ¤ *le* çöpçü
bouffe [buf] *la*, kd. yiyecek
bouffée [bufe] *la* soluk, nefes, püf
bouffer [bufe] kd. yemek, atıştırmak; kabarmak, şişmek
bouffon, ne [bufoñ, on] gülünç, eğlenceli
bouger [buje] kımıldamak; kımıldatmak
bougie [buji] *la* mum; buji
bougre [bugr] *le* herif, karı
bouillant, e [buyañ, t] kaynar, kaynayan; ateşli
bouillir [buyir] kaynamak; kaynatmak
bouilloire [buyuar] *la* çaydanlık; ibrik
bouillon [buyoñ] *le* et suyu; kabarcık
bouillonner [buyone] kaynamak, kaynaşmak; köpürmek
bouillotte [buyot] *la* buyot, sıcak su torbası
boulanger, ère [bulañje, er] *le+la* fırıncı, ekmekçi
boulangerie [bulanjri] *la* fırın
boule [bul] *la* yuvarlak, top, bilye ***boule de neige*** kar topu
bouleau, x [bulo] *le* kayın ağacı
bouledogue [buldog] *le* buldok
boulet [bule] *le* gülle
boulette [bulet] *la* küçük top; köfte
boulevard [bulvar] *le* bulvar
bouleversement [bulversômañ] *le* kargaşa
bouleverser [bulverse] altüst etmek; sarsmak
boulon [buloñ] *le* cıvata
boulot [bulo] *le*, kd. iş
bouquet [buke] *le* demet, buket
bouquin [bukeñ] *le* kitap
bouquiniste [bukinist] *le+la* sahaf, eski kitap satıcısı

bourdonner [burdone] vızıldamak, uğuldamak
bourg [bur] *le* kasaba
bourgeois, e [burjua, z] *s+a.* burjuva, kentsoylu
bourgeoisie [burjuazi] *la* burjuvazi, orta sınıf
bourgeon [burjoñ] *le* tomurcuk
bourgeonner [burjone] tomurcuklanmak
bourgogne [burgony] *le* Burgonya şarabı
bourrasque [burask] *la* bora, fırtına
bourreau, x [buro] *le* cellat
bourrer [bure] doldurmak, tıkıştırmak
bourru, e [burü] suratsız, gıcık
bourse [burs] *la* burs; para çantası ***la Bourse*** borsa
boursier, ière [bursye, yer] *le+la* bursiyer
boursoufler [bursufle] şişirmek ***se boursoufler*** kabarmak
bousculer [busküle] itip kakmak; dürtüklemek
bousiller [buziye] kd. bozmak, berbat etmek
boussole [busol] *la* pusula
bout [bu] *le* uç; son ***à bout portant*** çok yakında ***au bout de*** sonunda, sonra
bouteille [butey] *la* şişe
boutique [butik] *la* dükkân
boutiquier, ière [butikye, yer] dükkâncı
bouton [butoñ] *le* düğme; kapı tokmak; gonca; sivilce ***bouton de manchette*** kol düğmesi
boutonner [butone] iliklemek, düğmelemek
boutonneux, euse [butonö, öz] sivilceli
boutonnière [butonyer] *la* düğme ilik
bouton-pression [butoñpresyoñ] *le* çıtçıt
boxe [boks] *la* boks
boxer [bokse] boks yapmak
boxeur [boksör] *le* boksör
boyau, x [buayo] *le* bağırsak
boycottage [boykotaj] *le* boykot
boycotter [boykote] boykot etmek
bracelet [brasle] *le* bilezik
bracelet-montre [braslemoñtr(ö)] *le* kol saati
braguette [braget] *la* pantolon önü
brailler [braye] zırlamak; bağıra bağıra konuşmak
braire [brer] anırmak
braise [brez] *la* kor, köz
braiser [breze] hafif ateşte pişirmek
brancard [brañkar] *le* teskere, sedye

branche [brañş] *la* dal; bölüm, şube
brancher [brañşe] bağlamak, takmak
branchies [brañşi] *la+ç.* solungaçlar
brandir [brañdir] çekmek, sallamak
branle-bas [brañlba] *le* karışıklık, telaş
branler [brañle] sallanmak, oynamak
braquer [brake] doğrultmak, yöneltmek
bras [bra] *le* kol; işçi ***bras dessus, bras dessous*** kol kola
brasier [brazye] *le* kor
brasse [bras] *la* kurbağalama yüzüş; kulaç ***brasse papillon*** kelebek stili
brasser [brase] karıştırmak
brasserie [brasri] *la* birahane; bira fabrikası
brave [brav] yiğit, cesur; iyi, dürüst
braver [brave] meydan okumak, karşı koymak
bravo [bravo] bravo! aferin!
bravoure [bravur] *la* yiğitlik, cesaret
brebis [brõbi] *la* dişi koyun ***brebis galeuse*** çevresine zararlı kimse
brèche [breş] *la* gedik
bredouille [brõduy] başarısız, eli boş
bredouiller [brõduye] gevelemek, homurdanmak
bref, brève [bref, brev] kısa; kısacası ***en bref*** kısacası, uzun sözün kısası
bretagne [brõtany] *la* Fransa'daki Bretanya yarımadası
bretelle [brõtel] *la* kayış ***bretelles*** *la+ç.* pantolon askısı
breton, ne [brõtoñ, on] *s+a.* Bretanyalı
breuvage [brövaj] *le* içki
brevet [brõve] *le* ehliyet, diploma, yeterlik belgesi
bribes [brib] *la+ç.* artık, kırıntılar
bricolage [brikolaj] *le* ufak tefek işler yapma; üstünkörü onarım
bricoler [brikole] ufak tefek işler yapmak; onarmak
bricoleur, euse [brikolör, öz] *le+la* elinden her iş gelen kimse
bride [brid] *la* gem, dizgin
brider [bride] gem vurmak, dizginlemek
bridge [briç] *le* briç
brièvement [briyevman] kısaca, özetle
brièveté [briyevte] *la* kısalık

brigade [brigad] *la* tugay; takım, ekip
brigand [brigañ] *le* eşkıya, haydut
brillant, e [briyañ, t] parlak ¤ *le* pırlanta
briller [briye] parlamak, ışıldamak
brin [breñ] *le* sürgün, filiz ***un brin de*** azıcık
brindille [breñdiy] *la* ince dal, çalı çırpı
brioche [briyoş] *la* çörek; göbek
brique [brik] *la* tuğla
briquet [brike] *le* çakmak
brise [briz] *la* esinti
brise-lames [brizlam] *le* dalgakıran
briser [brize] kırmak; yıkmak, bozmak
britannique [britanik] İngiltere +, İngiliz
Britannique [britanik] *le+la* İngiliz ***les Britanniques*** İngilizler
broc [bro] *le* güğüm
brocanteur, euse [brokañtör, öz] *le+la* eskici
broche [broş] *la* broş, iğnesüs; şiş
broché, e [broşe] kitap ciltsiz, karton kaplı
brochet [broşe] *le* turnabalığı
brochette [broşet] *la* şiş
brochure [broşür] *la* broşür
broder [brode] nakış işlemek
broderie [brodri] *la* işleme, nakış
bronches [broñş] *la+ç.* bronşlar
bronchite [broñşit] *la* bronşit
bronze [broñz] *le* tunç, bronz
bronzé, e [broñze] bronzlaşmış, yanmış
bronzer [broñze] bronzlaştırmak; bronzlaşmak
brosse [bros] *la* fırça ***brosse à cheveux*** saç fırçası ***brosse à dents*** diş fırçası ***brosse à habits*** elbise fırçası
brosser [brose] fırçalamak
brouette [bruet] *la* el arabası
brouhaha [bruaa] *le* gürültü, şamata
brouillard [bruyar] *le* sis
brouille [bruy] *la* dargınlık, küskünlük
brouiller [bruye] karıştırmak; bozmak ***se brouiller*** karışmak, bozulmak; bozuşmak
brouillon [bruyoñ] *le* karalama, müsvedde
broussailles [brusay] *la+ç.* çalı, çalılık
brouter [brute] otlamak
broyer [bruaye] ezmek, öğütmek
bru [brü] *la* gelin
bruine [bruin] *la* çise

bruiner [bruine] çiselemek
bruire [bruir] hışırdamak, uğuldamak
bruit [brui] *le* gürültü; söylenti
brûler [brüle] yakmak; yanmak
brûlure [brülür] *la* yanık; yanma
brume [brüm] *la* sis, pus
brun, e [bröñ, ün] kahverengi; esmer
brunir [brünir] esmerleştirmek, yakmak; esmerleşmek, yanmak
brusque [brüsk] ani; sert, kaba
brusquement [brüskömañ] ansızın, birdenbire
brut, e [brüt] ham, işlenmemiş
brutal, e, aux [brütal, o] kaba, hayvan gibi
brutaliser [brütalize] kaba davranmak, sert davranmak
brutalité [brütalite] *la* kabalık, sertlik
bruyant, e [bruiyañ, t] gürültülü; gürültücü
bûche [büş] *la* odun, kütük
bûcher [büşe] kd. ineklemek, çok çalışmak
bûcheron [büşroñ] *le* oduncu
budget [büdje] *le* bütçe
buée [bue] *la* buğu, buhar
buffet [büfe] *le* büfe
buffle [büfl] *le* manda
buis [bui] *le* şimşir
buisson [buisoñ] *le* çalı
buissonnière [buisonyer]: ***faire l'école buissonnière*** okuldan kaçmak, okulu kırmak
bulbe [bülb] *le*, bitk, anat. soğan
bulldozer [buldozör] *le* buldozer
bulle [bül] *la* kabarcık
bulletin [bülteñ] *le* bülten; alındı, makbuz; okul karne ***bulletin d'informations*** haber bülteni ***bulletin météorolgique*** hava raporu ***bulletin de vote*** oy pusulası
bureau, x [büro] *le* işyeri, büro; çalışma masası ***bureau de location*** gişe ***bureau de poste*** postane
bureaucrate [bürokrat] *le* bürokrat
bureaucratie [bürokrasi] *la* bürokrasi
bus [büs] *le* otobüs
buste [büst] *le* vücudun üst kısmı; büst
but [bü, büt] *le* hedef; amaç, erek; sp. gol ***de but en blanc*** birdenbire, damdan düşercesine
buté, e [büte] inatçı, dik kafalı

buter [büte]: ***buter contre sur*** -e çarpmak ***se buter*** inat etmek
buteur [bütör] *le*, sp. golcü
butin [büteñ] *le* yağma; ganimet
buvard [büvar] *le* kurutma kâğıdı
buvette [büvet] *la* büfe
buveur, euse [büvör, öz] *le+la* içkici
byzantin, e [bizañteñ, in] Bizanslı, Bizans +

C c

c' [s] bkz. ***ce***
ça [sa] bu, şu ***ça va?*** ne var ne yok? ***ça va*** tamam!
çà [sa]: ***çà et là*** şurda burda
caban [kabañ] *le* kaban
cabane [kaban] *la* kulübe
cabaret [kabare] *le* kabare, gece kulübü
cabillaud [kabiyo] *le* morina
cabine [kabin] *la* kamara; plajda kabin; kabine ***cabine téléphonique*** telefon kulübesi
cabinet [kabine] *le* büro, işyeri; muayenehane; kabine ***cabinet de toilette*** tuvalet
câble [kabl] *le* kablo; telgraf, telyazı
câbler [kable] telgraf çekmek, tellemek
cacahuète [kakauet] *la* yerfıstığı
cacao [kako] *le* kakao
cache [kaş] *la* gizli yer, zula
cache-cache [kaşkaş] *le*: ***jouer à cache-cache*** saklambaç oynamak
cachemire [kaşmir] *le* kaşmir
cache-nez [kaşne] *le* boyun atkısı
cacher [kaşe] saklamak, gizlemek
cachet [kaşe] *le* mühür, damga; tablet
cacheter [kaşte] mühürlemek
cachette [kaşet] *la* gizleme yeri, saklanacak yer ***en cachette*** gizlice, çaktırmadan
cachot [kaşo] *le* zindan
cactus [kaktüs] *le* kaktüs, atlasçiçeği
cadavre [kadavr] *le* ceset, kadavra
cadeau, x [kado] *le* armağan, hediye
cadenas [kadna] *le* asma kilit
cadet, te [kade, t] yaşça küçük, en küçük ¤ *le+la* küçük, küçük evlat
cadran [kadrañ] *le* kadran ***cadran solaire*** güneş saati
cadre [kadr(ö)] *le* çerçeve; kadro; manzara

caduc, uque [kadük] eski, geçersiz
cafard [kafar] *le* hamamböceği *avoir le cafard* canı sıkılmak, keyfi yerinde olmamak
café [kafe] *le* kahve; kahvehane, kafeterya *café au lait* sütlü kahve *café noir* sütsüz kahve
caféine [kafein] *la* kafein
cafetier, ière [kaftye, yer] *la* cezve
cage [kaj] *la* kafes
cahier [kaye] *le* defter
cahin-caha [kaeñkaa] şöyle böyle
cahot [kao] *le* araba sarsıntı, zıplama
cahoter [kaote] sarsılmak
caille [kay] *la* bıldırcın
cailler [kaye] koyulaşmak, pıhtılaşmak
caillot [kayo] *le* pıhtı
caillou, x [kayu] *le* çakıl
caillouteux, euse [kayutö, öz] çakıllı
caisse [kes] *la* sandık; kasa; gişe, vezne *caisse enregistreuse* yazar kasa, otomatik kasa
caissier, ière [kesye, yer] *le+la* kasiyer, veznedar
cajoler [kajole] pohpohlamak, yaltaklanmak
cake [kek] *le* meyveli kek
calcium [kalsyom] *le* kalsiyum
calcul [kalkül] *le* hesap *le calcul* aritmetik
calculer [kalküle] hesaplamak
cale [kal] *la* sintine, gemi ambarı
caleçon [kalsoñ] *le* don *caleçon de bain* mayo
calembour [kalañbur] *le* cinas
calendrier [kalañdriye] *le* takvim
calepin [kalpeñ] *le* not defteri
caler [kale] takoz koymak *caler son moteur, véhicule* motoru, taşıtı durdurmak
calibre [kalibr] *le* grad, kalite; çap
câlin, e [kaleñ, in] sevimli, tatlı
câliner [kaline] okşamak, sevmek
calmant [kalmañ] *le* yatıştırıcı, müsekkin
calme [kalm] durgun, sakin ¤ *le* durgunluk, sessizlik
calmer [kalme] dindirmek, yatıştırmak *se calmer* dinmek, yatışmak
calomnie [kalomni] *la* iftira
calomnier [kalomnye] iftira etmek, kara çalmak
calomnieux, euse [kalomnyö, öz] iftiracı
calorie [kalori] *la* kalori
calque [kalk] *le* kopya
calquer [kalke] kopyasını çıkarmak

calvitie [kalvisi] *la* dazlaklık
camarade [kamarad] *le+la* arkadaş, dost
camaraderie [kamaradri] *la* arkadaşlık
cambriolage [kañbriyolaj] *le* hırsızlık, ev soyma
cambrioler [kañbriyole] ev soymak
cambrioleur, euse [kañbriolör] *le+la* ev hırsızı
cambrure [kañbrür] *la* eğrilik, kamburluk
caméléon [kameleoñ] *le* bukalemun
camelot [kamlo] *le* işportacı
camelote [kamlot] *la* kötü mal, işporta malı
caméra [kamera] *la* kamera, alıcı
camion [kamyoñ] *le* kamyon
camion-citerne [kamyoñ-sitern(ö)] *le* tanker
camionnette [kamyonet] *la* kamyonet
camionneur [kamyonör] *le* kamyon sürücüsü
camouflage [kamuflaj] *le* kamuflaj
camoufler [kamufle] gizlemek, kamufle etmek
camp [kañ] *le* kamp; taraf, cephe
campagnard, e [kañpanyar, ard] köyle ilgili ¤ *le+la* köylü
campagne [kañpany] *la* kır, köy; kampanya
camper [kañpe] kamp kurmak
campeur, euse [kañpör, öz] *le+la* kampçı, kamp kuran
camping [kañping] *le* kamp kurma; kamp yeri
campus [kañpüs] *le* kampüs, yerleşke
canaille [kanay] *la* hergele, it
canal, aux [kanal, o] *le* kanal
canalisation [kanalizasyoñ] *la* kanalizasyon
canaliser [kanalize] kanal açmak; yönlendirmek
canapé [kanape] *le* kanape
canard [kanar] *le* ördek
canari [kanari] *le* kanarya
cancans [kañkañ] *le+ç.* dedikodu
cancer [kañser] *le* kanser ***le Cancer*** Yengeç burçu
cancéreux, euse [kañserö, öz] kanserli
cancre [kañkr] *le* tembel öğrenci
candeur [kañdör] *la* saflık, temiz yüreklilik
candidat, e [kañdida, t] *le+la* aday
candide [kañdid] saf, temiz yürekli
cane [kan] *la* dişi ördek
caniche [kaniş] *le* kaniş
canif [kanif] *le* çakı

caniveau, x [kanivo] *le* oluk, çörten
canne [kan] *la* baston, değnek ***canne à pêche*** olta kamışı ***canne à sucre*** şekerkamışı
cannelle [kanel] *la* tarçın
cannelure [kanlür] *la* yiv
cannibale [kanibal] *le+la* yamyam
canoë [kanoe] *le* kano
canon [kanoñ] *le*, ask. top; namlu; kilise yasası, dinsel kural
canot [kano] *le* sandal ***canot pneumatique*** lastik bot ***canot de sauvetage*** cankurtaran sandalı, filika
cantatrice [kañtatris] *la* kadın şarkıcı
cantine [kañtin] *la* kantin
canton [kañtoñ] *le* bucak; İsviçrede kanton
canular [kanülar] *le* işletme, dalga geçme
caoutchouc [kautşu] *le* kauçuk
cap [kap] *le*, coğ. burun
capable [kapabl] yetenekli, becerikli
capacité [kapasite] *la* kapasite, sığa; yetenek, güç
cape [kap] *la* pelerin, harmani
capitaine [kapiten] *le* kaptan; yüzbaşı
capital, e, aux [kapital, o] başlıca, en önemli; temel ¤ *le* sermaye, anamal ¤ *la* başkent; büyük harf
capitalisme [kapitalism(ö)] *le* kapitalizm, anamalcılık
capitaliste [kapitalist(ö)] *s+a.* kapitalist, anamalcı
caporal, aux [kaporal, o] *le* onbaşı
capot [kapo] *le* kaporta, kaput
capote [kapot] *la* taşıt kaput
caprice [kapris] *le* kapris, geçici heves
capricieux, euse [kaprisyö, öz] kaprisli, maymun iştahlı
Capricorne [kaprikorn]: ***le Capricorne*** Oğlak burcu
capsule [kapsül] *la* şişe kapağı; kapsül
capter [kapte] almak, yakalamak
captieux, euse [kapsyö, öz] aldatıcı, sahte
captif, ive [kaptif, v] *s+a.* tutsak, esir
captiver [kaptive] büyülemek, cezbetmek
captivité [kaptivite] *la* tutsaklık, esaret
capuchon [kapüşoñ] *le* kukuleta, başlık
car [kar] çünkü, zira ¤ *le* otobüs, yolcu otobüsü
carabine [karabin] *la* karabina
caractère [karakter] *le* karakter

caractéristique [karakteristik] karakteristik, tipik, ayırt edici ¤ *la* nitelik
carafe [karaf] *la* sürahi
carambolage [karañbolaj] *le* taşıtlar çarpışma, birbirine girme
caramel [karamel] *le* karamela
carat [kara] *le* ayar, kırat
caravane [karavan] *la* karavan; kervan
carbone [karbon] *le* karbon; karbon kâğıdı, kopya kâğıdı
carburant [karbürañ] *le* yakıt
carburateur [karbüratör] *le* karbüratör
cardiaque [kardyak] kalple ilgili, yürek + ¤ *le*+*la* kalp hastası
cardigan [kardigañ] *le* hırka
cardinal, e, aux [kardinal, o] başlıca, temel ¤ *le* kardinal
carême [karem]: ***le Carême*** büyük perhiz, oruç
carence [karañs] *la* güçsüzlük; yetersizlik
carène [karen] *la* karina, omurga
caresse [kares] *la* okşama
caresser [karese] okşamak, sevmek
cargaison [kargezoñ] *la* kargo, yük
cargo [kargo] *le* şilep, yük gemisi
caricature [karikatür] *la* karikatür
carie [kari] *la* diş çürük
carillon [kariyoñ] *le* çan sesi
carillonner [kariyone] çan, vb. çalmak
carnage [karnaj] *le* katliam, kırım
carnassier, ière [karnasye, yer] etçil, etle beslenen
carnaval [karnaval] *le* karnaval
carnet [karne] *le* not defteri; okul karne ***carnet de chèques*** çek defteri
carotte [karot] *la* havuç
carpette [karpet] *la* küçük halı, seccade
carré, e [kare] dürüst, samimi ¤ *s*+*le* kare, dördül
carreau, x [karo] *le* karo, döşeme taşı; pencere camı; iskambil karo
carrefour [karfur] *le* kavşak, dört yol ağzı
carrelage [karlaj] *le* döşeme, mozaik
carreler [karle] taş döşemek, mozaik döşemek
carrière [karyer] *la* meslek, kariyer
carrosse [karos] *le* atlı yolcu arabası
carrosserie [karosri] *la* karoser
cartable [kartabl] *le* öğrenci çantası, okul çantası

carte [kart] *la* harita; kart; mönü, menü ***carte de crédit*** kredi kartı ***carte d'identité*** kimlik kartı ***carte postale*** kartpostal ***carte de visite*** kartvizit ***carte des vins*** şarap listesi
cartilage [kartilaj] *le* kıkırdak
carton [kartoñ] *le* mukavva, karton; mukavva, karton kutu
cartouche [kartuş] *la* fişek; sigara karton
cas [ka] *le* olay; durum ***au cas où*** -diği takdirde ***en aucun cas*** hiçbir şekilde, ne olursa olsun ***en tout cas*** her ne olursa olsun ***faire cas de*** -e önem vermek
cascade [kaskad] *la* çağlayan
cascadeur, euse [kaskadör, öz] *le+la* dublör
case [kaz] *la* kulübe; dolap, vb. göz
caser [kaze] koymak, yerleştirmek
caserne [kazern] *la* kışla
casier [kazye] *le* raf; evrak dolabı ***casier judiciaire*** adli sicil
casino [kazino] *le* gazino
casque [kask] *le* başlık, miğfer; saç kurutma makinesi
casquette [kasket] *la* kasket
cassant, e [kasañ, t] kırılgan, kolay kırılır
casse [kas] *la*: ***mettre à la casse*** hurdaya çıkarmak
casse-cou [kasku] gözü pek, korkusuz
casse-croûte [kaskrut] *le* hafif yemek
casse-noisettes [kasnuazet] *le* fındıkkıran, ceviz kıracağı
casse-pieds [kaspye] *le+la* can sıkıcı kimse, baş belası
casser [kase] kırmak; bozmak, geçersiz kılmak
casserole [kasrol] *la* saplı tencere
cassette [kaset] *la* kaset; çekmece
cassis [kasis] *le* siyah frenküzümü
cassonade [kasonad] *la* esmer şeker, ham şeker
cassure [kasür] *la* kırık
castagnettes [kastanyet] *la+ç.* kastanyet
castor [kastor] *le* kunduz
catafalque [katafalk] *le* katafalk
catalogue [katalog] *le* katalog
cataloguer [kataloge] sınıflandırmak, kataloglamak
catalyse [kataliz] *la* kataliz
catalyseur [katalizör] *le* katalizör
cataphote [katafot] *le* katafot, reflektör

cataracte [katarakt] *la* çağlayan; hek. katarak, perde
catarrhe [katar] *le* nezle
catastrophe [katastrof] *la* felaket, facia
catégorie [kategori] *la* kategori, ulam
catégorique [kategorik] kesin, açık
cathédrale [katedral] *la* katedral
cathode [katod] *la* katot
catholicisme [katolisism] *le* Katoliklik
catholique [katolik] *s+a.* Katolik
cauchemar [koşmar] *le* karabasan, kâbus
cause [koz] *la* neden, sebep; dava ***à cause de*** -den dolayı, yüzünden ***pour cause de*** -den dolayı
causer [koze] neden olmak; konuşmak, çene çalmak
causerie [kozri] *la* konuşma
caustique [kostik] yakıcı
caution [kosyoñ] *la* güvence, teminat; huk. kefalet ***libéré sous caution*** kefaletle tahliye edilmiş
cautionnement [kosyonmañ] *le* güvence
cavalerie [kavalri] *la* süvari sınıfı
cavalier, ière [kavalye, yer] *le+la* binici, atlı; kavalye, eş
cave [kav] çukur, çökük ¤ *la* kiler, mahzen
caveau, x [kavo] *le* küçük mahzen
caverne [kavern] *la* mağara
caviar [kavyar] *le* havyar
cavité [kavite] *la* oyuk, boşluk
CD CD
CD-Rom CD-Rom
ce, cette [sö, set] bu; şu; bunlar; şunlar ***c'est*** bu ... -dır ***ce que*** -diği şey ***ce que ...!*** ne kadar ...! ***ce qui*** -en şey; bu da, böyle olması da
ceci [sösi] bu, bunu
cécité [sesite] *la* körlük
céder [sede] bırakmak, terk etmek; boyun eğmek, teslim olmak
cèdre [sedr] *le* sedir, dağservisi
ceinture [señtür] *la* kemer, kayış; bel
cela [söla] bu, şu, o; bunu, şunu, onu
célèbre [selebr] ünlü, tanınmış
célébrer [selebre] kutlamak; övmek
célébrité [selebrite] *la* ün; ünlü kişi, şöhret
céleri [selri] *le* kereviz
céleste [selest] gökle ilgili, göksel, tanrısal
célibat [seliba] *le* bekârlık

célibataire [selibater] *s+a.* bekâr
cellule [selül] *la* hücre
celui, celle, ceux, celles [sõlui, sel, sö] -enler, -anlar, -en kimseler ***celui-ci, celui-là*** bu, bunu; şu, şunu ***ceux-ci, ceux-là; celles-ci, celles-là*** bunlar, bunları; şunlar, şunları
cendre [sañdr] *la* kül
cendrier [sañdriye] *le* kül tablası, küllük
censé, e [sañse] gibi sayılan, sanılan
censeur [sañsör] *le* okul müdür yardımcısı; sansürcü
censure [sañsür] *la* sansür
censurer [sañsüre] sansür etmek, denetlemek
cent [sañ] yüz ***pour cent*** yüzde
centaine [sañten] *la*: ***une centaine de*** yüz kadar
centenaire [sañtner] *le* yüzüncü yıldönümü
centième [sañtyem] yüzüncü
centigrade [sañtigrad] *le* santigrat
centilitre [sañtilitr] *le* santilitre
centime [sañtim] *le* santim, frangın yüzde biri
centimètre [sañtimetr] *le* santimetre; mezura, mezür
central, e, aux [sañtral, o] merkezi ¤ *le* santral ***chauffage central*** merkezi ısıtma, kalorifer
centre [sañtr] *le* merkez, orta
cep [sep] *le* bağ kütüğü, omça
cependant [sõpañdañ] bununla birlikte, oysa
céramique [seramik] *la* seramik
cercle [serkl] *le* daire; çember ***cercle vicieux*** kısır döngü
cercueil [serköy] *le* tabut
céréale [sereal] *la* tahıl
cérébral, e, aux [serebral, o] beyinle ilgili
cérémonie [seremoni] *la* tören
cerf [ser] *le* geyik
cerf-volant [servolañ] *le* uçurtma
cerise [sriz] *la* kiraz
cerner [serne] kuşatmak, sarmak
certain, e [serteñ, en] kesin; belirli, belli; emin, kuşkusuz ***certains*** kimileri, bazıları
certainement [sertenmañ] elbette, kuşkusuz
certes [sert] elbette, kuşkusuz
certificat [sertifika] *le* belge, sertifika
certifier [sertifye] onaylamak, doğrulamak
certitude [sertitüd] *la* kesinlik; doğruluk

cerveau, x [servo] *le* beyin; zekâ
cervelle [servel] *la* beyin
ces [se] bkz. ***ce***
cesse [ses]: ***sans cesse*** durmadan, sürekli
cesser [sese] durdurmak; durmak
c'est-à-dire [setadir] yani, demek ki
cet [set] bkz. ***ce***
cette [set] bkz. ***ce***
ceux [sö] bkz. ***celui***
chacal [şakal] *le* çakal
chacun, e [şaköñ, ün] her biri; herkes
chagrin [şagreñ] *le* üzüntü, acı ***avoir du chagrin*** kederli olmak
chagriner [şagrine] üzmek
chahut [şay] *le* gürültü, şamata
chahuteur, euse [şaütör, öz] *le+la* gürültücü, şamatacı
chaîne [şen] *la* zincir; TV kanal
chair [şer] *la* et
chaire [şer] *la* kürsü
chaise [şez] *la* iskemle, sandalye
chaland [şalañ] *le* mavna, duba
châle [şal] *le* şal
chalet [şale] *le* dağ evi
chaleur [şalör] *la* ısı
chaleureux, euse [şalörö, öz] sıcak, ısıtan
chaloupe [şalup] *la* şalupa, sandal
chambre [şañbr] *la* oda ***chambre à air*** iç lastik ***chambre à coucher*** yatak odası
chameau, x [şamo] *le* deve
chamois [şamua] *le* dağkeçisi, elik
champ [şañ] *le* tarla; alan ***champ de courses*** koşu meydanı, hipodrom ***champ de mines*** mayın tarlası
champagne [şañpany] *le* şampanya
champêtre [şañpetr] kırsal
champignon [şañpinyoñ] *le* mantar
champion, ne [şañpyoñ, yon] *s+a.* şampiyon
championnat [şañpyona] *le* şampiyona
chance [şañs] *la* şans, talih; olasılık ***avoir de la chance*** talihi olmak, şanslı olmak
chanceler [şañsle] sendelemek, sarsılmak
chancelier [şañsölye] *le* Almanya'da başbakan; kançılar
chanceux, euse [şañsö, z] şanslı, talihli
chandail [şañday] *le* kazak

chandelier [şañdõlye] *le* şamdan
chandelle [şañdel] *la* mum
change [şañj] *le* değiş tokuş; kambiyo
changeant, e [şañjañ, t] değişken, kararsız
changement [şañjmañ] *le* değişme, değiştirme; değişiklik
changer [şañje] değiştirmek; değişmek ***changer d'idée*** fikrini değiştirmek ***se changer*** üstünü değiştirmek
chanson [şañsoñ] *la* türkü, şarkı
chansonnier [şañsonye] *le+la* türkücü, şarkıcı
chant [şañ] *le* türkü, şarkı
chantage [şañtaj] *le* şantaj ***faire du chantage*** şantaj yapmak
chanter [şañte] şarkı söylemek
chanteur, euse [şañtör, öz] *le+la* şarkıcı
chantier [şañtye] *le* şantiye ***chantier naval*** tersane
chanvre [şañvr] *le* kenevir, kendir
chaparder [şaparde] aşırmak, araklamak
chapeau, x [şapo] *le* şapka
chapelle [şapel] *la* küçük kilise
chapitre [şapitr] *le* kitap bölüm
chaque [şak] her, her biri
char [şar] *le* araba ***char d'assaut*** tank
charbon [şarboñ] *le* kömür ***charbon de bois*** odunkömürü
charbonnier [şarbonye] *le* kömürcü
charcuterie [şarkütri] *la* domuz eti dükkânı, şarküteri; domuz etinden yiyecekler
charcutier, ière [şarkütye, yer] *le+la* domuz kasabı
chardon [şardoñ] *le* devedikeni
charge [şarj] *la* yük; sorumluluk, yükümlülük ***à charge de*** koşuluyla, şartıyla
chargé [şarje] yüklü ¤ *le* görevli ***chargé d'affaires*** işgüder, maslahatgüzar
chargement [şarjõmañ] *le* yükleme, doldurma; yük
charger [şarje] yüklemek; doldurmak ***se charger de*** yüklenmek, üstüne almak
chariot [şaryo] *le* yük arabası, el arabası
charité [şarite] *la* hayırseverlik, merhamet
charlatan [şarlatañ] *le* şarlatan
charmant, e [şarmañ, t] büyüleyici, çekici
charme [şarm] *le* büyü, sihir; çekicilik, cazibe
charmer [şarme] büyülemek

charnel, le [şarnel] cinsel; şehvetli, kösnül
charnière [şarnyer] *la* menteşe
charogne [şarony] *la* leş; arg. it, fırlama
charpente [şarpañt] *la* iskelet, çatı
charpentier [şarpañtye] *le* dülger, doğramacı
charrette [şaret] *la* iki tekerlekli yük arabası
charrue [şarü] *la* saban
chas [şa] *le* iğne deliği
chasse [şas] *la* av; avlanma, avcılık ***tirer la chasse d'eau*** tuvalette sifonu çekmek
chasse-neige [şasnej] *le* kar temizleme aracı
chasser [şase] avlamak; kovmak, atmak
chasseur, euse [şasör, öz] *le+la* avcı ¤ *le* otelde uşak, garson
châssis [şasi] *le*, oto. şasi; çerçeve
chaste [şast] namuslu, iffetli
chat [şa] *le* kedi
châtaigne [şateny] *la* kestane
châtain [şateñ] kestanerengi; kumral
château, x [şato] *le* şato, saray
châtier [şatye] cezalandırmak; düzeltmek
châtiment [şatimañ] *le* ceza
chaton [şatoñ] *le* kedi yavrusu
chatouiller [şatuye] gıdıklamak
chatouilleux, euse [şatuyö, öz] çabuk gıdıklanır
chatte [şat] *la* dişi kedi
chaud, e [şo, od] sıcak ***avoir chaud*** sıcaklamak, sıcaktan bunalmak ***il fait chaud*** hava sıcak
chaudière [şodyer] *la* kazan
chauffage [şofaj] *le* ısıtma; ısınma ***chauffage central*** kalorifer
chauffe-bain [şofbeñ] *le* şofben
chauffe-eau [şofo] *le* su ısıtıcısı
chauffer [şofe] ısıtmak; ısınmak ***se chauffer*** ısınmak
chauffeur [şoför] *le* sürücü, şoför
chaussée [şose] *la* yol, şose
chausse-pied [şospye] *le* çekecek, kerata
chausser [şose] ayağına giymek; ayakkabı giydirmek
chaussette [şoset] *la* kısa çorap
chausson [şosoñ] *le* patik, keçe ayakkabı
chaussure [şosür] *la* ayakkabı
chauve [şov] dazlak, kel

chauve-souris [şovsuri] *la* yarasa
chef [şef] *le* şef; baş, başkan; aşçıbaşı ***chef d'équipe*** ekip başkanı ***chef d'état*** devlet başkanı ***chef de famille*** aile reisi ***chef de file*** parti, vb. önder ***chef d'orchestre*** orkestra şefi ***chef de rayon*** mağaza bölüm şefi ***chef de service*** servis şefi
chef-d'œuvre [şedövr] *le* başyapıt, şahaser
chemin [şmeñ] *le* yol ***chemin de fer*** demiryolu ***en chemin*** yolda
cheminée [şmine] *la* baca; ocak, şömine
cheminer [şmine] yürümek, ilerlemek
chemise [şmiz] *la* gömlek; dosya kartonu ***chemise de nuit*** gecelik
chemisier [şmizye] *le* şömizye
chenal, aux [şõnal, o] *le* kanal
chêne [şen] *le* meşe
chenille [şniy] *la* tırtıl
chèque [şek] *le* çek ***chèque de voyage*** seyahat çeki
cher, ère [şer] sevgili, aziz; pahalı
chercher [şerşe] aramak ***aller chercher*** gidip getirmek ***chercher à faire*** yapmaya çalışmak
chercheur, euse [şerşör, öz] *le+la* araştırmacı
chère [şer] bkz. ***cher***
chéri, e [şeri] *s+a.* sevgili
chérir [şerir] çok sevmek, candan sevmek
cherté [şerte] *la* pahalılık
chétif, ive [şetif, v] cılız, zayıf
cheval, aux [şval, o] *le* at ***à cheval*** at sırtında ***cheval vapeur C.V.*** beygirgücü
chevalerie [şvalri] *la* şövalyelik
chevalet [şvale] *le* resim sehpası
chevalier [şvalye] *le* şövalye
chevelure [şövlür] *la* saç
cheveu, x [şvö] *le* saç
cheville [şviy] *la* ayak bilek
chèvre [şevr] *la* keçi
chevreau, x [şevro] *le* oğlak
chewing-gum [şuiñgom] *le* çiklet
chez [şe] evinde, evine ***chez moi*** evimde; evime ***faites comme chez vous!*** rahatınıza bakın! evinizdeymiş gibi hareket edin!
chez-soi [şesua] *le* ev, yuva
chic [şik] şık; sevimli, güzel ¤ *le* şıklık, güzellik ***avoir le chic de*** ustası olmak, üstüne olmamak
chiche [şiş] cimri, pinti
chicorée [şikore] *la* hindiba
chien [şyeñ] *le* köpek ***chien de garde*** bekçi köpeği

chien-loup [şyeñlu] *le* kurt köpeği
chienne [şyeñ] *la* kancık
chiffon [şifoñ] *le* paçavra
chiffonner [şifone] buruşturmak
chiffre [şifr] *le* rakam; şifre ***chiffre d'affaires*** ciro
chignon [şinyoñ] *le* saç topuzu
chimie [şimi] *la* kimya
chimique [şimik] kimyasal
chimiste [şimist(õ)] *le+la* kimyager, kimyacı
chips [şips] *la+ç.* cips
chirurgie [şirürji] *la* cerrahlık ***chirurgie esthétique*** estetik cerrahi
chirurgien [şirürjyeñ] *le* cerrah
chlore [klor] *le* klor
chloroforme [kloroform] *le* kloroform
choc [şok] *le* çarpma; çarpışma
chocolat [şokola] *le* çikolata ***chocolat à croquer*** sade çikolata ***chocolat au lait*** sütlü çikolata
chœur [kör] *le* koro
choisi, e [şuazi] seçkin, seçme
choisir [şuazir] seçmek
choix [şua] *le* seçme; seçim ***de choix*** seçkin, seçme
choléra [kolera] *le* kolera
cholestérol [kolesterol] *le* kolesterol
chômage [şomaj] *le* işsizlik ***en chômage*** işsiz
chômer [şome] çalışmamak, işsiz kalmak
chômeur, euse [şomör, öz] *le+la* işsiz kimse
chope [şop] *la* büyük bira bardağı
choquer [şoke] sarsmak, şaşırtmak
choral, e [koral] koroyla ilgili ¤ *le* koral, dinsel şarkı
chorégraphe [koregraf] *le+la* koreograf
chorégraphie [koregrafi] *la* koreografi
chose [şoz] *la* şey
chou, x [şu] *le* lahana ***mon petit chou*** tatlım, şekerim, canım
chouchou, te [şuşu, ut] *le+la* sınıfın gözdesi, en sevilen öğrenci
choucroute [şukrut] *la* lahana turşusu
chouette [şuet] güzel, hoş ¤ *la* baykuş
chou-fleur [şuflör] *le* karnabahar
choyer [şuaye] çok sevmek, üstüne titremek
chrétien, ne [kretyeñ, en] *s+a.* Hıristiyan
Christ [krist]: ***le Christ*** İsa
christianisme [kristyanism] *le* Hıristiyanlık

chrome [krom] *le* krom
chronique [kronik] süreğen, kronik ¤ *la* yazı; kronik, vakayiname
chronologie [kronoloji] *la* kronoloji
chronologique [kronolojik] kronolojik
chronomètre [kronometr] *le* kronometre, süreölçer
chrysanthème [krizañtem] *le* kasımpatı
chuchoter [şüşote] fısıldamak
chut [şüt] sus! hışt!
chute [şüt] *la* düşme, düşüş ***chute d'eau*** çağlayan
Chypre [şipr] *le* ***le Chypre*** Kıbrıs
-ci [si] bu
ci- [si] burada
ci-après [siapre] bundan sonraki
cible [sibl] *la* hedef
ciboule [sibul] *la* taze sarmısak
ciboulette [sibulet] *la* bir tür sarmısak
cicatrice [sikatris] *la* yara izi
ci-dessous [sidõsu] aşağıda, altta
ci-dessus [sidõsü] yukarıda, üstte
cidre [sidr] *le* elma şarabı
ciel [syel] *le* gök, gökyüzü; cennet
cierge [syerj] *le* mum
cigale [sigal] *la* ağustosböceği
cigare [sigar] *le* puro
cigarette [sigaret] *la* sigara
cigogne [sigony] *la* leylek
ci-inclus, e [sieñklü, z] ilişikteki, zarfın içinde
ci-joint, e [sijueñ, eñt] ekteki, ilişikteki
cil [sil] *le* kirpik
cime [sim] *la* tepe, doruk
ciment [simañ] *le* çimento
cimetière [simtyer] *le* mezarlık, gömütlük
cinéma [sinema] *le* sinema
cinéphile [sinefil] *le+la* sinemasever
cinétique [sinetik] kinetik
cinglé, e [señgle] kd. çılgın, kaçık
cinq [señk] beş
cinquante [señkañt] elli
cinquantième [señkañtyem] ellinci
cinquième [señkyem] beşinci
cintre [señtr] *le* elbise askısı
cirage [siraj] *le* ayakkabı boyama; ayakkabı boyası
circoncision [sirkoñsizyoñ] *la* sünnet
circonférence [sirkoñferañs] *la* çevre; çember
circonflexe [sirkoñfleks]: ***accent circonflexe*** ^ işareti
circonscription [sirkoñskripsyoñ] *la* bölge ***circonscrip-***

tion électorale secim bölgesi
circonscrire [sirkoñskrir] sınırlamak
circonspect, e [sirkoñspekt] ihtiyatlı, ölçülü
circonstance [sirkoñstañs] *la* durum, koşul
circuit [sirkui] *le* gezi, tur; elektrik devre
circulaire [sirküler] yuvarlak ¤ *la* genelge
circulation [sirkülasyoñ] *la* dolaşım; trafik
circuler [sirküle] dolaşmak
cire [sir] *la* balmumu; kulak kiri
ciré [sire] *le* yağmurluk, muşamba
cirer [sire] parlatmak, cilalamak
cirque [sirk] *le* sirk
cisailles [sizaj] *la+ç.* büyük makas, bahçıvan makası
ciseau, x [sizo] *le+ç.* makas
citation [sitasyoñ] *la* alıntı, iktibas; celp, çağrı belgesi
cité [site] *la* kent, şehir
citer [site] alıntılamak, aktarmak; mahkemeye çağırmak
citerne [sitern] *la* sarnıç
citoyen, ne [situayeñ, en] *le+la* yurttaş, vatandaş
citoyenneté [situayente] *la* yurttaşlık, vatandaşlık
citron [sitroñ] *le* limon
citronnade [sitronad] *la* limonata
citrouille [sitruy] *la* balkabağı
civet [sive] *le* yahni
civière [sivyer] *la* sedye, teskere
civil, e [sivil] medeni, yurttaşlıkla ilgili ¤ *s+le* sivil ***en civil*** sivil kıyafetli, sivil
civilisation [sivilizasyoñ] *la* uygarlık
civilisé, e [sivilize] uygar
civiliser [sivilize] uygarlaştırmak
civique [sivik] yurttaşla ilgili, yurttaşlık +
clair, e [kler] parlak, aydınlık; ; açık, belli ***clair de lune*** ay ışığı
clairement [klermañ] açıkça, besbelli
clairon [kleroñ] *le* borazan, boru
clairvoyant, e [klervuayañ, t] öngörülü, basiretli
clameur [klamör] *la* gürültü, patırtı
clandestin, e [klañdesteñ, in] gizli, yolsuz, kaçak
claque [klak] *la* şamar, tokat
claquer [klake] şaklamak, şakırdamak; kapı çarparak kapamak; şaklatmak
clarifier [klarifye] açıklamak, aydınlatmak

clarinette [klarinet] *la* klarnet
clarté [klarte] *la* aydınlık, parlaklık; açıklık, anlaşılırlık
classe [klas] *la* sınıf; ders ***aller en classe*** okula gitmek ***faire la classe*** ders vermek
classement [klasmañ] *le* sınıflama, sınıflandırma
classer [klase] sınıflamak, sıralamak, düzenlemek
classeur [klasör] *le* klasör
classification [klasifikasyoñ] *la* sınıflama, sınıflandırma
classifier [klasifye] sınıflamak, bölümlemek
classique [klasik] *s+le* klasik
clause [kloz] *la* kayıt, şart; madde
clavecin [klavseñ] *le* klavsen
clavicule [klavikül] *la* köprücükkemiği
clavier [klavye] *le* klavye
clé, clef [kle] *la* anahtar ***clé anglaise*** ingilizanahtarı ***clé de contact*** kontak anahtarı
clémence [klemañs] *la* yumuşaklık, merhamet
clément, e [klemañ, t] yumuşak, merhametli
clergé [klerje] *le* rahipler sınıfı
clérical, e, aux [klerikal, o] papazlarla ilgili, kilise +
cliché [klişe] *le* klişe; basmakalıp söz
client, e [kliyañ, t] *le+la* müşteri; hasta; müvekkil
clientèle [kliyañtel] *la* alıcılar, müşteriler
cligner [klinye]: ***cligner des yeux*** gözlerini kırpıştırmak ***cligner de l'œil*** göz kırpmak, göz etmek
clignotant [klinyotañ] *le*, oto. sinyal lambası
climat [klima] *le* iklim
climatique [klimatik] iklimsel, iklim +
climatisation [klimatizasyoñ] *la* havalandırma, iklimleme
climatisé, e [klimatize] klimalı, havalandırma tertibatlı
clin d'œil [kleñdöy] *le* göz kırpma ***en un clin d'œil*** göz açıp kapamadan, hemencecik
clinique [klinik] *s+la* klinik
clinquant, e [kleñkañ, t] göz alıcı, gösterişli
cliqueter [klikte] tıkırdamak, şakırdamak
clochard, e [kloşar, d] *le+la* serseri
cloche [kloş] *la* kilise çanı; kd. andavallı, ahmak
clocher [kloşe] *le* çan kulesi; kd. aksamak, kötü gitmek
cloison [kluazoñ] *la* bölme, ince duvar
cloître [kluatr] *le* manastır
clore [klor] kapatmak

clos, e [klo, oz] kapalı ¤ *le* etrafı çevrili tarla; bağlık
clôture [klotür] *la* kapatma, bitirme; çit, duvar
clou [klu] *le* çivi; çıban
clouer [kule] çivilemek
clown [klun] *le* palyaço, soytarı
club [klöb] *le* kulüp
coaguler [koagüle] pıhtılaştırmak; pıhtılaşmak ***se coaguler*** pıhtılaşmak
coalition [koalisyoñ] *la* koalisyon, birleşme
coasser [koase] kurbağa vıraklamak
cobaye [kobay] *le* kobay
cobra [kobra] *le* kobra, gözlüklüyılan
cocaïne [kokain] *la* kokain
cocarde [kokard] *la* kokart
cocher [koşe] kalemle işaretlemek ¤ *le* arabacı
cochon, ne [koşoñ, on] *le* domuz
cochonnerie [koşonri] *la* kd. pislik
cocktail [koktel] *le* kokteyl
cocon [kokoñ] *le* koza
cocotier [kokotye] *le* hindistancevizi ağacı
cocotte [kokot] *la* kulplu tencere ***cocotte minute*** düdüklü tencere
cocu [kokü] *le* boynuzlu, eşi tarafından aldatılan
code [kod] *le* kod, şifre; yasa, kural
coefficient [koefisyañ] *le* katsayı
cœur [kör] *le* kalp, yürek; iskambil kupa ***avoir mal au cœur*** midesi bulanmak ***de bon cœur*** isteyerek, seve seve ***par cœur*** ezbere
coffre [kofr] *le* sandık; oto. bagaj
coffre-fort [kofrôfor] *le* çelik kasa
cognac [konyak] *le* konyak
cogner [konye] çarpmak
cohabiter [koabite] birlikte oturmak
cohérent, e [koerañ, añt] tutarlı, birbirine uygun
cohue [koy] *la* kalabalık
coiffer [kuafe] başını örtmek, başına bir şey giydirmek ***coiffer qn*** saçını yapmak, saç tuvaletini yapmak ***se coiffer*** başını yapmak, kendi saç tuvaletini yapmak
coiffeur, euse [kuafër, öz] *le+la* kuaför, berber
coiffure [kuafür] *la* saç tuvaleti; başlık, şapka
coin [kueñ] *le* köşe; kama, takoz ***au coin du feu*** ateş başında, ocak başında
coincer [kueñse] sıkıştırmak, kıstırmak

coïncidence [koeñsidañs] *la* tesadüf, rastlantı; çakışma, aynı zamana rastlama
coïncider [koeñside] çakışmak, aynı zamana rastlamak; uymak, aynı olmak
coing [kueñ] *le* ayva
col [kol] *le* gömlek yaka; boyun; coğ. boğaz, geçit ***col roulé*** balıkçı yaka
colère [koler] *la* kızgınlık, öfke
coléreux, euse [kolerö, öz] çabuk öfkelenen, sinirli
colin [koleñ] *le* barlam balığı
colique [kolik] *la* sürgün, ishal
colis [koli] *le* koli, paket
collaborateur, trice [kolaboratör, tris] *le+la* mesai arkadaşı, iş arkadaşı; işbirlikçi
collaboration [kolaborasyoñ] *la* işbirliği, katkı
collaborer [kolabore] işbirliği yapmak, birlikte çalışmak
collant, e [kolañ, t] yapışan; giysi vücudu saran ¤ *le* külotlu çorap
colle [kol] *la* tutkal, kola; kazık soru, zor soru
collectif, ive [kolektif, v] ortak, ortaklaşa
collection [koleksyoñ] *la* koleksiyon, derlem
collectionner [kolleksyone] koleksiyon yapmak, biriktirmek
collectionneur, euse [kolleksyonör, öz] *le+la* koleksiyoncu
collectivité [kolektivite] *la* topluluk
collège [kolej] *le* ortaokul, kolej; kurul
collégien, ne [kolejyeñ, en] *le+la* öğrenci, kolejli
collègue [koleg] *le+la* meslektaş
coller [kole] yapıştırmak; sınıfta bırakmak; yapışmak
collet [kole] *le* tuzak, ağ ***collet monté*** bağnaz, tutucu
collier [kolye] *le* kolye; tasma
colline [kolin] *la* tepe
collision [kolizyoñ] çarpışma
colombe [koloñb] *la* güvercin
colonel [kolonel] *le* albay
colonie [koloni] sömürge; koloni ***colonie de vacances*** çocuklar için tatil kampı
coloniser [kolonize] sömürgeleştirmek
colonne [kolon] *la* sütun, kolon ***colonne vertébrale*** omurga
coloré, e [kolore] boyalı, renkli
colorer [kolore] boyamak, renklendirmek
coloris [kolori] *le* renk
colporter [kolporte] gezerek satmak, işportada satmak

colporteur, euse [kolportör, öz] *le+la* işportacı, seyyar satıcı
coma [koma] *le* koma ***être dans le coma*** komaya girmek
combat [koñba] *le* kavga, dövüş
combattre [koñbatr] savaşmak
combien [koñbyeñ] ne kadar; kaç tane ***combien de temps*** ne kadar zaman
combinaison [koñbinezoñ] *la* birleşme, birleşim; kombinezon; işçi tulumu
combine [koñbin] *la* dümen, yol, çare
combiné [koñbine] *le* telefon ahizesi, almaç
combiner [koñbine] birleştirmek; düzenlemek, hazırlamak
comble [koñbl] silme, ağzına kadar dolu ¤ *le* doruk, son nokta
combler [koñble] doldurmak
combustible [koñbüstibl] *le* yakıt
combustion [koñbüstyoñ] *la* yanma
comédie [komedi] *la* güldürü, komedi
comédien, ne [komedyeñ, en] *le+la* oyuncu; komedyen
comestible [komestibl] yenir, yenilebilir
comète [komet] *la* kuyrukluyıldız
comique [komik] gülünç, komik ¤ *le* komik, komedyen
comité [komite] *le* kurul
commandant [komañdañ] *le* komutan; binbaşı
commande [komañd] *la* sipariş, ısmarlama ***commande à distance*** uzaktan kumanda
commandement [komañdmañ] *le* komutanlık; komut
commander [komañde] ısmarlamak, sipariş vermek; buyurmak, emretmek
commando [komañdo] *le* komando
comme [kom] gibi; -diği için, -don dolayı; -diği sırada, iken; ne kadar; nasıl ***comme ça*** böyle ***comme ci comme ça*** şöyle böyle, orta
commémoration [komemorasyoñ] *la* anma, kutlama
commémorer [komemore] anmak, kutlamak
commencement [komañsmañ] *le* başlangıç
commencer [komañse] başlatmak; başlamak
comment [komañ] nasıl
commentaire [komañter] *le* yorum, açıklama

commentateur, trice [komañtatör, tris] *le+la* yorumcu
commenter [komañte] açıklamak, yorumlamak
commérages [komeraj] *le+ç.* dedikodu
commerçant, e [komersañ, t] *le+la* satıcı, tüccar
commerce [komers] *le* ticaret, alışveriş; işyeri
commercial, e, aux [komersyal, o] ticari
commettre [kometr] yapmak, işlemek
commis [komi] *le* satıcı, tezgâhtar
commissaire [komiser] *le* komiser
commissariat [komisarya] *le* karakol
commission [komisyoñ] *la* komisyon, yarkurul; komisyon, yüzdelik; mesaj, ileti
commissionnaire [komisyoner] *le* ayak işlerine koşulan çocuk, komi, ulak
commode [komod] uygun, elverişli, kullanışlı
commodité [komodite] *la* kullanışlılık, uygunluk, rahatlık
commun, e [komöñ, ün] ortak; alışılmış, sıradan
communal, e, aux [komünal, o] bucak ile ilgili
communauté [komünote] *la* topluluk
commune [komün] *la* bucak
communication [komünikasyoñ] *la* iletişim, haberleşme; ulaşım ***communication téléphonique*** telefon konuşması ***communication interurbaine*** şehirlerarası telefon
communion [komünyoñ] *la* komünyon, şarap içme ve yemek yeme ayini
communiqué [komünike] *le* bildiri
communiquer [komünike] iletmek; geçirmek, bulaştırmak; haberleşmek
communisme [komünism] *le* komünizm
communiste [komünist(ö)] *s+a.* komünist
compact, e [koñpakt] sıkı, yoğun, tıkız
compagne [koñpany] *la* arkadaş, dost
compagnie [koñpanyi] *la* ortaklık, şirket; ask. bölük
compagnon [koñpanyoñ] *le* arkadaş
comparable [koñparabl] karşılaştırılabilir
comparaison [koñparezyoñ] *la* karşılaştırma
comparatif, ive [koñparatif, v] karşılaştırmalı

comparer [koñpare] karşılaştırmak
compartiment [koñpartimañ] *le* bölme, bölüm; kompartıman
compas [koñpa] *le* pergel; pusula
compassion [koñpasyoñ] *la* acıma, merhamet
compatible [koñpatibl] uygun, tutarlı
compensation [koñpañsasyoñ] *la* giderme, telafi; tazminat
compenser [koñpañse] karşılamak, telafi etmek, tazmin etmek
compère [koñper] *le* suçortağı
compétence [koñpetañs] *la* yetenek; yetki
compétent, e [koñpetañ, añt] yetenekli; yetkili
compétiteur, trice [koñpetitör, tris] *le+la* yarışmacı
compétition [koñpetisyoñ] *la* yarışma; rekabet
compiler [koñpile] derlemek
complaisance [koñplezañs] *la* nezaket, incelik; yaltaklanma, gönül alma
complaisant, e [koñplezañ, añt] kibar, saygılı; hoşgörülü
complément [koñplemañ] *le* tamamlayıcı şey, ek; artan, kalan; dilb. tümleç
complémentaire [koñplemañter] tamamlayıcı, tümleyici; ek
complet, ète [koñple, t] tam, eksiksiz; dolu ¤ *le* takım elbise
complètement [koñpletmañ] tamamıyla, büsbütün
compléter [koñplete] tamamlamak, bütünlemek, tümlemek
complexe [koñpleks] karmaşık, karışık ¤ *le* kompleks
complexé, e [koñplekse] kompleksli
complication [koñplikasyoñ] *la* karmaşıklık, karışıklık
complice [koñplis] *le* suçortağı
complicité [koñplisite] *la* suçortaklığı
compliment [koñplimañ] *le* iltifat, kompliman ***compliments*** tebrikler
complimenter [koñplimante] kutlamak; iltifat etmek
compliqué, e [koñplike] karışık, çapraşık
compliquer [koñplike] karıştırmak, güçleştirmek ***se compliquer*** karmakarışık olmak, çetinleşmek
complot [koñplo] *le* komplo
comploter [koñplote] hazırlamak, düzenlemek; komplo kurmak

comportement [koñportõmañ] *le* davranış
comporter [koñporte] içermek, kapsamak ***se comporter*** davranmak
composé, e [koñpoze] yapmacık, sahte ¤ *s+le* bileşik
composer [koñpoze] yazmak; bestelemek; oluşturmak, meydana getirmek ***se composer de*** -den oluşmak, meydana gelmek ***composer un numéro*** telefon numarayı çevirmek
compositeur, trice [koñpozitör, tris] *le+la* besteci; dizgici
composition [koñpozisyoñ] *la* bileşim; kompozisyon; beste; dizgi
compote [koñpot] *la* komposto, hoşaf
compréhensif, ive [koñpreañsif, v] anlayışlı
compréhension [koñpreañsyoñ] *la* anlayış; anlama, kavrama
comprendre [koñprañdr] anlamak; kapsamak, içine almak
compresse [koñpres] *la* kompres
comprimer [koñprime] sıkıştırmak, sıkmak
compris, e [koñpri, z] içinde, dahil
compromettre [koñprometr] tehlikeye atmak
compromis [koñpromi] *le* uzlaşma, anlaşma
comptabilité [koñtabilite] *la* muhasebe
comptable [koñtabl] *le+la* muhasebeci
comptant [koñtañ] peşin
compte [koñt] *le* sayma, sayım; hesap ***à bon compte*** ucuza ***compte courant*** cari hesap ***compte de dépôt*** mevduat hesabı
compte-gouttes [koñtgut] *le* damlalık
compter [koñte] saymak; hesaplamak
compteur [koñtör] *le* sayaç ***compteur de vitesse*** kilometre saati
comptoir [koñtuar] *le* tezgâh
comte [koñt] *le* kont
comté [koñte] *le* kontluk
comtesse [koñtes] *la* kontes
con, ne [koñ, kon] arg. gerzek, saloz
concave [koñkav] içbükey
concéder [koñsede] vermek, bağışlamak
concentration [koñsañtrasyoñ] *la* bir noktada toplanma; koyulaşma, yoğunlaşma
concentré [koñsañtre] *le* derişik madde, ekstre, özüt

concentrer [konsañtre] bir noktaya toplamak; koyulaştırmak, yoğunlaştırmak ***se concentrer*** toplanmak
concept [konsept] *le* kavram
concernant [konsernañ] ile ilgili, ait
concerner [konserne] ilgilendirmek
concert [konser] *le* konser, dinleti ***de concert*** birlikte
concerto [konserto] *le* konçerto
concession [konsesyoñ] *la* ayrıcalık; ödün, imtiyaz
concevoir [konsvuar] anlamak, kavramak; tasarlamak
concierge [konsyerj] *le+la* kapıcı
concilier [konsilye] uzlaştırmak
concis, e [konsi, iz] kısa, özlü
conclure [konklür] bitirmek, tamamlamak
conclusion [konklüzyoñ] *la* son; sonuç
concombre [konkoñbr] *le* salatalık, hıyar
concordance [konkordañs] *la* uygunluk, uyum
concorder [konkorde] uymak, birbirini tutmak
concourir [konkurir] yarışmak
concours [konkur] *le* yarışma; yardım, katkı
concret, ète [konkre, t] somut
concurrence [konkürañs] *la* yarış, yarışma
concurrent, e [konkürañ, añt] *s+a.* yarışmacı, yarışçı
condamnation [kondanasyoñ] *la* kınama; ceza, mahkûmiyet
condamné, e [kondane] *le+la* hükümlü, mahkûm
condamner [kondane] kınamak; cezalandırmak, mahkûm etmek
condensation [kondañsasyoñ] *la* yoğunlaşma, koyulaşma
condenser [kondañse] yoğunlaştırmak, koyulaştırmak ***se condenser*** yoğunlaşmak; sıvılaşmak
condition [kondisyoñ] *la* durum, hal; koşul, şart; *sp.* kondisyon ***à condition de*** koşuluyla, şartıyla
conditionnel, le [kondisyonel] koşullu, şartlı
condoléances [kondoleañs] *la+ç.* başsağlığı, taziye
conducteur, trice [kondüktör, tris] *s+le* iletken ¤ *le+la* sürücü, şoför
conduire [konduir] taşıt sürmek, kullanmak; götürmek ***se conduire*** davranmak
conduit [kondui] *le* ark, oluk, boru

conduite [koñduit] *la* araba sürme, kullanma; davranış; boru, kanal
cône [kon] *le* koni; kozalak
confection [koñfeksyoñ] *la* yapma, hazırlama; konfeksiyon, hazır giyim
confectionner [koñfeksyone] yapmak, hazırlamak
confédération [koñfederasyoñ] *la* konfederasyon
conférence [koñferañs] *la* konuşma, konferans; toplantı ***conférence de presse*** basın toplantısı
conférencier, ère [koñferañsye, yer] *le+la* konuşmacı, konferansçı
conférer [koñfere] vermek; karşılaştırmak
confesser [koñfese] itiraf etmek; günah çıkartmak
confession [koñfesyoñ] *la* itiraf; günah çıkarma
confetti [koñfeti] *le* konfeti
confiance [koñfyans] *la* güven ***avoir confiance en*** -e güvenmek
confiant, e [koñfyañ, t] güvenen, emin
confidence [koñfidañs] *la* sırrını açma
confidentiel, le [koñfidañsyel] gizli, mahrem
confier [koñfye] sır söylemek, açmak; emanet etmek ***se confier à*** -e açılmak, içini dökmek
confiner [koñfine] hapsetmek, kapatmak ***confiner à*** -e benzemek, -ı andırmak
confins [koñfeñ] *le+ç.* sınır
confirmation [koñfirmasyoñ] *la* doğrulama, gerçekleme
confirmer [koñfirme] doğrulamak; onaylamak
confiscation [koñfiskasyoñ] *la* el koyma, müsadere
confiserie [koñfizri] *la* şekerci dükkânı
confiseur, euse [koñfizör, öz] *le+la* şekerci
confisquer [koñfiske] el koymak, müsadere etmek
confit, e [koñfi, it]: ***fruits confits*** meyve şekerlemesi
confiture [koñfitür] *la* reçel
conflit [koñfli] *le* çarpışma, çatışma; anlaşmazlık
confondre [koñfoñdr] karıştırmak, ayırt edememek ***se confondre*** karışmak ***se confondre en excuses*** bin bir özür dilemek
conforme [koñform]: ***conforme à*** -e uygun; -e benzer
conformer [koñforme] uydurmak ***se conformer à*** -e uymak, benzemek
conformité [koñformite] *la* uygunluk; benzerlik

confort [koñfor] *le* rahatlık, konfor
confortable [koñfortabl(ö)] rahat, konforlu
confrère [koñfrer] *le* meslektaş
confronter [koñfroñte] yüzleştirmek; karşılaştırmak
confus, e [koñfü, z] karışık, belirsiz; utanmış
confusion [koñfüzyoñ] *la* karışıklık; utanma
congé [koñje] *le* tatil; izin; işten çıkarma ***en congé*** tatilde, izinli ***congé de maladie*** hastalık izni, istirahat ***congés payés*** ücretli izin
congédier [koñjedye] kovmak, çıkarmak
congélateur [koñjelatör] *le* dondurucu, derin donduru cu
congeler [koñjle] dondurmak
congestion [koñjestyon] *la* kanama
congratuler [koñgratüle] kutlamak
congrès [koñgre] *le* kurultay, kongre
conique [konik] konik
conjoint, e [koñjueñ, eñt] birleşmiş, bitişmiş, bitişik ¤ *le+la* karı koca, eş
conjonction [koñjoñksyoñ] *la*, dilb. bağlaç, bağ
conjoncture [koñjoñktür] *la* rastlaşma; fırsat, elverişli durum
conjugaison [koñjügezoñ] *la*, dilb. çekim
conjuguer [koñjüge] dilb. çekmek, çekimini yapmak
connaissance [konesañs] *la* bilme; bilgi; tanıdık, tanış ***être sans connaissance*** kendinde olmamak ***perdre connaissance*** kendini kaybetmek, bayılmak
connaisseur, euse [konesör, öz] *le+la* uzman, erbap
connaître [konetr] bilmek; tanımak
connu, e [konü] ünlü, tanınmış
conquérant, e [koñkerañ, t] *le+la* fatih
conquérir [koñkerir] fethetmek, ele geçirmek
conquête [koñket] *la* fetih, ele geçirme
consacrer [koñsakre] kutsamak; adamak, vakfetmek
conscience [koñsyañs] *la* bilinç, şuur; vicdan, bulunç ***avoir conscience de*** -in bilincinde olmak ***consciencieux, euse*** vicdanlı, insaflı
conscient, e [koñsyañ, añt] bilinçli

conscription [koñskripsyoñ] *la* askerlik yoklaması, askere alma
conscrit [koñskri] *le* askere alınan kimse, acemi er
conseil [koñsey] *le* öğüt, nasihat; kurul, meclis ***conseil d'administration*** yönetim kurulu ***conseil municipal*** belediye encümeni
conseiller [koñseye] öğüt vermek, salık vermek
conseiller, ère [koñseye, eyer] *le+la* danışman, müşavir
consentement [koñsañtmañ] *le* rıza, onama
consentir [koñsañtir] razı olmak, uygun görmek
conséquence [koñsekañs] *la* sonuç
conséquent, e [koñsekañ, añt] makul, aklı başında ***par conséquent*** dolayısıyla, bu nedenle
conservateur, trice [koñservatör, tris] *s+a.* tutucu, muhafazakâr
conservation [koñservasyoñ] *la* koruma, saklama, muhafaza
conservatoire [koñservatuar] *le* konservatuvar
conserve [koñserv] *la* konserve ***en conserve*** konserve +
conserver [koñserve] korumak, saklamak, muhafaza etmek; konservesini yapmak
considérable [koñsiderabl] önemli, hatırı sayılır
considération [koñsiderasyoñ] *la* dikkatli inceleme; saygı ***prendre en considération*** göz önüne almak
considéré, e [koñsidere] itibarlı, önemli
considérer [koñsidere] düşünmek, göz önünde tutmak; incelemek ***considérer comme*** olarak saymak
consigne [koñsiny] *la* emanet; yönerge, talimat
consigner [koñsinye] yazmak, kaydetmek; izne çıkarmamak, dışarı salmamak; emanet bırakmak
consistance [koñsistans] *la* koyuluk, kıvam; kararlılık
consister [koñsiste]: ***consister en dans*** -den oluşmak
consolation [koñsolasyoñ] *la* avuntu, avunç
consoler [koñsole] avutmak, teselli etmek
consolider [koñsolide] sağlamlaştırmak, pekiştirmek
consommateur, trice [koñsomatör, tris] *le+la* tüketici; kafeterya, vb.'de müşteri

consommation [koñsomasyoñ] *la* tüketim; içecek, içilen şey
consommé, e [koñsome] tam, eksiksiz ¤ *le* et suyu
consommer [koñsome] tüketmek; tamamlamak, bitrmek
consonne [koñson] *la*, dilb. ünsüz, sessiz harf
conspirateur, trice [koñspiratör, tris] *le+la* suikastçı
conspiration [koñspirasyoñ] *la* suikast, komplo
conspirer [koñspire] komplo hazırlamak, kumpas kurmak
conspuer [koñspue] yuhalamak
constammant [koñstamañ] sürekli olarak, durmaksızın
constant, e [koñstañ, añt] sürekli; değişmez, sabit
constatation [koñstatasyoñ] *la* gözlem
constater [koñstate] görmek, gözlemlemek
constellation [koñstelasyoñ] *la* takımyıldız
consternation [koñsternasyoñ] *la* üzüntü, acı
constipation [koñstipasyoñ] *la* kabızlık
constipé, e [koñstipe] kabız
constituer [koñstitue] kurmak, oluşturmak
constitution [koñstitüsyoñ] *la* kurma, kuruluş; yapı, bünye; anayasa
constructeur [koñstrüktör] *le* yapı ustası, inşaatçı
construction [koñstrüksyoñ] *la* yapma, inşa; yapı, bina
construire [koñstruir] yapmak, kurmak, inşa etmek
consul [koñsül] *le* konsolos
consulat [koñsüla] *le* konsolosluk
consultant, e [koñsültañ, añt] danışman
consultation [koñsültasyoñ] *la* danışma
consulter [koñsülte] danışmak; hek. konsültasyon yapmak
consumer [koñsüme] tüketmek, bitirmek
contact [koñtakt] *le* dokunma, temas; ilişki, ilgi
contagieux, euse [koñtajyö, z] bulaşıcı
contagion [koñtajyoñ] *la* bulaşma, geçme
contaminer [koñtamine] kirletmek, pisletmek
conte [koñt] *le* öykü, masal ***conte de fées*** peri masalı
contempler [koñtañple] seyretmek
contemporain, e [koñtañporeñ, en] *s+a.* çağdaş
contenance [koñtnañs] *la* sığa, kapasite; davranış, tutum

contenir [koñtnir] içermek, kapsamak; içine almak
content, e [koñtañ, t] hoşnut, memnun
contentement [koñtañtmañ] *le* memnuniyet; doyum, tatmin
contenter [koñtañte] memnun etmek; doyurmak, tatmin etmek ***se contenter de*** ile yetinmek
contenu [koñtnü] *le* içindekiler; içerik
conter [koñte] anlatmak, dile getirmek
contester [koñteste] karşı çıkmak, tanımamak
contigu, ë [koñtigü] bitişik à, -e
continent [koñtinañ] *le* kıta, anakara ***continental, e, aux*** kıtasal
contingent [koñteñjañ] *le*, ask. kura; tic. kota, kontenjan
continu, e [koñtinü] sürekli, devamlı
continuer [koñtinue] sürdürmek, devam ettirmek; sürmek, devam atmek
continuité [koñtinuite] *la* süreklilik, devamlılık
contourner [koñturne] çevresini dolaşmak
contraceptif, ive [koñtraseptif, v] *s+le* gebelik önleyici
contraception [koñtrasepsyoñ] *la* gebeliği önleme
contracter [koñtrakte] büzmek, kasmak; tutulmak, yakalanmak ***se contracter*** büzülmek, kasılmak, gerilmek
contraction [koñtraksyoñ] *la* büzülme, kasılma
contradiction [koñtradiksyoñ] *la* çelişme, uyuşmazlık; itiraz
contradictoire [koñtradiktuar] çelişkili, birbirini tutmayan
contraindre [koñtreñdr] zorlamak, mecbur etmek
contraint, e [koñtreñ, t] *la* zorlama, baskı
contraire [koñtrer] ters, karşıt, zıt ¤ *le* tersi, karşıtı ***au contraire*** aksine ***contraire à*** -e aykırı
contrairement [koñtrermañ] tersine
contrarier [koñtrarye] kızdırmak, canını sıkmak
contraste [koñtrast] *le* karşıtlık, aykırılık
contraster [koñtraste] tezat oluşturmak
contrat [koñtra] *le* sözleşme, kontrat
contravention [koñtrvañsyoñ] *la* para cezası
contre [koñtr] karşı ***par contre*** buna karşılık

contre-attaque [koñtratak] *la* karşı hücum
contre-attaquer [koñtratake] karşı hücuma geçmek
contrebande [koñtröbañd] *la* kaçakçılık
contrebandier, ière [koñtröbañdye] *le* kaçakçı
contrebasse [koñtröbas] *la* kontrbas
contrecœur [koñtrökör]: ***à contrecœur*** istemeyerek, istemeye istemeye
contrecoup [koñtröku] *le* geri tepme; tepki, etki
contredire [koñtrödir] yalanlamak
contrée [koñtre] *la* bölge, yöre
contrefaçon [koñtröfasoñ] *la* sahtekârlık; sahte, taklit
contrefaire [koñtröfer] sahtesini yapmak; taklit etmek
contremaître [koñtrömetr] *le* ustabaşı
contre-plaqué [koñtröplake] *le* kontrplak
contrepoison [koñtröpuazon] *le* panzehir
contretemps [koñtrötañ] *le* terslik, engel ***à contretemps*** zamansız, olmadık bir zamanda
contrevenir [koñtrövnir]: ***contrevenir à*** -e aykırı davranmak, -ı çiğnemek
contribuable [koñtribuabl] *le+la* vergi yükümlüsü, vergi mükellefi
contribuer [koñtribue] yardım etmek, katkıda bulunmak à, -e
contribution [koñtribüsyoñ] *la* yardım, katkı
contrôle [koñtrol] *le* denetim, kontrol
contrôler [kontrole] denetlemek, kontrol etmek
contrôleur, euse [koñtrolör, öz] *le+la* biletçi, kondüktör
controverse [koñtrvers] *la* tartışma
contusion [koñtüzyoñ] *la* ezik, çürük
convaincre [koñveñkr] inandırmak, ikna etmek
convalescence [koñvalesañs] *la* iyileşme, nekahet
convalescent, e [koñvalesañ, t] *s+a.* iyileşen, iyileşme döneminde olan kimse
convenable [koñvnabl] uygun, elverişli
convenance [koñvnañs] *la* uygunluk, yerindelik ***convenances*** *la+ç.* görgü kuralları
convenir [koñvnir] uygun olmak ***convenir à*** -e elverişli olmak, uygun olmak ***convenir de*** kabul etmek; saptamak, kararlaştırmak

convenir de faire -meyi kararlaştırmak
convention [koñvañsyoñ] *la* uzlaşma; sözleşme
conventionnel, le [koñvañsyonel] klasik, konvansiyonel; saymaca, itibari
conversation [koñversasyoñ] *la* konuşma; görüşme
conversion [koñversyoñ] *la* inanç veya davranış değiştirme
convertir [koñvertir] çevirmek, dönüştürmek
convexe [koñveks] dışbükey
conviction [koñviksyoñ] *la* kanı, inanç
convier [koñvye] çağırmak, davet etmek
convive [koñviv] *le+la* davetli, konuk
convocation [koñvokasyoñ] *la* çağırma, davet
convoi [koñvua] *le* konvoy
convoiter [koñvuate] göz dikmek
convoitise [koñvuatiz] *la* açgözlülük; şehvet, aşırı istek
convoquer [koñvoke] toplamak, toplantıya çağırmak
coopératif, ive [kooperatif, v] işbirliği ile ilgili ¤ *la* kooperatif
coopération [kooperasyoñ] *la* işbirliği, elbirliği
coopérer [koopere] işbirliği yapmak, ortak çalışmak
coordination [koordinasyoñ] *la* eşgüdüm, koordinasyon
coordonner [koordone] düzenlemek, koordine etmek
copain, copine [kopeñ, kopin] *le+la* arkadaş, ahbap
copie [kopi] *la* suret, kopya; okulda ödev kâğıdı
copier [kopye] kopya etmek, suretini çıkarmak; taklit etmek
copieux, euse [kopyö, z] çok, bol
coq [kok] *le* horoz
coque [kok] *la* kabuk ***à la coque*** rafadan
coquelicot [kokliko] *le* gelincik
coqueluche [koklüş] *la* boğmaca
coquet, te [koke, t] cilveli, oynak; süslü, şık; sevimli, cici
coquetier [koktye] *le* yumurtalık, yumurta kabı
coquillage [kokiyaj] *le* kabuklu deniz hayvanı
coquille [kokiy] *la* kabuk
coquin, e [kokeñ, in] yaramaz, haylaz ¤ *s+a.* alçak, namussuz, serseri
cor [kor] *le*, müz. korno; nasır
corail, aux [koray, o] *le* mercan

Coran [korañ] *le* Kuran
corbeau, x [korbo] *le* karga
corbeille [korbey] *la* sepet ***corbeille à papier*** çöp sepeti
cordage [kordaj] *le* halat
corde [kord] *la* ip; çalgı tel, kiriş ***corde à linge*** çamaşır ipi
cordial, e, aux [kordyal, yo] içten, candan
cordon [kordoñ] *le* sicim, ip ***cordon de police*** polis kordonu
cordonnier [kordonye] *le* kunduracı, ayakkabı tamircisi
corne [korn] *la* boynuz; korna, klakson
corneille [korney] *la* kuzgun
cornemuse [kornömüz] *la* gayda
corner [korner] *le*, sp. köşe atışı, korner
cornet [korne] *le* kâğıt külah
corniche [korniş] *la* korniş, pervaz
cornichon [kornişoñ] *le* turşuluk hıyar
corporation [korporasyoñ] *la* lonca, dernek
corporel, le [korporel] bedensel
corps [kor] *le* gövde, beden; ceset; cisim ***corps à corps*** göğüs göğüse ***le corps diplomatique, CD*** kordiplomatik ***le corps enseignant*** öğretim kurulu
corpulent, e [korpülañ, t] iriyarı, şişman
correct, e [korekt] doğru, hatasız
correctement [korektmañ] dürüstçe; kuralınca, kusursuzca
correction [koreksyoñ] *la* düzeltme; doğruluk, eksiksizlik; dayak
correspondance [korespoñdañs] *la* uygunluk; yazışma, mektuplaşma; aktarma, bağlantı
correspondant, e [korespoñdañ, t] *le+la* muhabir
correspondre [korespoñdr] uygun olmak, uygun düşmek; yazışmak, mektuplaşmak
corridor [koridor] *le* koridor
corriger [korije] düzeltmek; dayak atmak, cezalandırmak
corrompre [koroñpr] rüşvet vermek; baştan çıkarmak, ahlakını bozmak
corrosion [korozyoñ] *la* aşındırma, kemirme
corruption [korüpsyoñ] *la* rüşvet; baştan çıkma, baştan çıkarma
corsage [korsaj] *le* korsa; bluz

corset [korse] *le* korse
cortège [kortej] *le* alay, kortej
corvée [korve] *la* angarya
cosmétique [kosmetik] *le* kozmetik
cosmique [kosmik] evrensel, kozmik
cosmonaute [kosmonot] *le+la* uzayadamı, kozmonot
cosmopolite [kosmopolit] kozmopolit
cosmos [kosmos] *le* evren
cosse [kos] *la* badıç, baklagillerde tohum zarfı
cossu, e [kosü] varlıklı, hali vakti yerinde
costaud, e [kosto, d] gürbüz, güçlü kuvvetli
costume [kostüm] *le* giysi, kıyafet, kostüm
côte [kot] *la* deniz kıyısı; yamaç, bayır; kaburgakemiği ***côte à côte*** yan yana
côté [kote] *le* yan; kenar ***à côté de*** yanında ***de côté*** yandan; yanlamasına
coteau, x [koto] *le* küçük tepe
côtelette [kotlet] *la* pirzola
côtier, ière [kotye, yer] sahil +, kıyı +
cotisation [kotizasyoñ] *la* ödenti, aidat
cotiser [kotize] ortak gidere katılmak ***se cotiser*** masrafı bölüşmek
coton [kotoñ] *le* pamuk
cou [ku] *le* boyun
couchant [kuşañ] *le* gün batımı
couche [kuş] *la* kat, tabaka; kundak bezi ***couches*** *la+ç.* loğusalık, doğum
coucher [kuşe] yatırmak; yatmak, gecelemek ¤ *le* (güneş) batış, batma ***se coucher*** yatmak; güneş batmak
couchette [kuşet] *la* kuşet, yatak
coucou [kuku] *le* guguk kuşu
coude [kud] *le* dirsek
coudre [kudr] dikmek
coulant, e [kulañ, añt] hoşgörülü, yumuşak
couler [kule] akmak; batmak; kalıba dökmek; batırmak ***se couler*** sokulmak, sessizce girmek
couleur [kulör] *la* renk; boya
couleuvre [kulövr] *la* karayılan
coulisse [kulis] *la*, tek. sürme oluğu, yiv ***coulisses*** *la+ç.* kulis ***porte à coulisse*** sürme kapı
couloir [kuluar] *le* koridor, geçit; sp. kulvar
coup [ku] *le* vurma, vuruş; darbe; silah patlama ***à coup sûr*** kesinlikle, mutlaka ***après coup*** sonradan ***coup de feu*** silah sesi ***coup de grâce*** öldürücü

darbe, son darbe ***coup de main*** yardım ***coup d'envoi*** futbol başlama vuruşu ***coup d'œil*** göz gezdirme, göz atma ***coup de pied*** tekme ***coup de poing*** yumruk ***coup de soleil*** güneş çarpması ***coup d'état*** hükümet darbesi ***coup de téléphone*** telefon konuşması ***coup de tonnerre*** gök gürlemesi ***coup franc*** frikik, serbest vuruş ***coup sur coup*** aralıksız, art arda ***du premier coup*** ilk anda

coupable [kupabl] *s+a.* suçlu

coupe [kup] *la* kupa; kesme, kesim; kesit

coupe-papier [kuppapye] *le* kâğıt bıçağı, kitap açacağı

couper [kupe] kesmek

couple [kupl] *le* çift

couplet [kuple] *le* beyit

coupon [kupoñ] *le* kupon

coupure [kupür] *la* kesik; banknot, kâğıt para; kupür, kesik

cour [kur] *la* avlu; mahkeme; saray ***cour martiale*** askeri mahkeme ***faire la cour à*** -e kur yapmak

courage [kuraj] *le* yiğitlik, cesaret

courageux, euse [kurajö, öz] yiğit, cesur

couramment [kuramañ] sık sık, genellikle; rahatça, kolayca

courant, e [kurañ, t] günlük, her zamanki; yıl, ay, vb. içinde bulunulan, bu ¤ *le* akıntı; akım ***courant d'air*** cereyan, hava akımı ***courant électrique*** elektrik akımı

courbature [kurbatür] *la* kırıklık, tutulma

courbe [kurb] *s+la* eğri

courber [kurbe] eğmek, bükmek

coureur, euse [kurör, öz] *le+la* koşucu

courge [kurj] *la* kabak, balkabağı

courgette [kurjet] *la* sakızkabağı, dolmalık kabak

courir [kurir] koşmak; yarışmak ***courir après qn*** birinin peşinde koşmak

couronne [kuron] *la* taç; çelenk

courrier [kurye] *le* posta; gazetede köşe, sütun ***courrier électronique*** e-posta

courroie [kurua] *la* kayış

cours [kur] *le* ders, kurs; akıntı, akış; gidiş, seyir; rayiç; fiyat ***au cours de*** sırasında, esnasında ***avoir cours*** yürürlükte olmak, geçmek ***cours d'eau*** akar-

su ***le cours du change*** döviz kuru, kambiyo rayici
course [kurs] *la* koşu, koşma; gezi ***courses*** *la+ç.* alışveriş ***faire des courses*** alışveriş yapmak
court, e [kur, t] kısa; kısaca, kısa olarak ¤ *le* tenis kortu ***à court de*** -den yoksun, -si olmayan
court-circuit [kursirküi] *le* kontak, kısa devre
courtier, ère [kurtye, yer] *le+la* simsar, aracı
courtois, e [kurtua, uaz] kibar, nazik
courverture [kuvertür] *la* örtü; battaniye, yorgan; dam; kitap kapağı
cousin, e [kuzeñ, in] *le+la* kuzen, kuzin
coussin [kuseñ] *le* yastık
coût [ku] *le* fiyat, eder; maliyet
couteau, x [kuto] *le* bıçak ***couteau de poche*** çakı
coutellerie [kutelri] *la* bıçakçı dükkânı
coûter [kute] değerinde olmak, etmek, tutmak; mal olmak ***combien ça coûte?*** kaç para? ne kadar?
coûteux, euse [kutö, öz] pahalı
coutume [kutüm] *la* gelenek, âdet
coutumier, ère [kutümye, yer] alışılmış, olağan
couture [kutür] *la* dikiş; terzilik
couturier [kutürye] *le* kadın terzisi erkek
couturière [kutüryer] *la* kadın terzisi kadın
couvent [kuvañ] *le* manastır
couvercle [kuverkl] *le* kapak
couvert, e [kuver, t] kapalı ¤ *le* sofra takımı; çatal bıçak takımı ***mettre le couvert*** sofrayı kurmak
couverture [kuvertür] *la* örtü, yorgan; dam; kap, kapak
couvre-feu [kuvröfö] *le* sokağa çıkma yasağı
couvre-lit [kuvröli] *le* yatak örtüsü
couvrir [kuvrir] örtmek, kapamak; kaplamak; yol almak, katetmek; saklamak ***se couvrir*** kapanmak, bulutlanmak; giyinmek; şapka giymek
crabe [krab] *le* yengeç
crachat [kraşa] *le* tükürük
cracher [kraşe] tükürmek
crachin [kraşeñ] *le* çisenti
craie [kre] *la* tebeşir
craindre [kreñdr] korkmak
crainte [kreñt] *la* korku
craintif, ive [kreñtif, iv] ürkek, çekingen
crampe [krañp] *la* kramp, kasınç

crampon [krañpoñ] *le* çengel, kanca; krampon
cramponner [krañpone] tutturmak, kenetlemek ***se cramponner à*** -e tutunmak, -e sarılmak
cran [krañ] *le* çentik, kertik; kd. cesaret, göt
crâne [kran] *le* kafatası
crâner [krane] hava atmak, böbürlenmek
crapaud [krapo] *le* kurbağa
craquement [krakmañ] *le* çatırtı
craquer [krake] çatırdamak; gıcırdamak
crasse [kras] *la* kir, pislik
cratère [krater] *le* krater, yanardağ ağzı
cravate [kravat] *la* kravat, boyunbağı
crayon [kreyoñ] *le* kurşunkalem
créance [kreañs] *la* alacak
créancier, ière [kreañsye, yer] *le+la* alacaklı
créateur, trice [kreatör, tris] *s+a.* yaratıcı
création [kreasyoñ] *la* yaratma; yaratılış
créature [kreatür] *la* yaratık
crèche [kreş] *la* yuva, kreş
crédit [kredi] *le* kredi; saygınlık, itibar
créditeur, trice [kreditör, tris] *s+a.* alacaklı, kredi açan
crédule [kredül] her şeye inanan, saf
crédulité [kredülite] *la* her şeye inanma, saflık
créer [kree] yaratmak
crème [krem] krem rengi ¤ *la* kaymak; krema ***crème à raser*** tıraş kremi
crémerie [kremri] *la* sütçü dükkânı, mandıra
crémeux, euse [kremö, öz] kaymaklı, kremalı
crêpe [krep] *la* krep, bir tür gözleme ¤ *le* krep, bürümcük
crépiter [krepite] çıtırdamak
crépuscule [krepüskül] *le* alacakaranlık
cresson [kresoñ] *le* tere, tereotu
crête [kret] *la* ibik; doruk
creuser [kröze] kazmak, oymak
creux, euse [krö, z] boş ¤ *s+le* oyuk, çukur
crevaison [krövezoñ] *la* patlama
crevasse [krövas] *la* çatlak, yarık
crever [kröve] patlatmak; patlamak; kd. ölmek, gebermek
crevette [krövet] *la*: ***crevette rose*** karides
cri [kri] *le* çığlık, bağırtı

criard, e [kriyar, d] renk çiğ; cırlak, cırtlak
crible [kribl] *le* elek, kalbur
cric [krik] *le* kriko, kaldırıcı
crier [kriye] bağırmak; gıcırdamak
crime [krim] *le* cürüm, ağır suç; cinayet
criminel, le [kriminel] suçla ilgili, cezai, cinayet + ¤ *le+la* cani, suçlu
crinière [krinyer] *la* yele
crique [krik] *la* küçük koy
criquet [krike] *le* çekirge
crise [kriz] *la* bunalım, kriz; hek. nöbet, kriz ***crise cardiaque*** kalp krizi ***crise de nerfs*** sinir krizi
crisper [krispe] büzmek; kasmak, germek ***se crisper*** büzüşmek; gerilmek
crisser [krise] gıcırdamak
cristal, aux [kristal, o] *le* kristal, billur
critère [kriter] *le* ölçüt, kriter
critique [kritik] kritik, tehlikeli; eleştirel ¤ *le+la* eleştirmen ¤ *la* eleştiri
critiquer [kritike] eleştirmek
croasser [kroase] karga gaklamak
croc-en-jambe [krokañjañb] *le*: ***faire un croc-en-jambe à*** -e çelme takmak
crochet [kroşe] *le* çengel, kanca ***crochets*** *le+ç.* köşeli ayraç, köşeli parantez
crocodile [krokodil] *le* timsah
croire [kruar] inanmak à, en, -e; sanmak
croisade [kruazad] *la* haçlı seferi
croisé, e [kruaze] ceket kruvaze ¤ *le* haçlı ¤ *la* pencere
croisement [kruazmañ] *le* kavşak; melezleme, çiftleştirme
croiser [kruaze] karşılaşmak, yanından geçmek; kesişmek; denizde kol gezmek
croiseur [kruazör] *le* kruvazör
croisière [kruazyer] *la* deniz gezintisi
croissance [kruasañs] *la* büyüme, gelişme
croissant, e [kruasañ, añt] büyüyen; artan ¤ *le* ayçöreği; ayça, hilal
croître [kruatr] büyümek, gelişmek
croix [krua] *la* çarmıh; istavroz, haç ***Croix-Rouge*** Kızılhaç
croquant, e [krokañ, t] gevrek, kıtır kıtır
croque-monsieur [krokmösyö] *le* jambon ve peynirli sandviç
croquer [kroke] kıtırdatmak; kıtırdamak
croquis [kroki] *le* taslak, kroki

crosse [kros] *la* dipçik; piskopos asası
crotte [krot] *la* hayvan pisliği, dışkı
crouler [krule] çökmek, yıkılmak
croupier [krupye] *le* krupiye
croustillant, e [krustiyañ, t] gevrek, kıtır kıtır
croustiller [krustiye] yerken kıtır kıtır etmek
croûte [krut] *la* kabuk
croyance [kruayañs] *la* inanç
croyant, e [kruayañ, añt] *le+la* inanan, mümin
cru, e [krü] çiğ; ham; kaba ¤ *le* üzüm bağ
cruauté [kryote] *la* acımasızlık, zalimlik
cruche [krüş] *la* testi
crucifier [krüsifye] çarmıha germek
crucifix [krüsifi] *le* İsa'lı haç, haç üstünde bulunan İsa resmi ya da heykel
crudité [krüdite] *la* kaba söz ***crudités*** *la+ç.* çiğ yenen sebzeler, meyveler
cruel, le [krüel] acımasız, zalim
crustacés [krüstase] *le+ç.* kabuklular, kabuklu deniz hayvanları
crypte [kript] *la* kilise bodrumu
cube [küb] *le* küp
cubique [kübik] kübik
cueillir [köyir] toplamak, devşirmek
cuiller, cuillère [küiyer] *la* kaşık ***cuiller à café*** kahve kaşığı ***cuiller à soupe*** çorba kaşığı
cuillerée [kuiyere] *la* kaşık dolusu
cuir [küir] *le* deri, meşin
cuirassé [küirase] *le* zırhlı gemi
cuire [küir] pişirmek; pişmek
cuisine [küizin] *la* mutfak; aşçılık ***faire la cuisine*** yemek pişirmek
cuisinier, ière [küizinye, yer] *le+la* aşçı ¤ *la* yemek fırını
cuisse [küis] *la* uyluk; but
cuivre [küivr] *le* bakır
cul [kü] *le*, kd. kıç, göt
culbute [külbüt] *la* takla; düşme, devrilme
culbuter [külbüte] takla atmak, devrilmek
culinaire [küliner] aşçılıkla ilgili, mutfakla ilgili
culot [külo] *le* dip, alt; yüzsüzlük, arsızlık
culotte [külot] *la* külot
culpabilité [külpabilite] *la* suçluluk
culte [kült] *le* tapma, tapınma
cultivateur, trice [kültivatör, tris] *le+la* çiftçi
cultivé, e [kültive] kültürlü

cultiver [kültive] toprak işlemek, ekmek; yetiştirmek
culture [kültür] *la* tarım; yetiştirme; kültür, ekin
culturel, le [kültürel] kültürel, ekinsel
cupide [küpid] açgözlü
cure [kür] *la* kür; tedavi
curé [küre] *le* katolik papazı
cure-dent [kürdañ] *le* kürdan
cure-pipe [kürpip] *le* pipo temizleyeceği
curer [küre] temizlemek, kazımak
curieux, euse [küryö, z] acayip, tuhaf ¤ *s+a.* meraklı
curiosité [küryozite] *la* merak
curriculum vitae [kürikülomvite] *le* özgeçmiş
cuve [küv] *la* büyük fıçı, tekne
cuvette [küvet] *la* leğen; küvet, yunak
cycle [sikl] *le* devir, dönme; dönem, devre; bisiklet
cyclisme [siklism] *le* bisikletçilik, bisiklet sporu
cycliste [siklist] *le+la* bisikletçi
cyclomoteur [siklomotör] *le* motorlu bisiklet
cyclone [siklon] *le* siklon, kiklon
cygne [siny] *le* kuğu
cylindre [sileñdr] *le* silindir
cylindrée [sileñdre] *la*, oto silindir hacmi
cyprès [sipre] *le* servi

D d

d' [d] bkz. ***de***
dactylo [daktilo] *la* daktilo, daktilograf
dactylographe [daktilograf] *la* daktilo, daktilograf
dactylographie [daktilografi] *la* daktiloyla yazma
dactylographier [daktilografye] daktiloyla yazmak
daigner [denye] tenezzül etmek
dalle [dal] *la* döşeme taşı, kaldırım taşı
daltonien, ne [daltonyeñ, yen] renkkörü
dame [dam] *la* hanım, bayan; iskambil kız ***dames*** *la+ç.* dama oyunu
damier [damye] *le* dama tahtası
damner [dane] lanetlemek
dancing [dañsing] *le* dans salonu
danger [dañje] *le* tehlike ***mettre en danger*** tehlikeye atmak
dangereux, euse [dañjrö, öz] tehlikeli
dans [dañ] içinde, -de; içine, -e
danse [dañs] *la* dans

danser [dañse] dans etmek, oynamak
danseur, euse [dañsör, öz] *le+la* dans eden, dans sanatçısı
dard [dar] *le* böcek iğnesi
date [dat] *la* tarih, gün
dater [date] tarih atmak
datte [dat] *la* hurma
dauphin [dofeñ] *le* yunusbalığı
davantage [davañtaj] daha çok, daha fazla
de (de + le : du, de + les : des) [dõ, dü, de] -den, -dan; ile; -in, -ın; -ce, tarafından
dé [de] *le* oyun zar; yüksük
débâcle [debakl] *la* bozgun, çökme, çözülme
déballer [debale] bavul, vb. açmak, boşaltmak
débarbouiller [debarbuye] birinin elini yüzünü yıkamak ***se débarbouiller*** elini yüzünü yıkamak
débarcadère [debarkader] *le* iskele, rıhtım
débardeur [debardör] *le* iskele hamalı
débarquement [debarkõmañ] *le* indirme, boşaltma; ask. çıkarma
débarquer [debarke] indirmek, boşaltmak; karaya çıkmak
débarrasser [debarase] kurtarmak; derleyip toplamak ***se débarrasser de*** -den kurtulmak
débat [deba] *le* tartışma; görüşme
débattre [debatr] tartışmak, görüşmek ***se débattre*** uğraşmak
débauche [deboş] *la* ahlaksızlık, sefahat
débaucher [deboşe] işten atmak; ayartmak, baştan çıkarmak
débile [debil] güçsüz, zayıf
débit [debi] *le* satış, sürüm; borç ***débit de boissons*** içki satış yeri ***débit de tabac*** sigara bayii, tütüncü
débiter [debite] üretmek, çıkarmak; satmak; borçlandırmak
débiteur, trice [debitör, tris] *le+la* borçlu
déblayer [debleye] temizlemek
débordé, e [deborde]: ***être débordé de*** -den başını kaldıramamak, başından aşkın olmak
débordement [debordõmañ] *le* taşma
déborder [deborde] taşmak; kabarmak
débouché [debuşe] *le* çıkak, mahreç; mal pazar, sürüm yeri

déboucher [debuşe] tıpasını çıkarmak; şişe ağzını açmak
débourser [deburse] kesesinden ödemek
debout [dõbu]: ***être debout*** dikelmek, ayakta durmak ***se mettre debout*** doğrulmak, ayağa kalkmak
déboutonner [debutone] düğmelerini çözmek
débraillé, e [debraye] hırpani, pasaklı
débrayage [debreyaj] *le* debriyaj, kavrama
débrayer [debreye] oto debriyaj yapmak; işi durdurmak
débris [debri] *le+ç.* kalıntılar
débrouiller [debruye] çözmek, açmak
début [debü] *le* başlangıç
débutant, e [debütañ, t] *le+la* yeni başiayan, acemi
débuter [debüte] başlamak
décade [dekad] *la* on günlük zaman; on yıllık süre
décadence [dekadañs] *la* çöküş, gerileme
décalage [dekalaj] *le* aralık; uymama, fark
décapotable [dekapotabl] üstü açılabilir
décéder [desede] ölmek
déceler [desle] ortaya çıkarmak
décembre [desañbr] *le* aralık ayı
décence [desañs] *la* edep, terbiye
décent, e [desañ, t] terbiyeli, edepli
déception [desepsyoñ] *la* hayal kırıklığı, düş kırıklığı
décerner [deserne] vermek
décès [dese] *le* ölüm, vefat
décevoir [desvuar] düş kırıklığına uğratmak
décharge [deşarj] *la* çöplük, döküntü yeri; deşarj, boşalım
décharger [deşarje] yükünü boşaltmak ***décharger qn de*** birini -den kurtarmak
déchausser [deşose] birinin ayakkabısını çıkarmak ***se déchausser*** ayakkabısını çıkarmak
déchéance [deşeañs] *la* düşme, düşüş
déchet [deşe] *le* artık, döküntü; fire
déchiffrer [deşifre] şifresini çözmek
déchiqueter [deşikte] parçalamak, doğramak
déchirer [deşire] yırtmak; bölmek, parçalamak
déchirure [deşirür] *la* yırtık; yarık, çatlak
déchoir [deşuar] düşmek, alçalmak

décibel [desibel] *le* desibel
décidé, e [deside] kararlı
décidément [desidemañ] kuşkusuz, muhakkak
décider [deside] karar vermek; ikna etmek ***se décider*** kararını vermek
décisif, ive [desizif, v] kesin
décision [desizyoñ] *la* karar
déclaration [deklarasyoñ] *la* bildiri, duyuru; beyan, demeç
déclarer [deklare] bildirmek; açıklamak, ilan etmek
déclencher [deklañşe] makineyi avaraya almak; başlatmak, harekete geçirmek
déclin [dekleñ] *le* azalma, düşüş
décliner [dekline] reddetmek; dilb. çekmek; azalmak
décollage [dekolaj] *le* havalanma, kalkış
décoller [dekole] yapışmış bir şeyi çıkarmak; uçak havalanmak, kalkmak ***se décoller*** yapışmış bir şey sökülmek, ayrılmak
décombres [dekoñbr] *le+ç.* yıkıntı, moloz
décommander [dekomañde] iptal etmek
décomposer [dekoñpoze] parçalarına ayırmak, bölmek; bozmak, çürütmek ***se décomposer*** bozulmak, çürümek
décompte [dekoñt] *le* indirim
déconcerter [dekoñserte] şaşırtmak
décongeler [dekoñjle] buzunu çözmek, donunu gidermek
déconseiller [dekoñseye] salık vermemek
déconvenue [dekoñvnü] *la* düş kırıklığı
décor [dekor] *le* dekor; görünüm, manzara
décorateur [dekoratör] *le* dekoratör
décoratif, ive [dekoratif, v] dekoratif, süsleyici
décoration [dekorasyoñ] *la* dekorasyon, süsleme; süs
décorer [dekore] süslemek, dekore etmek
découper [dekupe] kesmek, parçalara ayırmak
découragement [dekurajmañ] *le* cesareti kırılma
décourager [dekuraje] cesaretini kırmak, yıldırmak ***se décourager*** cesareti kırılmak, yılmak
décousu, e [dekuzü] ilgisiz, tutarsız
découvert, e [dekuver, t] açık, çıplak ¤ *le* açık, hesap açığı ¤ *la* buluş, keşif

découvrir [dekuvrir] bulmak, keşfetmek; ortaya çıkarmak
décrasser [dekrase] temizlemek
décret [dekre] *le* kararname
décrire [dekrir] betimlemek, tasvir etmek
décrocher [dekroşe] asılı şeyi indirmek; ahizeyi kaldırmak, telefonu açmak
décroître [dekruatr] azalmak, eksilmek
deçà [dõsa]: ***en deçà de*** berisinde; burdan
dédaigner [dedenye] küçümsemek, hor görmek
dédaigneux, euse [dedenyö, öz] küçümseyici, hor gören
dédain [dedeñ] *le* küçümseme, hor görme
dédale [dedal] *le* labirent
dedans [dõdañ] içinde, içine ¤ *le* iç, içeri
dédicace [dedikas] *la* ithaf, adına sunma
dédicacer [dedikase] ithaf etmek, adına sunmak
dédier [dedye] adamak, ithaf etmek
dédire [dedir] reddetmek ***se dédire*** sözünden dönmek
dédommagement [dedomajmañ] *le* tazminat
dédommager [dedomaje] zararını karşılamak, ödemek
déduction [dedüksyoñ] *la* hesaptan düşme, çıkarma
déduire [deduir] hesaptan düşmek, çıkarmak
déesse [dees] *la* tanrıça
défaillance [defayañs] *la* baygınlık; zayıflık, güçsüzlük
défaillir [defayir] bayılmak
défaire [defer] sökmek; açmak, çözmek ***se défaire*** sökülmek; açılmak, çözülmek ***se défaire de*** -den kurtulmak, başından savmak
défait [defet] *la* yenilgi, bozgun
défaut [defo] *le* kusur, hata; eksiklik, yokluk ***faire défaut*** eksik olmak, bulunmamak
défection [defeksyoñ] *la* ayrılma, bırakma
défectueux, euse [defektuö, z] kusurlu; eksik
défendre [defañdr] savunmak; yasaklamak
défense [defañs] *la* savunma, korunma; fil, vb. diş ***défense de fumer*** sigara içilmez ***défense de stationner*** park yapılmaz

défenseur [defañsör] *le* savunucu, koruyucu, müdafi
déférent, e [deferañ, t] saygılı
défi [defi] *le* meydan okuma
défiance [defyañs] *la* güvensizlik, kuşku
déficit [defisit] *le*, tic. açık
défier [defye] meydan okumak ***se défier de*** -e güvenmemek
défigurer [defigüre] bozmak, çirkinleştirmek
défilé [defile] *le*, coğ. dar geçit, boğaz; geçit töreni
défini, e [defini] belirli, belli
définir [definir] tanımlamak, tarif etmek
définitif, ive [definitif, v] kesin, son
définition [definisyoñ] *la* tanım; tanımlama, açıklama
définitivement [definitivmañ] kesin olarak, kesinlikle
défoncer [defoñse] kırıp açmak
déformation [deformasyoñ] *la* biçimini bozma; saptırma
déformer [deforme] biçimini bozmak; saptırmak
défunt, e [defoñ, t] *le+la* ölü, merhum
dégagé, e [degaje] açık; serbest, rahat
dégager [degaje] salmak, yaymak; kurtarmak; açmak, temizlemek
dégât [dega] *le* zarar, hasar
dégel [dejel] *le* buz çözülme, erime
dégénérer [dejenere] yozlaşmak, soysuzlaşmak
dégivrer [dejivre] buzunu çözmek, eritmek
dégonfler [degoñfle] havasını boşaltmak, söndürmek ***se dégonfler*** kd. korkmak
dégoût [degu] *le* iğrenme, tiksinti
dégoûtant, e [degutañ, añt] iğrenç; can sıkıcı, bezdirici
dégoûter [degute] iğrendirmek, tiksindirmek
dégoutter [degute] damlamak
dégrader [degrade] zarar vermek, bozmak; alçaltmak, küçültmek ***se dégrader*** alçalmak, küçülmek
dégrafer [degrafe] düğmelerini çözmek
dégraisser [degrese] yağ lekelerini çıkarmak, temizlemek
degré [dõgre] *le* derece; basamak
dégringoler [degreñgole] yuvarlanmak
dégriser [degrize] ayıltmak
déguenillé, e [degniye] hırpani, pejmürde kılıklı

déguerpir [degerpir] toz olmak, tüymek
déguisement [degizmañ] *le* kılık değiştirme
déguiser [degize] kılık değiştirmek; gizlemek, saklamak ***se déguiser*** kılık değiştirmek
dégustation [degüstasyoñ] *la* tatma, tadına bakma
déguster [degüste] tatmak, tadına bakmak
dehors [dõor] dışarıda, dışarıya ¤ *le* dış, dışarı ***en dehors de*** -den başka, dışında
déjà [deja] şimdiden; çoktan, daha önce; henüz
déjeuner [dejöne] öğle yemeği yemek; kahvaltı etmek ¤ *le* öğle yemeği; kahvaltı
delà [dõla]: ***par delà, en delà de, au delà de*** ötesinde
délai [dele] *le* süre, mühlet ***sans délai*** hemen, derhal
délasser [delase] dinlendirmek, yorgunluk almak ***se délasser*** dinlenmek
délavé, e [delave] soluk, solgun
délayer [deleye] sulandırmak
délégation [delegasyoñ] *la* yetkilendirme, yetkili kılma; delegasyon
délégué, e [delege] *le+la* delege, temsilci
déléguer [delege] delege olarak göndermek, temsilci olarak atamak
délibérer [delibere] görüşmek, konuşmak
délicat, e [delika, t] nazik, ince; narin; lezzetli, nefis
délice [delis] *le* zevk, mutluluk
délicieux, euse [delisyö, z] lezzetli, nefis; zarif, çok güzel
délié, e [delye] çevik, atik; ince
délier [delye] çözmek
délinquance [deleñkañs] *la* suçluluk, suç işleme
délinquant, e [deleñkañ, t] *s+a.* suçlu
délire [delir] *le* sayıklama; çılgınlık
délirer [delire] sayıklamak; çıldırmak, saçmalamak
délit [deli] *le* suç
délivrer [delivre] serbest bırakmak, kurtarmak; vermek, teslim etmek
déloyal, e, aux [deluayal, o] hain, vefasız; yolsuz, dürüst olmayan
déluge [delüj] *le* tufan; sağanak
déluré, e [delüre] uyanık, açıkgöz
demain [dmeñ] yarın ***à demain!*** yarın görüşürüz!

demande [dmañd] *la* istek; sipariş; dilekçe
demandé, e [dmañde] aranılan, çok istenen
demander [dmañde] istemek; sormak; gerektirmek ***se demander*** kendi kendine sormak
demandeur, euse [dõmañdör, öz] *le+la* davacı
démangeaison [demañjezoñ] *la* kaşıntı, kaşınma
démanger [demañje] kaşınmak
démaquillant [demakiyañ] *le* makyaj temizleyici
démaquiller [demakiye]: ***se démaquiller*** makyajını silmek, makyajını temizlemek
démarche [demarş] *la* yürüyüş, gidiş
démarqué, e [demarke] futbol demarke
démarrer [demare] hareket etmek, çalışmak, kalkmak
démarreur [demarör] *le*, oto. marş motoru
démêler [demele] çözmek, açmak
déménagement [demenajmañ] *le* taşınma
déménager [demenaje] ev taşımak; taşınmak
déménageur [demenajör] *le* mobilya taşıyıcısı, ev taşıyıcısı
démesure [demõzür] *la* aşırılık, ölçüsüzlük
démesuré, e [demõzüre] aşırı, ölçüsüz
démettre [demetr] çıkarmak, atmak ***se démettre*** istifa etmek
demeure [dõmör] *la* konut, ev
demeurer [dõmöre] oturmak; kalmak
demi- [dmi] 'yarı', 'yarım' anlamında bir önek
demi, e [dmi] *s+a.* yarım ¤ *le* bir bardak bira; futbol hafbek ¤ *la* yarım saat, buçuk ***à demi*** yarım, yarısına kadar
demi-finale [dõmifinal] *la* yarı final
demi-frère [dõmifrer] *le* üvey erkek kardeş
demi-heure [dõmiör] *la* yarım saat
demi-pension [dõmipañsyoñ] *la* yarım pansiyon
demi-sœur [dõmisör] *la* üvey kız kardeş
démission [demisyoñ] *la* istifa ***donner sa démission*** istifasını vermek
démissionner [demisyone] istifa etmek

demi-tarif [dõmitarif] *le* yarı tarife, yüzde elli indirim
demi-tour [dõmitur] *le* geriye çark; oto. U dönüşü
démocrate [demokrat] *s+a.* demokrat
démocratie [demokrasi] *la* demokrasi
démocratique [demokratik] demokratik
démodé, e [demode] demode, modası geçmiş
demoiselle [dõmuazel] *la* genç kız, yetişkin kız ***demoiselle d'honneur*** geline eşlik eden kız
démolir [demolir] yıkmak
démolition [demolisyoñ] *la* yıkma
démon [demoñ] *le* şeytan, iblis
démonstratif, ive [demoñstratif, v] kanıtlayan; dilb. işaret +, gösterme +
démonstration [demoñstrasyoñ] *la* gösterme; kanıt; gösteri
démonter [demoñte] sökmek; şaşırtmak
démontrer [demoñtre] göstermek; kanıtlamak
démunir [demünir]: ***démunir qn de*** birini -den yoksun bırakmak ***se démunir de*** -den yoksun kalmak
dénaturer [denatüre] değiştirmek, çarpıtmak
dénigrer [denigre] çekiştirmek, yermek
dénombrer [denoñbre] saymak
dénominateur [denominatör] *le* payda
dénommer [denome] adlandırmak, ad vermek
dénoncer [denoñse] ele vermek, ihbar etmek
dénoter [denote] belirtmek, göstermek
dénouement [denumañ] *le* son, sonuç
dénouer [denue] çözmek
denrée [dañre] *la* yiyecek, gıda maddesi
dense [dañs] yoğun
densité [dañsite] *la* yoğunluk
dent [dan] *la* diş ***dent de lait*** sütdişi ***dent de sagesse*** akıldişi, yirmi yaş dişi ***faire ses dents*** çocuk diş çıkarmak
dentaire [dañter] dişle ilgili, diş +
dentelle [dañtel] *la* dantel, tentene
dentier [dañtye] *le* takma diş
dentifrice [dañtifris] *le* diş macunu
dentiste [dañtist] *le+la* dişçi, diş hekimi
deodorant [deodorañ] *le* deodoran

dépannage [depanaj] *le* tamir, arıza giderme
dépanner [depane] onarmak, arızasını gidermek
dépanneuse [depanöz] *la* çekici, onarım aracı
départ [depar] *le* kalkış, çıkış, hareket
département [departömañ] *le* bölüm, şube
départir [departir]: ***se départir de*** -den vazgeçmek, bırakmak
dépassé, e [depase] modası geçmiş
dépassement [depasmañ] *le* taşıt sollama
dépasser [depase] geçmek, aşmak; taşıt sollamak
dépêche [depeş] *la* telgraf, telyazı
dépêcher [depeşe] göndermek, koşturmak ***se dépêcher*** acele etmek, elini çabuk tutmak
dépeindre [depeñdr] betimlemek, tasvir etmek
dépendance [depañdañs] *la* bağımlılık
dépendant, e [depañdañ, añt] bağımlı, bağlı
dépendre [depandr(ö)]: ***dépendre de*** -e bağlı olmak; -e bağımlı olmak
dépens [depañ] *le+ç.*: ***aux dépens de*** -in hesabına, -in sırtından
dépense [depañs] *la* gider, masraf, harcama
dépenser [depañse] harcamak tüketmek ***se dépenser*** kendini harcamak
dépensier, ière [depañsye, yer] tutumsuz, savurgan
dépérir [deperir] zayıflamak, solmak
dépister [depiste] ortaya çıkarmak, bulmak
dépit [depi] *le* küsme, gücenme ***en dépit de*** -e karşın, -e rağmen
déplacé, e [deplase] yersiz, uygunsuz
déplacement [deplasmañ] *le* yer değiştirme; yolculuk, seyahat
déplacer [deplase] yerini değiştirmek ***se déplacer*** yer değiştirmek; yolculuk etmek
déplaire [depler]: ***déplaire à*** -in hoşuna gitmemek ***se déplaire*** hoşlanmamak
déplaisant, e [deplezañ, añt] hoşa gitmeyen, can sıkıcı
déplaisir [deplezir] *le* hoşnutsuzluk
déplier [depliye] katlanmış şeyi açmak

déplorer [deplore] acımak, üzülmek
déployer [depluaye] açmak, yaymak
déporter [deporte] sürmek, sürgün etmek
déposer [depoze] koymak; bırakmak; para yatırmak ***dépositaire*** *le+la*, tic. temsilci, satıcı
déposition [depozisyoñ] *la*, huk. ifade
dépôt [depo] *le* depozito; depo, ambar; garaj
dépouille [depuy] *la* post, pösteki
dépouillé, e [depuye] çıplak
dépourvu, e [depurvü]: ***au dépourvu*** ansızın, hazırlıksız ***dépourvu de*** -den yoksun
dépraver [deprave] ahlakını bozmak, baştan çıkarmak
déprécier [depresye] değerini düşürmek ***se déprécier*** değerden düşmek, değerini kaybetmek
dépression [depresyoñ] *la* durgunluk, bunalım, buhran
déprimer [deprime] çökertmek
depuis [döpui] -den beri; -den, -dan
député, e [depüte] *le+la* milletvekili
déraciner [derasine] kökünden sökmek
déraillement [deraymañ] *le* raydan çıkma
dérailler [deraye] tren raydan çıkmak
déraisonnable [derezonabl] saçma, aptalca
dérangement [derañjmañ] *le* rahatsızlık; bozukluk, bozulma
déranger [derañje] rahatsız etmek; bozmak, karıştırmak ***se déranger*** yerini değiştirmek, işini değiştirmek
déraper [derape] taşıt kaymak; kontrolden çıkmak
déréglé, e [deregle] bozuk
dérégler [deregle] bozmak
dérision [derizyoñ] *la* alay
dérisoire [derizuar] alaylı; gülünç
dérivé, e [derive] türemiş ¤ *le* türev; yan ürün
dermatologie [dermatoloji] *la* dermatoloj, cildiye
dermatologue [ddermatolog] *le+la* dermatolog, cildiyeci
dernier, ière [dernye, yer] son; geçen ***en dernier*** son olarak
dernièrement [dernyermañ] geçenlerde, son zamanlarda
dérobé, e [derobe] kapı, vb. gizli ***à la dérobée*** gizlice, çaktırmadan

dérober [derobe] çalmak; saklamak, gizlemek ***se dérober*** sıvışmak ***se dérober à*** -den saklanmak, -den kaçmak

dérouler [derule] sarılı şeyi açmak, yaymak

déroute [derut] *la* bozgun

dérouter [derute] uçak, tren yolunu değiştirmek, rotasını değiştirmek; şaşırtmak

derrière [deryer] arkada, arkadan; arkasına, arkasında ¤ *le* arka taraf

des [de] ***de les*** 'nin kısa biçimi

dès [de] -den beri; -den itibaren ***dès lors*** o zamandan beri

désacccord [dezakor] *le* anlaşmazlık, uyuşmazlık

désaccordé, e [dezakorde] müz. akortsuz

désagréable [dezagreabl] tatsız, hoşa gitmeyen

désagrément [dezagremañ] *le* sıkıntı, üzüntü

désaltérer [dezaltere]: ***se désaltérer*** susuzluğunu gidermek

désapprouver [dezapruve] onaylamamak, beğenmemek

désarmement [dezarmömañ] *le* silahsızlanma

désarmer [dezarme] silahsızlandırmak

désarroi [dezarua] *le* karışıklık, düzensizlik

désastre [dezastr] *le* felaket, afet

désastreux, euse [dezaströ, öz] felaket getiren, feci, korkunç

désavantage [dezavañtaj] *le* sakınca, dezavantaj

désavouer [dezavue] yadsımak, inkâr etmek

descenddant, e [desañdañ, t] *le+la* torun, çocuk

descendre [desañdr] indirmek; inmek ***descendre de*** -in soyundan gelmek

descente [desañt] *la* inme, indirme; iniş, bayır

descriptif, ive [deskriptif, v] betimsel, tasviri

description [deskripsyoñ] *la* betimleme, tasvir

déséquilibré, e [dezekilibre] *le+la* dengesiz kimse

désert, e [dezer, t] ıssız ¤ *le* çöl

déserter [dezerte] bırakıp gitmek, terk etmek

déserteur [dezertör] *le* asker kaçağı

désertion [dezersyoñ] *la* askerlikten kaçma, firar

désespérance [dezesperañs] *la* umutsuzluk

désespéré, e [dezespere] umutsuz

désespérer [dezespere] umutsuzluğa düşürmek; umutsuzluğa düşmek ***se désespérer*** umutsuzluğa düşmek

désespoir [dezespuar] *le* umutsuzluk

déshabiller [dezabiye] soymak, giysilerini çıkarmak ***se déshabiller*** soyunmak

déshériter [dezerite] mirastan yoksun bırakmak

déshonneur [dezonör] *le* onursuzluk, namussuzluk

déshonorer [dezonore] namusuna leke sürmek

désignation [dezinyasyoñ] *la* seçme, atama; belirtme

désigner [dezinye] belirtmek, göstermek; atamak, tayin etmek

désillusion [dezilüzyoñ] *la* düş kırıklığı

désinfectant, e [dezeñfektañ, t] *le* dezenfektan, antiseptik

désinfecter [dezeñfekte] dezenfekte etmek, mikropsuzlaştırmak

désintégrer [dezeñtegre] parçalamak ***se désintégrer*** parçalanmak

désintéressé, e [dezeñterese] çıkar gözetmeyen

désintéresser [dezeñterese]: ***se désintéresser de*** -den soğumak, ile ilgilenmemek

désinvolte [dezeñvolt] saygısız, laubali

désir [dezir] *le* istek, arzu

désirer [dezire] istemek, arzulamak

désireux, euse [dezirö, öz]: ***désireux de*** -meye istekli

désobéir [dezobeir] uymamak, itaat etmemek

désobéissance [dezobeisañ, añt] *la* itaatsizlik, karşı gelme

désobéissant, e [dezobeisañ, añt] itaatsiz, söz dinlemez

désodorisant [dezodorizañ] *le* koku giderici

désœuvré, e [dezövre] işsiz, aylak

désœuvrement [dezövrõmañ] *le* işsizlik, aylaklık

désolation [dezolasyoñ] *la* üzüntü, acı

désolé, e [dezole] ıssız

désoler [dezole] üzmek

désopilant, e [dezopilañ, t] güldürücü, gırgır

désordonné, e [dezordone] dağınık, düzensiz

désordre [dezordr] *le* düzensizilik, karışıklık

désormais [dezorme] bundan böyle, artık

désosser [dezose] kemiğini çıkarmak, kılçığını çıkarmak
desquels, desquelles [dekel] ***de lesquels, de lesquelles*** 'in kısa biçimi
dessécher [deseşe] kurutmak ***se dessécher*** kurumak
dessein [deseñ] *le* tasarı, niyet ***à dessein*** bile bile, kasten
desserrer [desere] gevşetmek
dessert [deser] *le* yemek sonunda yenen tatlı, meyve
desservir [deservir] taşıt uğramak, geçmek; sofrayı kaldırmak
dessin [deseñ] *le* resim; desen ***dessin animé*** çizgi film
dessinateur, trice [desinatör, tris] *le+la* desinatör; ressam
dessiner [desine] resmini yapmak; çizmek
dessous [dsu] alta, altta; altına, altında ¤ *le* alt ¤ *le+ç.* iç çamaşırı ***avoir le dessous*** yenilmek
dessous-de-plat [dõsudpla] *le* tencere altlığı
dessus [dsü] üste, üstte; üstüne, üstünde ¤ *le* üst ***avoir le dessus*** yenmek
dessus-de-lit [dõsüdli] *le* yatak örtüsü
destin [desteñ] *le* yazgı, alınyazısı
destination [destinasyoñ] *la* gidilecek yer, gönderilecek yer; amaç, yapılış amacı ***à destination de*** -e doğru, -e giden
destinée [destine] *la* yazgı, alınyazısı
destiner [destine] yöneltmek, hazırlamak; ayırmak, tahsis etmek
destituer [destitue] görevine son vermek, çıkarmak
destructeur, trice [destrüktör, tris] yıkıcı
destruction [destrüksyoñ] *la* yıkma, yok etme
désuet, ète [desue, t] eskimiş, modası geçmiş
détachant [detaşan] *le* leke çıkarıcı
détachement [detaşmañ] *le* kopma, uzaklaşma; ask. müfreze
détacher [detaşe] lekesini çıkarmak; çözmek; ayırmak ***se détacher*** ayrılmak, kopmak
détail [detay] *le* ayrıntı; perakende satış ***en détail*** ayrıntılı olarak
détaillé, e [detaye] ayrıntılı
détailler [detaye] perakende satmak
détective [detektiv] *le* detektif
déteindre [deteñdr] rengi atmak, solmak

détendre [detañdr] gevşetmek; yatıştırmak ***se détendre*** gevşemek; yatışmak
détenir [detnir] elde bulundurmak, elinde tutmak
détente [detañt] *la* dinlenme; gerginliğin yumuşaması, detant; silah tetik
détenteur, trice [detañtör, tris] *le+la* eldeci, zilyet
détenu, e [detnü] *le+la* tutuklu, mahpus
détergent [deterjañ] *le* deterjan
détériorer [deteryore] bozmak ***se détériorer*** bozulmak
détermination [determinasyoñ] *la* saptama, belirleme; azim, karar
déterminé, e [determine] kararlı, azimli; belli, belirli
déterminer [determine] belirlemek, saptamak ***se déterminer à faire*** -meye karar vermek
déterrer [detere] kazıp çıkarmak
détester [deteste] tiksinmek, nefret etmek
détonateur [detonatör] *le* fünye, fitil
détoner [detone] patlamak
détour [detur] *le* dönemeç, kıvrım
détourné, e [deturne] sapa, dolambaçlı
détournement [deturnõmañ] *le* yönünü değiştirme; uçak kaçırma; zimmetine geçirme
détourner [deturne] yönünü değiştirmek, yolunu değiştirmek; uçak kaçırmak; para zimmetine geçirmek
détraquer [detrake] bozmak ***se détraquer*** bozulmak
détresse [detres] *la* üzüntü, sıkıntı
détriment [detrimañ] *le* zarar ***au détriment de*** zararına
detritus [detritüs] *le+ç.* döküntü, çerçöp
détruire [detruir] yıkmak, yok etmek
dette [det] *la* borç
deuil [döy] *le* yas, matem
deux [dö] iki ***les deux points*** iki nokta üst üste :
deuxième [dözyem] ikinci
deux-pièces [döpyes] *le* döpiyes
dévaler [devale] inmek; indirmek
dévaliser [devalize] soymak, çalmak
dévaluation [devalüasyoñ] *la* develüasyon
dévaluer [devalüe] değerini düşürmek, devalüe etmek
devancer [dõvañse] geçmek, arkada bırakmak

devant [dvañ] önüne, önünde; önce ¤ *le* ön
devanture [dvañtür] *la* dükkânın önü; vitrin
dévaster [devaste] yakıp yıkmak, harap etmek
développé, e [devlope] gelişmiş
développement [devlopmañ] *le* gelişme, büyüme; film banyo
développer [devlope] geliştirmek, ilerletmek; film banyo etmek ***se développer*** gelişmek, ilerlemek
devenir [dõvnir] olmak
déverser [deverse] dökmek, akıtmak
dévêtir [devetir] soymak, giysisini çıkarmak ***se dévêtir*** soyunmak
déviation [devyasyoñ] *la* sapma
dévier [devye] saptırmak; sapmak
deviner [dvine] bulmak, tahmin etmek
devinette [dvinet] *la* bilmece, bulmaca
dévisager [devizaje] birine dikkatle bakmak
devise [dviz] *la* parola; döviz
dévisser [devise] vidalarını çıkarmak
dévoiler [devuale] örtüsünü açmak
devoir [dvuar] gerekmek, zorunda olmak; borcu olmak ¤ *le* ödev; görev
dévorer [devore] parçalayıp yemek; tüketmek
dévot, e [devo, ot] sofu, dindar
dévotion [devosyoñ] *la* sofuluk, dindarlık
dévouement [devumañ] *le* bağlılık, sadakat
dévouer [devue]: ***se dévouer*** kendini feda etmek ***se dévouer à*** kendini -e vermek, kendini -e adamak
diabète [dyabet] *le* şeker hastalığı
diabétique [dyabetik] *le+la* şeker hastası
diable [dyabl] *le* şeytan
diabolique [dyabolik] şeytanca şeytansı
diagnostic [dyagnostik] *le* tanı, teşhis
diagnostiquer [dyagnostike] tanılamak, teşhis etmek
diagonal, e, aux [dyagonal, o] çapraz, verev ¤ *la* köşegen
dialecte [dialekt] *le* lehçe
dialogue [dyalog] *le* diyalog, karşılıklı konuşma
diamant [dyamañ] *le* elmas
diamètre [dyametr] *le* çap
diapason [dyapazoñ] *le* diyapazon
diaphragme [dyafragm] *le* diyafram

diapositive [dyapozitiv] *la* diyapozitif, slayt
diarrhée [dyare] *la* sürgün, ishal
dictateur [diktatör] *le* diktatör
dictature [diktatür] *la* diktatörlük
dictée [dikte] *la* yazdırma, dikte
dicter [dikte] yazdırmak, dikte etmek
diction [diksyoñ] *la* diksiyon, söyleme biçimi
dictionnaire [diksyoner] *le* sözlük
dièse [dyez] *le* diyez
diesel [dyezel] *le* dizel
diète [dyet] *la* perhiz, diyet
dieu, x [dyö] *le* tanrı, ilah ***Dieu*** Tanrı
diffamation [difamasyoñ] *la* kara çalma, iftira
diffamer [difame] kara çalmak, iftira etmek
différence [diferañs] *la* fark, ayrılık ***à la différence de*** -ın tersine
différencier [diferañsye] ayırt etmek ***se différencier*** farklı olmak, değişmek
différend [diferañ] *le* anlaşmazlık
différent, e [diferañ, t] farklı, değişik, ayrı de, -den
différentiel, le [diferañsyel] *s+le* diferansiyel
différer [difere] ertelemek, geciktirmek; farklı olmak de, -den
difficile [difisil] güç, zor
difficilement [difisilmañ] güçlükle
difficulté [difikülte] *la* güçlük, zorluk
difforme [diform] biçimsiz
difformité [diformite] *la* biçimsizlik
diffuser [difüze] yaymak; yayımlamak
digérer [dijere] sindirmek, hazmetmek
digestion [dijestyoñ] *la* sindirim
digne [diny] ağırbaşlı, ciddi ***digne de*** -e değer, -e layık
dignité [dinyite] *la* ağırbaşlılık; saygınlık
digue [dig] *la* set, bent
dilapider [dilapide] saçıp savurmak, israf etmek
dilater [dilate] genişletmek, büyütmek ***se dilater*** genleşmek
dilemme [dilem] *le* ikilem, dilemma
diluer [dilue] seyreltmek, sulandırmak
dimanche [dimañş] *le* pazar günü
dimension [dimañsyoñ] *la* boyut; ölçü

diminuer [diminue] azaltmak; küçültmek; azalmak; küçülmek
diminutif [diminütif] *le*, dilb. küçültme eki
diminution [diminüsyoñ] *la* azaltma, düşürme; azalma, düşme
dinde [deñd] *la* dişi hindi
dindon [deñdoñ] *le* erkek hindi
dîner [dine] akşam yemeği yemek ¤ *le* akşam yemeği
dingue [deñg] kd. çılgın, deli
diphtérie [difteri] *la* kuşpalazı, difteri
diphtongue [diftoñg] *la* diftong, ikizünlü, ikili ünlü
diplomate [diplomat] *le* diplomat
diplomatie [diplomasi] *la* diplomatlık
diplomatique [diplomati] diplomatik
diplôme [diplom] *le* diploma
diplômé, e [diplome] diplomalı
dire [dir] demek, söylemek ***vouloir dire*** demek istemek
direct, e [direkt] doğru, dolaysız, direkt ***en direct*** yayın canlı
directement [direktmañ] doğrudan doğruya
directeur, trice [diriktör, tris] *le+la* yönetici, müdür
direction [direksyoñ] *la* yönetim, idare; oto. direksiyon; yön
directive [direktiv] *la* yönerge, talimat
dirigeant, e [dirijañ, t] *s+a.* yönetici
diriger [dirije] yönetmek; taşıt sürmek ***se diriger vers sur*** -e doğru ilerlemek, yönelmek, gitmek
discerner [diserne] ayırt etmek, seçmek
disciple [disipl] *le+la* öğrenci, çırak; mürit
discipline [disiplin] *la* disiplin
discipliné, e [disipline] disiplinli
discipliner [disipline] disiplin altına almak
discontinu, e [diskoñtinü] süreksiz, aralıklı
discordant, e [diskordañ, t] uyumsuz, uyuşmayan
discorde [diskord] *la* anlaşmazlık, uyuşmazlık
discothèque [diskotek] *la* plaklık, plak dolabı; disko, diskotek
discours [diskur] *le* söz, konuşma; söylev, nutuk
discret, ète [diskre, t] ihtiyatlı, ölçülü; ağzı sıkı, ketum
discrétion [diskresyoñ] *la* ihtiyatlılık, ölçülülük; ağzı

sıkılık, ketumluk ***à discrétion*** istenildiği kadar
discrimination [diskriminasyoñ] *la* ayrım
discussion [disküsyoñ] *la* tartışma; görüşme
discuter [disküte] tartışmak; görüşmek
disette [dizet] *la* kıtlık
disgrâce [disgras] *la* gözden düşme
disgracieux, euse [disgrasyö, z] çirkin, kaba
disloquer [disloke] sökmek; dağıtmak
disparaître [disparetr] gözden kaybolmak; yok olmak ***faire disparaître*** ortadan kaldırmak, yok etmek
dispenser [dispañse] muaf tutmak de, -den ***se dispenser de*** kendini -den muaf tutmak, kendini ile yükümlü görmemek
disperser [disperse] dağıtmak ***se disperser*** dağılmak
disponible [disponibl] elde bulunan, kullanılabilen, boş
dispos, e [dispo, dispoz] hafif, çevik; uyanık; zinde
disposer [dispoze] düzenlemek, yerleştirmek
dispositif [dispozitif] *le* aygıt, alet, düzen
disposition [dispozisyoñ] *la* düzen, düzenleme ***dispositions*** *la+ç.* hazırlık; yetenek
dispute [dispüt] *la* kavga, tartışma
disputer [dispüte] kavga etmek, çekişmek; kd. azarlamak, fırça atmak ***se disputer*** kavga etmek, tartışmak
disqualification [diskalifikasyoñ] *la* diskalifiye olma, yarış dışı bırakma
disqualifier [diskalifye] diskalifiye etmek, yarış dışı bırakmak
disque [disk] *le* plak; disk
dissemblable [disañblabl] benzemez
disséminer [disemine] saçmak, serpmek
dissident, e [disidañ, t] *s+a.* karşıt görüşlü, ayrı görüşte olan
dissimulation [disimülasyoñ] *la* saklama, gizleme
dissimuler [disimüle] saklamak, gizlemek
dissiper [disipe] dağıtmak, gidermek; saçıp savurmak, israf etmek
dissoudre [disudr] eritmek; dağıtmak, feshetmek; geçersiz saymak, bozmak
dissuader [disuade] caydırmak, vazgeçirmek

dissuasion [disuazyoñ] *la* caydırma
distance [distañs] *la* uzaklık, mesafe; ara, aralık
distant, e [distañ, t] uzak, ırak; soğuk, kibirli
distiller [distile] damıtmak
distinct, e [disteñkt, eñkt] farklı, ayrı; açık, belli
distinctif, ive [disteñktif, iv] ayırt edici, özel
distinction [disteñksyoñ] *la* ayırt etme, seçme; ayrım, fark; üstünlük
distingué, e [disteñge] seçkin, üstün
distinguer [disteñge] ayırt etmek, seçmek
distraction [distraksyoñ] *la* dalgınlık, dikkatsizlik; eğlence
distraire [distrer] dikkat, vb. dağıtmak; eğlendirmek, oyalamak ***se distraire*** eğlenmek, oyalanmak
distrait, e [distre, t] dalgın, dikkatsiz
distribuer [distribue] dağıtmak; düzenlemek
distributeur [distribütör] *le* dağıtıcı, dağıtımcı; distribütör
distribution [distribüsyoñ] *la* dağıtım, dağıtma; düzenleme
dit, e [di, dit] denen, söylenen; anılan, sözü edilen ***le jour dit*** belirlenen gün
divaguer [divage] başıboş dolaşmak
divan [divañ] *le* divan, sedir
diverger [diverje] ayrılmak
divers, e [diver, s] çeşitli, değişik; birçok, birkaç
diversité [diversite] *la* çeşitlilik; çeşit
divertir [divertir] eğlendirmek ***se divertir*** eğlenmek
divertissement [divertismañ] *le* eğlence
dividende [dividañd] *le*, mat. bölünen
divin, e [diveñ, in] tanrısal, ilahi
diviser [divize] bölmek
diviseur [divizör] *le*, mat. bölen
division [divizyoñ] *la* bölme; bölüm; ask. tümen
divorce [divors] *le* boşanma
divorcé, e [divorse] *le+la* boşanmış kimse, dul
divorcer [divorse] boşanmak
divulguer [divülge] açığa vurmak, dile düşürmek
dix [dis] on
dixième [dizyem] onuncu
dizaine [dizen] *la* onluk, on tane ***une dizaine de*** on kadar

docile [dosil] uysal, yumuşak başlı
dock [dok] *le* dok, havuz; rıhtım
docteur [doktör] *le* doktor
doctorat [doktora] *le* doktora
doctrine [doktrin] *la* öğreti, doktrin
document [dokümañ] *le* belge
documentaire [dokümañter] *s+le* belgesel
documentation [dokümañtasyoñ] *la* belgeleme; belgeler
documenter [dokümañte] belgelemek, belgelere dayandırmak
dodu, e [dodü] semiz; tombul
doigt [dua] *le* parmak ***doigt de pied*** ayak parmağı
doléances [doleañs] *la+ç.* yakınma, şikâyet
dollar [dolar] *le* dolar
domaine [domen] *le* mülk, arazi; alan, saha
dôme [dom] *le* kubbe
domestique [domestik] evle ilgili, aileyle ilgili; evcil ¤ *le+la* uşak, hizmetçi
domestiquer [domestike] evcilleştirmek
domicile [domisil] *le* ev, konut
dominant, e [dominañ, t] egemen; baskın, üstün
domination [dominasyoñ] *la* egemenlik; nüfuz
dominer [domine] egemen olmak, hükmetmek; geçmek, üstün olmak
domino [domino] *le* domino
dommage [domaj] *le* zarar, hasar ***dommages-intérêts*** *le+ç.* zarar ziyan, tazminat
dompter [doñte] evcilleştirmek, eğitmek
don [doñ] *le* armağan; yetenek
donation [donasyoñ] *la* bağış, bağışlama
donc [doñk] öyleyse, o halde
donné, e [done] belli, belirli ¤ *la* veri
donner [done] vermek ***donner dans*** tuzak, vb. düşmek ***donner sur*** -e bakmak, nazır olmak ***se donner à*** kendini -e vermek
dont [doñ] ki onu, ki onun, ki ondan
doré, e [dore] altın gibi; yaldızlı
dorénavant [dorenavañ] bundan böyle
dorer [dore] yaldızlamak; nar gibi kızartmak
dorloter [dorlote] nazlamak, nazlı alıştırmak
dormir [dormir] uyumak
dortoir [dortuar] *le* yatakhane, koğuş
dos [do] *le* arka, sırt
dose [doz] *la* doz

doser [doze] dozunu ayarlamak
dossard [dosar] *le* yarışmacının puanı
dossier [dosye] *le* dosya
dot [dot] *la* çeyiz, drahoma
doter [dote]: ***doter de*** ile donatmak, vermek
douane [duan] *la* gümrük
douanier, ière [duanye, yer] gümrükle ilgili ¤ *le* gümrük memuru
double [dubl] çift, iki ¤ *le* iki kat; kopya
doubler [duble] iki katına çıkarmak; geçmek, sollamak; sözlendirmek, dublaj yapmak; iki katına çıkmak ***doubler la classe*** tekrar okumak, çifte dikiş yapmak
doublure [dublür] *la* astar; dublör, benzer
douceur [dusör] *la* tatlılık; yumuşaklık
douche [duş] *la* duş ***se doucher*** duş almak
doué, e [due] yetenekli
douille [duy] *la* duy
douillet, te [duye, t] yumuşacık; çıtkırıldım, nanemolla
douleur [dulör] *la* ağrı, sızı; acı, dert ***douloureux, euse*** ağrılı, acı veren
doute [dut] *le* kuşku, şüphe ***sans doute*** kuşkusuz, şüphesiz
douter [dute]: ***douter de*** -den kuşkulanmak, -e güvenememek ***se douter de*** tahmin etmek, beklemek
douteux, euse [dutö, z] kuşkulu, şüpheli
doux, douce [du, dus] yumuşak; tatlı
douzaine [duzen] *la* düzine
douze [duz] on iki
doyen, ne [duayeñ, en] *le*+*la* en eski, en yaşlı; dekan
dragée [draje] *la* bademşekeri
dragon [dragoñ] *le* ejderha
draguer [drage] kd. kız tavlamak
dramatique [dramatik] dramatik ¤ *la* televizyon oyunu
dramatiser [dramatize] oyunlaştırmak, dramatize etmek
drame [dram] *le* dram
drap [dra] *le* çarşaf; yünlü kumaş
drapeau, x [drapo] *le* bayrak
dresser [drese] dikmek, kaldırmak; kurmak; hayvan eğitmek, terbiye etmek ***dresser l'oreille*** kulak kesilmek ***se dresser*** dikelmek, doğrulmak
drogue [drog] *la* ilaç; uyuşturucu
drogué, e [droge] *le*+*la* uyuşturucu kullanan, uyuşturucu düşkünü

droguer [droge] bol ilaç vermek ***se droguer*** ilaç almak; uyuşturucu kullanmak
droit, e [drua, druat] doğru; dik; sağ ¤ *le* hak; adalet; hukuk; vergi ¤ *la* doğru çizgi ***à droite*** sağda; sağa ***de droite*** (politika) sağ kanat ***droit d'auteur*** telif hakkı
droitier, ière [druatye, yer] *le+la* sağ elini kullanan, solak olmayan
drôle [drol] eğlenceli, gırgır
du [dü] ***de le*** 'nin kısa biçimi
dû, due [dü] *le* borç; alacak ***dû à*** -den dolayı, yüzünden
duc [dük] *le* dük
duchesse [düşes] *la* düşes
duel [duel] *le* düello
dune [dün] *la* kumul
duo [duo] *le*, müz. düet
duper [düpe] aldatmak, dolandırmak
duquel [dükel] ***de lequel*** 'in kısa biçimi
dur, e [dür] sert; güç
durable [dürabl] kalıcı, dayanıklı
durant [düran̄] süresince, boyunca
durcir [dürsir] sertleştirmek ***se durcir*** sertleşmek
durée [düre] *la* süre, müddet
durer [düre] sürmek, devam etmek
dureté [dürte] *la* sertlik
duvet [düve] *le* tüy; kuştüyü
dynamique [dinamik] dinamik, canlı
dynamisme [dinamism] *le* dinamizm, canlılık
dynamite [dinamit] *la* dinamit
dynamo [dinamo] *la* dinamo
dynastie [dinasti] *la* hanedan
dysenterie [disan̄tri] *la* dizanteri

E e

eau, x [o] *la* su ***eau de Cologne*** kolonya ***eau de Javel*** çamaşır suyu ***eau de toilette*** kolonya ***eau douce*** tatlı su ***eau potable*** içme suyu
eau-de-vie [odvi] *la* brendi
ébahi, e [abai] şaşakalmış, afallamış
ébauche [eboş] *la* taslak
ébaucher [eboşe] taslağını yapmak ***s'ébaucher*** biçimlenmek
ébène [eben] *la* abanoz
éblouir [ebluir] gözünü kamaştırmak
éboulement [ebulman̄] *le* heyelan, kayşa
ébranler [ebran̄le] sarsmak ***s'ébranler*** sarsılmak

ébrécher [ebreşe] çentmek, çentiklemek
ébullition [ebülisyoñ] *la* kaynama
écaille [ekay] *la* balık pul; hayvan kabuk, bağa
écarlate [ekarlat] kızıl
écart [ekar] *le* aralık, mesafe; fark ***à l'écart*** bir kenarda, bir kenara ***à l'écart de*** -den uzakta
écarté, e [ekarte] sapa, uzak
écarter [ekarte] aralamak, ayırmak; uzaklaştırmak ***s'écarter*** uzaklaşmak, açılmak
ecclésiastique [eklezyastik] kiliseyle ilgili ¤ *le* kilise adamı
échafaudage [eşafodaj] *le* yapı iskelesi
échalote [eşalot] *la* yabani sarmısak
échange [eşañj] *le* değiş tokuş, trampa
échanger [eşañje] değiştirmek, değiş tokuş etmek
échantillon [eşañtiyoñ] *le* örnek, eşantiyon
échappatoire [eşapatuar] *la* kurtuluş yolu, çıkar yol
échappement [eşapmañ] *le* egzoz
échapper [eşape]: ***échapper à*** -den kaçıp kurtulmak, yakayı kurtarmak ***l'échapper belle*** kıl payı kurtulmak
écharde [eşard] *la* kıymık
écharpe [eşarp] *la* eşarp, atkı
échauffer [eşofe] ısınmak
échéance [eşeañs] *la* vade, süre bitimi
échéant [eşeañ]: ***le cas échéant*** gerekirse
échec [eşek] *le* başarısızlık ***échecs*** *le+ç.* satranç
échelle [eşel] *la* taşınır merdiven
échelon [eşloñ] *le* basamak
échelonner [eşlone] art arda dizmek, sıraya koymak
échevelé, e [eşõvle] saçı başı dağınık
échine [eşin] *la* omurga, belkemiği
échiquier [eşikye] *le* satranç tahtası
écho [eko] *le* yankı
échouer [eşue] başarısızlığa uğramak
éclair [ekler] *le* şimşek; parıltı
éclairage [ekleraj] *le* aydınlatma
éclaircir [eklersir] aydınlatmak
éclaircissement [eklersismañ] *le* açıklama, aydınlatma
éclairé, e [eklere] bilgili, görgülü
éclairer [eklere] aydınlatmak
éclaireur, euse [eklerör, öz] *le+la* izci

éclat [ekla] *le* parça; parlaklık
éclatant, e [eklatañ, t] parlak
éclater [eklate] patlamak; bölünmek, parçalanmak ***éclater de rire*** kahkahayla gülmek
éclipse [eklips] *la* güneş, ay tutulma
éclopé, e [eklope] aksak, topal
éclore [eklor] çiçek açılmak
écœurer [eköre] midesini bulandırmak
école [ekol] *la* okul ***aller à l'école*** okula gitmek ***école normale*** öğretmen okulu
écolier, ière [ekolye, yer] *le+la* öğrenci
écologie [ekoloji] *la* çevrebilim, ekoloji
écologique [ekolojik] çevrebilimsel, ekolojik; çevreyle ilgili, çevre +
éconduire [ekoñduir] kovmak
économe [ekonom] tutumlu
économie [ekonomi] *la* ekonomi; tutum, tasarruf ***économies*** *la+ç.* birikmiş para
économique [ekonomik] ekonomik
économiser [ekonomize] idareli harcamak; biriktirmek, artırmak
économiste [ekonomist] *le+la* iktisatçı
écorce [ekors] *la* ağaç, meyve kabuk
écorcher [ekorşe] sıyırmak, sıyırıp geçmek
écorchure [ekorşür] *la* sıyrık
écot [eko] *le*: ***payer son écot*** payına düşeni ödemek
écouler [ekule] satmak ***s'écouler*** dışarıya akmak; zaman geçmek
écourter [ekurte] kısaltmak
écouter [ekute] dinlemek
écouteur [ekutör] *le* telefon ahize; kulaklık
écran [ekrañ] *le* ekran
écrasant, e [ekrazañ, t] ezici
écraser [ekraze] ezmek
écrémer [ekreme] kaymağını almak
écrevisse [ekrõvis] *la* kerevides, kerevit
écrier [ekriye]: ***s'écrier*** haykırmak
écrin [ekreñ] *le* mücevher kutusu
écrire [ekrir] yazmak
écrit [ekri] *le* yazılı belge; sınav kâğıdı ***par écrit*** yazılı olarak
écriteau, x [ekrito] *le* ilan, duvar ilanı
écriture [ekritür] *la* yazı
écrivain [ekriveñ] *le* yazar
écrou [ekru] *le* cıvata somun
écrouler [ekrule]: ***s'écrouler*** yıkılmak, çökmek
écueil [eköy] *le* resif; engel, tehlike

écuelle [ekuel] *la* çanak, kâse
écume [eküm] *la* köpük
écumoire [ekümuar] *la* kevgir
écureuil [eküröy] *le* sincap
écurie [eküri] *la* ahır, tavla
écuyer, ère [ekuiye, er] *le+la* binici
édenté, e [edañte] dişsiz
édifice [edifis] *le* bina, yapı
édifier [edifye] yapmak, dikmek, inşa etmek
édit [edi] *le* ferman, buyrultu
éditer [edite] yayımlamak; yazı yayına hazırlamak
éditeur, trice [editör, tris] *le+la* editör, yayımcı, basıcı
édition [edisyoñ] *la* baskı, yayım; yayıncılık
éditorial, aux [editoryal, o] *le* başyazı
éducation [edükasyoñ] *la* eğitim; görgü, terbiye
éduquer [edüke] eğitmek, yetiştirmek
effacer [efase] silmek ***s'effacer*** silinmek
effaroucher [efaruşe] korkutup kaçırmak
effectif, ive [efektif, v] gerçek ¤ *le* öğrenci, asker mevcut
effectivement [efektivmañ] gerçekten
effectuer [efektue] yapmak, gerçekleştirmek
efféminé, e [efemine] kadınsı
effet [efe] *le* etki; sonuç; izlenim ***en effet*** gerçekten de ***faire de l'effet*** etkili olmak, etkisini göstermek ***effets*** *le+ç.* eşya, giysi
efficace [efikas] etkili
effleurer [eflöre] hafifçe dokunmak, okşamak
effondrer [efoñdre]: ***s'effondrer*** çökmek, yıkılmak
efforcer [eforse]: ***s'efforcer*** çabalamak, uğraşmak
effort [efor] *le* çaba, gayret
effrayant, e [efreyañ, añt] korkunç, müthiş
effrayer [efreye] korkutmak, ürkütmek
effriter [efrite]: ***s'effriter*** ufalanmak, dağılmak
effroi [efrua] *le* korku
effronté, e [efroñte] arsız, yüzsüz
effroyable [efruayabl] korkunç, ürkütücü
égal, e, aux [egal, o] eşit; düz; değişmez ¤ *le+la* eş, akran, emsal ***ça m'est égal*** bana göre hava hoş
également [egalmañ] eşit olarak; de, da
égaler [egale] eşit olmak
égaliser [egalize] eşitlemek; sp. beraberliği sağlamak
égalité [egalite] *la* eşitlik; düzlük; değişmezlik

égard [egar] *le* saygı ***à l'égard de*** -e karşı; konusunda, hakkında
égarer [egare] yitirmek, kaybetmek; yanlış yola saptırmak ***s'égarer*** yitmek, kaybolmak
égayer [egeye] eğlendirmek, neşelendirmek
église [egliz] *la* kilise
égoïsme [egoism] *le* bencillik
égoïste [egoist(ö)] *s+a.* bencil
égorger [egorje] boğazlamak, boğazını kesmek
égout [egu] *le* lağım
égoutter [egute] suyunu süzmek, akıtmak
égouttoir [egutuar] *le* damlalık, yıkanmış bulaşıkların süzüldüğü kap
égratigner [egratinye] tırmalamak; sıyırmak
égratignure [egratinyür] *la* tırmık; sıyrık
éhonté, e [eoñte] utanmaz, arsız
éjecter [ejekte] fırlatmak, atmak
élaborer [elabore] hazırlamak
élaguer [elage] budamak
élan [elañ] *le* atılım, hamle; hız
élancer [elanse]: ***s'élancer*** atılmak, fırlamak
élargir [elarjir] genişletmek ***s'élargir*** genişlemek
élasticité [elastisite] *la* esneklik
élastique [elastik] esnek ¤ *le* lastik
élection [eleksyoñ] *la* seçim
électorat [elektora] *le* seçmenlik; seçimler
électricien, ne [elektrisyeñ, en] *le+la* elektrikçi
électricité [elektrisite] *la* elektrik
électrique [elektrik] elektrikle ilgili, elektrik +; elektrikli
électrocuter [eletroküte] elektrikle öldürmek
électrocution [elektroküsyoñ] *la* elektrikli sandalyede öldürme
électrode [elektrod] *la* elektrot
électrolyse [elektroliz] *la* elektroliz
électromagnétique [elektromanyetik] elektromanyetik
électronique [elektronik] *s+la* elektronik
électrophone [elektrofon] *le* pikap
élégance [elegañs] *la* zariflik, kibarlık
élégant, e [elegañ, t] şık, kibar
élément [elemañ] *le* öğe, eleman; element; parça
élémentaire [elemañter] temel; ilk
éléphant [elefañ] *le* fil
élevage [elvaj] *le* yetiştirme, besleme; hayvancılık

élévation [elevasyoñ] *la* yükseltme; yükseklik; yücelik
élève [elev] *le+la* öğrenci
élevé, e [elve] yüksek; yüce, soylu ***bien élevé*** terbiyeli
élever [elve] yetiştirmek; yapmak, kurmak; yükseltmek ***s'élever*** yükselmek, çıkmak
élimination [eliminasyoñ] *la* eleme; çıkarma, atma
éliminer [elimine] elemek, çıkarmak, atmak
élire [elir] seçmek
élite [elit] *la* seçkin sınıf, kalburüstü topluluk
elle [el] o ***elle-même*** kendisi
elles [el] onlar ***elles-mêmes*** kendileri
ellipse [elips] *la* elips
élocution [eloküsyoñ] *la* söyleyiş, anlatış
éloge [eloj] *le* övgü ***faire l'éloge de*** -i övmek
éloigné, e [eluanye] uzak
éloigner [eluanye] uzaklaştırmak ***s'éloigner*** uzaklaşmak de, -den
éloquence [elokañs] *la* etkili söz söyleme, belagat
éloquent, e [elokañ, t] etkili konuşan, belagatli
émail, aux [emay, o] *le* mine, emay
émaillé, e [emaye] emaye
émanciper [emañsipe] serbest bırakmak
emballage [añbalaj] *le* ambalaj
emballer [añbale] paket yapmak, sarmak
embarcadère [añbarkader] *le* iskele
embardée [añbarde] *la*: ***faire une embardée*** direksiyon kırmak
embargo [añbargo] *le* ambargo
embarquement [añbarkõmañ] *le* yükleme, bindirme
embarquer [añbarke] taşıta yüklemek, bindirmek ***s'embarquer dans*** -e başlamak, girişmek
embarras [añbara] *le* engel; sıkıntı, güç durum
embarrasser [añbarase] engellemek; güç duruma düşürmek
embaucher [añboşe] işçi tutmak, iş vermek
embellir [añbelir] güzelleştirmek; süslemek
embêtement [añbetmañ] *le* sıkıntı
embêter [añbete] canını sıkmak, rahatsız etmek ***s'embêter*** canı sıkılmak
emblée [añble]: ***d'emblée*** hemen, birden
emblème [añblem] *le* amblem, belirtke

embouchure [añbuşür] *la*, coğ. ağız; çalgı ağızlığı
embouteillage [añbuteyaj] *le* trafik tıkanma, tıkanıklık
emboutir [añbutir] çarpıp çökertmek, göçertmek
embranchement [añbrañşmañ] *le* kavşak, yol ağzı
embraser [añbraze]: ***s'embraser*** tutuşmak, yanmak
embrasser [añbrase] öpmek; içermek, kapsamak ***s'embrasser*** öpüşmek
embrayage [añbreyaj] *le* kavrama, debriyaj
embrouiller [añbruye] karıştırmak, karmakarışık etmek
embryon [añbriyoñ] *le* embriyon, oğulcuk
embuscade [añbüskad] *la* pusu, tuzak
éméché, e [emeşe] çakırkeyif
émeraude [emrod] *la* zümrüt
émerveiller [emerveye] hayranlık uyandırmak ***s'émerveiller de*** -e hayran olmak
émetteur [emetör] *le* verici
émettre [emetr] yaymak, çıkarmak; yayın yapmak
émeute [emöt] *la* ayaklanma
émietter [emyete] ufalamak, dağıtmak
émigrant, e [emigrañ, t] *le+la* göçmen
émigration [emigrasyoñ] *la* göç
émigrer [emigre] göç etmek
éminent, e [eminañ, t] seçkin, üstün
émission [emisyoñ] *la* piyasaya çıkarma, sürme; yayın
emmagasiner [añmagazine] ambarlamak, depolamak
emménager [añmenaje] taşınmak, yerleşmek
emmener [añmne] götürmek
emmitoufler [añmitufle] sarıp sarmalamak, kalın giysiler giydirmek
émoi [emua] *le* heyecan, coşku
émonder [emoñde] budamak
émotif, ive [emotif, v] heyecanlı, çabuk heyecanlanan
émotion [emosyoñ] *la* heyecan, coşku
émotionnel, le [emosyonel] heyecana bağlı, heyecandan
émotionner [emosyone] heyecanlandırmak, coşturmak
émousser [emuse] körletmek, köreltmek
émouvant, e [emuvan, añt] heyecan verici; coşturan
émouvoir [emuvuar] heyecanlandırmak
empaqueter [añpakte] paketlemek, sarmak

emparer [añpare]: ***s'emparer de*** -i yakalamak, tutmak; -i ele geçirmek, fethetmek
empâter [añpate]: ***s'empâter*** şişmanlamak, semirmek
empêchement [añpeşmañ] *le* engel, aksaklık
empêcher [añpeşe] engellemek, önlemek
empereur [añprör] *le* imparator
empeser [añpöze] kolalamak
empester [añpeste] kokutmak; pis kokmak
empiffrer [añpifre]: ***s'empiffrer*** kd. tıkınmak
empiler [añpile] üst üste yığmak, istif etmek
empire [añpir] *le* imparatorluk
empirer [añpire] kötüleşmek
emplacement [añplasmañ] *le* yer, mevki
emplâtre [añplatr] *le* yakı
emplette [añplet] *la* satın alma ***faire des emplettes*** alışveriş yapmak
emplir [añplir] doldurmak
emploi [añplua] *le* kullanma, kullanış; iş
employé, e [añpluaye] *le+la* işçi, görevli
employer [añpluaye] kullanmak; çalıştırmak ***s'employer à*** kendini -e vermek, -e çalışmak
employeur, euse [añpluayör, öz] *le+la* işveren
empoigner [añpuanye] tutmak, kavramak
empoisonnement [añpuazonmañ] *le* zehirleme, zehirlenme
empoisonner [añpuazone] zehirlemek; kd. canını sıkmak
emportement [añportõmañ] *le* öfke, kızgınlık
emporter [añporte] götürmek, alıp götürmek ***l'emporter sur*** -e üstün gelmek, yenmek ***s'emporter*** öfkelenmek, tepesi atmak
empourpré, e [añpurpre] kızıl
empreinte [añpreñt] *la* iz ***empreinte de pas*** ayak izi ***empreinte digitale*** parmak izi
empressé, e [añprese] saygılı, kibar
empressement [añpresmañ] *le* istek, heves
empresser [añprese]: ***s'empresser auprès de qn*** birinin çevresinde dört dönmek ***s'empresser de*** -mekte acele etmek
emprisonnement [añprizonmañ] *le* hapsetme, hapis
emprisonner [añprizone] hapsetmek

emprunt [añpröñ] *le* ödünç, borç
emprunté, e [añpröñte] sıkılgan, utangaç
emprunter [añpröñte] ödünç almak à, -den
ému, e [emü] heyecanlı
en [añ] içinde, -de, -da; -e, -a; ile; iken; ondan; oradan
encadrer [añkadre] çerçevelemek
encaisser [añkese] çek bozdurmak; para toplamak
enceinte [añseñt] gebe, hamile ¤ *la* duvar; çit
encercler [añserkle] kuşatmak, sarmak
enchaîner [añşene] zincirlemek, zincire vurmak
enchanté, e [añşañte] mutlu, memnun ***enchanté de faire votre connaissance*** tanıştığımıza sevindim, memnun oldum
enchantement [añşañtmañ] *le* büyü; büyük sevinç
enchanter [añşañte] hayran bırakmak, çok sevindirmek
enchère [añşer] *la* açık artırma ***faire une enchère*** pey sürmek ***mettre aux enchères*** açık artırmaya koymak
enchevêtrer [añşvetre] karıştırmak, dolaştırmak
enclin, e [añkleñ, in]: ***enclin à*** -e eğilimli, -e yatkın
enclume [añklüm] *la* örs
encoche [añkoş] *la* kertik, çentik
encolure [añkolür] *la* boyun
encombrant, e [añkoñbrañ, t] kalabalık eden, havaleli
encombre [añkoñbr]: ***sans encombre*** kazasız belasız
encombrement [añkoñbrômañ] *le* kalabalık, tıkanıklık
encombrer [añkoñbre] tıkamak, kapamak ***s'encombrer de*** ile kendini sıkıntıya sokmak, -ı kendine yük etmek
encontre [añkoñtr]: ***à l'encontre de*** -ın tersine
encore [añkor] hâlâ; yine; daha; henüz
encouragement [añkurajmañ] *le* yüreklendirme, cesaret verme; özendirme, teşvik
encourager [añkuraje] yüreklendirmek, cesaret vermek; özendirmek, teşvik etmek
encrasser [añkrase] kirletmek
encre [añkr] *la* mürekkep
encyclopédie [añsiklopedi] *la* ansiklopedi
encyclopédique [añsiklopedik] ansiklopedik
endetter [añdete] borçlandırmak ***s'endetter*** borçlanmak

endive [añdiv] *la* hindiba
endommager [añdomaje] zarar vermek, bozmak
endormi, e [añdormi] uyumuş, uyuklayan
endormir [añdormir] uyutmak ***s'endormir*** uykuya dalmak
endosser [añdose] sırtına giymek; çek ciro etmek
endroit [añdrua] *le* yer ***à l'endroit*** düz, doğru yönde
endurance [añdürañs] *la* dayanıklılık
endurant, e [añdürañ, t] dayanıklı
endurcir [añdürsir] sertleştirmek
endurer [añdüre] dayanmak, katlanmak
énergie [enerji] *la* enerji, erke
énergique [enerjik] güçlü, etkili; sert, şiddetli
énerver [enerve] sinirlendirmek, kızdırmak ***s'énerver*** sinirlenmek
enfance [añfañs] *la* çocukluk
enfant [añfañ] *le+la* çocuk
enfanter [añfañte] doğurmak
enfantin, e [añfañteñ, in] çocukça, çocuksu
enfer [añfer] *le* cehennem
enfermer [añferme] kapatmak, hapsetmek
enfiler [añfile] iplik geçirmek; giymek
enfin [añfeñ] sonunda, nihayet
enflammer [añflame] tutuşturmak; hek. azdırmak ***s'enflammer*** tutuşmak, alevlenmek
enflé, e [añfle] şişmiş, şiş
enfler [añfle] şişirmek, kabartmak
enflure [añflür] *la* şiş, şişkinlik
enfoncer [añfoñse] çivi çakmak; kapı kırıp açmak ***s'enfoncer*** batmak
enfouir [añfuir] gömmek
enfreindre [añfreñdr] çiğnemek, karşı gelmek
enfuir [añfuir]: ***s'enfuir*** kaçmak
engagé, e [añgaje] gönüllü (asker); bağlı, bağımlı
engagement [añgajmañ] *le* söz, taahhüt; girme, giriş
engager [añgaje] işe almak, tutmak; başlamak; yatırmak, koymak ***s'engager*** girişmek, başlamak, atılmak; asker olmak
engelure [añjlür] *la* soğuk ısırması
engendrer [añjañdre] doğurmak, yol açmak
engin [añjeñ] *le* makine; alet, aygıt; füze
englober [añglobe] kapsamak, içine almak
engloutir [añglutir] yutmak
engorger [añgorje] tıkamak

engouffrer [añgufre] yutmak, silip süpürmek ***s'engouffrer dans*** -e hızla girmek, doluşmak, hücum etmek

engourdi, e [añgurdi] uyuşmuş

engourdir [añgurdir] uyuşturmak ***s'engourdir*** uyuşmak

engrais [añgre] *le* gübre

engraisser [añgrese] şişmanlatmak ***s'engraisser*** şişmanlamak

engueuler [añgöle] kd. azarlamak, fırça atmak

énigme [enigm] *la* bilmece

enivrer [añivre] sarhoş etmek ***s'enivrer*** sarhoş olmak

enjambée [añjañbe] *la* uzun adım

enjamber [añjañbe] üstünden atlayıp geçmek

enjôler [añjole] tatlı sözlerle kandırmak

enjoliveur [añjolivör] *le*, oto. tekerlek kapağı

enjoué [añjue] neşeli, şen

enlaidir [añledir] çirkinleştirmek; çirkinleşmek

enlèvement [añlevmañ] *le* kaldırma; adam kaçırma

enlever [añlve] kaldırmak; çıkarmak; kaçırmak

enliser [añlize]: ***s'enliser*** batmak, saplanmak

ennemi, e [enmi] *s+a.* düşman

ennui [añui] *le* can sıkıntısı; dert, bela

ennuyer [añuiye] canını sıkmak, rahatsız etmek ***s'ennuyer*** canı sıkılmak

ennuyeux, euse [añuiyö, öz] can sıkıcı

énoncer [enoñse] anlatmak, açıklamak

enorgueillir [añorgöyir]: ***s'enorgueillir de*** -den gurur duymak

énorme [enorm] kocaman, dev gibi

énormément [enormömañ] çok, aşırı

enquérir [añkerir]: ***s'enquérir de*** -i soruşturmak, araştırmak

enquête [añket] *la* soruşturma; anket

enquêter [añkete] soruşturmak; anket yapmak

enraciné, e [añrasine] köklü

enragé, e [añraje] kudurmuş, kuduz; düşkün, meraklı

enrager [añraje] kudurmak, küplere binmek

enrayer [añreye] önlemek, durdurmak

enregistrement [añrjiströmañ] *le* kayıt, kaydetme

enregistrer [añrjistre] kaydetmek; not etmek

enrhumer [añrüme]: ***s'enrhumer*** nezle olmak

enrichir [añrişir] zenginleştirmek ***s'enrichir*** zenginleşmek
enrôler [añrole] askere almak
enrouer [añrue]: ***s'enrouer*** sesi kısılmak
enseignant, e [añsenyañ, t] öğretici, öğreten ¤ *le+la* öğretmen
enseigne [añseny] *la* tabela, levha; işaret
enseignement [añsenymañ] *le* öğretim
enseigner [añsenye] ders vermek, öğretmenlik yapmak; okutmak
ensemble [añsañbl] birlikte ¤ *le* topluluk, küme; hepsi, tümü ***dans l'ensemble*** genel olarak ***d'ensemble*** genel
ensemencer [añsmañse] tohum ekmek
ensevelir [añsövlir] gömmek
ensoleillé, e [añsoleye] güneşli
ensorceler [añsorsöle] büyülemek
ensuite [añsuit] daha sonra, ondan sonra
ensuivre [añsuivr]: ***s'ensuivre*** izlemek, ardından gelmek
entaille [añtay] *la* kertik, yarık
entailler [añtaye] kertmek
entamer [añtame] bir parça kesmek; başlamak
entasser [añtase] yığmak, istif etmek
entendre [añtañdr] işitmek, duymak; anlamak; demek istemek ***s'entendre*** anlaşmak, uyuşmak
entendu, e [añtañdü] kararlaşmış; becerikli ***bien entendu!*** kuşkusuz! tabii! ***c'est entendu!*** tamam! anlaştık!
entente [añtañt] *la* anlaşma; uyum
enterrement [añtermañ] *le* gömme; cenaze töreni
enterrer [añtere] gömmek
en-tête [añtet] *le* başlık, antet
entêté, e [añtete] inatçı
enthousiasme [añtuzyasm] *le* coşma, coşkunluk; hayranlık
enthousiasmer [añtuzyasme] hayranlık uyandırmak; coşturmak
enthousiaste [añtuzyast(ö)] coşkun, kendinden geçmiş
enticher [añtişe]: ***s'enticher de*** -e tutulmak, -e vurulmak
entier, ère [añtye, yer] bütün; tam ¤ *le*, mat. tamsayı ***en entier*** tamamıyla
entité [añtite] *la* varlık
entonnoir [añtonuar] *le* huni
entorse [añtors] *la* burkulma

entortiller [añtortiye] sarıp sarmalamak; kandırmak, oyuna getirmek
entourage [añturaj] *le* çevre
entourer [añture] sarmak, kuşatmak
entracte [añtrakt] *le* tiyatro, vb.'de ara
entrailles [añtray] *la+ç.* bağırsaklar
entrain [añtreñ] *le* canlılık; neşe
entraînement [añtrenmañ] *le* antrenman, idman
entraîner [añtrene] çekmek; sürüklemek; sp. çalıştırmak, antrenman yaptırmak
entraîneur [añtrenör] *le+la*, sp. çalıştırıcı, antrenör
entrave [añtrav] *la* engel, ayak bağı
entraver [añtrave] engellemek
entre [añtr] arasında, arasına
entrebâillé, e [añtröbaye] aralık, yarı açık
entrée [añtre] *la* giriş
entrefaites [añtröfet]: ***sur ces entrefaites*** tam bu sırada
entremets [añtröme] *le* yemekten sonra alınan tatlı, pasta
entremettre [añtrömetr]: ***s'entremettre*** araya girmek, aracı olmak
entremise [añtrömiz] *la* aracılık
entrepôt [añtröpo] *le* depo, antrepo
entreprenant, e [añtröprönañ, t] girişken, atılgan
entreprendre [añtröprañdr] girişmek, başlamak
entrepreneur [añtröprönör] *le*: ***entrepreneur de bâtiments*** müteahhit, üstenci
entreprise [añtröpriz] *la* işyeri, firma; girişim, teşebbüs
entrer [añtre] girmek ***faire entrer*** içeri almak
entre-temps [añtrötañ] bu arada
entretenir [añtrötnir] bakmak, bakımını sağlamak ***s'entretenir*** konuşmak, görüşmek de, hakkında
entretien [añtrötyeñ] bakım; görüşme, konuşma
entrevoir [añtrövuar] hayal meyal görmek
entrevue [añtrövü] *la* buluşma; görüşme
entrouvert, e [añtrver, ert] biraz açık, aralık
envahir [añvair] istila etmek
envahisseur [añvaisör] *le* istilacı
enveloppe [añvlop] *la* zarf
envelopper [añvlope] sarmak, paketlemek
envers [añver] -e karşı ¤ *le* öbür yüz; ters yüz, tersi ***à l'envers*** ters
envie [añvi] *la* kıskançlık; istek ***avoir envie de*** istemek

envier [anvye] kıskanmak, imrenmek
envieux, euse [anvyö, öz] kıskanç, çekemeyen
environ [anviron] aşağı yukarı, yaklaşık ***environs*** *le*+ç. çevre, yöre
environnement [anvironman] *le* çevre, ortam
environs [anviron] *le*+ç. çevre, yöre
envisager [anvizaje] göz önüne almak, düşünmek
envoi [anvua] *le* gönderme, yollama
envoler [anvole]: ***s'envoler*** uçmak; uçak havalanmak
envoyé, e [anvuaye] *le*+*la* elçi, delege; muhabir
envoyer [anvuaye] göndermek, yollamak
épais, se [epe, s] kalın; sık
épaisseur [epesör] *la* kalınlık; sıklık
épaissir [epesir] kalınlaştırmak ***s'épaissir*** kalınlaşmak
épanouir [epanuir]: ***s'épanouir*** çiçek açılmak; gelişmek, serpilmek
épargne [eparny] *la* para biriktirme, tasarruf
épargner [eparnye] biriktirmek; esirgemek
éparpiller [eparpiye] saçmak, dağıtmak
épater [epate] şaşırtmak
épaule [epol] *la* omuz
épave [epav] *la* enkaz
épée [epe] *la* kılıç
épeler [eple] harf harf söylemek
éperdu, e [eperdü] şaşırmış, deliye dönmüş
éperon [epron] *le* mahmuz
épi [epi] *le* başak
épice [epis] *la* baharat
épicerie [episri] *la* bakkal dükkânı; bakkaliye
épicier, ière [episye, yer] *le*+*la* bakkal
épidémie [epidemi] *la* salgın
épier [epye] gözetlemek
épilepsie [epilepsi] *la* sara, tutarık
épiler [epile] kıl yolmak, kıllarını almak ***se faire épiler*** epilasyon yaptırmak
épinard [epinar] *le* ıspanak
épine [epin] *la* diken
épingle [epengl] *la* topluiğne; iğne ***virage en épingle à cheveux*** keskin viraj
épingler [epengle] iğnelemek, iğneyle tutturmak
épisode [epizod] *le* olay
éplucher [eplüşe] ayıklamak, kabuğunu soymak
éplucheur [eplüşör] *le* meyve soyacağı, sebze soyacağı ***épluchures*** *la*+ç. soyuntu, soyulup atılan kabuk

éponge [epoñj] *la* sünger
éponger [epoñje] süngerle silmek, bezle silmek
époque [epok] *la* çağ; dönem
épouse [epuz] *la* karı, eş
épouser [epuze] ile evlenmek
épousseter [epuste] tozunu almak
épouvantable [epuvañtabl] korkunç
épouvantail [epuvañtay] *le* bostan korkuluğu
épouvante [epuvañt] *la* büyük korku, dehşet
épouvanter [epuvañte] korkutmak
époux [epu] *le* koca, eş ***les époux*** evli çift, karıkoca
éprendre [eprañdr]: ***s' éprendre de*** -e aşık olmak, -e tutulmak
épreuve [epröv] *la* sınav; deneme; yarışma
éprouver [epruve] denemek, sınamak; duymak, hissetmek
éprouvette [epruvet] *la* deneykap, deney tüpü
épuisé, e [epuize] yorgun, bitkin; kitap baskısı tükenmiş
épuiser [epuize] yorgun düşürmek; tüketmek, bitirmek
épurer [epüre] arıtmak, temizlemek
équateur [akuatör] *le* ekvator
équation [ekuasyoñ] *la* denklem
équerre [eker] *la* gönye
équilibre [ekilibr] *le* denge ***être en équilibre*** dengede olmak
équilibré, e [ekilibre] dengeli
équilibrer [ekilibre] dengelemek
équipage [ekipaj] *le* mürettebat, tayfa
équipe [ekip] *la* takım
équipement [ekipmañ] *le* donatma, donatım; donatı, teçhizat
équiper [ekipe] donatmak
équitable [ekitabl] dürüst, adil
équitation [ekitasyoñ] *la* binicilik
équivalent, e [ekivalañ, t] eşdeğer, eşit
équivoque [ekivok] iki anlamlı; belirsiz, anlaşılmaz
érable [erabl] *le* akçaağaç
érafler [erafle] sıyırmak
éraflure [eraflür] *la* sıyrık
éraillé, e [eraye] ses kısık, boğuk
ère [er] *la* çağ, devir
érection [erekksyoñ] *la* dikme, kurma
éreinter [ereñte] yorgun düşürmek
ériger [erije] anıt dikmek, kurmak

ermite [ermit] *le* keşiş; münzevi kimse
éroder [erode] aşındırmak
érosion [erozyoñ] *la* aşınma, aşındırma; erozyon
érotique [erotik] erotik, kösnül
érotisme [erotism(ö)] *le* erotizm, kösnüllük
errer [ere] aylak aylak dolaşmak, sürtmek
erreur [erör] *la* hata, yanlış
éruption [erüpsyoñ] *la*, hek. döküntü; yanardağ püskürme
escabeau, x [eskabo] *le* tabure
escalade [eskalad] *la* tırmanma, tırmanış
escalader [eskalade] tırmanmak
escale [eskal] *la* iskele; uğrak yeri
escalier [eskalye] *le* merdiven ***escalier roulant*** yürüyen merdiven
escalope [eskalop] *la* et dilimi, balık dilimi
escargot [eskargo] *le* salyangoz
escarpé, e [eskarpe] sarp, dik
esclandre [esklañdr] *le* rezalet
esclavage [esklavaj] *le* kölelik
esclave [esklav] *le+la* köle
escompte [eskoñt] *le* indirim, ıskonto
escompter [eskoñte] indirmek, kırmak; beklemek, ummak
escorte [eskort] *la* muhafız takımı; maiyet
escorter [eskorte] muhafızlık etmek, korumak; eşlik etmek
escrime [eskrim] *la* eskrim
escrimeur, euse [eskrimör, öz] *le+la* eskrimci
escroc [eskro] *le* dolandırıcı
escroquer [eskroke] dolandırmak
escroquerie [eskrokri] *la* dolandırıcılık
espace [espas] *le* uzay; alan, saha
espèce [espes] *la* tür, çeşit ***espèces*** *la+ç.* nakit, peşin para
espérance [esperañs] *la* umut
espérer [espere] ummak, beklemek ***espérer en*** -e güvenmek
espiègle [espyegl] yaramaz, afacan
espièglerie [espyeglöri] *la* yaramazlık, afacanlık
espion, ne [espyoñ, on] *le+la* casus
espionnage [espyonaj] *le* casusluk
espionner [espyone] gözetlemek, kollamak
espoir [espuar] *le* umut

esprit [espri] *le* akıl, kafa; bellek, hafıza; espri; ruh, tin; peri, cin
esquisse [eskis] *la* taslak; özet
esquisser [eskise] taslağını çizmek
esquiver [eskive] savuşturmak, atlatmak ***s'esquiver*** sıvışmak, tüymek
essai [ese] *le* deneme
essaim [eseñ] *le* arı kümesi, oğul
essayer [eseye] denemek
essence [esañs] *la* benzin; esans ***prendre de l'essence*** benzin almak
essentiel, le [esañsyel] gerekli, zorunlu; temel, başlıca
essieu, x [esyö] *le* dingil
essor [esor] *le* gelişme, ilerleme, atılım
essorer [esore] sıkmak
essoreuse [esoröz] *la* çamaşır kurutma makinesi
essuie-glace [esuiglas] *le*, oto. silecek
essuie-mains [esuimeñ] *le* havlu
essuyer [esuiye] silmek; uğramak, başına gelmek
est [est] *s+le* doğu
estampille [estañpiy] *la* damga
est-ce que [eskö] mi? mı? mu? mü?
esthéticienne [estetisyen] *la* güzellik uzmanı
esthétique [estetik] çekici ¤ *s+la* estetik
estimation [estimasyoñ] *la* değer biçme; tahmin
estime [estim] *la* saygı
estimer [estime] saygı duymak; değer biçmek; tahmin etmek
estivant, e [estivañ, t] *le+la* yazın tatil yapan, tatile çıkan
estomac [estoma] *le* mide
estrade [estrad] *la* seki, set, tribün
estragon [estragoñ] *le*, bitk. tarhun
estropier [estropye] sakatlamak; bozmak
estuaire [estuer] *le* haliç
esturgeon [estürjoñ] *le* mersinbalığı
et [e] ve
et caetera [etsetera] *le* ve başkaları, ve benzerleri, vb.
étable [etabl] *la* ahır
établi [etabli] *le* tezgâh
établir [etablir] kurmak; düzenlemek, hazırlamak ***s'établir*** yerleşmek
établissement [etablismañ] *le* kurma; düzenleme, hazırlama; kurum
étage [etaj] *le* kat
étagère [eetajer] *la* etajer; raf

étai [ete] *le* payanda, destek
étain [eten] *le* kalay
étalage [etalaj] *le* sergileme; sergi, vitrin
étalagiste [etalajist(ö)] *le+la* vitrin düzenleyicisi
étaler [etale] yaymak, sermek; sürmek; sergilemek ***s'étaler*** yayılmak
étalon [etaloñ] *le* ayar, ölçü; aygır
étanche [etañş] su geçirmez, su sızdırmaz
étancher [etañşe] sıvı akmasını durdurmak
étang [etañ] *le* gölcük; havuz
étape [etap] *la* aşama, evre; konak, menzil
état [eta] *le* durum, hal; liste; meslek; devlet
état-major [etamajor] *le* kurmay
étau, x [eto] *le* mengene
étayer [eteye] payanda vurmak; desteklemek
été [ete] *le* yaz
éteindre [eteñdr] radyo, lamba, vb. kapamak; söndürmek ***s'éteindre*** sönmek; ölmek
étendard [etañdar] *le* bayrak, sancak
étendre [etañdr] yaymak, sermek; uzatmak, yatırmak; çamaşır asmak
étendu, e [etañdü] geniş, büyük ¤ *la* genişlik, alan; önem
éternel, le [eternel] sonsuz, ebedi; öncesiz, ezeli
éternité [eternite] *la* sonsuzluk, ebediyet
éternuer [eternue] aksırmak
éther [eter] *le* eter
ethnie [etni] *la* budun, kavim
étinceler [eteñsle] parıldamak, ışıldamak
étincelle [eteñsel] *la* kıvılcım
étiqueter [etikte] etiket koymak
étiquette [etiket] *la* etiket; teşrifat
étirer [etire] germek, uzatmak ***s'étirer*** gerinmek
étoffe [etof] *la* kumaş
étoile [etual] *la* yıldız ***étoile de mer*** denizyıldızı
étonnant, e [etonañ, añt] olağanüstü, şaşırtıcı
étonnemenet [etonmañ] *le* şaşkınlık
étonner [etone] şaşırtmak
étouffer [etufe] boğmak; bastırmak, susturmak
étourderie [eturdöri] *la* düşüncesizlik, dikkatsizlik
étourdi, e [eturdi] düşüncesiz, dikkatsiz, şapşal
étourdir [eturdir] sersemletmek; başını döndürmek

étourdissement [eturdismañ] *le* baş dönmesi
étrange [etrañj] garip, acayip, tuhaf
étranger, ère [etrañje, er] *s+a.* yabancı ¤ *le* yabancı ülke
étrangler [etrañgle] boğmak
être [etr] olmak; var olmak; bulunmak ¤ *le* varlık, yaratık ***être à*** -e ait olmak
étreindre [etreñdr] sarılmak
étreinte [etreñt] *la* sarma, sarılma
étrennes [etren] *la+ç.* yılbaşı hediyesi
étroit, e [etrua, uat] dar; sıkı
étroitesse [etruates] *la* darlık
étude [etüd] *la* inceleme; çalışma odası ***études*** *la+ç.* öğrenim
étudiant, e [etüdyañ, t] *le+la* üniversite öğrencisi
étudier [etüdye] öğrenim yapmak, okumak; incelemek
étui [etui] *le* kutu, kılıf
étymologie [etimoloji] *la* kökenbilim, etimoloji
eucalyptus [ökaliptüs] *le* okaliptüs
euphémisme [öfemism] *le* örtmece, edebi kelam
Europe [örop] *la* ***l'Europe*** Avrupa
Européen, ne [öropeeñ, en] *s+le+la* Avrupalı
eux [ö] onlar
évacuation [evakusyoñ] *la* boşaltma, tahliye
évacuer [evakue] boşaltmak
évader [evade]: ***s'évader*** kaçmak
évaluer [evalue] değer biçmek; tahmin etmek
évangélique [evañjelik] İncil ile ilgili
évangile [evañjil] *le* İncil
évanouir [evanuir]: ***s'évanouir*** bayılmak; yitip gitmek, kaybolmak
évanouissement [evanuismañ] *le* baygınlık
évaporation [evaporasyoñ] *la* buharlaşma, buğulaşma
évaporer [evapore]: ***s'évaporer*** buharlaşmak, buğulaşmak
évasif, ive [evazif, v] kaçamaklı
évasion [evazyoñ] *la* kaçma
éveil [evey] *le* uyandırma ***être en éveil*** tetikte olmak
éveiller [eveye] uyandırmak ***s'éveiller*** uyanmak
événement [evenmañ] *le* olay
éventail [evañtay] *le* yelpaze
éventualité [evañtualite] *la* olasılık, ihtimal
éventuel, le [evañtuel] olası, muhtemel
eventuellement [evañtuelmañ] belki, muhtemelen

évêque [evek] *le* piskopos
évidemment [evidamañ] kuşkusuz, elbette
évidence [evidañs] *la* açıklık, apaçıklık
évident, e [evidañt, t] apaçık, besbelli
évier [evye] *le* lavabo, evye
éviter [evite] kaçınmak, sakınmak
évolué, e [evolüe] gelişmiş, ilerlemiş
évoluer [evolue] gelişmek, ilerlemek; manevra yapmak
évolution [evolüsyoñ] *la* gelişme, ilerleme; evrim
évoquer [evoke] anımsatmak, çağrıştırmak, hatıra getirmek
exact, e [egzakt] tam, kesin; doğru
exactement [egzaktõmañ] tam olarak, tam tamına
exactitude [egzaktitüd] *la* tamlık, kesinlik; doğruluk
exagération [egzajerasyoñ] *la* abartma, büyütme
exagérer [egzajere] abartmak
exalter [egzalte] coşturmak; yüceltmek, övmek
examen [egzameñ] *le* sınav; muayene; inceleme
examiner [egzamine] incelemek, gözden geçirmek; muayene etmek; sınav yapmak
exaspération [egzasperasyoñ] *la* kızgınlık, öfke
exaspérer [egzaspere] deli etmek, çileden çıkarmak
exaucer [egzose] dilek yerine getirmek, kabul etmek
excavation [ekskavasyoñ] *la* kazı, kazma
excédent [eksedañ] *le* fazlalık, artık
excéder [eksede] aşmak, geçmek; yorgun düşürmek
excellence [ekselañs] *la* mükemmellik, üstünlük; ekselans
excellent, e [ekselañ, t] mükemmel, üstün
exceller [eksele] üstün olmak, geçmek
excepté [eksepte] -den başka, hariç
excepter [eksepte] dışında tutmak, hariç tutmak
exception [eksepsyoñ] *la* istisna
exceptionnel, le [eksepsyonel] istisnai, kuraldışı; müstesna, olağanüstü
excès [ekse] *le* fazlalık, artık
excès de vitesse hız sınırını aşma
excessif, ive [eksesif, iv] aşırı
excetrique [eksañtrik] eksantrik, garip

exciter [eksite] uyarmak; kızdırmak, sinirlendirmek ***s'exciter*** coşmak; kızmak, sinirlenmek
exclamation [eksklamasyoñ] *la* haykırış; ünlem
exclamer [eksklame]: ***s'exclamer*** haykırmak
exclure [eksklür] çıkarmak, uzaklaştırmak; hesaba katmamak
exclusif, ive [eksklüzif, iv] özel
exclusion [eksklüzyoñ] *la* kovma, çıkarma
excommunier [ekskomünye] aforoz etmek
excréments [ekskremañ] *le+ç.* dışkı, pislik
excursion [ekskürsyoñ] *la* gezi, gezme
excuse [eksküz] *la* özür, mazeret
excuser [eksküze] bağışlamak, affetmek, mazur görmek ***s'excuser*** özür dilemek (de, -den dolayı) ***excusez-moi*** özür dilerim
exécrable [egzekrabl] iğrenç, tiksinç
exécrer [egzekre] iğrenmek, nefret etmek
exécuter [egzeküte] yapmak, gerçekleştirmek; müz. çalmak; idam etmek
exécution [egzekühsyoñ] *la* yapma, yerine getirme; müz. çalma; idam, asma
exemplaire [egzañpler] örnek ¤ *le* nüsha, kopya
exemple [egzañpl] *le* örnek; numune ***par exemple*** örneğin
exempt, e [egzañ, t]: ***exempt de*** -den muaf, bağışık
exempter [egzañte] muaf tutmak de, -den
exercer [egzerse] yetiştirmek, eğitmek; yapmak, yerine getirmek ***s'exercer*** çalışma yapmak, alıştırma yapmak
exercice [egzersis] *le* alıştırma, çalışma; yapma, uygulama
exhaler [egzale] çıkarmak, yaymak
exhiber [egzibe] göstermek
exigence [egzijañs] *la* istek; gerek, gereklik
exiger [egzije] istemek, gerektirmek
exigu, ë [egzigü] yer küçük, daracık
exil [egzil] *le* sürgün
exiler [egzile] sürgüne göndermek ***s'exiler*** sürgüne gitmek
existant, e [egzistañ, añt] var olan, yaşayan; mevcut
existence [egzistañs] *la* varlık; varoluş

exister [egziste] var olmak; yaşamak
exorbitant, e [egzorbitañ, t] çok fazla, aşırı
exotique [egzotik] egzotik, yabancıl
expansion [ekspañsyoñ] *la* büyüme; yayılma, genişleme
expatrier [ekspatriye]: ***s'expatrier*** yurdunu bırakıp gitmek
expédient [ekspedyañ] *le* çare, yol
expédier [ekspedye] göndermek, yollamak
expéditeur, trice [ekspeditör, tris] *le+la* gönderen
expédition [ekspedisyoñ] *la* gönderme, yollama; sefer, gezi
expérience [eksperyañs] *la* deneyim, tecrübe; deney
expérimental, e, aux [eksperimañtal, o] deneysel
expérimenté, e [eksperimañte] deneyimli, tecrübeli
expérimenter [eksperimañte] denemek, sınamak
expert, e [eksper, t] *s+le* usta, uzman
expier [ekspye] kefaret etmek, cezasını çekmek
expiration [ekspirasyoñ] *la* sona erme, bitiş; nefes verme
expirer [ekspire] nefes vermek; süresi dolmak, sona ermek
explicatif, ive [eksplikatif, v] açıklayıcı
explication [eksplikasyoñ] *la* açıklama
expliquer [eksplike] açıklamak; anlatmak
exploit [eksplua] *le* kahramanlık
exploiter [ekspluate] işletmek; sömürmek
explorateur, trice [eksploratör, tris] *le+la* kâşif
exploration [eksplorasyoñ] *la* keşif
explorer [eksplore] keşfetmek; araştırmak, incelemek
exploser [eksploze] patlamak
explosif, ive [eksplozif, iv] *s+le* patlayıcı
explosion [eksplozyoñ] *la* patlama
exportateur, trice [eksportatör, tris] *le+la* ihracatçı
exportation [eksportasyoñ] *la* ihracat, dışsatım
exporter [eksporte] ihraç etmek
exposé, e [ekspoze] *le* açıklama, demeç
exposer [ekspoze] sergilemek; açıklamak; maruz bırakmak
exposition [ekspozisyoñ] *la* sergileme; sergi

exprès [ekspre] bilerek, bile bile; bilhassa
exprès, esse [ekspres] kesin, mutlak; ekspres
express [ekspres] *s+le*: ***café express*** esproso kahve ***train express*** ekspres tren
expressif, ive [ekspresif, v] anlamlı; canlı
expression [ekspresyoñ] *la* ifade, anlatım
exprimer [eksprime] anlatmak, dile getirmek
expulser [ekspülse] kovmak, çıkarmak
exquis, e [ekski, z] nefis, enfes
extension [ekstañsyoñ] *la* uzatma; yayılma; büyüme, gelişme
exténuer [ekstenue] yorgun düşürmek
extérieur, e [eksteryör] *s+le* dış ***à l'extérieur*** dışarıda
exterminer [ekstermine] yok etmek, kökünü kazımak
externat [eksterna] *le* gündüzlü okul, yatısız okul
externe [ekstern] dış ¤ *le+la* gündüzlü, yatısız öğrenci
extincteur [eksteñktör] *le* yangın söndürme aygıtı
extinction [eksteñksyoñ] *la* sönme, söndürme
extirper [ekstirpe] kökünü kazımak, yok etmek
extorquer [ekstorke] zorla almak, koparmak
extra [ekstra] üstün, ekstra, birinci sınıf
extraction [ekstraksyoñ] *la* çekme, çıkarma
extrader [ekstrade] suçlu ülkesine iade etmek
extradition [ekstradisyoñ] *la* suçluların iadesi
extraire [ekstrer] çekmek, çıkarmak
extrait [ekstre] *le* bitki öz; özet; alıntı, aktarma
extraordinaire [ekstraordiner] olağanüstü; görülmemiş, olağandışı
extravagance [ekstravagañs] *la* aşırılık, ölçüsüzlük
extravagant, e [ekstravagañ, t] aşırı, ölçüsüz
extrême [ekstrem] en son; aşırı ¤ *le* uç
extrêmement [ekstremmañ] son derece
extrémité [ekstremite] *la* uç; son, sınır; aşırılık
exubérant, e [egzüberañ, t] taşkın, coşkun

F f

fable [fabl] *la* masal

fabricant [fabrikañ] *le* imalatçı, fabrikatör
fabrication [fabrikasyoñ] *la* yapım, imalat
fabrique [fabrik] *la* fabrika
fabriquer [fabrike] yapmak, üretmek, imal etmek
fabuleux, euse [fabülö, z] efsanevi
façade [fasad] *la* bina yüzü, cephe
face [fas] *la* yüz ***en face de*** -in karşısında ***faire face à*** -e karşı koymak; -e bakmak, nazır olmak
facétie [fasesi] *la* şaka
fâché, e [faşe] üzgün; dargın, küskün
fâcher [faşe] kızdırmak ***se fâcher*** kızmak
fâcheux, euse [faşö, z] üzücü, acıklı
facile [fasil] kolay
facilement [fasilmañ] kolayca, kolaylıkla
facilité [fasilite] *la* kolaylık
faciliter [fasilite] kolaylaştırmak
façon [fasoñ] *la* biçim, tarz ***de façon à*** -cek şekilde
façonner [fasone] yapmak, imal etmek; biçim vermek
fac-similé [faksimile] *le* tıpkıbasım, faksimile
facteur, trice [faktör, tris] *le+la* postacı ¤ *le* etken; mat. çarpan
factice [faktis] yapma, yapay
faction [faksyoñ] *la* fesat, komplo
facture [faktür] *la* fatura
facultatif, ive [fakültatif, v] seçimlik, isteğe bağlı
faculté [fakülte] *la* fakülte; yetenek; yetki
fade [fad] tatsız, yavan
faible [febl] zayıf, güçsüz ¤ *le* zayıf nokta; zaaf
faiblesse [febles] *la* zayıflık; zaaf
faiblir [feblir] zayıf düşmek, güçsüzleşmek
faïence [fayañs] *la* fayans, çini
faillite [fayit] *la* batkı, iflas; başarısızlık
faim [feñ] *la* açlık ***avoir faim*** acıkmak
fainéant, e [feneañ, t] *le+la* aylak, tembel
faire [fer] yapmak; olmak; söylemek ***cela ne fait rien*** zararı yok ***faire faire*** yaptırmak ***se faire à*** -e alışmak ***se faire vieux*** yaşlanmak
faisable [fözabl] yapılabilir, uygulanabilir
faisan, e [fözañ, an] *le+la* sülün
faisceau, x [feso] *le* demet

fait [fe] *le* olay; olgu; iş ***au fait*** kim bilir, iyi düşünülecek olursa ***en fait*** gerçekte
fait, e [fe, fet] olgun
faîte [fet] *le* tepe, doruk
falaise [falez] *la* yalıyar, yar
falloir [faluar] gerekmek, gerekli olmak
falsifier [falsifye] değiştirmek, bozmak, tahrif etmek
fameux, euse [famö, z] ünlü; birinci sınıf, mükemmel
familial, e, aux [familyal, o] ailiyle ilgili
familiariser [familyarize] alıştırmak
familiarité [familyarite] *la* teklifsizlik, içli dışlılık
familier, ière [familye, yer] teklifsiz, samimi
famille [famiy] *la* aile
famine [famin] *la* kıtlık
fan [fan] *le+la* meraklı, hasta
fanal, aux [fanal, o] *le* fener
fanatique [fanatik] *s+a.* bağnaz; hayran, tutkun
fanatisme [fanatism(ö)] *le* bağnazlık; fanatiklik
faner [fane]: ***se faner*** solmak
fanfaron, ne [fañfaroñ, on] *le+la* palavracı, övüngen
fantaisie [fañtezi] *la* fantezi, hayal; kapris
fantasque [fañtask] kaprisli
fantastique [fañtastik] hayali, düşsel; garip; harika
fantoche [fañtoş] *le* kukla
fantôme [fañtom] *le* hayalet
farce [fars] *la* kaba şaka
farceur, euse [farsör, öz] *le+la* şaklaban, soytarı
farcir [farsir] sebze, vb. içini doldurmak
fard [far] *le* fondöten
fardeau, x [fardo] *le* yük
farder [farde] makyaj yapmak, sürmek
farine [farin] *la* un
farineux, euse [farinö, öz] unlu
farouche [faruş] çekingen, ürkek
fascination [fasinasyoñ] *la* büyüleme
fasciner [fasine] büyülemek
fascisme [fasism] *le* faşizm
fasciste [faşist(ö)] *s+a.* faşist
faste [fast] *le* gösteriş, şatafat
fastidieux, euse [fastidyö, z] sıkıcı, usandırıcı
fatal, e [fatal] öldürücü, ölümcül; kaçınılmaz
fatalité [fatalite] *la* alınyazısı, yazgı
fatigant, e [fatigañ, t] yorucu; usandırıcı
fatigue [fatig] *la* yorgunluk; zahmet
fatiguer [fatige] yormak; usandırmak ***se fatigue*** yorulmak
faubourg [fobur] *le* kenar mahalle, varoş

fauché, e [foşe] kd. Meteliksiz
faucher [foşe] biçmek; kd. aşırmak, araklamak
faucon [fokoñ] *le* doğan, şahin
fausser [fose] eğmek, bükmek
faute [fot] *la* yanlış, hata; suç, kabahat ***faute de*** para, zaman olmadığından, bulunmadığından
fauteuil [fotöy] *le* koltuk ***fauteuil roulant*** tekerlekli sandalye
fautif, ive [fotif, v] yanlış, hatalı; suçlu
faux [fo] *la* tırpan
faux, fausse [fo, fos] yanlış; sahte, kalp; yalancı ¤ *le* sahte, taklit; sahtecilik, kalpazanlık ***fausse couche*** çocuk düşürme
faveur [favör] *la* lütuf; kayırma, koruma ***en faveur de*** -in lehine; -den yana
favorable [favorabl] elverişli, uygun
favori, te [favori, t] *s+a.* gözde, favori
favoriser [favorize] korumak, kayırmak; kolaylaştırmak
fax [faks] *le* faks
fécond, e [fekoñ, d] verimli, bereketli
fécondité [fekoñdite] *la* verimlilik
fécule [fekül] *la* fekül, patates nişastası
fédéral, e, aux [federal, o] federal
fédération [federasyoñ] *la* federasyon
fée [fe] *la* peri
feindre [feñdr] süsü vermek, numarası yapmak
fêler [fele] çatlatmak
félicitations [felisitasyoñ] *la+ç.* kutlama, tebrik
féliciter [felisite] kutlamak, tebrik etmek
fêlure [felür] *la* çatlak
femelle [fõmel] *s+la* dişi
féminin, e [femineñ, in] kadına özgü, kadınsı ¤ *le*, dilb. dişil
féministe [feminist(õ)] feminist
féminité [feminite] *la* kadınlık, dişilik
femme [fam] *la* kadın; karı, eş ***femme de chambre*** oda hizmetçisi ***femme de ménage*** gündelikçi kadın
fendre [fañdr] çatlatmak; yarmak
fenêtre [fõnetr] *la* pencere
fenouil [fõnuy] *le*, bitk. rezene
fente [fañt] *la* çatlak; yarık
féodal, e, aux [feodal, o] feodal
féodalité [feodalite] *la* derebeylik, feodalite
fer [fer] *le* demir; ütü ***fer à cheval*** at nalı

férié, e [ferye]: ***jour férié*** resmi tatil
ferme [ferm] sağlam; katı, sert; kararlı ¤ *la* çiftlik
ferment [fermañ] *le* maya
fermentation [fermañtasyoñ] *la* mayalanma
fermenter [fermañte] mayalanmak
fermer [ferme] kapamak, kapatmak
fermeté [fermõte] *la* sağlamlık; sertlik; sarsılmazlık
fermeture [fermõtür] *la* kapatma, kapanma ***fermeture éclair*** fermuar ***heure de fermeture*** kapanış saati
fermier, ière [fermye, yer] *le* çiftçi ¤ *la* çiftçinin karısı
féroce [feros] yırtıcı, vahşi; acımasız, zalim
ferraille [feray] *la* hurda demir
ferroviaire [ferovyer] demiryolu ile ilgili
ferry-boat [feribot] *le* feribot
fertile [fertil] verimli, bereketli
fertiliser [fertilize] verimlileştirmek
fertilité [fertilite] *la* verimlilik
fervent, e [fervañ, t] ateşli, coşkun
ferveur [fervör] *la* coşku, tutku
fesse [fes] *la* kaba et, kıç
fessée [fese] *la* poposuna vurma, kıçına kıçına vurma
festin [festeñ] *le* şölen
festival [festival] *le* şenlik, festival
fête [fet] *la* bayram, yortu; şenlik
fêter [fete] kutlamak
feu [fö] ölü, merhum
feu, x [fö] *le* ateş; yangın; ışık ***feu d'artifice*** havai fişek ***feu de joie*** şenlik ateşi ***feux de route*** farlar ***feux rouges*** trafik ışıkları
feuillage [föyaj] *le* yapraklar
feuille [föy] *la* yaprak
feuillet [föye] *le* kâğıt yaprak
feuilleter [föyte] kitap yapraklarını karıştırmak
feuilleton [föytoñ] *le* tefrika
feutre [fötr] *le* keçe; keçeli kalem
fève [fev] *la* bakla
février [fevriye] *le* şubat
fiacre [fyakr] *le* kira arabası
fiançailles [fyañsay] *la+ç.* nişanlanma
fiancé, e [fyañse] *le+la* nişanlı
fiancer [fyañse]: ***se fiancer*** nişanlanmak
fibre [fibr] *la* lif, tel ***fibre de verre*** fiberglas
ficeler [fisle] sicimle bağlamak
ficelle [fisel] *la* sicim, ip
fiche [fiş] *la* fiş
ficher [fişe] saplamak, sokmak, kakmak ***se ficher de*** kd. ile alay etmek

fichu, e [fişü] bitmiş, mahvolmuş; kötü, berbat ¤ *le* başörtüsü
fictif, ive [fiktif, v] kurmaca, hayali; uydurma, uyduruk
fiction [fiksyoñ] *la* kurmaca yapıt, hayal ürünü eser
fidèle [fidel] bağlı, sadık ¤ *le+la* mümin, inanan
fidélité [fidelite] *la* bağlılık, sadakat
fiel [fyel] *le* öd, safra
fier [fye]: ***se fier à*** -e güvenmek
fier, fière [fyer] gururlu, kibirli
fièvre [fyevr] *la*, hek. ateş
fiévreux, euse [fyevrö, öz] ateşli
figer [fije] dondurmak; çok şaşırtmak ***se figer*** donmak; donakalmak
figue [fig] *la* incir
figurant, e [figürañ, t] *le+la* figüran
figure [figür] *la* yüz, çehre; biçim, şekil; resim; figür; mecaz
figuré, e [figüre] mecazi
figurer [figüre] temsil etmek ***se figurer*** sanmak; tasarlamak
fil [fil] *le* iplik; tel; kesici aletlerde ağız
filament [filamañ] *le* filaman; iplik, telcik
file [fil] *la* dizi, sıra; kuyruk
filer [file] eğirmek; akmak; tütmek; sıvışmak, tüymek
filet [file] *le* ağ; fileto; akıntı, sızıntı ***filet à provisions*** eşya filesi, file
fille [fiy] *la* kız
fillette [fiyet] *la* küçük kız
filleul, e [fiyöl] *le+la* vaftiz evladı
film [film] *le* film
filmer [filme] filme almak, filmini çekmek
fils [fis] *le* oğul, erkek evlat
filtre [filtr] *le* süzgeç, filtre
filtrer [filtre] süzmek; süzülmek
fin [feñ] *la* son; amaç ***en fin de compte*** sonunda ***mettre fin à*** -e son vermek ***prendre fin*** son bulmak
fin, e [feñ, fin] ince; kurnaz; saf, arı
final, e [final] sonuncu, son ¤ *la*, sp. final
finalement [finalmañ] sonunda, en sonunda
finaliste [finalist(ö)] *le+la*, sp. finalist
finance [finañs] *la* maliye
financer [finañse] finanse etmek, gerekli parayı vermek
financier, ière [finañsye, yer] mali ¤ *le* maliyeci
finesse [fines] *la* incelik; kurnazlık

ini, e [fini] bitmiş, tükenmiş
inir [finir] bitirmek; bitmek
irme [firm] *la* firma
isc [fisk] *le* vergi dairesi
iscal, e, aux [fiskal, o] vergiyle ilgili
ission [fisyoñ] *la* bölünme, parçalanma
ixation [fiksasyoñ] *la* tutturma, tespit; saptama, belirleme
fixe [fiks] değişmez, sabit
fixer [fikse] takmak, tutturmak; saptamak, kararlaştırmak
flacon [flakoñ] *le* şişe
flagrant, e [flagrañ, t] açık, ortada ***en flagrant délit*** suçüstü
flair [fler] *le* koklama duyusu; önsezi
flairer [flere] koklamak; sezmek, kokusunu almak
flamant [flamañ] *le* flamingo
flambeau, x [flañbo] *le* meşale
flamber [flañbe] alevlenmek, tutuşmak; alevden geçirmek, ütülemek
flamme [flam] *la* alev, yalaz
flammèche [flameş] *la* kıvılcım
flan [flañ] *le* kremalı turta
flanc [flañ] *le* yan; böğür
flanelle [flanel] *la* fanila
flâner [flane] sürtmek, gezip tozmak
flaque [flak] *la* su birikintisi
flatter [flate] pohpohlamak, yağ çekmek ***se flatter de*** ile övünmek
flatterie [flatri] *la* dalkavukluk, yağcılık
flatteur, euse [flatör, öz] *s+a.* dalkavuk, yağcı
fléau, x [fleo] *le* felaket, bela
flèche [fleş] *la* ok
fléchir [fleşir] bükmek; bükülmek, bel vermek
flegmatique [flegmatik] soğukkanlı
flegme [flegm] *le* soğukkanlılık
flétrir [fletrir] soldurmak
fleur [flör] *la* çiçek ***à fleur de*** hizasında
fleuri, e [flöri] çiçek açmış; çiçekli
fleurir [flörir] çiçek açmak; gelişmek, ilerlemek; çiçeklerle süslemek
fleuriste [flörist] *le+la* çiçekçi
fleuve [flöv] *le* ırmak, nehir
flexible [fleksibl] esnek, bükülgen
flic [flik] *le*, kd. polis, aynasız
flirt [flört] *le* flört
flirter [flörte] flört etmek
flocon [flokoñ] *le* yumak
floral, e, aux [floral, o] çiçekle ilgili
florissant, e [florisañ, t] gelişen, ilerleyen
flot [flo] *le* sel; deniz kabarması

flottant, e [flotañ, t] giysi bol, geniş; kararsız
flotte [flot] *la*, den. donanma; kd. yağmur
flotter [flote] yüzmek; dalgalanmak; kd. yağmur yağmak
flou, e [flu] bulanık; belirsiz
fluctuation [flüktuasyoñ] *la* dalgalanma, çalkanma
fluide [fluid] *s+le* akışkan
fluidité [flüidite] *la* akışkanlık
fluorescent, e [flüoresañ, t] floresan, flüorışıl
flûte [flüt] *la* flüt
flûtiste [flütist(õ)] *le+la* flütçü
flux [flü] *le* deniz kabarma; akış
fluxion [flüksyoñ] *la*: ***fluxion de poitrine*** zatürree
focal, e, aux [fokal, o] odaksal, odakla ilgili
fœtus [fetüs] *le* dölüt, cenin
foi [fua] *la* inanç, iman; güven
foie [fua] *le* karaciğer
foin [fueñ] *le* kuru ot
foire [fuar] *la* panayır, fuar
fois [fua] *la* defa, kere ***à la fois*** aynı zamanda ***des fois*** bazen
foison [fuazoñ] *la*: ***à foison*** bol bol, çok
fol [fol] bkz. ***fou***
folie [foli] *la* delilik, çılgınlık
folklore [folklor] *le* halkbilim, folklor
folle [fol] bkz. ***fou***
foncer [foñse] koyulaştırmak; koyulaşmak; hızla gitmek
fonction [foñskyoñ] *la* görev; işlev, fonksiyon
fonctionnaire [foñksyoner] *le+la* memur, devlet memuru
fonctionnel, le [foñksyonel] işlevsel, fonksiyonel
fonctionnement [foñksyonmañ] *le* görev yapma, iş görme, işleme, çalışma
fonctionner [foñksyone] işlemek, çalışmak
fond [foñ] *le* dip; içerik, kapsam ***à fond*** derinliğine, tamamıyla ***fond de teint*** fondöten
fondamental, e, aux [foñdamañtal, o] esas, temel, ana
fondateur, trice [foñdatör, tris] *le+la* kurucu
fondation [foñdasyoñ] *la* kurma kurulma; vakıf
fondement [foñdmañ] *le* temel
fonder [foñde] kurmak; mec. dayandırmak ***se fonder sur*** -e dayanmak
fondre [foñdr] eritmek; karıştırmak, kaynaştırmak; erimek ***fondre sur*** üzerine atılmak, çullanmak
fondrière [foñdriyer] *la* yolda çukur

onds [foñ] *le* fon; anamal, sermaye ***fonds de commerce*** işyeri
ontaine [foñten] *la* çeşme; kaynak, pınar
onte [foñt] *la* erime; dökme demir
ootball [futbol] *le* futbol
ootballeur [futbolör] futbolcu
orce [fors] *la* güç, kuvvet; zor, şiddet ***à force de*** -in sayesinde ***de force*** zorla
forcé, e [forse] zoraki; zorunlu
forcément [forsemañ] mecburen, ister istemez
forcené, e [forsõne] çılgına dönmüş, kudurmuş ¤ *le+la* deli, hasta
forcer [forse] zorlamak; zorla açmak
forer [fore] delmek
forêt [fore] *la* orman
foreuse [foröz] *la* matkap, delgi
forfait [forfe] *le* götürü pazarlık, götürü anlaşma
forfaitaire [forfeter] götürü
forge [forj] *la* demirhane
forger [forje] maden dövmek
forgeron [forjöroñ] *le* demirci
formaliser [formalize]: ***se formaliser*** alınmak, gücenmek
formalité [formalite] *la* formalite
format [forma] *le* boyut, boy
formation [formasyoñ] *la* oluşturma, oluşma; kuruluş; eğitim, yetişme
forme [form] *la* biçim, şekil; görünüş
formel, le [formel] açık, kesin; biçimsel
former [forme] oluşturmak; kurmak; yetiştirmek
formidable [formidabl] kocaman, çok büyük
formulaire [formüler] *le* form
formule [formül] *la* formül; form
formuler [formüle] açıkça belirtmek; dile getirmek
fort, e [for, t] güçlü; iriyarı, topluca; sağlam; sert; ağır; yüksek sesle; çok fazla ¤ *le* tabya, küçük kale; güçlü yan
forteresse [fortõres] *la* kale
fortifier [fortifye] güçlendirmek; sağlamlaştırmak, tahkim etmek
fortuit, e [fortui, it] beklenmedik, rastlantısal
fortune [fortün] *la* şans, talih; servet ***de fortune*** derme çatma
fortuné, e [fortüne] varlıklı
fosse [fos] *la* çukur
fossette [foset] *la* gamze
fossile [fosil] *le* taşıl, fosil
fou, fol, folle [fu, fol] deli, çılgın; saçma; aşırı ¤ *le+la*

deli ***être fou de*** -e çok düşkün olmak, hastası olmak
foudre [fudr] *la* yıldırım
foudroyer [fudruaye] yıldırım çarpmak
fouet [fue] *le* kırbaç; yumurta teli, çırpıcı ***fouetter*** kırbaçlamak; çırpmak, çalkamak
fougère [fujer] *la* eğreltiotu
fouille [fuy] *la* arama, yoklama; kazı
fouiller [fuye] araştırmak, aramak; kazı yapmak
fouillis [fuyi] *le* yığıntı, dağınıklık
foulard [fular] *le* fular
foule [ful] *la* kalabalık
fouler [fule] ezmek, çiğnemek
foulure [fulür] *la* burkulma
four [fur] *le* fırın
fourbe [furb] üçkâğıtçı, fırıldakçı
fourche [furş] *la* dirgen, diren
fourchette [furşet] *la* çatal
fourgon [furgoñ] *le* kapalı kamyonet; furgon
fourmi [furmi] *la* karınca
fourmiller [furmiye] üşüşmek; dolu olmak, çok olmak
fourneau, x [furno] *le* ocak, fırın
fourni, e [furni] sık, gür
fournir [furnir] sağlamak, tedarik etmek
fournisseur, euse [furnisör, öz] *le+la* mal sağlayan kimse
fourniture [furnitür] *la* mal sağlama, mal verme
fourreau, x [furo] *le* kın, kılıf
fourrer [fure] sokmak, doldurmak, koymak
fourre-tout [furtu] *le* kırkambar
fourreur [furör] *le* kürkçü
fourrure [furür] *la* kürk
foutre [futr] arg. yapmak ***se foutre de*** aldırış etmemek, iplememek ***va te faire foutre!*** siktir ol!
foyer [fuaye] *le* ev, yuva; ocak; merkez
fracas [fraka] *le* gürültü, çatırtı
fracasser [frakase] kırmak, parçalamak
fraction [fraksyoñ] *la* parça, bölüm; kesir
fracture [fraktür] *la* kırma, kırılma; kırık
fracturer [fraktüre] kırmak
fragile [frajil] kırılgan, kolay kırılır
fragment [fragmañ] *le* parça
fraîcheur [freşör] *la* serinlik; tazelik
frais [fre] *le+ç.* gider, masraf ***frais généraux*** genel giderlar
frais, fraîche [fre, freşl] serin; taze ***il fait frais*** hava serin
fraise [frez] *la* çilek

framboise [frañbuaz] *la* ahududu
franc, franche [frañ, frañş] açık sözlü, samimi; açık; tam, gerçek; serbest ¤ *le* frank
franchir [frañşir] aşmak, geçmek
franchise [frañşiz] *la* içtenlik, samimiyet
franco [frañko] taşıma ücreti ödenmiş, posta masrafı olmayan
frange [frañj] *la* saçak, püskül
frapper [frape] vurmak; çarpmak
fraternel, le [fraternel] kardeşlikle ilgili; kardeşçe
fraternité [fraternite] *la* kardeşlik
fraude [frod] *la* hile; okulda kopya
frauder [frode] hile yapmak
fraudeur, euse [frodör, öz] *le+la* hileci
frayer [freye] açmak
fredonner [frödone] mırıldanmak
frein [freñ] *le* fren ***frein à main*** el freni
freiner [frene] frenlemek
frêle [frel] ince, narin; zayıf
frémir [fremir] titremek, ürpermek
frêne [fren] *le* dişbudak
frénésie [frenezi] *la* çılgınlık
frénétique [frenetik] çılgın
fréquence [frekañs] *la* sıklık, sık sık olma; frekans
fréquent, e [frekañ, t] sık sık olan, sık
fréquenter [frekañte] sık sık gitmek; sık sık görmek
frère [frer] *le* erkek kardeş
fresque [fresk] *la* fresk
fret [fre] *le* navlun, taşıma ücreti; yük
fréter [frete] taşıt kiralamak
friand, e [friyañ, añd]: ***friand de*** -e düşkün, -e bayılan
friandise [friyañdiz] *la* şekerleme
friction [friksyoñ] *la* ovma; sürtünme
frictionner [friksyone] ovmak; masaj yapmak
frigidaire [frijider] *le* buzdolabı
frigide [frijid] soğuk
frigidité [frijidite] *la* soğukluk, duygusuzluk
frigo [frigo] *le* buzdolabı
frileux, euse [frilö, z] çok üşüyen, soğuğa karşı dayanıksız
fripé, e [fripe] buruşuk, kırışık
fripon, ne [fripoñ, on] *le+la* hergele, hoppa
frire [frir] tavada kızartmak; kızarmak
frisé, e [frize] kıvırcık
friser [frize] kıvırmak, kıvırcık yapmak; kıvırcıklaşmak

frisson [frisoñ] *le* titreme
frissonner [frisone] titremek
frit, e [fri, frit] tavada kızarmış, kızartılmış ***pommes frites*** patates kızartması
friteuse [fritöz] *la* fritöz
friture [fritür] *la* kızartma
frivole [frivol] uçarı, hoppa; önemsiz, boş
froid, e [frua, d] *s+le* soğuk ***avoir froid*** üşümek ***il fait froid*** hava soğuk ***prendre froid*** üşütmek, soğuk almak
froisser [fruase] kırıştırmak, buruşturmak; incitmek, gücendirmek ***se froisser*** kırışmak, buruşmak; incinmek, gücenmek
frôler [frole] hafifçe dokunmak, sıyırıp geçmek
fromage [fromaj] *le* peynir
froment [fromañ] *le* buğday
froncer [froñse]: ***froncer les sourcils*** kaşlarını çatmak
fronde [froñd] *la* sapan
front [froñ] *le* alın; yüz, baş; ask. cephe ***de front*** önden, cepheden; birlikte, yan yana ***faire front à*** -e karşı koymak
frontière [froñtyer] *la* sınır
frotter [frote] ovuşturmak; ovmak; sürtmek
fructueux, euse [früktuö, z] kazançlı, kârlı
frugal, e, aux [frügal, o] az yiyen, yemek seçmeyen
fruit [frui] *le* meyve ***fruits de mer*** deniz ürünleri
fruitier, ière [fruitye, yer] *le+la* manav, yemişçi
fruste [früst] kaba, terbiyesiz
frustrer [früstre] yoksun bırakmak; hüsrana uğratmak
fugitif, ive [füjitif, v] geçici, kısa süren ¤ *s+a.* kaçak
fuir [fuir] kaçmak; sızmak, akmak
fuite [fuit] *la* kaçış; sızma, akma
fumé, e [füme] füme
fumée [füme] *la* duman
fumer [füme] tütmek; buhar çıkarmak; sigara içmek
fumeur, euse [fümör, öz] *le+la* sigara içen
fumier [fümye] *le* gübre
funérailles [füneray] *la+ç.* cenaze töreni
funeste [fünest] uğursuz; ölümcül, öldürücü
fur [für]: ***au fur et à mesure*** gitgide, gittikçe
fureter [fürte] araştırmak, kolaçan etmek
fureur [füror] *la* öfke, hiddet
furie [füri] *la* büyük öfke; şirret kadın, cadaloz
furieux, euse [füryö, öz] öfkeli, kızgın

uroncle [füroñkl] *le* çıban
urtif, ive [fürtif, v] gizli, kaçamak
usée [füze] *la* füze, roket
usil [füzi] *le* tüfek
usil-mitrailleur [füzimitrayör] *le* makineli tüfek
ustiger [füstije] eleştirmek, kınamak
ût [fü] *le* fıçı; ağaç gövdesi
utaie [füte] *la* orman
utile [fütil] boş, işe yaramaz
utur, e [fütür] *s+le* gelecek
uyard, e [fuiyar, d] *le+la* kaçak

G g

gâcher [gaşe] bozmak, berbat etmek; ziyan etmek
gâchette [gaşet] *la* tetik
gâchis [gaşi] *le* israf
gaffe [gaf] *la* gaf ***faire gaffe*** kd. dikkat etmek
gaffer [gafe] gaf yapmak
gage [gaj] *le* rehin, tutu; güvence, teminat
gagnant, e [ganyañ, t] *le+la* kazanan
gagner [ganye] kazanmak
gai, e [ge] sevinçli, şen
gaieté [gete] *la* sevinç, neşe
gaillard, e [gayar, d] dinç, güçlü; açık saçık
gain [geñ] *le* kazanç
gaine [gen] *la* kın, kılıf; korse
gala [gala] *le* gala
galant, e [galañ, t] kibar, centilmen; çapkın
galaxie [galaksi] *la* gökada, galaksi
galbe [galb] *le* kavis
gale [gal] *la*, hek. uyuz
galère [galer] *la* kadırga
galerie [galri] *la* galeri; oto. üst bagaj
galet [gale] *le* yassı çakıl
galette [galet] *la* galeta; peksimet
galon [galoñ] *le*, ask. sırma; şerit
galop [galo] *le* dörtnal
galoper [galope] dörtnala gitmek
gambader [gañbade] hoplamak, zıplamak
gamin, e [gameñ, in] *le+la* çocuk, yumurcak
gamme [gam] *la*, müz gam
gangrène [gañgren] *la* kangren
gant [gañ] *le* eldiven
garage [garaj] *le* garaj; oto. servis istasyonu
garagiste [garajist(ö)] *le* oto tamircisi
garant, e [garañ, t] *le+la* kefil ¤ *le* güvence, teminat ***se porter garant de*** -in kefili olmak
garantie [garañti] *la* güvence, garanti

garantir [garañtir] garanti etmek; kefil olmak
garçon [garsoñ] *le* oğlan, erkek çocuk; bekâr erkek; genç, delikanlı
garçonnet [garsone] *le* oğlan çocuk
garçonnière [garsonyer] *la* garsoniyer, bekâr odası
garde [gard] *le* gardiyan; bekçi; nöbetçi ¤ *la* koruma; bakma, gözetim ***de garde*** nöbetçi ***garde de corps*** koruma görevlisi ***monter la garde*** nöbet tutmak ***prendre garde*** dikkat etmek à, -e
garde-boue [gardõbu] *le* çamurluk
garde-fou [gardõfu] *le* korkuluk, parmaklık
garder [gardo] korumak; bakmak; saklamak ***se garder de faire*** -memeye dikkat etmek, -mekten sakınmak
garderie [gardõri] *la* çocuk yuvası
garde-robe [gardõrob] *la* gardırop
gardien, ne [gardyeñ, yen] *le+la* bekçi; gardiyan; koruyucu ***gardien de but*** sp. kaleci ***gardien de nuit*** gece bekcisi
gare [gar] dikkat! ¤ *la* gar, istasyon ***gare maritime*** iskele ***gare routière*** otobüs garı
garer [gare] park etmek
gargariser [gargarize]: ***se gargariser*** gargara yapmak
gargarisme [gargarism(õ)] *le* gargara
gargouille [garguy] *la* gurultu
gargouiller [garguye] guruldamak
garni, e [garni] garnitürlü
garnir [garnir] süslemek; doldurmak
garnison [garnizoñ] *la* garnizon
garniture [garnitür] *la* garnitür; süs
gars [ga] *le* oğlan, delikanlı; adam, herif
gas-oil [gazoyl] *le* dizel yakıt
gaspillage [gaspiyaj] *le* israf, boşa harcama
gaspiller [gaspiye] boşa harcamak, israf etmek
gastrique [gastrik] mideyle ilgili
gastronome [gastronom] *le+la* yemekten anlar, ağzının tadını bilir
gastronomie [gastronomi] *la* gastronomi, iyi yemek pişirme sanatı
gâteau, x [gato] *le* pasta ***gâteau sec*** kuru pasta

gâter [gate] bozmak; çürütmek ***se gâter*** bozulmak, çürümek; kötüleşmek
gauche [goş] sol; beceriksiz, sakar ***à gauche*** solda ***à gauche de*** -ın solunda
gaucher, ière [goşe, er] solak
gaufrette [gofret] *la* gofret
gaz [gaz] *le* gaz ***gaz de ville*** havagazı ***mettre les gaz*** oto. gaz vermek
gaze [gaz] *la* gazlı bez
gazette [gazet] *la* gazete
gazon [gazoñ] *le* çim, çimen
gazouiller [gazuye] cıvıldamak
géant, e [jeañ, t] dev gibi, kocaman ¤ *le+la* dev
geindre [jeñdr] sızlanmak, yakınmak
gel [jel] *le* don; donma
gélatine [jelatin] *la* jelatin
gelé, e [jöle] donmuş
gelée [jöle] *la* jöle; don ***gelée blanche*** kırağı
geler [jöle] dondurmak; donmak
Gémeaux [jemo]: ***les Gémeaux*** İkizler burcu
gémir [jemir] inlemek
gémissement [jemismañ] *le* inilti
gênant, e [jenañ, t] sıkıcı, rahatsız edici
gencive [jañsiv] *la* dişeti
gendarme [jañdarm] *le* jandarma
gendarmerie [jañdarmöri] *la* jandarma
gendre [jañdr] *le* damat
gêne [jen] *la* sıkıntı; rahatsızlık
gêné, e [jene] sıkılmış, rahatsız
généalogie [jenealoji] *la* soyağacı, soy kütüğü
gêner [jene] rahatsız etmek ***se gêner*** utanmak, sıkılmak
général, e, aux [jeneral, o] genel ¤ *le* general ***en général*** genellikle
généralement [jeneralmañ] genel olarak
généraliser [jeneralize] genelleştirmek; genelleme yapmak ***se généraliser*** yaygınlaşmak
généraliste [jeneralist] *le+la*, hek. pratisyen
génération [jenerasyoñ] *la* üreme; kuşak, soy
généreux, euse [jenerö, z] cömert, eli açık
générique [jenerik] *le* jenerik, tanıtma yazısı
générosité [jenerozite] *la* cömertlik
génétique [jenetik] *s+la* genetik

génial, e, aux [jenyal, o] dâhice, çok parlak
génie [jeni] *le* deha, üstün yetenek
genièvre [jönyevr] *le*, bitk. ardıç
génital, e, aux [jenital, o] cinsel
génitif [jenitif] *le*, dilb. -in hali, tamlayan durumu
genou, x [jnu] *le* diz
genre [jañr] *le* cins, tür
gens [jañ] *le+ç.* kişiler, halk, insan
gentil, le [jañti, y] nazik, kibar; sevimli, şirin
gentillesse [jantiyes] *la* nezaket, kibarlık
géographe [jeograf] *le+la* coğrafyacı
géographie [jeografi] *la* coğrafya
géographique [jeografik] coğrafi
geôlier [jolye] *le* gardiyan
géologie [jeoloji] *la* yerbilim, jeoloji
géologique [jeolojik] yerbilimsel, jeolojik
géologue [jeolog] *le+la* yerbilimci, jeolog
géométrie [jeometr] *la* geometri
géométrique [jeometrik] geometrik
gérance [jerañs] *la* yönetme, yönetim
géranium [jeranyom] *le* sardunya
gérant, e [jerañ, t] *le+la* yönetici, müdür
gerbe [jerb] *la* demet
gercer [jerse] çatlatmak ***se gercer*** çatlamak
gerçure [jersür] *la* çatlak
gérer [jere] yönetmek
germe [jerm] *le* tohum, çim; mikrop
germer [jerme] çimlenmek, filizlenmek
gérondif [jeroñdif] *le*, dilb. ulaç bağfiil
gésir [jezir] yatmak
geste [jest] *le* jest
gestion [jestyoñ] *la* yönetim
gibet [jibe] *le* darağacı
gibier [jibye] *le* av hayvanı
giboulée [jibule] *la* sağanak
gicler [jikle] fışkırmak, sıçramak
gicleur [jiklör] *le*, oto. jikle
gifle [jifl] *la* tokat, şamar
gifler [jifle] şamar atmak
gigantesque [jigañtesk] dev gibi, koskocaman
gigot [jigo] *le* but
gilet [jile] *le* yelek ***gilet de sauvetage*** can yeleği
gin [cin] *le* cin
gingembre [jeñjañbr] *le* zencefil

girafe [jiraf] *la* zürafa
girofle [jirofl] *le* baharat karanfil
girouette [jiruet] *la* rüzgârgülü
gisement [jizmañ] *le* maden yatağı
gitan, e [jitañ, an] *le+la* Çingene
gîte [jit] *le* yuva; barınak
givre [jivr] *le* kırağı, kırç
glabre [glabr] tüysüz, kılsız
glace [glas] *la* buz; dondurma; ayna; cam
glacé, e [glase] buz gibi; donmuş
glacer [glase] dondurmak
glacial, e [glasyal] buz gibi
glacier [glasye] *le* buzul; dondurmacı
glacière [glasyer] *la* buzluk
glaçon [glasoñ] *le* buz parçası
glaise [glez] *la* kil, balçık
glande [glañd] *la* bez, beze
glissade [glisad] *la* kayma
glissant, e [glisañ, t] kaygan
glisser [glise] kaymak ***se glisser*** girivermek, süzülmek
glissière [glisyer] *la* sürgü
global, e, aux [global, o] tüm, genel
globe [glob] *le* küre, top; dünya ***globe oculaire*** göz küresi
gloire [gluar] *la* ün, şan; görkem
glorieux, euse [gloryö, öz] şanlı, şerefli; görkemli, parlak
glossaire [gloser] *le* küçük sözlük
glouton, ne [glutoñ, on] obur, açgözlü
gluant, e [glüañ, t] yapışkan
gober [gobe] yutmak
godasse [godas] *la*, kd. ayakkabı, pabuç
godet [gode] *le* kadeh; bardak
goéland [goelañ] *le* martı
goélette [goelet] *la* salak, keriz
goinfre [gueñfr] *le* obur, pisboğaz
goitre [guatr] *le* guatr
golf [golf] *le* golf
golfe [golf] *le* körfez
gomme [gom] *la* silgi; zamk
gommer [gome] silgiyle silmek
gond [goñ] *le* zıvana
gondole [goñdol] *la* gondol
gonfler [goñfle] şişirmek; şişmek
gong [goñg] *le* gong
gorge [gorj] *la* boğaz; göğüs
gorille [goriy] *le* goril
gosier [gozye] *le* boğaz, gırtlak
gosse [gos] *le+la* çocuk, yumurcak
gothique [gotik] gotik
goudron [gudroñ] *le* katran

goudronner [gudrone] katranlamak
gouffre [gufr] *le* uçurum
goujat [guja] *le* hödük, ayı
goulot [gulo] *le* şişe, vb. boğaz
goulu, u [gulü] açgözlü, obur
gourde [gurd] *la* matara
gourmand, e [gurmañ, añd] obur
gourmandise [gurmandiz] *la* oburluk
gourmet [gurme] *le* ağzının tadını bilir, yemekten anlar
gousse [gus] *la*: ***gousse d'ail*** sarmısak dişi
goût [gu] *le* tat; tatma, tadım
goûter [gute] tatmak; hoşlanmak, zevk almak; ikindi kahvaltısı yapmak ¤ *le* ikindi kahvaltısı ***goûter a*** tadına bakmak
goutte [gut] *la* damla
gouttière [gutyer] *la* oluk, dam oluğu
gouvernail [guvernay] *le* dümen
gouvernante [guvernañt] *la* mürebbiye, dadı
gouvernement [guvernõmañ] *le* yönetme; hükümet
gouverner [guverne] yönetmek
gouverneur [guvernör] *le* vali
grâce [gras] *la* zarafet, incelik; çekicilik; iyilik; lütuf ***grâce à*** sayesinde
gracieux, euse [grasyö, öz] zarif, nazik
gracile [grasil} ince, narin
grade [grad] *le* rütbe; aşama, derece
gradin [gradeñ] *le* basamak
graduel, le [graduel] aşamalı, derece derece olan
graduer [gradue] derece derece yükseltmek; derecelere ayırmak
graffiti [grafiti] *le+ç.* duvar yazıları
grain [greñ] *le* tane; sağanak ***grain de beauté*** tende ben
graine [gren] *la* tohum
graisse [gres] *la* yağ
graisser [grese] yağlamak
graisseux, euse [gresö, öz] yağlı
grammaire [gramer] *la* dilbilgisi
grammatical, e, aux [gramatikal, o] dilbilgisel
gramme [gram] *le* gram
grand, e [grañ, grañd] büyük; geniş; uzun ***grandes vacances*** yaz tatili ***grand magasin*** büyük mağaza ***pas grand-chose*** önemsiz, değersiz
grandeur [grañdör] *la* büyüklük

grandir [grañdir] büyümek; büyütmek
grand-mère [grañmer] *la* büyükanne, nine
grand-père [grañper] *le* büyükbaba, dede
grand-rue [grañrü] *la* ana cadde
grands-parents [grañparañ] *le+ç.* babaanne ve anneanne, dede-nine
grange [grañj] *la* çiftlik ambarı
granit [granit] *le* granit
graphique [grafik] *s+le* grafik
grappe [grap] *la* salkım
gras, se [gra, s] yağlı; şişman ¤ *le* yağ ***faire la grasse matinée*** sabah keyfi yapmak, yataktan geç kalkmak
gratification [gratifikasyoñ] *la* ikramiye
gratifier [gratifye] ödüllendirmek, vermek
gratin [grateñ] *le* graten, üstü peynirli yemek
gratis [gratis] bedava, parasız
gratitude [gratitüd] *la* minnet
gratte-ciel [gratsyel] *le* gökdelen
gratter [grate] kazımak; kaşımak
gratuit, e [gratui, t] parasız, bedava
grave [grav] ciddi, ağır
graver [grave] oymak, kazımak
gravir [gravir] tırmanmak
gravité [gravite] *la* ciddiyet; ağırbaşlılık; yerçekimi
gravure [gravür] *la* oyma, kazma; gravür
gré [gre] *le* istek, keyif ***de bon gré*** isteyerek, kendi isteğiyle
greffe [gref] *la*, bitk. aşı; hek. organ nakli
greffer [grefe] bitk. aşılamak; hek. organ nakletmek, aşılamak
greffier [grefye] *le* zabıt kâtibi
grêle [grel] *la* dolu
grêler [grele] dolu yağmak
grêlon [grõloñ] *le* dolu tanesi
grelotter [grõlote] titremek
grenade [grõnad] *la* el bombası; nar
grenier [grõnye] *le* tavan arası, çatı arası
grenouille [grõnuy] *la* kurbağa
grésiller [greziye] cızırdamak; çıtırdamak
grève [grev] *la* grev; kumsal ***faire grève*** grev yapmak ***se mettre en grève*** greve gitmek
gréviste [grevist] *le+la* grevci
grief [griyef] *le* yakınma, şikâyet
grièvement [griyevmañ] ağır şekilde
griffe [grif] *la* pençe, cırnak

griffonner [grifone] çiziktirmek, karalamak
grignoter [grinyote] kemirmek
gril [gril] *le* ızgara
grillade [griyad] *la* ızgara yemek
grille [griy] *la* demir parmaklık; kafes; ızgara
grille-pain [griypeñ] *le* ekmek kızartma makinesi
griller [griye] ızgara yapmak; ekmek kızartmak; kavurmak
grillon [griyoñ] *le* cırcırböceği
grimace [grimas] *la* yüzünü ekşitme ***faire des grimaces*** yüzünü ekşitmek
grimer [grime] birine makyaj yapmak
grimper [greñpe] tırmanmak
grincer [grense] gıcırdamak ***grincer des dents*** dişlerini gıcırdatmak
grincheux, euse [greñşö, z] hırçın, huysuz
grippe [grip] *la* grip
gris, e [gri, griz] gri, külrengi; çakırkeyif, kafası kıyak
griser [grize] sarhoş etmek, başını döndürmek
grisonner [grizone] kırlaşmak, ağarmak
grive [griv] *la* ardıç kuşu
grogner [gronye] homurdanmak
grommeler [gromle] homurdanmak, mırıldanmak
gronder [groñde] gürlemek; homurdanmak; azarlamak
gros, se [gro, s] iri, büyük; şişman; önemli; kaba; çok ¤ *le+la* şişko, şişman ***en gros*** kabaca, özet olarak; tic. toptan
groseille [grozey] *la* frenküzümü ***groseille à maquereau*** bektaşiüzümü
grossesse [groses] *la* gebelik
grosseur [grosör] *la* büyüklük, irilik
grossier, ière [grosye, yer] kalın, kaba
grossièrement [grosyermañ] kabaca; nezaketsizce
grossir [grosir] şişmanlamak; büyümek; artırmak; büyültmek
grossiste [grosist] *le+la* toptancı
grotte [grot] *la* mağara, in
grouiller [gruye] kaynaşmak ***grouiller de*** ile dolup taşmak
groupe [grup] *le* grup, küme ***groupe sanguin*** kan grubu
grouper [grupe] gruplandırmak, kümelemek
grue [grü] *la* turna; vinç
gué [ge] *le* ırmak geçidi
guenille [gõniy] *la* paçavra

guêpe [gep] *la* yabanarısı
guêpier [gepye] *le* tuzak
guère [ger] sıfat ve belirteçlerden önce ***ne ... guère*** pek ... değil eylemlerle birlikte ***ne ... guère*** pek ...-memek
guérilla [geriya] *la* çete savaşı
guérillero [geriyero] *le* çeteci, gerillacı
guérir [gerir] iyileştirmek; iyileşmek
guérison [gerizoñ] *la* iyileşme, sağalma
guerre [ger] *la* savaş ***en guerre*** savaş halinde ***guerre civile*** iç savaş ***guerre d'usure*** yıpratma savaşı
guerrier, ière [gerye, yer] *s+a.* savaşçı
guet [ge] *le*: ***faire le guet*** gözetlemek, pusuya yatmak
guet-apens [getapañ] *le* pusu
guetter [gete] gözetlemek; pusuda beklemek
gueule [göl] *la* ağız; kd. surat, yüz
gueuler [göle] kd. bağırmak, bağıra bağıra konuşmak
gueux [gö] *le* dilenci, serseri
gui [gi] *le* ökseotu
guichet [gişe] *le* gişe, tezgâh
guichetier, ière [gişetye, yer] *le+la* gişe memuru
guide [gid] *le* kılavuz, rehber
guider [gide] yol göstermek, kılavuzluk etmek
guidon [gidoñ] *le* gidon
guillemets [giyme] *le+ç.* tırnak işareti ***guillemets de répétition*** denden
guilleret, te [giyre, t] canlı, neşeli
guillotine [giyotin] *la* giyotin
guirlande [girlañd] *la* çelenk
guise [giz] *la*: ***à votre guise*** nasıl isterseniz ***en guise de*** yerine
guitare [gitar] *la* gitar
guitariste [gitarist(ö)] *le+la* gitarist
gymnase [jimnaz] *le* jimnastik salonu
gymnaste [jimnast] *le+la* jimnastikçi
gymnastique [jimnastik] *la* jimnastik
gynécologie [jinekoloji] *la* jinekoloji
gynécologue [jinekolog] *le+la* jinekolog

H h

habile [abil] becerikli; kurnaz
habileté [abilte] beceri, ustalık
habillement [abiymañ] *le* giyim; giysi

habiller [abiye] giydirmek
s'habiller giyinmek
habit [abi] *le* elbise, giysi
habitant, e [abitañ, t] *le+la* oturan, sakin
habitation [abitasyoñ] *la* oturma; ev, konut
habiter [abite] oturmak, yaşamak
habitude [abitüd] *la* alışkanlık, âdet ***avoir l'habitude de*** -meye alışmak ***d'habitude*** genellikle
habitué, e [abitue] *le+la* sürekli müşteri
habituel, le [abituel] alışılmış, her zamanki
habituer [abitue] alıştırmak ***s'habituer à*** -e alışmak
hache ['aş] *la* balta
hacher ['aşe] kıymak, doğramak
hachis ['aşi] *le* et kıyma
hagard, e ['agar, d] ürkmüş, şaşırmış
haie ['e] *la* çit; sp. engel
haillon ['ayoñ] *le* paçavra
haine ['en] *la* nefret
haïr ['air] nefret etmek, tiksinmek
hâle ['al] *le* güneş yanığı
hâlé, e ['ale] yanmış, esmerleşmiş
haleine [alen] *la* soluk, nefes ***hors d'haleine*** soluk soluğa, nefes nefese
haleter ['alte] soluk soluğa kalmak
hall ['ol] *le* hol, salon
halle ['al] *la* hal, pazar
halte ['alt] *la* ara, mola; durak ***faire halte*** durmak, mola vermek
haltère [alter] *le* halter
haltérophile [alterofil] *le+la* halterci
hamac ['amak] *le* hamak, ağ yatak
hameçon [amsoñ] *le* olta iğnesi
hanche ['añş] *la* kalça
hand-ball ['añdbal] *le* hentbol, eltopu
handicap ['añdikap] *le* engel
handicapé, e ['añdikape] fiziksel, zihinsel özürlü
handicaper ['añdikape] engellemek
hangar ['añgar] *le* sundurma, hangar
hanter ['añte] dadanmak, sık sık gitmek
happer ['ape] kapmak
haras ['ara] *le* hara
harceler ['arsöle] hırpalamak
hardi, e ['ardi] atılgan, gözü pek
hareng ['arañ] *le* ringa balığı
haricot ['ariko] *le* fasulye ***haricot blanc*** kuru fasulye ***haricot vert*** taze fasulye

harmonica [armonika] *le* armonika
harmonie [armoni] *la* uyum
harmonieux, euse [armonyö, öz] uyumlu
harpe ['arp] *la*, müz. harp
harpon ['arpoñ] *le* zıpkın
hasard ['azar] *le* talih; rastlantı ***au hasard*** rasgele, gelişigüzel ***par hasard*** tesadüfen
hasarder ['azarde] tehlikeye atmak
hasardeux, euse ['azardö, z] tehlikeli, rizikolu
haschisch ['aşiş] *le* esrar, haşiş
hâte ['at] *la* acele, ivedilik ***à le hâte*** aceleyle, çarçabuk
hâter ['ate] hızlandırmak ***se hâter*** acele etmek
hâtif, ive ['atif, v] acele; aceleci; erken, vaktinden önce
hausse ['os] *la* yükselme, artış
hausser ['ose] yükseltmek; kaldırmak ***hausser les épaules*** omuz silkmek
haut, e ['o, 'ot] yüksek; uzun; yükseğe, yüksekte ¤ *le* tepe, yükseklik ***à haute voix*** yüksek sesle ***de haut en bas*** tepeden tırnağa ***en haut*** tepesinde, üstünde de, -ın
hautain, e ['oteñ, en] kibirli, kurumlu
hautbois ['obua] *le* obua
hauteur ['otör] *la* yükseklik; tepe; kibir
haut-parleur ['oparlör] *le* hoparlör
hâve ['av] zayıf, solgun
hebdomadaire [edbomader] haftalık ¤ *le* haftalık dergi
héberger [eberje] barındırmak, konuk etmek
hébété, e [ebete] sersemleşmiş, afallamış
hébraïque [ebraik] İbrani
hécatombe [ekatoñb] *la* katliam, kırım
hectare [ektar] *le* hektar
hein ['eñ] ha? ne? nasıl?
hélas ['elas] yazık; maalesef
héler ['ele] seslenmek, çağırmak
hélice [elis] *la* uskur, pervane
hélicoptère [elikopter] *le* helikopter
hémisphère [emisfer] *la* yarıküre
hémorragie [emoraji] *la* kanama
hémorroïdes [emoroid] *la+ç.* hemoroit
hennir ['enir] kişnemek
herbe [erb] *la* ot ***en herbe*** olmamış, ham, kozak
herbicide [erbisid] *le* zararlı otları yok eden ilaç

héréditaire [erediter] kalıtsal
hérédité [eredite] *la* kalıtım, soyaçekim
hérisser ['erise] kızdırmak, öfkelendirmek ***se hérisser*** tüyleri diken diken olmak
hérisson ['erisoñ] *le* kirpi
héritage [eritaj] *le* kalıt, miras
hériter [erite] mirasa konmak
héritier, ière [eritye, yer] *le+la* mirasçı, varis
hermine [ermin] *la* kakım, as
hernie ['erni] *la* fıtık
héroïne [eroin] *la* kadın kahraman; eroin
héroïque [eroik] kahramanca, yiğitçe
héroïsme [eroism] *le* kahramanlık
héron ['eroñ] *le*, hayb. balıkçıl
héros ['ero] *le* kahraman
hésitant, e [ezitañ, t] kararsız, tereddütlü
hésitation [ezitasyoñ] *la* duraksama, tereddüt
hésiter [ezite] duraksamak, tereddüt etmek
hêtre ['etr] *le* kayın ağacı
heure [ör] *la* saat; zaman, vakit ***heures supplémentaires*** fazla mesai
heureux, euse [örö, z] mutlu; şanslı
heurt ['ör] *le* çarpma; çarpışma
heurter ['örte] çarpmak; incitmek, kırmak ***se heurter à*** -e çarpmak
hexagone [egzagon] *le* altıgen
hibou, x ['ibu] *le* baykuş
hideux, euse ['idö, z] iğrenç, çirkin
hier [yer] dün ***hier matin*** dün sabah ***hier soir*** dün akşam
hiérarchie ['yerarşi] *la* hiyerarşi
hiérarchique [yerarşik] hiyerarşik
hilare [ilar] sevinçli, neşeli
hippisme [ipism] *le* binicilik
hippodrome [ipodrom] *le* hipodrom
hippopotame [ipopotam] *le* suaygırı
hirondelle [iroñdel] *la* kırlangıç
hisser ['ise] yükseltmek, kaldırmak ***se hisser*** tırmanmak, yükselmek
histoire [istuar] *la* tarih; öykü, hikâye; iş
historien, ne [istoryeñ, en] *le+la* tarihçi
historique [istorik] tarihsel, tarihi
hiver [iver] *le* kış
hocher ['oşe]: ***hocher la tête*** başını sallamak
hochet ['oşe] *le* çıngırak
hockey ['oke] hokey
holding ['olding] *le* holding
homard ['omar] *le* ıstakoz

homicide [omisid] *le* cinayet, adam öldürme
hommage [omaj] *le* saygı ***hommages*** *le*+ç. saygılar
homme [om] *le* insan, kimse, kişi; erkek, adam; koca ***homme d'affaires*** işadamı ***homme d'État*** devlet adamı
homme-grenouille [omgrõnuy] *le* kurbağaadam, balıkadam
homonyme [omonim] *le* adaş
homosexuel, le [omoseksüel] eşcinsel
honnête [onet] dürüst, namuslu; yeterli, tatminkâr
honnêtement [onetmañ] dürüstçe
honnêteté [onette] *la* dürüstlük, doğruluk
honneur [onör] *le* onur, namus
honorable [onorabl] saygıdeğer; sayın
honorer [onore] onurlandırmak; saygı göstermek
honte ['oñt] *la* utanç, utanma; ayıp ***avoir honte*** utanmak de, -den ***faire honte à*** utandırmak
honteux, euse ['oñtö, öz] utanmış; utangaç, sıkılgan; utanç verici
hôpital, aux [opital, o] *le* hastane
hoquet ['oke] *le* hıçkırık
hoqueter ['okte] hıçkırmak
horaire [orer] saat başına ¤ *le* tarife; ders programı
horizon [orizoñ] *le* ufuk
horizontal, e, aux [orizoñtal, o] yatay
horloge [orloj] *la* duvar saati, masa saati
horloger, ère [orloje, er] *le*+*la* saatçi
horlogerie [orlojri] *la* saatçi dükkânı
hormis ['ormi] -den başka
hormone [ormon] *la* hormon
horoscope [oroskop] *le* yıldız falı
horreur [orör] *la* korku, dehşet ***avoir horreur de*** -den iğrenmek
horrible [oribl] korkunç; berbat, çok kötü
hors ['or] dışında, -den başka ***être hors de soi*** kendini kaybetmek ***hors de*** dışında, dışına
hors-bord ['orbor] *le* sürat motoru
hors-d'œuvre ['ordövr(ö)] *le* çerez, meze
hors-jeu ['orjö] *le* ofsayt
hors-la-loi ['orlalua] *le* yasa dışı adam, kanun kaçağı
hors-taxe [ortaks] gümrüksüz
horticulteur, trice [ortikültör, tris] *le*+*la* bahçıvan

hospice [ospis] *le* öksüzler yurdu, güçsüzler yurdu
hospitalier, ière [ospitalye, yer] konuksever
hospitalité [ospitalite] *la* konukseverlik
hostile [ostil] düşman; düşmanca
hostilité [ostilite] *la* düşmanlık
hôte [ot] *le* ev sahibi; konuk
hôtel [otel] *le* otel ***hôtel de ville*** belediye binası
hôtesse [otes] *la* hostes
houblon ['ubloñ] *le* şerbetçiotu
houille ['uy] *la* taşkömürü, madenkömürü
houle ['ul] *la* dalgalanma, çalkanma
houppette ['upet] *la* pudra ponponu
housse ['us] *la* örtü, kılıf
houx ['u] *le*, bitk. çobanpüskülü
huées ['ue] *la+ç.* yuha
huer ['ue] yuhalamak
huile [uil] *la* sıvı yağ; kd. kodaman ***huile solaire*** güneş yağı
huiler [üile] yağlamak
huileux, euse [üilö, öz] yağlı
huissier [uisye] *le* kapıcı, odacı; mübaşir
huit ['uit] sekiz
huitième ['üityem] sekizinci
huître [uitr] *la* istiridye
humain, e [ümeñ, en] insanla ilgili, insani; insancıl
humanité [ümanite] *la* insanlık
humble [öñbl] alçakgönüllü
humecter [ümekte] nemlendirmek, ıslatmak
humer ['üme] koklamak
humeur [ümör] *la* mizaç, huy ***bonne humeur*** keyifli ***mauvaise humeur*** keyifsiz, huysuz
humide [ümid] yaş, ıslak; nemli
humidité [ümidite] *la* nem; ıslaklık
humilier [ümilye] küçük düşürmek, bozmak
humilité [ümilite] *la* alçakgönüllülük
humoriste [ümorist] *le+la* mizahçı
humoristique [ümoristik] nükteli, mizahlı
humour [ümur] *le* mizah, gülmece
huppé, e ['üpe] kd. zengin, varlıklı
hurlement ['ürlömañ] *le* uluma; çığlık
hurler ['ürle] ulumak; çığlık atmak
hutte ['üt] *la* kulübe
hybride [ibrid] melez, kırma
hydraulique [idrolik] hidrolik
hydro-électrique [idroelektrik] hidroelektrik

hydrogéne [idrojen] *le* hidrojen
hyène [yen] *la* sırtlan
hygiène [ijyen] *la* sağlıkbilgisi, hijyen
hygiénique [ijyenik] hijyenik, sağlığa uygun
hymne [imn] *le* ilahi ***hymne national*** milli marş
hypermétrope [ipermetrop] hipermetrop
hypertension [ipertañsyoñ] *la* hipertansiyon, yüksek kan basıncı
hypnose [ipnoz] *la* hipnoz
hypnotiser [ipnotize] ipnotize etmek, uyutmak
hypocrisie [ipokrizi] *la* ikiyüzlülük
hypocrite [ipokrit] *s+a.* ikiyüzlü
hypothèque [ipotek] *la* ipotek, rehin
hypothèse [ipotez] *la* varsayım, hipotez

I i

iceberg [isberg] *le* buzdağı
ici [isi] bura, burada, buraya ***d'ici peu*** çok geçmeden
idéal, e, aux [ideal, o] *s+le* ideal
idéaliste [idealist(õ)] *s+a.* idealist
idée [ide] *la* düşünce, fikir ***idée fixe*** saplantı
identifier [idañtifye] kimliğini saptamak ***s'identifier à*** ile özdeşleşmek
identique [idañtik] özdeş, benzer
identité [idañtite] *la* kimlik; özdeşlik, benzerlik
idéologie [ideoloji] *la* ideoloji
idiomatique [idyomatik]: ***expression idiomatique*** deyim
idiot, e [idyo, t] *s+a.* aptal, budala
idiotisme [idyotism] *le* deyim
idolâtrer [idolatre] taparcasına sevmek
idole [idol] *la* put
igloo [iglu] *le* Eskimo kulübesi
ignorant, e [inyorañ, t] bilgisiz, cahil
ignorer [inyore] bilmemek
il [il] o ***ils*** onlar
île [il] *la* ada
illégal, e, aux [ilegal, o] yasadışı, kanunsuz
illégalité [ilegalite] *la* yasadışılık, yolsuzluk
illégitime [ilejitim] yasadışı, yolsuz; evlilik dışı
illettré, e [iletre] *s+a.* okuma yazma bilmez, kara cahil
illicite [ilisit] yasak, yolsuz
illimité, e [ilimite] sınırsız

illisible [ilizibl] okunmaz, okunmayan
illogique [ilojik] mantıksız, mantıkdışı
illumination [ilüminasyoñ] *la* aydınlatma, ışıklandırma
illuminer [ilümine] aydınlatmak
illusion [ilüzyoñ] *la* yanılsama, illüzyon; kuruntu
illustration [ilüstrasyoñ] *la* illüstrasyon, resim
illustre [ilüstr] ünlü, tanınmış
illustrer [ilüstre] resimlemek, resimlerle süslemek; açıklamak
image [imaj] *la* resim; görüntü; imge
imagination [imajinasyoñ] *la* hayal gücü, imgelem; kuruntu
imaginer [imajine] hayal etmek, imgelemek; sanmak; düşünmek ***s'imaginer*** sanmak
imbécile [eñbesil] *s+a.* aptal, budala
imitation [imitasyoñ] *la* taklit
imiter [imite] taklit etmek
immaculé, e [imaküle] lekesiz, tertemiz
immatriculer [imatriküle] kaydetmek, yazmak
immédiat, e [imedya, t] ani; doğrudan doğruya, dolaysız
immédiatement [imedyatmañ] o anda, derhal
immense [imañs] sınırsız, uçsuz bucaksız
immerger [imerje] batırmak, daldırmak ***s'immerger*** batmak, dalmak
immeuble [imöbl] *le* bina, yapı, ev
immigrant, e [imigrañ, t] *le+la* göçmen
immigration [imigrasyoñ] *la* göç
immigré, e [imigre] *le+la* göçmen
immigrer [imigre] göç etmek
immiscer [imise]: ***s'immiscer*** karışmak, burnunu sokmak dans, -e
immobile [imobil] hareketsiz, devinimsiz
immobilier, ière [imobilye, yer] taşınmaz, gayrimenkul
immonde [imoñd] pis, iğrenç
immondices [imoñdis] *le+ç.* pislik, çöp
immoral, e, aux [imoral, o] ahlaksız; ahlaka aykırı
immortaliser [imortalize] ölümsüzleştirmek
immortel, le [imortel] ölümsüz
immunisé, e [imünize] bağışık
immunité [imünite] *la* bağışıklık; dokunulmazlık
impact [eñpakt] *le* çarpma, çarpışma

impair, e [eñper] tek
imparfait, e [eñparfe, t] eksik, noksan
impartial, e, aux [eñparsyal, o] yansız, tarafsız
impasse [eñpas] *la* çıkmaz sokak; çıkmaz, açmaz
impatience [eñpasyañs] *la* sabırsızlık
impatient, e [eñpasyañ, t] sabırsız
impatienter [eñpasyañte] sabrını taşırmak, sinirlendirmek ***s'impatienter*** sabırsızlanmak
impératif, ive [eñperatif, v] emredici, buyurucu ¤ *le*, dilb. emir kipi
impératrice [eñperatris] *la* imparatoriçe
impérial, e, aux [eñperyal, o] imparatorla ilgili, imparatorlukla ilgili; eşsiz, şahane ¤ *la* çift katlı taşıtta üst kat ***autobus à impériale*** çift katlı otobüs
impérialiste [eñperyalist] emperyalist
imperméable [eñpermeabl] su geçirmez ¤ *le* yağmurluk
impersonnel, le [eñpersonel] dilb. kişisiz; kişiliksiz
impertinence [eñpertinañs] *la* saygısızlık, arsızlık
impertinent, e [eñpertinañ, t] saygısız, arsız
impitoyable [eñpituayabl] acımasız, merhametsiz
implorer [eñplore] yalvarmak, yakarmak
impoli, e [eñpoli] kaba, terbiyesiz
impopulaire [eñpopüler] halkça sevilmeyen, tutulmayan
importance [eñportañs] *la* önem
important, e [eñportañ, t] önemli
importateur, trice [eñportatör, tris] *le+la* ithalatçı
importation [eñportasyoñ] *la* ithalat, dışalım; ithal malı
importer [eñporte] ithal etmek; önemli olmak ***n'importe*** aldırma, önemli değil ***peu importe*** önemli değil
import-export [eñporekspor] *le* ithalat-ihracat, dışalım-dışsatım
importuner [eñportüne] rahatsız etmek, usandırmak
imposant, e [eñpozañ, t] görkemli, heybetli
imposer [eñpoze] vergilendirmek; zorla kabul ettirmek
impossibilité [eñposibilite] *la* olanaksızlık
impossible [eñposibl] olanaksız

imposteur [eñpostör] *le* yalancı, düzenbaz
impôt [eñpo] *le* vergi
impotent, e [eñpotañ, t] sakat, kötürüm
impression [eñpresyoñ] *la* baskı; iz; etki; duygu; izlenim
impressionnant, e [eñpresyonañ, t] etkileyici, duygulandırıcı
impressionner [eñpresyone] etkilemek; duygulandırmak
impresson [eñpresyoñ] *la* izlenim; etki; baskı, basım
imprévu, e [eñprevü] beklenmedik, umulmadık
imprimé [eñprime] *le* basılı kitap ya da kâğıt
imprimer [eñprime] basmak
imprimerie [eñprimri] *la* basma, basım; basımevi, matbaa
imprimeur [eñprimör] *le* basımcı, matbaacı
improbable [eñprobabl] olasılık dışı, olası olmayan
impromptu, e [eñproñptü] hazırlıksız, o anda yapılan
improviser [eñprovize] doğaçtan söylemek, hazırlıksız söylemek
improviste [eñprovist]: ***à l'improviste*** birdenbire, ansızın
imprudence [eñprüdañs] *la* ihtiyatsızlık, düşüncesizlik
imprudent, e [eñprüdañ, t] ihtiyatsız, düşüncesiz
impudent, e [eñpüdañ, t] arsız, küstah
impuissance [eñpusañs] *la* güçsüzlük, zayıflık
impuissant, e [eñpuisañ, t] güçsüz; iktidarsız
impur, e [eñpür] kirli, pis
impureté [eñpürte] *la* kirlilik, pislik
inactif, ive [inaktif, v] etkisiz; tembel, aylak
inadapté, e [inadapte] *le+la* uyumsuz kimse
inanimé, e [inanime] cansız, hareketsiz
inaperçu, e [inapersü]: ***passer inaperçu*** gözden kaçmak, fark edilmemek
inappréciable [inapresyabl] çok değerli, paha biçilmez
inattendu, e [inatañdü] beklenmedik, umulmadık
inattentif, ive [inatañtif, iv] dikkatsiz
inauguration [inogürasyoñ] *la* açılış töreni
inaugurer [inogüre] törenle açmak; başlatmak
incapable [eñkapabl] yeteneksiz, beceriksiz
incapacité [eñkapasite] *la* yeteneksizlik, beceriksizlik
incendie [eñsañdi] *le* yangın

incendier [eñsañdye] yakmak, ateşe vermek
incertain, e [eñserteñ, en] şüpheli; belirsiz
incessamment [eñsesamañ] hemen, az sonra
incessant, e [eñsesañ, t] sürekli, aralıksız
incident [eñsidañ] *le* olay
incinérer [eñsinere] yakıp kül etmek
inciter [eñsite] kışkırtmak, teşvik etmek
inclinaison [eñklinezoñ] *la* eğme, eğilme; eğiklik
inclination [eñklinasyoñ] *la* eğilim
incliner [eñkline] eğmek; eğilmek ***s'incliner*** eğik olmak; eğilmek
inclure [eñklür] içermek, kapsamak
inclus, e [eñklü, üz] iliştirilmiş, ilişik
incohérent, e [eñkoerañ, t] tutarsız, ilgisiz
incolore [eñkolor] renksiz
incommode [eñkomod] sıkıcı, uygunsuz; rahatsız, kullanışsız
incommoder [eñkomode] sıkıntı vermek, rahatsız etmek
incompatibilité [eñkoñpatibilite] *la* uyuşmazlık, bağdaşmazlık
incompatible [eñkoñpatibl] uyuşmaz, bağdaşmaz
incompétent, e [eñkoñpetañ, t] yetersiz, bilgisiz; yetkisiz
incomplet, ète [eñkoñple, t] eksik, bitmemiş
inconcevable [eñkoñsvabl] anlaşılmaz, kavranılmaz
inconfortable [eñkoñfortabl] rahatsız, kullanışsız
inconnu, e [eñkonü] bilinmeyen; yeni, garip ¤ *le+la* bilinmeyen kişi
inconscience [eñkoñsyañs] *la* bilinçsizlik
inconscient, e [eñkoñsyañ, t] bilinçsiz
inconstant, e [eñkoñstañ, t] kararsız, değişken
inconvenant, e [eñkoñvnañ, t] yersiz, uygunsuz
inconvénient [eñkoñvenyañ] *le* sakınca
incorporer [eñkorpore] karıştırmak; sokmak, katmak
incorrect, e [eñkorekt] yanlış, hatalı; kaba, terbiyesiz
incrédule [eñkredül] zor inanan, kuşkucu; inançsız, imansız
incroyable [eñkruayabl] inanılmaz, akıl almaz
incroyant, e [eñkruayañ, t] *le+la* inançsız, dinsiz
inculper [eñkülpe] suçlamak de, ile

inculte [eñkült] işlenmemiş, ekilmemiş; kültürsüz, seviyesiz; bakımsız
incurable [eñkürabl] iyileşmez, devasız
indécence [eñdesañs] *la* uygunsuzluk, yakışıksızlık; edepsizlik, patavatsızlık
indécent, e [eñdesañ, t] uygunsuz, yakışıksız; edepsiz, çirkin
indécis, e [eñdesi, z] belirsiz, kesin olmayan; kararsız
indéfini, e [eñdefini] belirsiz
indemne [eñdemn] zarar görmemiş
indemniser [eñdemnize] zararını ödemek
indemnité [eñdemnite] *la* tazminat; ödenek
indépendance [eñdepañdañs] *la* bağımsızlık
indépendant, e [eñdepañdañ, t] bağımsız
index [eñdeks] *le* işaretparmağı; kitap, vb. dizin
indicateur [eñdikatör] *le* muhbir; kitap kılavuz; gösterge ***indicateur des chemins de fer*** tren tarifesi ***indicateur de direction*** oto. sinyal
indicatif, ive [eñdikatif, v] gösteren, belirtici ¤ *le*, dilb. bildirme kipi; sinyal müziği, tanıtma müziği; telefon kod
indication [eñdikasyoñ] *la* gösterme, belirtme; bilgi
indice [eñdis] *le* belirti, iz; gösterge
indifférence [eñdiferañs] *la* ilgisizlik, kayıtsızlık
indifférent, e [eñdiferañ, t] ilgisiz, kayıtsız
indigence [eñdijañs] *la* yoksulluk
indigène [eñdijen] *s+a.* yerli
indigent, e [eñdijañ, t] yoksul
indigestion [eñdijestyoñ] *la* hazımsızlık
indigne [eñdiny] layık olmayan; iğrenç, yakışıksız
indigner [eñdinye] gücendirmek, kızdırmak ***s'indigner*** gücenmek, kızmak
indiquer [eñdike] göstermek, belirtmek
indirect, e [eñdirekt] dolaylı
indiscipline [eñdisiplin] *la* disiplinsizlik
indiscipliné, e [eñdisipline] disiplinsiz, söz dinlemez
indiscret, ète [eñdiskre, t] boşboğaz, patavatsız
indiscrétion [eñdiskresyoñ] *la* boşboğazlık, patavatsızlık
indispensable [eñdispañsabl] gerekli, vazgeçilmez
indisposé, e [eñdispoze] rahatsız, keyifsiz

indistinct, e [eñdisteñ, eñkt] belirsiz, belli belirsiz, seçilmez
individu [eñdividü] *le* birey
individuel, le [eñdividuel] bireysel; kişisel, özel
indolent, e [eñdolañ, t] tembel, üşengeç
indolore [eñdolor] ağrısız, acısız
indulgence [eñdüljañs] *la* hoşgörü
indulgent, e [eñdüljañ, t] hoşgörülü
industrialiser [eñdüstriyalize] sanayileştirmek ***s'industrialiser*** sanayileşmek
industrie [eñdüstri] *la* endüstri, sanayi
industriel, le [eñdüstriyel] endüstriyel, sanayi + ¤ *le* sanayici
inébranlable [inebrañlabl] sağlam, sarsılmaz
inefficace [inefikas] etkisiz
inégal, e, aux [inegal, o] eşit olmayan; engebeli
inégalité [inegalite] *la* eşitsizlik; engebe
inepte [inept] aptal, beceriksiz
inerte [inert] cansız; tembel
inestimable [inestimabl] paha biçilmez
inévitable [inevitabl] kaçınılmaz, sakınılmaz
inexact, e [inegzakt] yanlış; dakik olmayan
inexcusable [inekskùzabl] bağışlanamaz, hoş görülemez
inexistant, e [inegzistañ, t] var olmayan, bulunmayan
inexpérience [ineksperyañs] *la* deneyimsizlik, tecrübesizlik
inexplicable [ineksplikabl] açıklanamaz, anlaşılmaz
inexpressif, ive [inekspresif, v] anlamsız, boş
infâme [eñfam] alçak, rezil
infect, e [eñfekt] iğrenç, berbat
infecter [eñfekte] bozmak, kirletmek; mikrop bulaştırmak ***s'infecter*** mikrop kapmak
infectieux, euse [eñfeksyö, z] bulaşıcı
infection [eñfeksyoñ] *la* bulaşıcı hastalık; enfeksiyon
inférieur, e [eñferyör] alt, aşağı; düşük
infériorité [eñferyorite] aşağılık; düşüklük
infidèle [eñfidel] vefasız; imansız
infidélité [eñfidelite] *la* vefasızlık
infiltrer [eñfiltre]: ***s'infiltrer*** sızmak, girmek
infime [eñfim] küçücük, minik

infini, e [eñfini] sonsuz, sınırsız
infinité [eñfinite] *la*: ***une infinité de*** pek çok, bir sürü
infinitif, ive [eñfinitif, v] *le*, dilb. eylemlik, mastar
infirme [eñfirm] *s+a.* sakat, özürlü
infirmerie [eñfirmöri] *la* revir
infirmier, ière [eñfirmye, yer] *le+la* hastabakıcı
infirmité [eñfirmite] *la* sakatlık
inflammable [eñflamabl] çabuk tutuşur, parlayıcı
inflammation [eñflamasyoñ] *la* tutuşma, alevlenme; yangı, iltihap
inflation [eñflasyoñ] *la* enflasyon
inflexible [eñfleksibl] eğilmez, bükülmez
influence [eñflüañs] *la* etki
influencer [eñflüañse] etkilemek
influent, e [eñflüañ, t] etkili
influer [eñflüe]: ***influer sur*** üzerinde etki yapmak, etkilemek
information [eñformasyoñ] *la* danışma; soruşturma; haber ***agence d'information*** haber ajansı
informatique [eñformatik] *la* bilgi işlem, bilişim
informatiser [eñformatize] bilgisayarlaştırmak
informe [eñform] biçimsiz, şekilsiz
informer [eñforme] bilgi vermek, haber vermek; bildirmek, haberdar etmek ***s'informer*** bilgi edinmek sur, hakkında
infortune [eñfortün] *la* talihsizlik
infraction [eñfraksyoñ] *la* suç ***infraction à*** -e karşı gelme, -i çiğneme
infuser [eñfüze] demlemek, haşlamak
ingénieur [eñjenyör] *le* mühendis
ingénieux, euse [eñjenyö, z] becerikli, usta
ingéniosité [eñjenyozite] *la* beceri, ustalık
ingénu, e [eñjenü] saf, temiz yürekli
ingérer [eñjere]: ***s'ingérer dans*** -e karışmak, burnunu sokmak
ingrat, e [eñgra, t] nankör
ingratitude [eñgratitüd] *la* nankörlük
inhabité, e [inabite] boş, ıssız
inhibition [inibisyoñ] *la* engelleme, dizginleme
inhumain, e [inümeñ, en] insanlık dışı, acımasız
inimitié [inimitye] *la* düşmanlık

initial, e, aux [inisyal, o] birinci, ilk
initiateur, trice [inisyatör, tris] *le+la* başlatan, öncü
initiative [inisyativ] *la* ilk adım, ön ayak olma; girişim
initier [inisye] törenle almak; açıklamak, öğretmek
injecter [eñjekte] iğne yapmak
injection [eñjeksyoñ] *la* enjeksiyon, iğne yapma
injure [eñjür] *la* sövgü, hakaret
injurier [eñjürye] sövmek, hakaret etmek
injurieux, euse [eñjüryö, z] onur kırıcı, hakaret dolu
injuste [eñjüst] haksız; adaletsiz
injustice [eñjüstis] *la* haksızlık; adaletsizlik
inné, e [ine] doğuştan, yaradılıştan
innocence [inosañs] *la* suçsuzluk, masumluk
innocent, e [inosañ, t] *s+a.* suçsuz, masum; saf
innover [inove] yenilik yapmak
inoccupé, e [inoküpe] boş, ıssız
inoculer [inoküle] aşılamak
inondation [inoñdasyoñ] *la* su baskını, taşkın
inonder [inoñde] sel basmak, su altında bırakmak
inouï, e [inui] duyulmadık, olağanüstü
inoxydable [inoksidabl] paslanmaz
inquiet, ète [eñkye, t] tasalı, kaygılı
inquiéter [eñkyete] tasalandırmak, kaygılandırmak
inquiétude [eñkyetüd] *la* tasa, kaygı; iç sıkıntısı
insanité [eñsanite] *la* delilik
inscription [eñskripsyoñ] *la* yazıt, kitabe; yazma, yazılma
inscrire [eñskrir] yazmak, kaydetmek
insecte [eñsekt] *le* böcek
insecticide [eñsektisid] *le* böceksavar, böcek ilacı
insécurité [eñsekürite] *la* güvensizlik
insensé, e [eñsañse] deli; saçma, delice
insensible [eñsañsibl] duyumsuz, acı duymayan; duyarsız, duygusuz
insérer [eñsere] sokmak, katmak, içine koymak
insigne [eñsiny] *le* rozet, amblem
insignifiant, e [eñsinyifyañ, t] önemsiz, değersiz
insinuation [eñsinüasyoñ] *la* ima, dolaylı söz
insinuer [eñsinüe] üstü kapalı söylemek, ima etmek ***s'in-***

sinuer dans -e sokulmak, sızmak
insipide [eñsipid] tatsız
insistance [eñsistañs] *la* ısrar
insister [eñsiste] üstelemek, ısrar etmek ***insister sur*** üzerinde durmak, ısrar etmek
insolation [eñsolasyoñ] *la* güneş çarpması
insolence [eñsolañs] *la* saygısızlık, küstahlık
insolent, e [eñsolañ, t] saygısız, küstah
insolite [eñsolit] alışılmamış, garip
insomnie [eñsomni] *la* uykusuzluk
insonore [eñsonor] ses geçirmez
insonoriser [eñsonorizo] ses geçirmez hale getirmek
insouciant, e [eñsusyañ, t] tasasız, gamsız
inspecter [eñspekte] denetlemek, teftiş etmek
inspecteur, trice [eñspektör, tris] *le+la* müfettiş
inspection [eñspeksyoñ] *la* denetleme, teftiş
inspiration [eñspirasyoñ] *la* esin, ilham; soluk alma
inspirer [eñspire] esindirmek, ilham etmek; soluk almak ***s'inspirer de*** -den esinlenmek, ilham almak
instable [eñstabl] kararsız, değişken
installation [eñstalasyoñ] *la* tesisat; kurma, takma
installer [eñstale] kurmak, takmak, döşemek; yerleştirmek ***s'installer*** yerleşmek, oturmak
instant [eñstañ] *le* an ***à l'instant*** o anda, hemen
instantané, e [eñstañtane] kahve, süt çabuk, hemen yapılabilen ¤ *le* şipşak, enstantane fotoğraf
instigateur, trice [eñstigatör, tris] *le+la* kışkırtıcı, elebaşı
instinct [eñsteñ] içgüdü
instinctif, ive [eñsteñktif, iv] içgüdüsel
instituer [eñstitue] kurmak
institut [eñstitü] *le* kurum; enstitü
instituteur, trice [eñstitütör, tris] *le+la* ilkokul öğretmeni
institution [eñstitüsyoñ] *la* kurum, kuruluş; özel okul
instruction [eñstrüksyoñ] *la* eğitim; öğretim; yönerge, talimat
instruire [eñstruir] öğretmek, okutmak; yetiştirmek
instrument [eñstrümañ] *le* alet, araç; çalgı, enstrüman
insu [eñsü] *le*: ***à l'insu de*** habersizce, haberi olmadan

insuccès [eñsükse] *le* başarısızlık
insuffisance [eñsüfizañs] *la* yetersizlik
insuffisant, e [eñsüfizañ, t] yetersiz
insulaire [eñsüler] *le+la* adalı
insulte [eñsült] *la* hakaret
insulter [eñsülte] hakaret etmek
insupportable [eñsüportabl] çekilmez, dayanılmaz
insurgé, e [eñsürje] *s+a.* ayaklanan, asi
insurger [eñsürje]: ***s'insurger*** ayaklanmak, başkaldırmak
insurrection [eñsüreksyoñ] *la* ayaklanma, isyan
intact, e [eñtakt] dokunulmamış, el sürülmemiş
intégral, e, aux [eñtegral, o] tam, bütün, eksiksiz
intègre [eñtegr] doğru, dürüst
intellect [eñtelekt] *le* anlık, müdrike
intellectuel, le [eñtelektüel] zihinsel, düşünsel ¤ *le+la* aydın
intelligence [eñtelijañs] *la* akıl, zekâ, anlayış
intelligent, e [eñtelijañ, t] akıllı, anlayışlı
intelligible [eñtelijibl] anlaşılır, kavranabilir
intense [eñtañs] güçlü, şiddetli; yoğun
intensif, ive [eñtañsif, iv] yoğun, şiddetli
intensifier [eñtañsifye] yoğunlaştırmak, artırmak ***s'intensifier*** yoğunlaşmak, artmak
intensité [eñtañsite] *la* şiddet, yeğinlik
intention [eñtañsyoñ] *la* amaç, maksat; niyet ***à l'intention de*** için
intentionnel, le [eñtañsyonel] kasıtlı
interdiction [eñterdiksyoñ] *la* yasak; yasaklama
interdire [eñterdir] yasaklamak
intéressant, e [eñteresañ, t] ilginç, ilgi çekici
intéresser [eñterese] ilgilendirmek ***s'intéresser à*** ile ilgilenmek
intérêt [eñtere] *le* ilgi; yarar, fayda; çıkar; faiz
intérieur, e [eñteryör] *s+le* iç ***à l'intérieur de*** -ın içinde, içersinde
intérim [eñterim] *le* vekillik süresi
intérimaire [eñterimer] geçici, vekâleten yürütülen
interjection [eñterjeksyoñ] *la* ünlem
interloquer [eñterloke] şaşırtmak, afallatmak
intermède [eñtermed] *le, tiy.* ara

intermédiaire [eñtermedyer] ara, orta
interminable [eñterminabl] bitmez tükenmez
intermittent, e [eñtermitañ, t] aralıklı, kesik kesik
internat [eñterna] *le* yatılı okul
international, e, aux [eñter-nasyonal, o] uluslararası
interne [eñtern] iç ¤ *le+la* yatılı öğrenci; stajyer doktor
interner [eñterne] gözaltına almak
Internet [eñternet] *le* internet
interphone [eñterfon] *le* dahili telefon sistemi
interposer [eñterpoze] araya koymak, araya sıkıştırmak ***s'interposer*** araya girmek, aracılık etmek
interprétation [eñterpretasyoñ] *la* yorum; açıklama
interprète [eñterpret] *le+la* tercüman; sözcü
interpréter [eñterprete] yorumlamak
interrogatif, ive [eñterogatif, v] dilb. soru bildiren, soru +
interrogation [eñterogasyoñ] *la* soru; okul yazılı, sözlü
interrogatoire [eñterogatuar] *le* sorgu
interroger [eñteroje] sorguya çekmek; sormak
interrompre [eñteroñpr] kesmek, durdurmak; sözünü kesmek
interrupteur [eñterüptör] *le* anahtar, düğme, şalter
interruption [eñterüpsyoñ] *la* kesme, durdurma, kesilme, durma
interurbain [eñterürbeñ] *le* şehirlerarası telefon
intervalle [eñterval] *le* aralık, mesafe; ara ***dans l'intervalle*** bu arada
intervenir [eñtervönir] araya girmek, karışmak; olmak, meydana gelmek
intervention [eñtervañsyoñ] *la* karışma, müdahale ***intervention chirurgicale*** ameliyat
interview [eñtervyu] *la* görüşme, mülakat
intestin [eñtesteñ, in] *le* bağırsak
intime [eñtim] içten, candan; özel, kişisel ¤ *le+la* yakın arkadaş
intimider [eñtimide] korkutmak, sindirmek
intimité [eñtimite] *la* içtenlik, içlidışlılık; özel yaşam
intituler [eñtitüle] ad vermek, ad koymak
intolérable [eñtolerabl] dayanılmaz, çekilmez

intolérance [eñtolerañs] *la* hoşgörüsüzlük
intolérant, e [eñtolerañ, t] hoşgörüsüz
intonation [eñtonasyoñ] *la* tonlama; müz. ses perdesi
intoxication [eñtoksikasyoñ] *la* zehirleme, zehirlenme
intoxiquer [eñtoksike] zehirlemek
intransitif, ive [eñtrañzitif, v] dilb. geçişsiz
intrépide [eñtrepid] korkusuz, gözü pek
intrigue [eñtrig] *la* entrika, dolap
intriguer [eñtrige] entrika çevirmek
introduction [eñtrodüksyoñ] *la* giriş; önsöz
introduire [eñtroduir] sokmak
s'introduire dans -e girmek
intrus, e [eñtrü, z] *le+la* davetsiz misafir
intuition [eñtüisyoñ] *la* sezgi, önsezi
inutile [inütil] yararsız, işe yaramaz
invalide [eñvalid] sakat
invalidité [eñvalidite] *la* sakatlık
invasion [eñvazyoñ] *la* istila
inventaire [eñvañter] *le* envanter; sayım, döküm
inventer [eñvañte] bulmak, icat etmek; uydurmak
inventeur [eñvañtör] *le* mucit, bulan
invention [eñvansyoñ] *la* icat, buluş; uydurma, yalan
inverse [eñvers] *s+le* ters
inversement [eñversömañ] tersine
inverser [eñverse] tersine çevirmek
inverti, e [eñverti] *le+la* eşcinsel
investigation [eñvestigasyoñ] *la* araştırma, soruşturma
investir [eñvestir] para yatırmak; sarmak, kuşatmak
investissement [eñvestismañ] *le* yatırım
invisible [eñvizibl] görülmez, görünmeyen
invitation [eñvitasyoñ] *la* çağrı, davet
invité, e [eñvite] *le+la* çağrılı, davetli
inviter [eñvite] çağırmak, davet etmek
involontaire [eñvoloñter] istemeyerek yapılan, istemsiz; iradedışı, istençdışı
invraisemblable [eñvresañblabl] inanılmaz
iode [yod] *le* iyot
ion [yoñ] *le* iyon
iris [iris] *le* iris; bitk. süsen
ironie [ironi] *la* alay

ironique [ironik] alaylı, alaycı
irrationnel, le [irasyonel] mantıksız, saçma
irréel, le [ireel] gerçekdışı, gerçek olmayan
irréfléchi, e [irefleşi] düşüncesiz
irrégularité [iregülarite] *la* düzensizlik; kuralsızlık
irrégulier, ière [iregülye, yer] düzensiz; kuralsız
irrésistible [irezistibl] dayanılmaz, karşı konulmaz
irrigation [irigasyoñ] *la* sulama
irriguer [irige] sulamak
irritable [iritabl] çabuk kızar, sinirli
irritation [iritasyoñ] *la* öfke, kızgınlık
irriter [irite] sinirlendirmek, kızdırmak
Islam [islam] *le* Müslümanlık, İslamiyet
islamique [islamik] İslamiyetle ilgili, İslam +
islamisme [islamism(ö)] *le* Müslümanlık
isolation [izolasyoñ] *la* yalıtım
isolé, e [izole] yalnız, tek; ıssız
isoler [izole] yalıtmak; ayırmak
issue [isü] *la* çıkış
italique [italik] *le* italik harf
itinéraire [itinerer] *le* güzergâh, izlenecek yol
ivoire [ivuar] *le* fildişi
ivre [ivr] sarhoş
ivresse [ivres] *la* sarhoşluk
ivrogne [ivrony] *le+la* içkici, ayyaş

J j

j' [j] bkz. ***je***
jacasser [jakase] gevezelik etmek, çene çalmak
jachère [jaşer] *la* nadas
jacinthe [jaseñt] *la* sümbül
jade [jad] *le* yeşim
jadis [jadis] eskiden, önceden
jaillir [jayir] fışkırmak; çıkmak
jalouser [jaluze] kıskanmak
jalousie [jaluzi] *la* kıskançlık; panjur
jaloux, se [jalu, z] kıskanç
jamais [jame] asla, hiçbir zaman; hiç ***ne ... jamais*** asla, hiç
jambe [jañb] *la* bacak
jambon [jañboñ] *le* jambon
jante [jañt] *la* jant
janvier [jañvye] *le* ocak (ayı)
jaquette [jaket] *la* ceket
jardin [jardeñ] *le* bahçe ***jardin d'enfants*** yuva, anaokulu
jardinage [jardinaj] *le* bahçıvanlık, bahçecilik
jardinier, ière [jardinye, yer] *le+la* bahçıvan

jargon [jargoñ] *le* anlaşılmaz dil; teknik dil, meslek argosu
jarret [jare] *le* diz arkası, incik
jarretelle [jartel] *la* çorap bağı
jarretière [jartyer] *la* çorap askısı, jartiyer
jaser [jaze] çene çalmak
jasmin [jasmeñ] *le* yasemin
jatte [jat] *la* çanak
jauge [joj] *la* tonaj; ölçü aygıtı
jaune [jon] *s+le* sarı ***jaune d'œuf*** yumurta sarısı
jaunir [jonir] sararmak; sarartmak
jaunisse [jonis] *la*, hek. sarılık
javelot [javlo] *le*, sp. cirit
jazz [caz] *le* caz
je, j' [jö, j] ben
jean [cin] *le* blucin
jeep [jip] *la* cip
jersey [jerze] *le* yün kazak
jet[1] [je] *le* atma, fırlatma; fışkırma
jet[2] [cet] *le* jet, tepkili uçak
jetée [jte] *la* dalgakıran
jeter [jte] atmak
jeton [jtoñ] *le* fiş, marka; jeton
jeu, x [jö] *le* oyun ***jeu de cartes*** kâğıt oyunu, iskambil ***jeu de mots*** kelime oyunu, sözcük oyunu
jeudi [jödi] *le* perşembe
jeûn [jöñ]: ***à jeûn*** aç karnına, aç acına
jeûne [jön] *le* oruç; perhiz
jeune [jön] *s+a.* genç ***jeune fille*** kız ***les jeunes*** gençler, gençlik
jeûner [jöne] oruç tutmak; perhiz etmek
jeunesse [jönes] *la* gençlik
joaillerie [joayri] *la* cevahir, mücevher
joaillier, ière [joaye, yer] *le+la* cevahirci, mücevheratçı
jockey [joke] *le* cokey, jokey
joie [jua] *la* sevinç, neşe
joindre [jueñdr] birleştirmek; bitiştirmek; katılmak, birleşmek
joint [jueñ] *le* eklem; ek; conta
joli, e [joli] hoş, şirin, sevimli
joliment [jolimañ] güzelce, hoş bir şekilde; kd. çok, pek
joncher [joñşe] saçılmak, yayılmak
jonction [joñksyoñ] *la* birleşme, birleştirme ***point de jonction*** kavşak
jongler [joñgle] hokkabazlık yapmak
jongleur, euse [joñglör, öz] *le+la* hokkabaz
jonquille [joñkiy] *la* fulya çiçeği
joue [ju] *la* yanak
jouer [jue] oynamak; çalgı çalmak ***jouer à*** oyun, spor oynamak ***jouer de*** müz. çalmak ***se jouer de*** ile alay etmek

jouet [jue] *le* oyuncak
joueur, euse [juör, öz] *le+la* oyuncu; çalgıcı, çalan
joug [ju] *le* boyunduruk
jouir [juir]: ***jouir de*** -in tadını çıkarmak
jouissance [juisañs] *la* zevk, hoşlanma
joujou [juju] *le*, kd. oyuncak
jour [jur] *le* gün; gündüz; gün ışığı ***de nos jours*** günümüzde, şimdilerde
journal, aux [jurnal, o] *le* gazete; dergi
journalier, ière [jurnalye, yer] günlük, her günkü
journalisme [jurnalism] *le* gazetecilik
journaliste [jurnalist] *le+la* gazeteci
journée [jurne] *la* gün, gündüz
joyau, x [juayo] *le* mücevher
joyeux, euse [juayö, z] neşeli, sevinçli
jubilé [jübile] *le* jübile; ellinci yıldönümü
judaïque [jüdaik] Yahudi +
judaïsme [jüdaism] *le* Yahudilik, Yahudi dini
judiciaire [jüdisyer] adli, türel
judicieux, euse [jüdisyö, z] akıllı, aklı başında
judo [jüdo] *le* judo
juge [jüj] *le* yargıç; hakem ***juge de paix*** sulh yargıcı ***juge de touche*** sp. yan hakemi
jugé [jüje]: ***au jugé*** kararlamadan, göz kararıyla
jugement [jüjmañ] *le* yargılama; yargı, karar
juger [jüje] yargılamak; hüküm vermek; değerlendirmek, görüş bildirmek
juif, ive [juif, v] *s+a.* Yahudi
juillet [jüiye] *le* temmuz
juin [jueñ] *le* haziran
jumeau, elle, x [jümo, el] *s+a.* İkiz
jumelles [jümel] *la+ç.* dürbün
jument [jümañ] *la* kısrak
jupe [jüp] *la* etek; eteklik
jupon [jüpoñ] *le* jüpon, iç eteklik
juré, e [jüre] *le+la* jüri üyesi
jurer [jüre] ant içmek; sövmek küfretmek
juridique [jüridik] adli, türel; hukuki, tüzel
juriste [jürist] *le+la* hukukçu
juron [jüroñ] *le* sövgü, küfür
jury [jüri] *le* jüri
jus [jü] *le* su, meyve suyu, sebze suyu; et suyu
jusque [jüskö]: ***jusqu'à*** -e kadar, -e dek ***jusqu'à ce que*** -inceye kadar
juste [jüst] dürüst, doğru; adaletli, adil; haklı ***au juste*** tam olarak; doğrusu

justement [jüstõmañ] haklı olarak; doğru olarak
justesse [jüstes] *la* doğruluk
justice [jüstis] *la* adalet; hak; dürüstlük, doğruluk
justification [jüstifikasyoñ] *la* haklı gösterme; aklama, temize çıkarma
justifier [jüstifye] haklı göstermek, haklı çıkarmak; aklamak, temize çıkarmak
juvénile [jüvenil] gençlikle ilgili

K k

kaki [kaki] *s+le* haki
kangourou [kañguru] *le* kanguru
karaté [karate] *le* karate
kermesse [kermes] *la* panayır, kermes
kidnapper [kidnape] adam kaçırmak
kilo [kilo] *le* kilo, kilogram
kilogramme [kilogram] *le* kilogram
kilomètre [kilometr] *le* kilometre
kilowatt [kilovat] *le* kilovat
kinésithérapeute [kineziterapöt] *le+la* fizyoterapist
kiosque [kyosk] *le* kulübe, baraka
klaxon [klakson] *le* klakson
klaxonner [klaksone] klakson çalmak
knock-out [nokaut] *le* nakavt

L l

l' [l] bkz. ***le***
la [la] bkz. ***le***
là orada, oraya; burada; o zaman ***là-bas*** orada ***là-dedans*** içerde; bunda, bunun içinde ***là-dessous*** altta; bunun altında ***là-dessus*** üzerine, üzerinde; bunun üzerine ***là-haut*** yukarda
laboratoire [laboratuar] *le* laboratuvar
labourer [labure] toprağı sürmek, işlemek
laboureur [labure] *le* çiftçi
labyrinthe [labireñt] *le* labirent
lac [lak] *le* göl
lacer [lase] ayakkabı, vb. bağlamak
lacérer [lasere] yırtmak, parçalamak
lacet [lase] *le* ayakkabı bağı; yol zikzak
lâche [laş] gevşek, bol ¤ *s+a.* korkak
lâcher [laşe] bırakmak, koyvermek, salıvermek
lâcheté [laşte] *la* korkaklık

lacté, e [lakte] sütle ilgili, sütlü, süt +
lagune [lagün] *la* denizkulağı, lagün
laid, e [le, led] çirkin
laideur [ledör] *la* çirkinlik
laine [len] *la* yün
laineux, euse [lenö, öz] yünlü
laïque [laik] laik
laisse [les] *la* köpek tasma, kayış
laisser [lese] bırakmak
laisser-aller [leseale] *le* aldırışsızlık, ihmal
lait [le] *le* süt
laiterie [letri] *la* süthane, sütçü dükkânı
laiteux, euse [letö, öz] sütlü
laitier, ière [letye, yer] sütle ilgili ¤ *le+la* sütçü
laiton [letoñ] *le* maden pirinç
laitue [letü] *la* marul
lambeau, x [lañbo] *le* yırtık parça
lame [lam] *la* dalga; kesici alet ağız
lampadaire [lañpader] *le* lamba
lampe [lañp] *la* lamba ***lampe de poche*** cep feneri
lance [lañs] *la* kargı, mızrak
lancement [lañsmañ] *le* atma, fırlatma
lancer [lañse] atmak, fırlatmak; göndermek; tanıtmak
landau [lañdo] *le* çocuk arabası
lande [lañd] *la* fundalık arazi
langage [lañgaj] *le* dil
langouste [lañgust] *la*, hayb. langust
langue [lañg] *la* dil
languir [lañgir] erimek, çökmek
lanière [lanyer] *la* kayış, kemer
lanterne [lañtern] *la* fener
lapin [lapeñ] *le* tavşan
lapsus [lapsüs] *le* hata, yanlışlık; sürçme
laque [lak] *la* laka cilası
laqué, e [lake] lake, lakalı
laquelle [lakel] bkz. ***lequel***
lard [lar] *le* domuz yağı
large [larj] geniş, enli, bol ¤ *le* en, genişlik
largement [larjömañ] genişçe, geniş olarak
largeur [larjör] *la* en, genişlik
larme [larm] *la* gözyaşı
larve [larv] *la* kurtçuk
larynx [lareñks] *le* gırtlak
las, lasse [la, las] yorgun, bitkin
lascif, ive [lasif, v] şehvetli
laser [lazer] *le* lazer
lasser [lase] yormak; bıktırmak, usandırmak ***se lasser*** bıkmak de, -den
lasso [laso] *le* kement
latéral, e, aux [lateral, o] yan, yanal

latin, e [lateñ, in] *s+a.* Latin ¤ *le* Latince
latitude [latitüd] *la* enlem
laurier [lorye] *le* defne
lavable [lavabl] yıkanabilir
lavabo [lavabo] *le* lavabo
lavabos *le+ç.* tuvalet
lavage [lavaj] *le* yıkama
lavande [lavañd] *la* lavanta
lave [lav] *la* lav
laver [lave] yıkamak ***se laver*** yıkanmak
laverie [lavri] *la*: ***laverie automatique*** çamaşırhane
laveur, euse [lavör, öz] *le+la* yıkayıcı
lave-vaisselle [lavvesel] *le* bulaşık makinesi
laxatif, ive [laksatif, v] *s+le* bağırsakları yumuşatıcı, müshil
le (l'), la (*ç.* **les)** [l(õ)] *(belirli tanımlık)*
leader [lidör] *le* önder, lider
lécher [leşe] yalamak
leçon [lõsoñ] *la* ders
lecteur, trice [lektör, tris] *le+la* okur, okuyucu
lecture [lektür] *la* okuma
légal, e, aux [legal, o] yasal
légendaire [lejañder] efsanevi
légende [lejañd] *la* efsane, söylence
léger, ère [leje, er] hafif; düşüncesiz ***à la légère*** düşüncesizce
légèreté [lejerte] *la* hafiflik; düşüncesizlik
légion [lejyoñ] *la* lejyon
législation [lejislasyoñ] *la* yasama, yasa koyma; yürürlükteki yasalar
légitime [lejitim] yasal, meşru; haklı
légume [legüm] *le* sebze
lel', la, les [lõ, la, le] ismin cinsiyet ve sayısına göre değişen, dilbilgisinde `artikel' diye adlandırılan sözcükler; onu
lendemain [lañdmeñ] *le*: ***le lendemain*** ertesi gün ***le lendemain matin*** ertesi sabah
lent, e [lañ, lañt] yavaş, ağır
lentement [lañtmañ] yavaş yavaş, ağır ağır
lenteur [lañtör] *la* yavaşlık, ağırlık
lentille [lañtiy] *la* mercek; mercimek
léopard [leopar] *le* leopar, pars
lèpre [lepr] *la* cüzam
lépreux, euse [leprö, öz] *le+la* cüzamlı
lequel [lõkel], ***laquelle*** [lakel], *le+ç.* ***lesquels***, *la+ç.* ***lesquelles*** [lekel] hangisi, hangileri; hangisini, hangilerini; ki o, ki onlar, -en, -an
les [le] bkz. ***le***

lesbienne [lesbyen] *la* sevici, lesbiyen
lessive [lesiv] *la* çamaşır tozu; çamaşır yıkama
leste [lest] çevik, dinç
léthargie [letarji] *la* uyuşukluk, bitkinlik
lettre [letr] *la* mektup; harf ***à la lettre*** harfi harfine
leur [lör] onların; onlara ***lela leur, les leurs*** onlarınki, onlarınkiler
leurre [lör] *le* yem; tuzak
leurrer [löre] aldatmak, kandırmak
levée [lõve] *la* kaldırma; toplama, alma
lever [lõve] kaldırmak ***se lever*** kalkmak; güneş doğmak
levier [lõvye] *le* kaldıraç; kol, levye
lèvre [levr] *la* dudak
lévrier [levriye] *le* tazı
levure [lõvür] *la* maya
lézard [lezar] *le* kertenkele
liaison [lyezoñ] *la* bağ; ilişki; dilb. ulama
liasse [lyas] *la* deste, tomar
libellule [libelül] *la* kızböceği, yusufçuk
libéral, e, aux [liberal, o] *s+a.* liberal
libéralisme [liberalism(õ)] *le* liberalizm
libération [liberasyoñ] *la* kurtarma, kurtuluş; bırakma, salıverme
libérer [libere] serbest bırakmak; kurtarmak
liberté [liberte] *la* özgürlük
libraire [librer] *le+la* kitapçı
librairie [libreri] *la* kitabevi, kitapçı
libre [libr] özgür; serbest; boş
libre-service [librõservis] tezgâhtarsız mağaza, selfservis mağaza
licence [lisañs] *la* izin; lisans
licencié, e [lisañsye] *le+la* üniversite lisansı almış kimse
lie [li] *la* tortu
liège [lyej] *le* mantar
lien [lyeñ] *le* bağ
lier [lye] bağlamak; birleştirmek
lierre [lyer] *le* sarmaşık
lieu, x [lyö] *le* yer ***au lieu de*** yerine
lieutenant [lyötnañ] *le* teğmen
lièvre [lyevr] *le* tavşan
ligne [liny] *la* dizi, sıra; yol, hat; çizgi; satır; olta
lignite [linyit] *le* linyit
ligue [lig] *la* birlik, topluluk; dernek; sp. lig
lilas [lila] *le* leylak
limande [limañd] *la* pisibalığı
lime [lim] *la* eğe, törpü ***lime à ongles*** tırnak törpüsü

limer [lime] eğelemek, törpülemek
limitation [limitasyoñ] *la* sınırlama, sınırlandırma
limite [limit] *la* sınır
limiter [limite] sınırlandırmak
limonade [limonad] *la* limonata
lin [leñ] *le* keten
linceul [leñsöl] *le* kefen
linge [leñj] *le* çamaşır; çaput, bez
lingerie [leñjri] *la* iç çamaşırı
lingot [leñgo] *le* külçe
linguiste [leñguist] *le+la* dilci, dilbilimci
linguistique [leñguistik] dilsel; dilbilimsel ¤ *la* dilbilim
lion, ne [lyoñ, lyon] *le+la* aslan ***le Lion*** Aslan burcu
liqueur [likör] *la* likör
liquidation [likidasyoñ] *la*, tic. tasfiye
liquide [likid] *s+le* sıvı
liquider [likide] tasfiye etmek, elden çıkarmak
lire [lir] okumak ¤ *la* liret
lis [lis] *le* zambak
lisible [lizibl] okunaklı
lisse [lis] düz, pürüzsüz
liste [list] *la* liste, dizelge
lit [li] *le* yatak ***lit de camp*** portatif yatak
litre [litr] *le* litre
littéraire [literer] yazınsal, edebi
littéral, e, aux [literal, o] harfi harfine, sözcüğü sözcüğüne
littérature [literatür] *la* yazın, edebiyat
littoral, e, aux [litoral, o] *s+le* sahil, kıyı
livraison [livrezoñ] *la* mal teslim
livre [livr] *le* kitap ¤ *la* lira; yarım kilo ***livre de poche*** kâğıt kapaklı ucuz cep kitabı
livrer [livre] teslim etmek
livret [livre] küçük kitap; libretto ***livret de famille*** evlenme cüzdanı ***livret scolaire*** öğrenci karnesi
livreur, euse [livrör, öz] *le+la* teslimatçı
local, e, aux [lokal, o] yerel, yöresel ¤ *le* lokal
localité [lokalite] *la* yer, mevki
locataire [lokater] *le+la* kiracı
location [lokasyoñ] *la* kiralama; kira
lock-out [lokaut] *le* lokavt
locomotive [lokomotiv] *la* lokomotif
locution [lokūsyoñ] *la* deyim, tabir
logarithme [logaritm] *le* logaritma
loge [loj] *la*, tiy. soyunma odası; loca

logement [lojmañ] *le* ev, konut, lojman
loger [loje] barındırmak, yerleştirmek; oturmak, kalmak ***trouver à se loger*** kalacak yer bulmak
logeur, euse [lojör, öz] *le+la* pansiyoncu
logiciel [lojisyel] *le* yazılım
logique [lojik] mantıklı, mantıksal ¤ *la* mantık
loi [lua] *la* yasa, kanun
loin [lueñ] uzak, uzakta, uzağa ***au loin*** uzakta, uzağa ***de loin*** uzaktan
lointain, e [lueñteñ, en] uzak, uzaktaki
loisir [luazir] *le*: ***heures de loisir*** boş zaman
long, longue [loñ, loñg] uzun ***à long terme*** uzun vadeli ***à la longue*** zamanla, yavaş yavaş ***de long en large*** bir o başa bir bu başa
longer [loñje] boyunca gitmek
longitude [loñjitüd] *la* boylam
longtemps [loñtañ] uzun zaman, uzun süre ***avant longtemps*** çok geçmeden
longueur [loñgör] *la* uzunluk ***longueur d'onde*** dalga boyu
longue-vue [loñgvü] *la* dürbün
loque [lok] *la* bitmiş tükenmiş kişi
loquet [loke] *le* kapı, pencere kol
lors de [lordõ] sırasında, esnasında
lorsque [lorskõ] -diğinde, -diği zaman
losange [lozañj] *le* eşkenar dörtgen
lot [lo] *le* pay; ikramiye
loterie [lotri] *la* piyango
lotion [losyoñ] *la* koku, losyon
loto [loto] *le* tombala
louange [luañj] *la* övme; övgü
louche [luş] karanlık, şüpheli ¤ *la* kepçe
loucher [luşe] şaşı olmak, şaşı bakmak
louer [lue] kiralamak; yer ayırtmak; övmek
loufoque [lufok] kaçık, deli
loup [lu] *le* kurt
loupe [lup] *la* büyüteç
louper [lupe] kaçırmak, yetişememek
lourd, e [lur, d] ağır
lourdeur [lurdör] *la* ağırlık
loyal, e, aux [luayal, o] sadık, bağlı; dürüst
loyauté [luayote] *la* sadakat, bağlılık; dürüstlük
loyer [luaye] *le* kira
lubrifier [lübrifye] yağlamak
lueur [luör] *la* ışıltı, parıltı
luge [lüj] *la* kızak
lugubre [lügübr] kasvetli, iç karartıcı

lui [lüi] o; ona ***lui-même*** kendisi
luire [lüir] parlamak, ışıldamak
lumbago [loñbago] *le* lumbago, bel ağrısı
lumière [lümyer] *la* ışık; aydınlık
lumineux, euse [lüminö, z] ışıklı, aydınlık, parlak
lundi [löñdi] *le* pazartesi
lune [lün] *la* ay ***lune de miel*** balayı
lunette [lünet] *la*: ***lunettes*** *la+ç.* gözlük ***lunette arrière*** oto. arka cam ***lunette d'approche*** dürbün ***lunettes de soleil*** güneş gözlüğü
lustre [lüstr] *le* avize; parlaklık, cila
luth [lüt] *le* ut, lavta
lutte [lüt] *la* savaş, mücadele; güreş
lutter [lüte] savaşmak, mücadele etmek; güreşmek
lutteur [lütör] *le* güreşçi
luxe [lüks] *le* lüks
luxueux, euse [lüksuö, z] lüks
luxure [lüksür] *la* şehvet
lycée [lise] *le* lise
lycéen, ne [liseeñ, en] *le+la* liseli
lyncher [leñşe] linç etmek
lynx [leñks] *le* vaşak
lyre [lir] *la* lir
lyrique [lirik] lirik
lys [lis] *le* zambak

M m

m' [m] bkz. ***me***
ma [ma] bkz. ***mon***
macaron [makaroñ] *le* badem kurabiyesi
macaronis [makaroni] *le+ç.* makarna
macédoine [maseduan] *la*: ***macédoine de fruits*** meyve salatası
mâcher [maşe] çiğnemek
machin [maşeñ] *le*, kd. şey, zımbırtı, dalga
machine [maşin] *la* makine ***machine à coudre*** dikiş makinesi ***machine à écrire*** daktilo, yazı makinesi ***machine à laver*** çamaşır makinesi
machinerie [maşinri] *la* makineler; makine dairesi
mâchoire [maşuar] *la* çene
maçon [masoñ] *le* duvarcı, yapı ustası
maçonnerie [masonri] *la* duvarcı işi; duvar
maculer [maküle] lekelemek
Madame (ç. Mesdames) [madam (medam)] *la* madam, bayan, hanımefendi

Mademoiselle (ç. **Mesdemoiselles**) [madmuazel (medmuazel)] *la* küçük hanım, bayan
maffia [mafya] *la* mafya
magasin [magazeñ] *le* dükkân, mağaza; ambar, depo
magazine [magazin] *le* magazin, dergi
magicien, ne [majisyeñ, yen] *le*+*la* büyücü
magie [maji] *la* büyü
magique [majik] büyülü; büyüleyici
magnétique [manyetik] mıknatıslı, manyetik
magnétophone [manyetofon] *le* teyp ***magnétophone à cassettes*** kasetçalar
magnifique [manyifik] görkemli, parlak
magnolia [manyolya] *le* manolya
mahométan, e [maometañ, an] Müslüman
mai [me] *le* mayıs
maigre [megr] zayıf, sıska; yağsız
maigreur [megrör] *la* zayıflık, sıskalık
maigrir [megrir] zayıflamak
maille [may] *la* ilmik
maillet [maye] *le* tokmak
maillot [mayo] *le* kundak bezi; dansçıların giydiği sıkı giysi ***maillot de bain*** mayo
main [meñ] *la* el ***attaque à main armée*** silahlı saldırı ***se donner la main*** el ele tutuşmak ***se serrer la main*** el sıkışmak ***sous la main*** el altında
main-d'œuvre [meñdövr] *la* işçilik, el emeği
maint, e [meñ, meñt] birçok, nice
maintenant [meñtnañ] şimdi; şimdilerde
maintenir [meñtnir] tutmak; korumak; savunmak, ileri sürmek ***se maintenir*** bozulmamak, aynı durumda kalmak
maire [mer] *le* belediye başkanı
mairie [meri] *la* belediye
maïs [mais] *le* mısır
mais [me] ama, fakat
maison [mezoñ] *la* ev; firma ***maison de retraite*** düşkünler yurdu ***maison de santé*** akıl hastanesi
maisonnée [mezone] *la* ev halkı
maisonnette [mezonet] *la* küçük ev, kulübe
maître [metr] *le* efendi; usta, üstat ***maître chanteur*** şantajcı ***maître d'hôtel*** otel başgarson
maîtresse [metres] *la* metres

maîtrise [metriz] *la* ustalık, beceri; master, yüksek lisans ***maîtrise d soi*** kendini tutma
maîtriser [metrize] tutmak, önlemek, hâkim olmak
majesteueux, euse [majestuö, z] görkemli, muhteşem
majeur, e [majör] büyük, önemli ¤ *s+a.* ergin, reşit ¤ *le* ortaparmak
majorité [majorite] *la* çoğunluk ***en majorité*** çoğunlukla
majuscule [majüskül] harf büyük ¤ *la* büyük harf
mal, maux [mal, mo] kötü ¤ *le* kötülük; zarar; ağrı, acı; hastalık ***avoir le mal du pays*** yurt özlemi çekmek ***avoir mal à*** -i ağrımak ***être mal avec*** ile arası açık olmak ***faire du mal à*** -e kötülük yapmak ***mal de mer*** deniz tutması ***prendre mal*** rahatsızlanmak, hastalanmak ***se faire mal*** bir tarafını incitmek, kendini incitmek
malade [malad] *s+a.* hasta
maladie [maladi] *la* hastalık
maladif, ive [maladif, iv] hastalıklı; zayıf bünyeli, cılız
maladresse [maladres] *la* beceriksizlik, sakarlık
maladroit, e [maladrua, t] beceriksiz, sakar
malaise [malez] *le* rahatsızlık, fenalık
malaisé, e [maleze] güç, sıkıntılı
malchance [malşañs] *la* talihsizlik
malchanceux, euse [malşañsö, öz] talihsiz, şanssız
mâle [mal] *s+le* erkek
malentendu [malañtañdü] *le* yanlış anlama, yanlışlık
malfaisant, e [malfözañ, t] kötülükçü, zararlı
malgré [malgre] -e karşın, -e rağmen ***malgré tout*** her şeye karşın
malheur [malör] *le* talihsizlik, şanssızlık
malheureusement [malörözmañ] ne yazık ki
malheureux, euse [malörö, öz] *s+a.* mutsuz, zavallı; talihsiz
malhonnête [malonet] namussuz; kaba, terbiyesiz
malice [malis] *la* muziplik, şeytanlık
malicieux, euse [malisyö, öz] alaycı, muzip, şeytan
malin, igne [maleñ, iny] kurnaz, açıkgöz
malingre [maleñgr] çelimsiz, sıska
malle [mal] *la* bavul; *oto.* bagaj

malmener [malmõne] hırpalamak, kötü davranmak
malpropre [malpropr] pis, kirli
malsain, e [malseñ, en] sağlığı bozuk; sağlığa zararlı
malt [malt] *le* malt, biralık arpa
maltraiter [maltrete] kötü davranmak, hırpalamak
malveillance [malveyañs] *la* kötü niyet, kötü kalplilik
malveillant, e [malveyañ, t] kötü niyetli, kötü kalpli
maman [mamañ] *la* anne
mamelle [mamel] *la* meme
mammifère [mamifer] *le* memeli hayvan
manager [manacer] *le* menajer
manche [mañş] *la* giysi kol, yen ¤ *le* sap, kulp; kd. sakar, gerzek
manchette [mañşet] *la* manşet
manchot [mañşo] *le* çolak, tek kollu kimse; kolsuz kimse; penguen
mandarine [mañdarin] *la* mandalina
mandat [mañda] *le* posta havale
manège [manej] *le* atlıkarınca
mangeable [mañjabl] yenir, yenilebilir
mangeoire [mañjuar] *la* yemlik
manger [mañje] yemek
maniable [manyabl] kullanışlı
maniaque [manyak] *s+a.* manyak
manie [mani] *la* mani, manya; tuhaf merak, düşkünlük
manier [manye] kullanmak; ellemek; yönetmek
manière [manyer] tarz, usul, biçim ***de cette manière*** böylece, bu şekilde ***de manière à*** -mek için ***de toute manière*** ne olursa olsun
maniéré, e [manyere] yapmacık; özentili
manifestant, e [manifestañ, t] *le+la* gösterici
manifestation [manifestasyoñ] *la* gösterme, belirtme; gösteri
manifeste [manifest] belli, açık
manifester [manifeste] belirtmek, göstermek; gösteri yapmak
manivelle [manivel] *la* kol, kaldıraç, manivela
mannequin [mankeñ] *le* manken
manœuvre [manövr] *la* manevra; kullanma, çalıştırma hile, dolap ¤ *le* işçi
manœuvrer [manövr(õ)] manevra yaptırmak; çalıştırmak, işletmek; manevra yapmak
manoir [manuar] *le* köşk, konak
manque [mañk] *le* eksiklik, boşluk

manquer [mañke] eksik olmak, bulunmamak; başaramamak; kaçırmak, yetişememek ***manquer à*** -i özlemek, göresi gelmek; gereğini yapmamak, yerine getirmemek ***manquer de*** -den yoksun olmak, eksik olmak ***manquer de faire*** az kalsın -mek, neredeyse -mek
mansarde [mañsard] *la* tavan arası, çatı katı
manteau, x [mañto] *le* manto, palto
manucure [manükür] *la* manikürcü
manuel, le [manuel] el ile ilgili, el + ¤ *le* el kitabı, kılavuz
manuscrit, e [manüskri, t] elle yazılmış ¤ *le* el yazması
maquereau, x [makro] *le* uskumru
maquette [maket] *la* maket
maquillage [makiyaj] *le* makyaj
maquiller [makiye] makyaj yapmak
marais [mare] *le* bataklık, batak
marathon [maratoñ] *le* maraton
marbre [marbr] *le* mermer
marchand, e [marşañ, d] *le+la* satıcı; tüccar ***marchand de journaux*** gazete satıcısı ***marchand de légumes*** sebzeci, zerzevatçı ***marchand de poissons*** balıkçı, balık satıcısı
marchandage [manşañdaj] *le* pazarlık
marchander [marşañde] pazarlık etmek
marchandise [marşañdiz] *la* mal
marche [marş] *la* basamak; yürüyüş; marş; çalışma, işleme ***mettre en marche*** çalıştırmak, işletmek ***se mettre en marche*** çalışmak, işlemeye başlamak
marché [marşe] *le* pazar, çarşı ***Marché commun*** Ortak Pazar ***marché noir*** karaborsa ***marché aux puces*** bit pazarı
marchepied [marşõpye] *le* basamak; oto. marşpiye
marcher [marşe] yürümek; gitmek; çalışmak, işlemek
mardi [mardi] *le* salı
mare [mar] *la* gölcük, küçük göl
marécage [marekaj] *le* bataklık
marécageux, euse [marekajö, öz] bataklı, bataklık
maréchal, aux [mareşal, o] *le* mareşal
maréchal-ferrant [mareşalferañ] *le* nalbant
marée [mare] *la* gelgit; taze balık

margarine [margarin] *la* margarin
marge [marj] *la* kenar; sayfa kenarı
marguerite [margõrit] *la* papatya
mari [mari] *le* koca, eş
mariage [maryaj] *le* evlenme; evlilik; düğün
marié, e [marye] evli ¤ *le* damat, güvey ¤ *la* gelin
marier [marye] evlendirmek ***se marier avec*** ile evlenmek
marin, e [mareñ, in] denizle ilgili, deniz + ¤ *le* denizci, gemici ***marine marchande*** ticaret filosu
marinade [marinad] *la* salamura
marine [marin] *la* gemicilik, denizcilik
mariner [marine] salamuraya yatırmak
marionnette [maryonet] *la* kukla
maritime [maritim] denizle ilgili, deniz +
mark [mark] *le* mark
marketing [markõting] *le* pazarlama
marmite [marmit] *la* tencere
marmonner [marmone] mırıldanmak
marmot [marmo] *le* yumurcak, ufaklık
marmotter [marmote] mırıldanmak
marque [mark] *la* işaret, nişan; iz; damga; marka; sp. skor ***de marque*** mal kaliteli, seçkin ***marque de fabrique*** ticari marka
marquer [marke] işaretlemek; damgalamak; göstermek; sp. gol atmak, sayı yapmak
marraine [maren] *la* vaftiz anası
marrant, e [marañ, t] gülünç, komik
marre [mar]: ***en avoir marre de*** -den bıkmak
marrer [mare]: ***se marrer*** gülmekten kırılmak, gülüp eğlenmek
marron [maroñ] *le* kestane
Mars [mars] *la, le* Mars, Merih
mars [mars] *le* mart
marteau, x [marto] *le* çekiç; kapı tokmak
marteler [martõle] çekiçle dövmek
martyr, e [martir] *la+la* şehit
mascarade [maskarad] *la* maskeli balo
mascotte [maskot] *la* maskot
masculin, e [masküieñ, in] erkekle ilgili; erkeklere özgü ¤ *s+le*, dilb. eril
masque [mask] *le* maske
masquer [maske] gizlemek, saklamak

massacre [masakr] *le* katliam, kırım
massacrer [masakre] katletmek, topluca öldürmek; mec. katletmek, berbat etmek
massage [masaj] *le* masaj
masse [mas] yığın, küme; kitle
masser [mase] toplamak, yığmak; ovmak, masaj yapmak
masseur, euse [masör, öz] *le+la* masajcı
massif, ive [masif, v] masif, som; ağır, iri
massue [masü] *la* lobut, topuz
mastic [mastik] *le* cam macun
mastiquer [mastike] çiğnemek
masturbation [mastürbasyoñ] *la* mastürbasyon
mât [ma] *le* direk
mat, e [mat] donuk, mat; boğuk ***être mat*** satranç mat olmak
match [maç] *le* karşılaşma, maç ***faire match nul*** berabere kalmak ***match nul*** sp. beraberlik
matelas [mat'la] *le* şilte, döşek
matelot [matlo] *le* gemici, tayfa
matérialiser [materyalize]: ***se matérialiser*** gerçekleşmek
matérialiste [materyalist] materyalist, maddeci
matériaux [materio] *le+ç.* gereç, malzeme
matériel, le [materyel] maddi ¤ *le* gereç, malzeme, donatı
maternel, le [maternel] anayla ilgili, ana + ¤ *la* anaokulu
maternité [maternite] *la* doğumevi
mathématicien, ne [matematisyeñ, yen] *le+la* matematikçi
mathématique [matematik] matematiksel ***mathématiques*** *la+ç.* matematik
maths [mat] *la* +ç, kd. matematik
matière [matyer] *la* madde; konu; ders ***matières premières*** hammaddeler
matin [mateñ] *le* sabah ***de bon matin*** erkenden
matinal, e, aux [matinal, o] sabahla ilgili, sabah +; erkenci
matinée [matine] *la* sabah; matine, gündüz gösterisi
matraque [matrak] *la* cop
matraquer [matrake] coplamak
matrice [matris] *la* dölyatağı. rahim; tek. kalıp
maturité [matürite] *la* olgunluk
maudire [modir] lanetlemek, kargımak
mausolée [mozole] *le* anıtkabir

maussade [mosad] somurtkan, asık suratlı; kasvetli, iç karartıcı
mauvais, e [move, z] kötü; yanlış, kusurlu; bozuk, çürük; zararlı ***mauvaise langue*** dedikoducu
mauve [mov] mor ¤ *la* ebegümeci
mauviette [movyet] *la* sıska, nanemolla
maxime [maksim] *la* özdeyiş
maximum [maksimom] maksimum, en büyük ¤ *le* maksimum derece, en büyük derece
mayonnaise [mayonez] *la* mayonez
mazout [mazut] *le* mazot
me, m' [mö] beni, bana; ben
mec [mek] *le*, kd. herif, adam
mécanicien, ne [mekanisyeñ, yen] *le+la* makine ustası, makineci; araba tamircisi; makinist
mécanique [mekanik] *s+la* mekanik
mécaniser [mekanizi] makineleştirmek; mekanikleştirmek
mécanisme [mekanism] *le* mekanizma, düzenek
méchant, e [meşañ, t] kötü; çocuk yaramaz; hayvan huysuz
mèche [meş] *la* fitil; saç meç, lüle
mécontent, e [mekoñtañ, t] hoşnut olmayan de, -den; kırgın de, -e
mécontentement [mekoñtañtmañ] *le* hoşnutsuzluk; kırgınlık
mécontenter [mekoñtañte] kırmak, gücendirmek
médaille [meday] *la* madalya
médecin [medseñ] *le* hekim, doktor
médecine [medsin] *la* tıp; hekimlik, doktorluk
médiateur, trice [medyatör, tris] *le+la* aracı, arabulucu
médiation [medyasyoñ] *la* aracılık, arabuluculuk
médical, e, aux [medikal, o] tıbbi
médicament [medikamañ] *le* ilaç
médiéval, e, aux [medyeval, o] ortaçağla ilgili, ortaçağ +
médiocre [medyokr] orta, şöyle böyle
médire [medir]: ***médire de*** -i çekiştirmek, -in aleyhinde konuşmak
médisance [medizañs] *la* dedikodu
méditer [medite] tasarlamak, kurmak, düşünmek

Méditerranée [mediterane] *la*: ***la mer Méditerranée*** Akdeniz
méditerranéen, ne [mediteraneeñ, en] Akdenizle ilgili, Akdeniz +
médius [medyüs] *le* ortaparmak
méduse [medüz] *la* denizanası
méfait [mefe] *le* kötülük ***méfaits*** *le+ç.* tahribat, zarar
méfiance [mefyañs] *la* güvensizlik
méfiant, e [mefyañ, t] güvenmeyen, kuşkulu
méfier [mefye]: ***se méfier*** dikkat etmek ***se méfier de*** -e güvenmemek, -den kuşkulanmak
mégarde [megard] *la*: ***par mégarde*** dikkatsizlikle, yanlışlıkla
mégot [mego] *le* sigara izmarit
meilleur, e [meyör] daha iyi; en iyi ***la meilleure*** en iyi ***le meilleur*** en iyi
mélancolie [melañkoli] *la* melankoli, karasevda
mélancolique [melañkolik] melankolik, karasevdalı; hüzünlü
mélange [melañj] *le* karıştırma, karışma; karışım
mélanger [melañje] karıştırmak
mélasse [melas] *la* melas
mêlée [mele] *la* kavga, dövüşme, kapışma
mêler [mele] karıştırmak ***se mêler à*** -e katılmak; ile birleşmek ***se mêler de*** -e karışmak, burnunu sokmak
mélodie [melodi] *la* ezgi, melodi
mélodieux, euse [melodyö, öz] ahenkli, kulağa hoş gelen
mélodrame [melodram] *le* melodram
mélomane [meloman] *le+la* müziksever
melon [mloñ] *le* kavun ***melon d'eau*** karpuz
membrane [mañbran] *la* zar, çeper
membre [mañbr] *le* organ, uzuv; üye
même [mem] aynı; kendi, bizzat; aynı kişi, aynı şey; bile, hatta ***de même*** aynı şekilde
mémé [meme] *la*, kd. nine
mémoire [memuar] *la* bellek, hafıza; anı, hatıra
mémorandum [memorañdom] *le* muhtıra, memorandum
menace [mõnas] *la* tehdit, gözdağı
menacer [mõnase] tehdit etmek
ménage [menaj] *le* ev işleri; karı koca, evli çift

ménager, ère [menaje, er] ev işiyle ilgili ¤ *la* ev kadını
mendiant, e [mañdyañ, t] *le+la* dilenci
mendicité [mañdisite] *la* dilencilik, dilenme
mendier [mañdye] dilenmek
mener [mõne] götürmek; yönetmek
meneur, euse [mõnör, öz] *le+la* önder, kılavuz; kışkırtıcı, elebaşı
méningite [meneñjit] *la* menenjit
ménopause [menopoz] *la* menopoz, yaşdönümü
menottes [mõnot] *la+ç.* kelepçe
mensonge [mañsoñj] *le* yalan
mensonger, ère [mañsoñje, er] yalan, asılsız
menstruation [mañstrüasyoñ] *la* aybaşı, âdet
mensuel, le [mañsuel] aylık, ayda bir
mensurations [mañsürasyoñ] *la+ç.* beden ölçüsü, beden ölçüleri
mental, e, aux [mañtal, o] zihinsel
mentalité [mañtalite] *la* zihniyet, kafa
menteur, euse [mañtör, öz] *le+la* yalancı
menthe [mañt] *la* nane
menthol [meñtol] *le* mentol
mention [mañsyoñ] *la* not, yazı
mentionner [mañsyone] anmak, adını anmak; belirtmek
mentir [mañtir] yalan söylemek
menton [mañtoñ] *le* çene
menu, e [mõnü] ufak, küçük ¤ *le* mönü, yemek listesi
menuisier [mõnüizye] *le* marangoz, doğramacı
méprendre [meprañdr]: ***se méprendre*** yanılmak
mépris [mepri] *le* küçümseme, hor görme
méprisable [meprizabl] aşağılık, alçak, rezil
méprisant, e [meprizañ, t] küçümseyen, hor gören
méprise [mepriz] *la* yanılma, yanılgı
mépriser [meprize] küçümsemek, hor görmek
mer [mer] *la* deniz; dalga
mercenaire [mersõner] *le* paralı asker
mercerie [mersõri] *la* tuhafiyeci dükkânı
merci [mersi] teşekkür ederim, mersi ***merci beaucoup, merci bien*** çok teşekkür ederim
mercredi [merkrõdi] *le* çarşamba
mercure [merkür] *le* cıva

merde [merd] kd. tü! Allah kahretsin!
mère [mer] *la* anne, ana
méridien [meridyeñ] *le* meridyen
méridional, e, aux [meridyonal, o] güneysel, güney + ¤ *le+la* güneyli
mérite [merit] *le* değer; meziyet
mériter [merite] hak etmek, layık olmak
merlan [merlañ] *le* mezgit balığı
merle [merl] *le* karatavuk
merveille [mervey] *la* harika ***à merveille*** çok güzel
merveilleux, euse [merveyö, z] harika, olağanüstü
mes [me] bkz. ***mon***
mésaventure [mezavañtür] *la* aksilik, talihsizlik
Mesdames [medam] bkz. ***Madame***
Mesdemoiselles [medmuazel] bkz. ***Mademoiselle***
mesquin, e [meskeñ, in] cimri; aşağılık, bayağı
message [mesaj] *le* mesaj, haber
messager, ère [mesaje, er] *le+la* haberci, ulak
messe [mes] *la* ayin
Messieurs [mesyö] (kısa biçimi "Messrs") bkz. ***Monsieur***
mesure [mõzür] *la* ölçü; önlem, tedbir ***être en mesure de*** -cek durumda olmak ***sur mesure*** ısmarlama
mesurer [mõzüre] ölçmek
métal, aux [metal, o] *le* maden, metal
métallique [metalik] metalik, madensel
métallurgie [motollür] *la* metalurji
métaphysique [metafizik] *s+la* metafizik, doğaötesi
météo [meteo] *la* hava raporu
météore [meteor] *le* meteor, akanyıldız
météorologie [meteoroloji] *la* meteoroloji
météorologique [meteorolojik] meteorolojik, hava +
méthode [metod] *la* yöntem
méthodique [metodik] yöntemli; düzenli
méticuleux, euse [metikülö, z] titiz, kılı kırk yaran
métier [metye] *le* iş, meslek; zanaat
métrage [metraj] *le* uzunluk, boy
mètre [metr] *le* metre
métro [metro] *le* metro
métropole [metropol] *la* anakent, büyük şehir; başülke
mets [me] *le* yemek

metteur [metör] *le*: ***metteur en scène*** tiy. rejisör, sahneye koyan; sin. yönetmen
mettre [metr] koymak, yerleştirmek; giymek, takmak; açmak, çalıştırmak ***se mettre à*** -e başlamak ***se mettre au lit*** yatmak
meuble [möbl] *le* mobilya, eşya
meublé [möble] *le* mobilyalı oda, mobilyalı daire
meubler [möble] döşemek
meunier, ière [mönye, yer] *le+la* değirmenci
meurtre [mörtr] *le* cinayet, adam öldürme
meurtrier, ière [mörtriye, yer] *le+la* cani, katil
meurtrir [mörtrir] ezmek, çürütmek
meurtrissure [mörtrisür] *la* ezik, çürük
mi- [mi] `yarı', `orta' anlamında bir önek ***à la mi-janvier*** ocak ayı ortasında ***à mi-jambes*** dize kadar
mi [mi] *le*, müz. mi
miauler [miyole] miyavlamak
mica [mika] *le* mika
miche [miş] *la* ekmek somun
mi-chemin [mişmeñ]: ***à mi-chemin*** yarı yolda
mi-clos, e [miklo, z] yarı kapalı
micro [mikro] *le* mikrofon
microbe [mikrob] *le* mikrop
microfilm [mikrofilm] *le* mikrofilm
microphone [mikrofon] *le* mikrofon
microscope [mikroskop] *le* mikroskop
microsillon [mikrosiyon] *le* plak uzunçalar
midi [midi] *le* öğle
mie [mi] *la* ekmek içi
miel [myel] *le* bal
mien, ne [myeñ, myen]: ***lela mienne*** benimki ***les miensmiennes*** benimkiler ***les miens*** ailem
miette [myet] *la* ekmek kırıntısı
mieux [myö] daha iyi ***le mieux, la mieux*** en iyisi
mignon, ne [minyoñ, on] sevimli, tatlı
migraine [migren] *la* migren
migration [migrasyoñ] *la* göç
mijoter [mijote] hafif ateşte pişirmek
milieu, x [milyö] *le* orta; çevre; ortam ***au milieu de*** -in ortasında
militaire [militer] askeri ¤ *le* asker
militant, e [militañ, t] *s+a.* militan
mille [mil] bin ¤ *le* mil
millénaire [milener] *le* bin yıl
mille-pattes [milpat] *le* kırkayak

millet [miye] *le* darı
milliard [milyar] *le* milyar
milliardaire [milyarder] *le+la* milyarder
millier [milye] *le* bin ***un millier de*** bin kadar
millimètre [milimetr] *le* milimetre
million [milyoñ] *le* milyon
millionnaire [milyoner] *le+la* milyoner
mime [mim] *le+la* pantomimci ¤ *le* pantomim
minable [minabl] hırpani; acınacak, zavallı
minauder [minode] kırıtmak
mince [meñs] ince; narin
minceur [meñsör] *la* incelik; narinlik
mine [min] *la* çehre, yüz ifadesi; görünüş; kalem ucu; maden ocağı; mayın ***faire mine de*** gibi görünmek
minerai [minre] *le* maden cevheri, maden filizi
minéral, e, aux [mineral, o] *s+le* mineral
mineur, e [minör] daha küçük, daha az ¤ *le+la*, huk. küçük, ergin olmayan ¤ *le* maden işçisi
miniature [minyatür] *s+la* minyatür
minibus [minibüs] *le* minibüs
mini-jupe [minijüp] *la* mini etek
minimum [minimom] minimum, en küçük ¤ *le* en az miktar, en küçük derece ***au minimum*** hiç olmazsa
ministère [minister] *le* bakanlık; hükümet
ministériel, le [ministeryel] bakanlıkla ilgili; hükümetle ilgili
ministre [ministr] *le* bakan; papaz
minorité [minorite] *la* azınlık; ergin olmama, yaşı tutmama
minuit [minui] *le* gece yarısı
minuscule [minüskül] küçücük, mini ¤ *la* küçük harf
minute [minüt] *la* dakika
minuterie [minütri] *la* merdiven otomatiği
minutieux, euse [minüsyö, z] titiz, çok dikkatli
mioche [myoş] *le*, kd. yumurcak, velet
miracle [mirakl] *le* mucize
miraculeux, euse [mirakülö, öz] mucizevi, inanılmaz
mirage [miraj] *le* serap
miroir [miruar] *le* ayna
miroiter [miruate] parıldamak, harelenmek
mise [miz] *la* koyma, koyuş; miza; giyim, giyiniş ***mise en scène*** mizansen
miser [mize] oyunda para sürmek ***miser sur*** at, vb.

üzerine bahse girmek, -e oynamak
misérable [mizerabl] mutsuz, perişan, zavallı; yoksul ¤ *le+la* zavallı, sefil
misère [mizer] *la* yoksulluk, sefalet
missile [misil] *le* füze
mission [misyoñ] *la* özel görev; misyon, heyet
missionnaire [misyoner] *le+la* misyoner
mite [mit] *la* güve
mité, e [mite] güve yemiş
mi-temps [mitañ] *la*, sp. ara, haftaym ***à mi-temps*** yarımgün
mitrailleuse [mitrayöz] *la* makineli tüfek
mi-voix [mivua]: ***à mi-voix*** alçak sesle
mixer [miksör] *le* mikser, karıştırıcı, çırpıcı
mixité [miksite] *la* karma eğitim
mixte [mikst] karışık, karma
mixture [mikstür] *la* karışım
mobile [mobil] hareketli, yer değiştirebilen; gezgin, seyyar ¤ *le* itici kuvvet; dürtü
mobilier [mobilye] *le* mobilya
mobilisation [mobilizasyoñ] *la* seferberlik
mobiliser [mobilize] seferber etmek
moche [moş] kd. çirkin; kötü
mode [mod] *la* moda ¤ *le* biçim tarz; dilb. kip; müz. makam ***à la mode*** moda, modaya uygun ***mode d'emploi*** kullanış tarzı ***mode de vie*** yaşam tarzı
modèle [model] *le* model; örnek
modeler [modle] modelini yapmak; biçimlendirmek, biçim vermek
modem [modem] *le* modem
modéré, e [modere] *s+a.* ılımlı, ölçülü
modérer [modere] ılımlılaştırmak, hafifletmek, azaltmak ***se modérer*** kendini tutmak
moderne [modern] çağdaş, yeni, modern
moderniser [modernize] yenileştirmek, çağdaşlaştırmak
modeste [modest] alçakgönüllü; gösterişsiz, sade
modestie [modesti] *la* alçakgönüllülük; gösterişsizlik, sadelik
modification [modifikasyoñ] *la* değişiklik
modifier [modifye] değiştirmek ***se modifier*** değişmek
modique [modik] önemsiz, değersiz, az
moelle [mual] *la* ilik; öz ***moelle épinière*** omurilik

mœurs [mör] *la+ç.* töre, gelenek, âdet
moi [mua] ben; beni, bana
moi-même [muamem] kendim
moindre [mueñdr] daha az, daha düşük ***lela moindre, les moindres*** en az, en küçük, en düşük
moine [muan] *le* keşiş
moineau, x [muano] *le* serçe
moins [mueñ] daha az ***à moins que*** -medikçe, -madıkça, -mezse, -mazsa ***au moins*** en azından ***du moins*** en azından ***la moins*** en az ***le moins*** en az
mois [mua] *le* ay
moisi, e [muazi] küflü, küflenmiş ¤ *le* küf
moisir [muazir] küflenmek
moisissure [muazisür] *la* küf
moisson [muasoñ] *la* hasat; ürün
moissonner [muasone] ürün toplamak, kaldırmak; toplamak
moissonneuse-batteuse [muasonözbatöz] *la* biçerdöver
moite [muat] nemli, yaş
moitié [muatye] *la* yarı ***à moitié*** yarı yarıya, yarısına kadar ***à moitié prix*** yarı fiyatına
mol [mol] bkz. ***mou***
molaire [moler] *la* azıdişi
molécule [molekül] *la* molekül
molester [moleste] hırpalamak, tartaklamak
molle [mol] bkz. ***mou***
mollesse [moles] yumuşaklık; gevşeklik, uyuşukluk
mollet [mole] *le* baldır ***œuf mollet*** rafadan yumurta
mollir [molir] yumuşamak; yatışmak
mollusque [molüsk] *le*, hayb. yumuşakça
môme [mom] *le+la*, kd. yumurcak, çocuk; kız, sevgili
moment [momañ] *le* an; şimdiki zaman ***en ce moment*** şu anda ***pour le moment*** şimdilik
momentané, e [momañtane] geçici, kısa
momie [momi] *la* mumya
mon [moñ], ***ma*** [ma], *ç.* ***mes*** [me] benim
monarchie [monarşi] *la* monarşi
monarque [monark] *le* hükümdar, kral
monastère [monaster] *le* manastır
monceau, x [moñso] *le* yığın, küme
monde [moñd] *le* dünya ***le monde*** sosyete ***tout le monde*** herkes
mondial, e, aux [moñdyal, yo] dünya ile ilgili, dünya +; dünya çapında

monétaire [moneter] parasal
monnaie [mone] *la* para; bozuk para ***faire de la monnaie*** para bozdurmak
monnayer [moneye] paraya çevirmek
monopole [monopol] *le* tekel
monopoliser [monopolize] tekeline almak
monotone [monoton] tekdüze, monoton
monotonie [monotoni] *la* tekdüzelik, monotonluk
monseigneur [moñsenyör] *le* monsenyör
monsieur (*ç.* **messieurs)** [mõsyö (mesyö)] *le* bay; beyefendi
monstre [moñstr] *le* canavar
monstrueux, euse [moñstrüö, öz] canavar gibi, ürkünç, korkunç
mont [moñ] *le* tepe, dağ
montage [moñtaj] *le* montaj, kurma; sin. kurgu
montagnard, e [moñtanyar, d] *le+la* dağlı
montagne [moñtany] *la* dağ
montant, e [moñtañ, t] yükselen ¤ *le* toplam, tutar
montée [moñte] *la* yükselme, çıkma; yokuş, bayır
monter [moñte] çıkmak; yükselmek; binmek; monte emek, kurmak; tiy. sahnelemek
montre [moñtr] *la* saat, kol saati, cep saati
montre-bracelet [moñtrõbrasle] *la* kol saati
montrer [moñtre] göstermek
monument [monümañ] *le* anıt
monumental, e, aux [monümañtal, o] anıtsal
moquer [moke]: ***se moquer de*** ile alay etmek
moquerie [mokri] *la* alay
moral, e, aux [moral, o] ahlaki, törel; manevi ¤ *le* moral ¤ *la* ahlak; ders, kıssadan hisse
moralement [moralmañ] manen, moralman
moralité [moralite] *la* ahlaklılık; ders, kıssadan hisse
morbide [morbid] hastalıklı
morceau, x [morso] *le* parça
mordre [mordr] ısırmak; hayvan sokmak
mordu, e [mordü] vurgun, tutkun
morgue [morg] *la* kibir, kurum; morg
morne [morn] üzgün, kederli
morose [moroz] somurtkan, asık suratlı
morphine [morfin] *la* morfin
mors [mor] *le* gem
morse [mors] *le* mors
morsure [morsür] *la* ısırma; ısırık
mort [mor] *la* ölüm
mort, e [mor, t] *s+a.* ölü

mortalité [mortalite] *la* ölüm oranı
mortel, le [mortel] öldürücü, ölümcül
morte-saison [mortõsezoñ] *la* ölü mevsim
mortier [mortye] *le* harç; havan; havan topu
morue [morü] *la* morina balığı
morveux, euse [morvö, z] kd. sümüklü
mosaïque [mozaik] *la* mozaik
mosquée [moske] *la* cami
mot [mo] *le* sözcük, kelime; söz, laf ***mot de passe*** parola ***mots croisés*** bulmaca
motard [motar] *le* motosikletli polis
motel [motel] *le* motel
moteur, trice [motör, tris] hareket ettirici ¤ *le* motor
motif [motif] *le* neden, gerekçe; motif, örge
motion [mosyoñ] *la* önerge
motivation [motivasyoñ] *la* güdülenme, motivasyon
moto [moto] *la* motosiklet
motocyclette [motosiklet] *la* motosiklet
motocycliste [motosiklist(õ)] *le+la* motosikletli, motosiklet sürücüsü
mou, molle [mu, mol] yumuşak; gevşek; zayıf
mouche [muş] *la* sinek
moucher [muşe] çocuğun burnunu temizlemek ***se moucher*** sümkürmek, burnunu silmek
moucheron [muşroñ] *le* küçük sinek
mouchoir [muşuar] *le* mendil ***mouchoir en papier*** kâğıt mendil
moudre [mudr] öğütmek
moue [mu] *la* somurtma, surat asma ***faire la moue*** somurtmak, surat asmak
mouette [muet] *la* martı
mouillé, e [muye] ıslak; nemli
mouiller [muye] ıslatmak, sulandırmak; den. demir atmak
moule [mul] *la* midye ¤ *le* kalıp
mouler [mule] kalıba dökmek, kalıbını çıkarmak
moulin [muleñ] *le* değirmen ***moulin à café*** kahve değirmeni ***moulin à vent*** yel değirmeni
moumol, molle [mu, mol] yumuşak; gevşek; zayıf
mourir [murir] ölmek
mousquetaire [musköter] *le* silahşör
mousse [mus] *la* yosun; köpük ***mousse à raser*** tıraş köpüğü
mousseline [muslin] *la* muslin
mousser [muse] köpürmek, köpüklenmek

mousseux, euse [musö, z] köpüklü ¤ *le* köpüklü şarap
mousson [musoñ] *la* muson
moustache [mustaş] *la* bıyık ***moustaches*** *la+ç.* kedi bıyıklar
moustique [mustik] *le* sivrisinek
moutarde [mutard] *la* hardal
mouton [mutoñ] *le* koyun; koyun eti; koyun postu
mouvant, e [muvañ, t] hareket eden, oynak
mouvement [muvmañ] *le* hareket, devinim
mouvementé, e [muvmañte] hareketli; olaylı
mouvoir [muvuar] kımıldatmak, oynatmak ***se mouvoir*** kımıldamak, oynamak
moyen, ne [muayeñ, en] orta; ortalama ¤ *le* araç, vasıta; yol, olanak ***au moyen de*** yardımıyla, vasıtasıyla ***moyen âge*** ortaçağ ***y a-t-il moyen de ...?*** -mek mümkün mü?
moyennant [muayenañ] karşılığında, karşılık olarak
Moyen-Orient [muayenoryañ] *le* Ortadoğu
moyeu, x [muayö] *le* poyra, tekerlek göbeği
muet, te [müe, t] sessiz; dilb. harf okunmayan; sta. dilsiz
mugir [müjir] böğürmek
muguet [müge] *le* inciçiçeği
mule [mül] *la* terlik; dişi katır
mulet [müle] *le* katır
multicolore [mültikolor] rengârenk, çok renkli
multiple [mültipl] çok, birçok
multiplication [mültiplikasyoñ] *la* çarpma, çarpım; çoğalma
multiplier [mültipliye] çarpmak; çoğaltmak, artırmak ***se multiplier*** artmak, çoğalmak
multitude [mültitüd] *la* çokluk; kalabalık, halk yığını
municipal, e, aux [münisipal, o] belediyeyle ilgili
municipalité [münisipalite] *la* belediye
munir [münir]: ***munir de*** ile donatmak, vermek
munitions [münisyoñ] *la+ç.* cephane
mur [mür] *le* duvar
mûr, e [mür] olgun ¤ *la* dut
mûrir [mürir] olgunlaşmak; olgunlaştırmak
murmure [mürmür] *le* mırıltı, fısıltı; çağıltı
murmurer [mürmüre] mırıldanmak; çağıldamak; hışırdamak
muscade [müskad] *la* küçük hindistancevizi
muscat [müska] *le* misket üzümü; misket şarabı
muscle [müskl] *le* kas, adale

musclé, e [müskle] kaslı, adaleli, güçlü
musée [müze] *le* müze
muséum [müzeom] *le* müze, doğa bilimleri müzesi
musical, e, aux [müzikal, o] müzikle ilgili, müzikli, müzik +
music-hall [müzikol] *le* müzikhol
musicien, ne [müzisyeñ, yen] *le+la* müzisyen
musique [müzik] *la* müzik ***musique de chambre*** oda müziği ***musique de fond*** fon müziği
musulman, e [müzülmañ, an] *s+a.* Müslüman
mutilé, e [mütile] *le+la* sakat, malul
mutiler [mütile] sakatlamak, sakat bırakmak
mutin, e [müteñ, in] uyanık, muzip ¤ *le+la* isyancı, asi
mutisme [mütism] *le* sessizlik, suskunluk
mutuel, le [mütuel] karşılıklı ¤ *la* yardımlaşma kurumu
myope [myop] miyop
myopie [myopi] *la* miyopluk
mystère [mister] *le* gizem, sır, esrar
mystérieux, euse [misteryö, öz] gizemli, esrarengiz
mythe [mit] *le* söylence, efsane
mythologie [mitoloji] *la* mitoloji
mythologique [mitolojik] mitolojik

N n

n' [n] bkz. ***ne***
nacre [nakr] *la* sedef
nage [naj] *la* yüzme ***en nage*** ter içinde
nageoire [njuar] *la* yüzgeç
nager [naje] yüzmek
nageur, euse [najör, öz] *le+la* yüzücü
naguère [nager] daha geçenlerde, daha dün
naïf, ïve [naif, naiv] saf, bön
nain, e [neñ, nen] *le+la* cüce
naissance [nesañs] *la* doğum ***donner naissance à*** doğurmak
naître [netr] doğmak ***faire naître*** doğurmak, yol açmak
nappe [nap] *la* sofra örtüsü
narcotique [narkotik] *s+le* uyuşturucu
narine [narin] *la* burun deliği
nasal, e, aux [nazal, o] burunla ilgili, burun +
naseau, x [nazo] *le* burun deliği
natal, e [natal] doğum yeriyle ilgili

natalité [natalite] *la* doğum oranı
natation [natasyoñ] *la* yüzme
natif, ive [natif, v] doğuştan ***natif de*** -de doğmuş, doğumlu
nation [nasyoñ] *la* ulus, millet
national, e, aux [nasyonal, o] ulusal, milli
nationaliser [nasyonalize] ulusallaştırmak, devletleştirmek
nationalisme [nasyonalism(õ)] *le* ulusçuluk, milliyetçilik
nationalité [nasyonalite] *la* uyrukluk, tabiiyet; milliyet
natte [nat] *la* saç örgüsü
nature [natür] *la* doğa; yaradılış ***nature morte*** natürmort
naturel, le [natürel] doğal ¤ *le* doğallık; yaradılış, huy
naturellement [natürelmañ] doğuştan, yaradılıştan; elbette
naturiste [natürist] *le+la* doğacı, natürist
naufrage [nofraj] *le* gemi batma ***faire naufrage*** batmak
nausée [noze] *la* bulantı
nautique [notik] gemicilikle ilgili
naval, e [naval] gemicilikle ilgili, denizcilikle ilgili
navet [nave] *le* şalgam
navette [navet] *la* mekik
navigateur [navigatör] *le* gemici, denizci; pilot
navigation [navigasyoñ] *la* denizcilik, gemicilik
naviguer [navige] gemi, uçak gitmek, seyretmek
navire [navir] *le* gemi
navrer [navre] üzmek
né, e [ne] doğmuş, doğan
ne, n' [nõ]: ***ne jamais*** asla, hiç ***ne pas*** değil ***ne plus*** artık ***ne que*** ancak, sadece
néanmoins [neañmueñ] bununla birlikte, yine de
néant [neañ] *le* yokluk, hiçlik
nébuleux, euse [nebülö, z] bulutlu
nécessaire [neseser] gerekli; zorunlu ¤ *le* gereken, gerekli şey; çanta, kutu
nécessité [nesesite] zorunluluk; gereksinim, ihtiyaç; yoksulluk
nécessiter [nesesite] gerektirmek, zorunlu kılmak
néfaste [nefast] uğursuz; zararlı
négatif, ive [negatif, v] olumsuz; eksi, negatif ¤ *le* fotoğraf negatif
négligé, e [neglije] bakımsız, özen gösterilmemiş
négligence [neglijañs] *la* dikkatsizlik; özensizlik, ihmal

négligent, e [neglijañ, t] dikkatsiz; ihmalci
négliger [neglije] ihmal etmek, savsaklamak; dikkat etmemek
négoce [negos] *le* iş, ticaret
négociant [negosyañ] *le* tüccar
négociation [negosyasyoñ] *la* görüşme
négocier [negosye] görüşmek
nègre [negr] *le* zenci
négresse [negres] *la* zenci kadın
neige [nej] *la* kar
neiger [neje] kar yağmak
neigeux, euse [nejö, öz] karlı
nénuphar [nenüfar] *le* nilüfer
néon [neoñ] *le* neon
nerf [ner] *le* sinir; güç, enerji
nerveux, euse [nervö, z] sinirsel; sinirli
nervosité [nervosite] *la* sinirlilik
n'est-ce pas [nespa] değil mi?
net, te [net] temiz; açık, belirli; net
netteté [nette] *la* temizlik; açıklık, belirginlik
nettoyage [netuayaj] *le* temizleme ***nettoyage à sec*** kuru temizleme
nettoyer [netuaye] temizlemek
neuf [nöf] dokuz
neuf, neuve [nöf, növ] yeni
neurologie [nöroloji] *la* nöroloji, sinirbilim
neutre [nötr] yansız, tarafsız; nötr ¤ *le*, dilb. yansız sözcük, cinssiz sözcük
neutron [nötroñ] *le* nötron
nevembre [novañbr] *le* kasım
neveu, x [növö] *le* erkek yeğen
nez [ne] *le* burun
ni [ni] ne, ne de ***ni ... ni ...*** ne ... ne ...
niais, e [nye, z] aptal, bön
niche [niş] *la* köpek kulübesi
nicher [nişe] yuva yapmak
nickel [nikel] *le* nikel
nicotine [nikotin] *la* nikotin
nid [ni] *le* yuva ***nid de poule*** yolda çukur
nièce [nyes] *la* kız yeğen
nier [nye] yadsımak, inkâr etmek
nigaud, e [nigo, od] *le+la* salak, dangalak
n'importe [neñport]: ***n'importe comment*** nasıl olursa olsun, şu ya da bu yolla ***n'importe où*** herhangi bir yerde, neresi olursa olsun ***n'importe quel*** herhangi bir ***n'importe qui*** herhangi bir kimse, kim olursa olsu ***n'importe quoi*** herhangi bir şey, ne olursa olsun
nitrate [nitrat] *le* nitrat
niveau, x [nivo] *le* düzey ***le niveau de la mer*** deniz seviyesi ***le niveau de vie***

yaşam düzeyi, yaşam standardı
noble [nobl] *s+a.* soylu
noblesse [nobles] *la* soyluluk, asalet
noce [nos] *la* düğün ***faire la noce*** kd. vur patlasın çal oynasın eğlenmek
nocif, ive [nosif, v] zararlı
nocturne [noktürn] gece olan, gece yapılan, gece +
Noël [noel] *le* Noel
nœud [nö] *le* düğüm; boğum; bağ ***nœud papillon*** pap-yon, papyon kravat
noir, e [nuar] kara, siyah; karanlık ¤ *le* siyah renk; karanlık ¤ *le+la* zenci
noircir [nuarsir] kararmak; karartmak
noisette [nuazet] *la* fındık
noix [nua] *la* ceviz; kd. salak, dangalak ***à la noix*** kd. değersiz, önemsiz ***noix de coco*** hindistancevizi
nom [noñ] *le* ad, isim ***nom commun*** dilb. cins ismi, tür adı ***nom de famille*** soyadı ***nom de jeune fille*** kızlık soyadı ***nom propre*** dilb. özel ad, özel isim
nomade [nomad] *s+a.* göçebe
nombre [noñbr] *le* sayı; rakam
nombreux, euse [noñbrö, z] birçok, çok sayıda
nombril [noñbri] *le* göbek
nomination [nominasyoñ] *la* atama, atanma
nommer [nome] adlandırmak; atamak, tayin etmek ***se nommer*** adı ... olmak
non [noñ] hayır; değil; olma-yan ***moi non plus*** olumsuz anlamda ben de
nonne [non] *la* rahibe
non-sens [noñsañs] *le* saçma-lık
nord [nor] *s+le* kuzey
nord-est [nordest] *le* kuzeydo-ğu
nord-ouest [norduest] *le* kuzeybatı
normal, e, aux [normal, o] normal
normalement [normalmañ] normal olarak
nos [no] bkz. ***notre***
notable [notabl] önemli, hatırı sayılır
notaire [noter] *le* noter
notamment [notamañ] özellik-le, hele
note [not] *la* not; nota; hesap pusulası
noter [note] yazmak, not etmek; dikkat etmek, göz önünde tutmak
notice [notis] *la* özet, kısa yazı
notifier [notifye] bildirmek, tebliğ etmek
notion [nosyoñ] *la* kavram; bilgi

nôtre [notr]: ***la nôtre*** bizimki ***le nôtre*** bizimki ***les nôtres*** bizimkiler
notre, nos [notr, no] bizim
nouer [nue] bağlamak; düğümlemek
nouilles [nuy] *la+ç.* erişte, makarna
nourrice [nuris] *la* sütnine, dadı
nourrir [nurir] beslemek; emzirmek
nourrisson [nurisoñ] *le* süt bebeği, süt çocuğu
nourriture [nuritür] *la* besin, yiyecek
nous [nu] biz; bizi, bize ***nous-mêmes*** kendimiz
nouveau (nouvel) elle, x [nuvo, el] yeni ¤ *le+la* yeni öğrenci ***à nouveau*** yeniden ***de nouveau*** yeniden, bir daha ***nouvel An*** yıl başı, yeni yıl
nouveau-né, e [nuvone] *le+la* yeni doğmuş bebek
nouveauté [nuvote] *la* yenilik
nouvel [nuvel] bkz. ***nouveau***
nouvelle [nuvel] bkz. ***nouveau*** ¤ *la* haber; öykü, hikâye
novateur, trice [novatör, tris] *le+la* yenilikçi
novembre [novañbr(õ)] *le* kasım ayı
novice [novis] *s+a.* yeni, toy, acemi
noyade [nuayad] *la* suda boğma, boğulma
noyau, x [nuayo] *le* çekirdek
noyer [nuaye] suda boğmak ¤ *le* ceviz ağacı ***se noyer*** suda boğulmak
nu, e [nü] çıplak ***mettre à nu*** soymak ***se mettre nu*** soyunmak ***nu-pieds*** yalınayak ***nu-tête*** başı açık
nuage [nuaj, nüaj] *le* bulut
nuageux, euse [nuajö, öz] bulutlu
nuance [nuañs] *la* nüans, ayırtı
nucléaire [nükleer] nükleer
nudisme [nüdism] *le* çıplaklık
nudiste [nüdist(õ)] *le+la* çıplak
nudité [nüdite] *la* çıplaklık
nuire [nuir] zararlı olmak ***nuire à*** -e zarar vermek
nuisible [nuizibl] zararlı
nuit [nui] *la* gece ***nuit blanche*** uykusuz gece ***nuit de noces*** gerdek gecesi
nul, le [nül] hiç, hiçbir; değersiz, sıfır; işe yaramaz; hiç kimse ***nulle part*** hiçbir yerde
nullement [nülmañ] hiçbir şekilde, asla
nullité [nülite] *la* geçersizlik; önemsizlik, değersizlik; değersiz kimse
numéraire [nümerer] *le* nakit para

numérique [nümerik] sayısal
numéro [nümero] *le* numara
numéroter [nümerote] numaralamak
nuptial, e, aux [nüpsyal, o] düğünle ilgili, evlenmeyle ilgili
nuque [nük] *la* ense
nylon [niloñ] *le* naylon

O o

oasis [oazis] *la* vaha
obéir [obeir] itaat etmek, söz dinlemek ***obéir à*** -e itaat etmek, -i dinlemek; -e uymak
obéissance [obeisañs] *la* itaat, söz dinleme
obéissant, e [obeisañ, t] itaatli, söz dinler
obèse [obez] şişko, çok şişman
obésité [obezite] *la* şişkoluk, aşırı şişmanlık
objecter [objekte] bahane etmek, ileri sürmek
objectif, ive [objektif, v] nesnel; yansız, tarafsız ¤ *le* mercek, objektif
objection [objeksyoñ] *la* itiraz
objet [obje] *le* nesne; şey, eşya; konu ***objets trouvés*** bulunmuş eşya
obligation [obligasyoñ] *la* ödev; zorunluluk
obligatoire [obligatuar] zorunlu
obligé, e [oblije] zorunlu, kaçınılmaz
obliger [oblije] zorunda bırakmak, zorlamak, bağlamak
oblique [oblik] eğri, eğik
oblong, ue [obloñ, g] boyu eninden fazla, diktörtgen biçiminde
obscène [opsen] açık saçık, müstehçen
obscénité [obsenite] *la* müstehcenlik
obscur, e [opskür] karanlık; anlaşılmaz
obscurcir [opskürsir] karartmak
obscurité [opskürite] karanlık
obsédé, e [opsede] *le+la*: ***obsédée sexuelle*** seksomanyak, seks delisi
obséder [opsede] yakasını bırakmamak, musallat olmak
obsèques [opsek] *la+ç.* cenaze töreni
observateur, euse [opservatör, tris] *le+la* gözlemci
observation [opservasyoñ] *la* gözlem; gözetleme; inceleme; uyma, gözetme
observatoire [opservatuar] *le* gözlemevi, rasathane

observer [opserve] gözlemek; incelemek; uymak, gözetmek
obsession [opsesyoñ] *la* saplantı, takınak
obstacle [opstakl] *le* engel
obstination [opstinasyoñ] *la* inat, diretme
obstiné, e [opstine] inatçı, dik başlı
obstiner [opstine]: ***se obstiner*** inat etmek, diretmek
obstruer [opstrüe] tıkamak ***s'obstruer*** tıkanmak
obtenir [optõnir] elde etmek, sağlamak, edinmek
obus [obü] *le* mermi, gülle
occasinnor [okazyone] neden olmak, yol açmak
occasion [okazyoñ] *la* fırsat, vesile; neden, etken; kelepir mal ***d'occasion*** eski, elden düşme
occasionnel, le [okazyonel] tesadüfi
occident [oksidañ] *le* batı
occidental, e, aux [oksidañtal, o] batı ¤ *le+la* batılı
occupant, e [oküpañ, t] işgalci, işgal eden
occupation [oküpüsyoñ] *la* iş, uğraş; işgal
occupé, e [oküpe] meşgul; dolu, tutulmuş
occuper [oküpe] oturmak; zaman almak, tutmak; işgal etmek, sahip olmak ***s'occuper de*** ile uğraşmak, meşgul olmak
occurrence [okürañs] *la*: ***en l'occurrence*** bu durumda
océan [oseañ] *le* okyanus
octane [oktan] *le* oktan
octobre [oktobr] *le* ekim ayı
octroyer [oktruaye] vermek, bağışlamak
oculiste [okülist] *le+la* göz hekimi
odeur [odör] *la* koku
odorant, e [odorañ, t] güzel kokulu
odorat [odora] *le* koklama duyusu
odoriférant, e [odoriferañ, t] güzel kokulu
œil [öy], *ç.* ***yeux*** [yö] *le* göz ***à l'œil*** kd. bedava ***faire de l'œil à*** -e göz etmek ***fermer les yeux*** göz yummak, görmemezlikten gelmek
œillade [öyad] *la*: ***lancer une œillade à*** -e göz kırpmak
œillet [öye] *le* karanfil
œuf [öf, *ç.* ö] *le* yumurta ***œuf à la coque*** rafadan yumurta ***œuf au plat*** sahanda yumurta ***œuf dur*** lop yumurta, katı yumurta
œuvre [övr] *la* iş, çalışma; yapıt, eser ***œuvre d'art*** sanat yapıtı, sanat eseri

offense [ofañs] *la* hakaret; günah
offenser [ofañse] kırmak, incitmek; -e karşı günah işlemek ***s'offenser de*** -e kırılmak, -den alınmak
office [ofis] *le* iş, görev; işyeri, ofis, büro; ayin ¤ *le* kiler
officiel, le [ofisyel] resmi
officier [ofisye] *le* görevli, memur; subay
officieux, euse [ofisyö, z] yarı resmi
offrande [orañd] *la* bağış, adak
offre [ofr] *la* öneri, teklif; sunu, arz ***'offres d'emploi'*** gazetede iş ilanları
offrir [ofrir] önermek, teklif etmek; vermek, armağan etmek; sunmak; göstermek, arz etmek
offusquer [ofüske] darıltmak, gücendirmek
ogive [ojiv] *la* mermi başlık ***ogive nucléaire*** nükleer savaş başlığı
ogre [ogr] *le* dev, canavar
oie [ua] *la* kaz
oignon [onyoñ] *le* soğan
oiseau, x [uazo] *le* kuş
oisif, ive [uazif, v] *s+a.* işsiz, aylak
oisiveté [uazivte] *la* işsizlik, aylaklık
oléoduc [oleodük] *le* petrol boru hattı
olive [oliv] *la* zeytin
olympiade [oleñpyad] *la* olimpiyat ***les olympiades*** olimpiyat oyunları
olympique [oleñpik] olimpiyatla ilgili, olimpiyat +
ombrage [oñbraj] *le* gölgelik ***prendre ombrage de*** -e gücenmek, -den alınmak
ombragé, e [oñbraje] gölgeli, gölgelik
ombrageux, euse [oñbrajö, öz] alıngan
ombre [oñbr] *la* gölge
ombrelle [oñbrel] *la* güneş şemsiyesi
omelette [omlet] *la* omlet
omettre [ometr] atlamak, unutmak
omission [omisyoñ] *la* atlama, unutma
omnibus [omnibüs] *le* her istasyona uğrayan tren
on [oñ] *(Genel anlamda bir özneyi gösterir: On parle français. Fransızca konuşulur.)*; insan; adamın biri; ben; sen, o, biz, siz, onlar
oncle [oñkl] *le* amca, dayı
onde [oñd] *la* dalga ***sur les ondes*** radyoda
on-dit [oñdi] söylenti, dedikodu

ondulant, e [oñdülañ, t] dalgalı; düzensiz
ondulation [oñdülasyoñ] *la* dalgalanma; saç dalga
onduler [oñdüle] dalgalanmak
onéreux, euse [onerö, z] pahalı, masraflı
ongle [oñgl] *le* tırnak
ont [oñ] bkz. ***avoir***
onze [oñz] on bir
onzième [oñzyem] on birinci
opaque [opak] saydamsız, ışık geçirmez
opéra [opera] *le* opera
opérateur, trice [operatör, tris] *le+la* işletmen, operatör; cerrah, operatör ***opérateur (de prise vues)*** kameraman
opération [operasyoñ] *la* işleme, çalışma; iş; mat. işlem; ask. harekât; ameliyat
opérer [opere] ameliyat etmek; yapmak, gerçekleştirmek ***se faire opérer*** ameliyat olmak
opérette [operet] *la* operet
opiniâtre [opinyatr] inatçı, dik kafalı
opinion [opinyoñ] *la* fikir, düşünce
opium [opyom] *le* afyon
opportun, e [oportöñ, ün] uygun, elverişli
opposé, e [opoze] *s+le* zıt, ters, karşıt ***à l'opposé*** tersine ***opposé à*** -e karşı
opposer [opoze] karşı karşıya koymak; karşı koymak; ileri sürmek ***s'opposer à*** -e karşı çıkmak, karşı koymak
opposition [opozisyoñ] *la* karşıtlık, zıtlık; itiraz, karşı koyma; muhalefet
opprimer [oprime] sıkıştırmak, baskı yapmak
opter [opte]: ***opter pour*** -i seçmek, yeğlemek
opticien, ne [optisyeñ, en] *le+la* gözlükçü
optimisme [optimism] *le* iyimserlik
optimiste [optimist(ö)] *le+la* iyimser
optimum [optimom] en uygun, en iyi, optimum
option [opsyoñ] *la* seçme; seçilen şey
or [or] oysa ¤ *le* altın ***d'or*** altın
orage [oraj] *le* fırtına, boran
orageux, euse [orajö, öz] fırtınalı
oraison [orezoñ] *la* dua
oral, e, aux [oral, o] sözlü ¤ *le* sözlü sınav
oralement [oralmañ] sözlü olarak
orange [orañj] portakal renginde ¤ *la* portakal

orangé, e [orañje] turuncu, portakal renginde
orateur [oratör] *le* konuşmacı, hatip
orchestre [orkestr] *le* orkestra; tiy. ön koltuklar
orchidée [orkide] *la* orkide
ordinaire [ordiner] alışılmış, olağan, her zamanki; bayağı, düşük ***d'ordinaire*** genellikle ***à l'ordinaire*** genellikle, her zaman olduğu gibi
ordinateur [ordinatör] *le* bilgisayar
ordonnance [ordonañs] *la*, hek. reçete
ordonné, e [ordone] düzenli, tertipli
ordonner [ordone] düzenlemek; buyurmak, emretmek; hek. reçeteyle yazmak
ordre [ordr] *le* düzen; sıra; buyruk, emir; sınıf; tarikat ***mettre en ordre*** düzene sokmak ***ordre du jour*** gündem
ordure [ordür] *la* pislik ***ordures*** çöp, süprüntü
oreille [orey] *la* kulak
oreiller [oreye] *le* yastık
oreillons [oreyoñ] *le*+ç. kabakulak
organe [organ] *le* organ; temsilci, sözcü
organique [organik] organik
organisateur, trice [organizatör, tris] *le*+*la* organizatör, düzenleyici
organisation [organizasyoñ] *la* örgüt; örgütleme, örgütlenme; düzenleme
organiser [organize] örgütlemek; düzenlemek, hazırlamak
organiste [organist] *le*+*la* orgcu
orgasme [orgasm] *le* orgazm, boşalma
orge [orj] *la* arpa
orgelet [orjöle] *le*, hek. arpacık
orgie [orji] *la* âlem, cümbüş
orgue [org] *le* org
orgueil [orgöy] *le* kibir, kurum
orgueilleux, euse [orgöyö, yöz] gururlu; kibirli
Orient [oryañ] *le*: ***l'Orient*** doğu ülkeleri
oriental, e, aux [oryañtal, o] doğuyla ilgili, doğu +
orientation [oryañtasyoñ] *la* yönelme, yöneltme; yön ***orientation professionnelle*** mesleki açıdan yönlendirme, meslek danışmanlığı
orienter [oryañte] yöneltmek, çevirmek; yönlendirmek ***s'orienter vers*** -e doğru yönelmek
original, e, aux [orijinal, o] özgün, orijinal; ilk, asıl ¤

le+la tuhaf kimse ¤ *le* asıl, asıl nüsha
originalité [orijinalite] *la* özgünlük, orijinallik; tuhaflık, gariplik
origine [orijin] *la* köken, kaynak; başlangıç ***à l'origine*** başlangıçta, ilkin
ornement [ornõmañ] *le* süs; süsleme
ornemental, e, aux [ornõmañtal, o] süsleyici; süslü
orner [orne] süslemek, bezemek
orphelin, e [orfõleñ, in] *s+a.* öksüz, yetim
orphelinat [orfelina] *le* öksüzler yurdu, yetimhane
orteil [ortey] *le* ayak parmağı
orthodoxe [ortodoks] ortodoks
orthographe [ortograf] *la* yazım
orthographier [ortografye] yazmak
orthopédie [ortopedi] *la* ortopedi
orthopédique [ortopedik] ortopedik
ortie [orti] *la* ısırgan
os [os, ç. o] *le* kemik
oscillation [osilasyoñ] *la* salınım; titreşim
osciller [osile] salınmak; tereddüt etmek
osé, e [oze] cüretkâr, gözü pek
oser [oze] cesaret etmek
ostentation [ostañtasyoñ] *la* gösteriş, fiyaka
otage [otaj] *le* rehine, tutak
ôter [ote] çıkarmak, kaldırmak, gidermek
où [u] nerede, nereye; ki oraya, ki orada
ou [u] ya, ya da, veya; yoksa ***ou ... ou*** ya ... ya ...
ouate [uat] *la* pamuk; vatka
oubli [ubli] *le* unutma; unutkanlık
oublier [ubliye] unutmak
oublieux, euse [ubliyö, z] unutkan
ouest [uest] *s+le* batı
oui [ui] evet
ouï-dire [uidir] *le*: ***par ouï-dire*** söylentiye göre
ouïe [ui] *la* işitim
ouïr [uir] işitmek, duymak
ouragan [uragañ] *le* kasırga
ourlet [urle] *le* kumaş kenar baskısı
ours [urs] *le* ayı ***ours blanc*** kutup ayısı ***ours en peluche*** oyuncak ayı
ourse [urs] *la* dişi ayı
oursin [urseñ] *le* denizkestanesi
ourson [ursoñ] *le* ayı yavrusu
ouste [ust] haydi! yallah!
outil [uti] *le* alet

outrager [utraje] hakaret etmek
outrance [utrañs] *la* aşırılık
outre [utr] -den başka, dışında ***en outre*** ayrıca, bundan başka
outre-mer [utrõmer] denizaşırı
outrer [utre] abartmak; gücendirmek, kırmak
ouvert, e [uver, t] açık
ouvertement [uvretõmañ] açıkça, açık açık
ouverture [uvertür] *la* açılış; açıklık, delik, ağız; müz. uvertür
ouvrable [uvrabl]: ***jour ouvrable*** işgünü, çalışma günü
ouvrage [uvraj] *le* iş; çalışma; yapıt, eser
ouvre-boîtes [uvrõbuat] *le* kutu açacağı, konserve açacağı
ouvre-bouteilles [uvrõbutey] *le* şişe açacağı
ouvreuse [uvröz] *la* sinema vb.'de yer gösterici kadın
ouvrier, ière [uvrye, yer] *le+la* işçi, çalışan ***ouvrier qualifié*** kalifiye işçi
ouvrir [uvrir] açmak; açılmak
ovaire [over] *le* yumurtalık
O.V.n.I [ovni] *le* ufo, uçandaire
ovale [oval] oval, söbe
oxygène [oksijen] *le* oksijen
ozone [ozon] *le* ozon

P p

pacifier [pasifye] yatıştırmak, sakinleştirmek
pacifique [pasifik] barışçı, barışsever ***le Pacifique, l'océan Pacifique*** Pasifik Okyanusu, Büyük Okyanus
pacte [pakt] *le* antlaşma, pakt
pagaie [page] *la* kısa kürek
pagayer [pageye] kısa kürekle kayık yürütmek
page [paj] *la* sayfa ***à la page*** modern, çağdaş
pagode [pagod] *la* pagoda, tapınak
pahthère [pañter] *la* panter, pars
paie [pe] *la* ödeme; ücret
paiement [pemañ] *le* ödeme
païen, ne [payeñ, yen] *s+a.* putperest
paillasson [payasoñ] *le* paspas
paille [pay] *la* saman
pain [pe] *le* ekmek ***pain bis*** esmer ekmek ***pain complet*** kepekli ekmek ***pain de mie*** sandviç ekmeği ***pain grillé*** kızarmış ekmek
pair, e [per] sayı çift ¤ *le* eş, denk ***au pair*** tic. başabaş ***jeune fille au pair*** yaptığı

ev işlerine karşılık bir evde ücretsiz kalan kız
paire [per] *la* çift
paisible [pezibl] sakin, sessiz
paître [petr] otlamak
paix [pe] *la* barış
palace [palas] *le* palas, lüks otel
palais [pale] *le* saray ***palais des expositions*** sergi sarayı ***Palais de Justice*** adalet sarayı
pâle [pal] solgun, soluk
paletot [palto] *le* palto
palette [palet] *la* palet
pâleur [palör] *la* solgunluk, solukluk
palier [palye] merdiven sahanlığı
pâlir [palir] solmak, sararmak
palissade [palisad] *la* çit
palmier [palmye] *le* palmiye
palpitant, e [palpitañ, t] heyecanlı, heyecan verici
palpitation [palpitaśyoñ] *la* yürek çarpıntısı; atma, seğirme
palpiter [palpite] kalp, nabız atmak, çarpmak; titremek
paludisme [palüdism] *le* sıtma
pâmer [pame]: ***se pâmer*** bayılmak, kendinden geçmek
pamplemousse [pañplõmus] *le* greyfrut, altıntop
panaché, e [panaşe] alacalı, karışık ***glace panachée*** karışık dondurma ***salade panachée*** karışık salata
pancarte [pañkart] *la* duvar ilanı; pankart
pancréas [pañkreas] *le* pankreas
panier [panye] *le* sepet
panier-repas [panyerõpa] *le* paket yemek
panique [panik] *la* panik, büyük korku
paniquer [panike] paniğe kapılmak
panne [pan] *la* arıza, bozulma ***être en panne*** arızalı olmak, çalışmamak ***être en panne seche*** benzini tükenmek ***tomber en panne*** arıza yapmak, bozulmak
panneau, x [pano] *le* pano; levha ***panneau d'affichage*** ilan panosu ***panneau de signalisation*** yol işareti
panorama [panorama] *le* panorama
panoramique [panoramik] panoramik
panse [pañs] *la* göbek
pansement [pañsmañ] *le* pansuman ***pansement adhésif*** yara bandı
panser [pañse] pansuman yapmak

pantalon [pañtaloñ] *le* pantolon
pantomime [pañtomim] *la* pantomim
pantoufle [pañtufl] *la* terlik
paon [pañ] *le* tavus kuşu
papa [papa] *le* baba
papauté [papote] *la* papalık
pape [pap] *le* papa
papeterie [papetri] *la* kırtasiyeci, kırtasiye dükkânı
papetier, ière [papatye, yer] *le+la* kırtasiyeci
papetier-libraire [paptyelibrer] *le* kitapçı ve kırtasiyeci
papier [papye] *le* kâğıt ***papier à lettres*** mektup kâğıdı ***papier buvard*** kurutma kâğıdı ***papier calque*** saman kâğıdı ***papier carbone*** kopya kâğıdı ***papier collant*** seloteyp ***papier couche*** kuşe kâğıdı, kaymakkâğıdı ***papier d'aluminium*** alüminyum mutfak folyası ***papier de verre*** zımpara kâğıdı ***papier hygiénique*** tuvalet kâğıdı ***papier journal*** gazete kâğıdı ***papier peint*** duvar kâğıdı ***papier pelure*** pelür kâğıdı
papillon [papiyoñ] *le* kelebek
paprika [paprika] *le* kırmızıbiber
paquebot [pakbo] *le* yolcu gemisi, posta vapuru
Pâques [pak] *le*, *la+ç.* paskalya
paquet [pake] *le* paket
par [par] -den, -dan; -de, -da; ile; tarafından ***par-ci, par-là*** şurada burada
parachute [paraşüt] *le* paraşüt
parachutiste [paraşütist] *le+la* paraşütçü
parade [parad] *la* geçit töreni
paradis [paradi] *le* cennet
paraffine [parafin] *la* parafin
parages [paraj] *le+ç.* yöre, civar
paragraphe [paragraf] *le* paragraf
paraître [paretr] görünmek; yayımlanmak, çıkmak
parallèle [paralel] koçut, paralel ¤ *la* koşut çizgi, paralel çizgi
parallélogramme [paralelogram] *le* parelelkenar
paralyser [paralize] felç etmek kötürüm etmek
paralysie [paralizi] *la* inme, felç
paranoïaque [paranoyak] *le+la* paranoyak
parapet [parape] *le* korkuluk
parapluie [paraplui] *le* şemsiye
parasite [parazit] *le* asalak, parazit ***parasites*** parazit, cızırtı

parasol [parasol] *le* güneş şemsiyesi
paratonnerre [paratoner] *le* yıldırımsavar, paratoner
parc [park] *le* park ***parc de stationnement*** araba parkı
parce que [parskö] çünkü, -dığı için
parcelle [parsel] *la* küçük parça; parsel
parcomètre [parkometr] *le* park saati, otopark sayacı
parcourir [parkurir] gitmek, katetmek; göz gezdirmek; baştan başa dolaşmak
parcours [parkur] *le* bir şeyin izlediği yol; parkur
par-delà [pardöla] ötede, öteden
par-dessous [pardsu] alttan; altından
pardessus [pardösü] *le* pardösü
par-dessus [pardsü] üstünden; üstten
par-devant [pardvañ] önünde
pardon [pardoñ] pardon, affedersiniz, özür dilerim ¤ *le* af, bağışlama ***je vous demande pardon*** affedersiniz, özür dilerim
pardonner [pardone] bağışlamak, affetmek
pare-boue [parbu] *le* çamurluk
pare-brise [parbriz] *le*, oto. ön cam
pare-chocs [parşok] *le*, oto. tampon
pareil, le [parey] benzer; aynı; böyle
pareillement [pareymañ] aynı şekilde
parent, e [parañ, t] *le*+*la* akraba, hısım ***parents*** *le*+ç. ana baba, ebeveyn
parenthèse [parañtez] *la* ayraç, parantez
parer [pare] süslemek; savuşturmak ***parer à*** -e çare bulmak, önlemini almak
pare-soleil [parsoley] *le*, oto güneşlik
paresse [pares] *la* tembellik
paresser [parese] tembellik etmek
paresseux, euse [parasö, iz] tembel
parfaire [parfer] tamamlamak, mükemmelleştirmek
parfait, e [parfe, t] kusursuz, tam, mükemmel ¤ *le*, dilb. geçmiş zaman
parfaitement [parfaitmañ] kusursuzc, eksiksiz olarak; evet, elbette
parfois [parfua] bazen, kimi kez
parfum [parföñ] *le* koku, parfüm
parfumé, e [parfüme] kokulu; kadın koku sürünmüş

parfumer [parfüme] koku sürmek, parfüm sürmek; kokulandırmak
pari [pari] *le* bahis
parier [parye] bahse girmek
Paris [pari] Paris
Parisien, ne [parizyeñ, en] *le+la* Parisli
parisien, ne [parizyeñ, en] Parisli; Paris ile ilgili, Paris'e özgü
parking [parking] *le* park yeri, otopark
parlement [parlõmañ] *le* parlamento
parlementaire [parlõmañter] parlamentoyla ilgili ¤ *le+la* parlamenter, parlamento üyesi
parler [parle] konuşmak ¤ *le* konuşma; ağız, şive
parmi [parmi] arasında, içinde
parodie [parodi] *la* parodi
paroi [parua] *la* duvar
paroisse [paruas] *la* bir papazın ruhani bölgesi
parole [parol] *la* söz; konuşma ***demander la parole*** söz istemek ***paroles*** *la+ç.* söz, güfte
parquer [parke] park etmek
parquet [parke] *le* parke; huk. savcılık
parrain [pareñ] *le* vaftiz babası; koruyucu, destekçi
parsemer [parsõme] serpmek, saçmak, dağıtmak
part [par] *la* pay; parça, bölüm ***à part*** ayrıca ***d'autre part*** öte yandan ***de la part de*** -in adına, tarafından ***faire part*** bildirmek, haber vermek
partage [partaj] *le* bölme, bölüşme; pay
partager [partaje] bölmek, pay etmek; bölüşmek
partance [partañs]: ***en partance*** kalkmak üzere
partenaire [partõner] *le+la* ortak
parti [parti] *le* parti; karar ***parti pris*** önyargı
partial, e, aux [parsyal, o] taraf tutan, kayıran
participant, e [partisipañ, t] *le+la* katılan, iştirakçi
participation [partisipasyoñ] *la* katılma; ortaklık
participe [partisip] *le*, dilb. ortaç, sıfatfiil
participer [partisipe]: ***participer à*** -e katılmak; -i paylaşmak, -e ortak olmak
particularité [partikülarite] *la* özellik
particule [partikül] *la* parçacık, tanecik; dilb. ilgeç, edat
particulier, ière [partikülye, yer] özel ***en particulier*** özellekle; özel olarak

particulièrement [partikülyermañ] özellikle
partie [parti] *la* parça, bölüm; parti, eğlence; oyun; huk. taraf ***faire partie de*** -e bağlı olmak, -e mensup olmak
partiel, le [parsyel] kısmi
partir [partir] gitmek; yola çıkmak, hareket etmek ***à partir de*** -den itibaren, -den başlayarak
partisan, e [partizañ, an] *le+la* taraftar, partizan ***être partisan de*** -den yana olmak, -e taraftar olmak
partout [partu] her yere, her yerde
parure [parür] *la* süs, takı
parvenir [parvõnir]: ***parvenir à*** -e varmak, erişmek, ulaşmak ***parvenir à faire*** -meyi başarmak
parvenu, e [parvõnü] *le+la* sonradan görme kimse
pas[1] [pa] değil 'ne' ile kullanılır ve eylemleri olumsuz yapar ***pas du tout*** hiç, asla ***pas mal de*** çok, hayli
pas[2] [pa] *le* adım; basamak; ayak izi
passage [pasaj] *le* geçiş, geçme; yol; geçit; pasaj; geçiş ücreti ***passage à niveau*** hemzemin geçit ***passage clouté*** yaya geçidi ***passage souterrain*** yeraltı geçidi
passager, ère [pasaje, er] geçici ¤ *le+la* yolcu
passant, e [pasañ, t] işlek ¤ *le+la* yoldan geçen kimse
passe [pas] *la*, sp. pas
passé, e [pase] geçmiş; -den sonra ¤ *le* geçmiş; dilb. geçmiş zaman
passe-partout [paspartu] *le* maymuncuk
passeport [paspor] *le* pasaport
passer [pase] geçmek; uğramak; gösterilmek, oynanmak; solmak; ölmek; geçirmek ***passer en seconde, passer la seconde*** oto. ikinci vitese geçmek ***passer pour*** geçinmek, gibi görünmek ***se passer*** geçmek, olmak, cereyan etmek ***se passer de*** bırakmak, artık kullanmamak
passe-temps [pastañ] *le* eğlence, oyalanma
passif, ive [pasif, v] pasif, edilgin ¤ *le*, dilb. edilgen
passion [pasyoñ] *la* tutku, ihtiras
passionné, e [pasyone] tutkulu, ihtiraslı
passionner [pasyone] büyülemek, ilgi uyandırmak ***se***

passionner pour -e merak sarmak, -ın hastası olmak
passoire [pasuar] *la* süzgeç, kevgir
pastel [pastel] *s+le* pastel
pastèque [pastek] *la* karpuz
pastille [pastiy] *la* pastil ***pastilles pour la toux*** boğaz pastili
patate [patat] *la* patates
pâte [pa:t] *la* hamur; macun
pâté [pate] *le* etli börek; mürekkep lekesi ***pâté de maisons*** blok, ev topluluğu
patente [patañt] *la* patent
patère [pater] *la* duvar askısı, elbise çengeli
paternel, le [paternel] babayla ilgili, baba tarafından
pathétique [patetik] acıklı, dokunaklı
pathologie [patoloji] *la* patoloji
patience [pasyañs] *la* sabır
patient, e [pasyañ, t] sabırlı ¤ *le+la* hasta
patienter [pasyañte] sabırla beklemek, sabretmek
patin [pateñ] *le* paten ***patin à glace*** buz pateni ***patins à roulettes*** tekerlekli paten
patinage [patinaj] *le* patinaj ***patinage artistique*** artistik patinaj
patiner [patine] patenle kaymak; patinaj yapmak
patineur, euse [patinör, öz] *le+la* patenci
patinoire [patinuar] *la* buz pateni alanı
pâtisserie [patisri] *la* pastane; pasta
pâtissier, ière [pasitye, yer] *le+la* pastacı
patois [patua] *le* şive, ağız
patriarche [patriyarş] *le* patrik
patrie [patri] *la* yurt, vatan
patriote [patriyot] *s+a.* yurtsever
patriotique [patiryotik] yurtseverlikle ilgili
patriotisme [patriyotism(ö)] *le* yurtseverlik
patron, ne [patroñ, on] *le+la* patron, işveren ¤ *le* giysi, vb. kalıp, patron
patronage [patronaj] *le* koruma, himaye
patronat [patrona] *le* işverenler
patronner [patrone] korumak, desteklemek
patrouille [patruy] *la* kol, devriye
patte [pat] *la* bacak; hayvan ayak
pâturage [patüraj] *le* otlak
pâture [patür] *la* yiyecek
paume [pom] *la* aya, el içi
paumer [pome] kd. yitirmek, kaybetmek
paupière [popyer] *la* gözkapağı

pause [poz] *la* durma, mola, teneffüs; müz. es
pauvre [povr] *s+a.* yoksul
pauvreté [povrõte] *la* yoksulluk
pavè [pave] *le* kaldırım taşı
pavillon [paviyoñ] *le* küçük ev; kulübe; bayrak
pavot [pavo] *le* haşhaş
payant, e [peyañ, t] paralı, ücrete tabi
paye [pey] *la* ücret
payement [peymañ] *le* ödeme
payer [peye] ödemek; para vermek ***se payer la tête de*** ile dalga geçmek
pays [pey] *le* ülke; yurt; bölge; köy
paysage [peyzaj] *le* görünüm, manzara; peyzaj, kır resmi
paysan, ne [peyzañ, an] *le+la* köylü
péage [peaj] *le* geçiş parası, ayakbastı parası
peau, x [po] *la* deri ***peau de chamois*** güderi
Peau-Rouge [poruj] *le+la* Kızılderili
pêche [peş] *la* balıkçılık, balık avı; şeftali
péché [peşe] *le* günah
pêcher [peşe] balık avlamak
pécher [peşe] günah işlemek
pêcheur [peşör] *le* balıkçı
pécheur, eresse [peşör, peşres] *le+la* günahkâr
pédagogie [pedagoji] *la* pedagoji, eğitbilim, eğitim yöntemi
pédagogique [pedagojik] eğitimsel; eğitsel
pédagogue [pedagog] *le+la* eğitimci
pédale [pedal] *la* pedal
pédiatre [pedyatr] *le+la* çocuk hastalıkları uzmanı
pédiatrie [pedyatri] *la* pediatri, çocuk hekimliği
pédicure [pedikür] *le+la* pedikürcü
peigne [peny] *le* tarak
peigner [penye] -ın saçını taramak ***se peigner*** saçını taramak, taranmak
peignoir [penyuar] *le* sabahlık ***peignoir de bain*** bornoz
peindre [peñdr] boyamak; resmini yapmak
peine [pen] *la* acı, üzüntü; emek, zahmet; ceza ***à peine*** ancak, henüz, daha yeni; en çok, güç bela ***avoir de la peine à faire*** -mekte güçlük çekmek ***faire de la peine à*** -i üzmek, -e acı vermek
peiner [pene] çok çalışmak; üzmek
peintre [peñtr] *le* ressam ***peintre d'enseignes*** tabelacı ***peintre en bâtiment*** boyacı, badanacı

peinture [peñtür] *la* resim, yağlıboya resim; boya; ressamlık
péjoratif, ive [pejoratif, v] kötüleyici, küçük düşürücü
pelage [põlaj] *le* hayvan tüy
pêle-mêle [pelmel] karmakarışık
peler [põle] kabuğunu soymak; derisi soyulmak
pèlerin [pelreñ] *le* hacı
pèlerinage [pelrinaj] *le* hac; hac yeri
pélican [pelikañ] *le* pelikan
pelle [pel] *la* kürek
pellicule [pelikül] *la* boş film ***pellicules*** *la+ç.* saçta kepek
pelote [põlot] *la* yumak; iğne yastığı
peloter [põlote] ellemek, okşamak, sıkıştırmak ***se peloter*** sevişip koklaşmak
pelouse [pluz] *la* çimenlik
pelure [plür] *la* meyve, sebze kabuk
pénaliser [penalize] cezalandırmak
pénalité [penalite] *la* ceza
penalty, ies [penalti, z] *le*, sp. penaltı
penaud, e [põno, d] utanmış, sıkılmış
penchant [pañşañ] *le* bayır, yamaç; eğilim
penché, e [pañşe] eğik, yatık
pencher [pañşe] eğmek; eğilmek ***se pencher*** eğilmek, sarkmak
pendant [pañdañ] sırasında, esnasında ***pendant que*** iken
pendentif [pañdañtif] *le* pandantif
penderie [pañdri] *la* elbise dolabı
pendre [pañdr] asmak
pendule [pañdül] *la* sarkaçlı saat, masa saati, duvar saati
pendulette [pañdület] *la* küçük masa saati
pénétrer [penetre] içine girmek, işlemek ***pénétrer dans*** -e girmek
pénible [penibl] güç, yorucu; üzücü, acı
péniblement [peniblõmañ] güçlükle
péniche [peniş] *la* mavna
pénicilline [penisilin] *la* penisilin
péninsule [peneñsül] *la* yarımada
pénis [penis] *le* penis, kamış
pénitence [penitañs] *la* tövbe; kefaret
pensée [pañse] *la* düşünme; düşünce; bitk. Menekşe
penser [pañse] düşünmek; sanmak ***penser à*** -i dü-

şünmek ***penser à faire*** - meyi düşünmek
pensif, ive [pañsif, v] düşünceli
pension [pañsyoñ] *la* emekli aylığı; pansiyon; yatılı okul ***pension complète*** tam pansiyon ***pension de famille*** pansiyon
pensionnaire [pañsyoner] *le+la* pansiyoner; yatılı öğrenci
pensionnat [pañsyona] *le* yatılı okul
pente [pañt] *la* iniş, bayır ***en pente*** inişli
Pentecôte [pañtkot] *la* pantekot, Hıristiyanlarda hamsin yortusu, Musevilerde gül bayramı
pénurie [penüri] *la* kıtlık, yokluk
pépin [pepeñ] *le* meyve çekirdek; kd. şemsiye
pépinière [pepinyer] *la* fidelik, fidanlık
percée [perse] *la* delik, gedik
percepteur [perseptör] *le* vergi tahsildarı
perception [persepsyoñ] *la* algı; vergi, vb. toplama
percer [perse] delmek; yarmak
perceuse [persöz] *la* matkap
percevoir [persövuar] algılamak; vergi toplamak, almak
percussion [perküsyoñ] *la* vurma, çarpma
percuter [perküte] vurmak, çarpmak
perdant, e [perdañ, t] *le+la* yenilen, kaybeden
perdre [perdr] yitirmek, kaybetmek; mahvetmek ***se perdre*** yitmek, kaybolmak
perdrix [perdri] *la* keklik
perdu, e [perdü] yitmiş, kaybolmuş; mahvolmuş
père [per] *le* baba ***le père noël*** Noel baba
perfection [perfeksyoñ] *la* kusursuzluk, mükemmellik
perfectionner [perfeksyone] geliştirmek, ilerletmek, yetkinleştirmek
perforation [perforasyoñ] *la* delme, delinme; delik
perforer [perfore] delmek; zımbalamak
péril [peril] *le* tehlike
périleux, euse [periyö, z] tehlikeli
périmé, e [perime] modası geçmiş; süresi dolmuş
périmètre [perimetr] *le* çevre
période [peryod] *la* dönem; süre; çağ, devir
périodique [peryodik] periyodik; süreli ¤ *le* süreli yayın
péripéties [peripesi] *la+ç.* beklenmedik olaylar

périphérie [periferi] *la* çevre; banliyö, kent çevresi
périphérique [periferik] *le* çevre yolu
périr [perir] ölmek, yok olmak
perle [perl] *la* inci; boncuk
permanent, e [permanañ, t] sürekli, devamlı ¤ *la* saç perma
perméable [permeabl] geçirgen, geçirimli
permettre [permetr] izin vermek, müsaade etmek
permis [permi] *le* permi, ruhsat, izin belgesi ***permis de conduire*** sürücü belgesi ***permis de séjour*** oturma izni
permission [permisyoñ] *la* izin, müsaade
pernicieux, euse [pernisyö, z] zararlı, tehlikeli
perpendiculaire [perpañdiküler] dik, dikey
perpétrer [perpetre] suç işlemek
perpétuel, le [perpetuel] sürekli, aralıksız
perpétuer [perpetue] sürdürmek, devam ettirmek
perplexe [perpleks] şaşırmış, afallamış
perquisition [perkizisyoñ] *la* arama
perquisitionner [perkizisyone] arama yapmak
perron [peroñ] *le* merdivenler; peron
perroquet [peroke] *le* papağan
perruche [perüş] *la* muhabbetkuşu
perruque [perük] *la* peruk, takma saç
persévérant, e [perseverañ, t] direşken, sebatkâr
persévérer [persevere] sebat etmek, ayak diremek
persienne [persyen] *la* panjur
persil [persi] *le* maydanoz
persister [persiste] ısrar etmek, inat etmek; sürüp gitmek
personnage [personaj] *le* önemli kişi, şahsiyet; tiy. kişi
personnalité [personalite] *la* kişilik
personne [person] *la* kimse, hiç kimse ¤ *la* kişi, kimse, insan
personnel, le [personel] kişisel özel ¤ *le* çalışanlar, personel
personnellemenet [personelmañ] kendi, bizzat; şahsen
perspective [perspektiv] *la* perspektif; görünüm, manzara
persuader [persuade] inandırmak, kandırmak, ikna etmek

persuasif, ive [persüazif, iv] inandırıcı, ikna edici
persuasion [pesuazyoñ] *la* inanma, inandırma, ikna
perte [pert] *la* kayıp; zarar, ziyan ***à perte*** tic. zararına ***à perte de vue*** göz alabildiğine
perturbation [pertürbasyoñ] *la* karışıklık, düzensizlik
perturber [pertürbe] bozmak, altüst etmek
pervers, e [perver, s] sapık
perversion [perversyoñ] *la* sapıklık
perverti, e [perverti] *le+la* sapık
pervertir [pervertir] ayartmak, baştan çıkarmak
pesant, e [põzañ, t] ağır; sıkıcı
pesanteur [põzañtör] *la* yerçekimi
peser [põze] tartmak; ağırlığında olmak, kadar gelmek
pessimisme [pesimism] *le* kötümserlik, karamsarlık
pessimiste [pesimist(õ)] *s+a.* kötümser, karamsar
peste [pest] *la* veba
pet [pe] *le*, kd. osuruk
péter [pete] patlamak; kopmak; kd. osurmak
pétiller [petiye] çıtırdamak; şampanya köpürmek
petit, e [pti, t] küçük, ufak ***petit ami*** erkek arkadaş ***petit à petit*** azar azar, yavaş yavaş ***petit déjeuner*** kahvaltı ***petite amie*** kız arkadaş
petite-fille [põtitiy] *la* kız torun
petit-fils [põtifis] *le* erkek torun
pétition [petisyoñ] *la* dilekçe
petits-enfants [põtizañfañ] *le+ç.* torunlar
pétrir [petrir] yoğurmak
pétrole [petrol] *le* petrol
pétrolier, ière [petrolye, yer] petrolle ilgili ¤ *le* petrol tankeri
peu [pö] az ***à peu près*** aşağı yukarı, yaklaşık ***avant peu*** çok geçmeden ***peu à peu*** yavaş yavaş, azar azar
peuple [pöpl] *le* halk
peuplier [pöpliye] *le* kavak
peur [pör] *la* korku ***avoir peur*** korkmak de, -den ***faire peur à*** -ı korkutmak ***peureux, euse*** korkak, ürkek
peut-être [pötetr] belki
phare [far] *le*, den. fener; oto. far ***phare antibrouillard*** sis lambası
pharmacie [farmasi] *la* eczacılık; eczane
pharmacien, ne [farmasyeñ, en] *le+la* eczacı
phase [faz] *la* evre, safha
philatélie [filateli] *la* pulculuk
philatéliste [filatelist(õ)] *le+la* pul koleksiyoncusu

philosophe [filozof] *le+la* filozof
philosophie [filozofi] *la* felsefe
philosophique [filozofik] felsefi
phobie [fobi] *la* fobi, yılgı
phonétique [fonetik] sesçil ¤ *la* sesbilgisi
phoque [fok] *le* fok, ayıbalığı
phosphate [fosfat] *le* fosfat
phosphore [fosfor] *le* fosfor
photo [foto] *la* fotoğraf ***photo d'identité*** vesikalık resim ***prendre en photo*** -ın fotoğrafını çekmek
photocopie [fotokopi] *la* fotokopi
photocopier [fotokopye] fotokopisini çekmek
photogénique [fotojenik] fotojenik
photographe [fotograf] *le+la* fotoğrafçı
photographie [fotografi] *la* fotoğrafçılık; fotoğraf
photographier [fotografye] fotoğrafını çekmek
phrase [fraz] *la* cümle, tümce
physicien, ne [fizisyeñ, en] *le+la* fizikçi
physiologie [fizyoloji] *la* fizyoloji
physiologique [fizyolojik] fizyolojik
physique [fizik] fiziksel; bedensel ¤ *le* fizik, vücut yapısı ¤ *la* fizik
physiquement [fizikmañ] vücutça, fizik olarak
pianiste [pyanist] *le+la* piyanist
piano [pyano] *le* piyano
pic [pik] *le* kazma; dağ doruk, sivri tepe; hayb. ağaçkakan ***à pic*** dikine, dikey olarak; tam zamanında
pichenette [pişnet] *la* fiske
pickpocket [pikpoket] *le* yankesici
pick-up [piköp] *le* pikap
pie [pi] *la* saksağan; mec. geveze, çalçene
pièce [pyes] *la* oda; tiy. oyun; parça; madeni para; belge ***pièce détachée*** yedek parça ***pièce d'identité*** kimlik belgesi
pied [pye] *le* ayak; masa bacak; dip, alt kısım ***à pied*** yayan ***de pied en cap*** tepeden tırnağa ***mettre sur pied*** düzene koymak, düzeltmek
piège [pyej] *le* tuzak, kapan
pierre [pyer] *la* taş
pierreries [pyerri] *la+ç.* değerli taşlar, mücevherat
piété [pyete] *la* dindarlık
piéton, ne [pyetoñ, on] *le+la* yaya
piètre [pyetr] değersiz, basit

pieu, x [pyö] *le* kazık
pieuvre [pyövr] *la* ahtapot
pieux, euse [pyö, z] dindar
pigeon [pijoñ] *le* güvercin
piger [pije] kd. anlamak, çakmak
pile [pil] *la* yığın, küme; pil; parada yazı ***pile ou face?*** yazı mı tura mı?
pilier [pilye] *le* direk, sütun
piller [piye] yağmalamak, soymak
pilote [pilot] *le* pilot; sürücü
piloter [pilote] taşıt sürmek, kullanmak, uçurmak
pilule [pilül] *la* hap
piment [pimañ] *le* biber ***piment rouge*** kırmızıbiber, acı biber
pin [peñ] *le* çam
pince [peñs] *la* pens, cımbız ***pince à épiler*** cımbız ***pince à linge*** mandal
pinceau, x [peñso] *le* boya fırçası
pincer [peñse] çimdiklemek; kıstırmak, sıkıştırmak
pingouin [peñgueñ] *le* penguen
ping-pong [pingpoñg] *le* masa tenisi, pingpong
pinson [peñsoñ] *le*, hayb. ispinoz
pioche [pyoş] *la* kazma
piocher [pyoşe] kazmak; kd. ineklemek, çok çalışmak
pion [pyoñ] *le* satranç piyon; dama taş
pionnier [pyonye] *le* öncü
pipe [pip] *la* pipo; boru
pipe-line [payplayn] *le* boru hattı
pipi [pipi] *le*, kd.: ***faire pipi*** çiş etmek
piquant, e [pikañ, t] ucu sivri, batıcı; acı, sert
pique [pik] *le* maça
pique-nique [piknik] *le* piknik
pique-niquer [piknike] piknik yapmak
piquer [pike] delmek; batırmak, saplamak; böcek sokmak; acıtmak, yakmak; hek. iğne yapmak; kd. aşırmak, araklamak; teyellemek
piquet [pike] *le* kazık ***piquet de grève*** grev gözcüsü
piqûre [pikür] *la* iğne batması; böcek sokması; hek. iğne yapma; teyel
pirate [pirat] *s+le* korsan ***pirate de l'air*** hava korsanı
pire [pir] daha kötü ***lela pire*** en kötü
pis [pi] daha kötü ***le pis*** en kötü
pis-aller [pizale] *le* geçici çare
piscine [pisin] *la* yüzme havuzu ***piscine couverte*** kapalı yüzme havuzu

pissenlit [pisañli] *le* karahindiba
pisser [pise] kd. işemek
pissotière [pisotyer] *la* genel pisuar
pistache [pistaş] *la* antepfıstığı, şamfıstığı
piste [pist] *la* dar yol, patika; iz; pist
pistolet [pistole] *le* tabanca
piston [pistoñ] *le* piston
piteux, euse [pitö, z] acınacak, acıklı
pitié [pitye] *la* acıma, merhamet ***avoir pitié de*** -e acımak
pitoyable [pituayabl] acınacak, acıklı
pitre [pitr] *le* soytarı, palyaço
pittoresque [pitoresk] pitoresk; canlı, renkli
pivot [pivo] *le* mil, eksen
pizza [pidza] *la* pizza
placage [plakaj] *le* kaplama
placard [plakar] *le* gömme dolap
place [plas] *la* yer; alan, meydan; iş ***à la place de*** -in yerine
placement [plasmañ] *le* yerleştirme; yatırım
placer [plase] koymak; yerleştirmek; para yatırmak
plafond [plafoñ] *le* tavan
plage [plaj] *la* kumsal, plaj
plaider [plede] savunmak; dava etmek, dava açmak
plaidoirie [pleduari] *la*, huk. savunma
plaie [ple] *la* yara
plaignant, e [plenyañ, t] *le+la* davacı
plaindre [pleñdr] -e acımak ***se plaindre*** yakınmak, şikâyet etmek
plaine [plen] *la* ova
plainte [pleñt] *la* inilti; yakınma, şikâyet
plaire [pler] hoşa gitmek, beğenilmek ***se plaire à faire*** -mekten hoşlanmak ***s'il vous plaît*** lütfen
plaisant, e [plezañ, t] hoş, güzel; eğlenceli, komik
plaisanter [plezañte] şaka yapmak
plaisanterie [plezañtri] *la* şaka
plaisir [plezir] *le* zevk, haz ***faire plaisir à*** -i sevindirmek
plan, e [plañ, an] düz ¤ *le* plan, tasar; mat. düzlem; sin. çekim
planche [plañş] *la* tahta; levha ***planche à dessin*** resim tahtası ***planche à pain*** ekmek tahtası ***planche à repasser*** ütü tahtası
plancher [plañşe] *le* döşeme, zemin, taban

planer [plane] süzülerek uçmak
planète [planet] *la* gezegen
planeur [planör] *le* planör
planification [planifikasyoñ] *la* ekonomik planlama
planifier [planifye] planlamak
planning [planing] *le* program ***planning familial*** aile planlaması
plant [plañ] *le* fide, fidan
plante [plañt] *la* bitki ***plante du pied*** ayak tabanı
planter [plañte] dikmek, ekmek
plaque [plak] *la* plaka; levha ***plaque minéralogique, plaque d'immatriculation*** (taşıt) plaka
plaquer [plake] kaplamak
plasma [plasma] *le* plazma
plastique [plastik] *s+le* plastik
plat, e [pla, t] yassı; düz ¤ *le* tabak; yemek ***à plat*** düz, yatay olarak; lastik inik, sönük
plateau, x [plato] *le* tepsi; yayla; sahne, set
plate-forme [platform] *la* sahanlık; platform
platine [platin] *le* platin
plâtre [platr] *le* alçı
plein, e [pleñ, en] dolu de, ile; tam ***à plein temps*** tümgün, tamgün ***en plein air*** açık havada ***en pleine mer*** açık denizde ***en pleine nuit*** gecenin tam ortasında ***en pleine rue*** sokak ortasında ***en plein soleil*** güneşin alnında
pleurer [plöre] ağlamak
pleurnicher [plörnişe] sızlanmak, ağlamak
pleuvoir [plövuar] yağmur yağmak
pli [pli] *le* kıvrım; kırışıklık, buruşukluk
pliant, e [pliyañ, t] açılır kapanır ¤ *le* açılır kapanır iskemle
plier [pliye] katlamak; bükmek; eğilmek
plisser [plise] kırıştırmak, buruşturmak
plomb [ploñ] *le* kurşun; elektrik sigorta
plombage [ploñbaj] *le* diş dolgu
plomber [ploñbe] diş doldurmak, dolgu yapmak
plomberie [ploñbri] *la* sıhhi tesisat, su döşemi
plombier [ploñbye] *le* tesisatçı, muslukçu
plonge [ploñj] *la*: ***faire la plonge*** bulaşık yıkamak
plongée [ploñje] *la* dalma, dalış
plongeoir [ploñjuar] *le* tramplen, atlama tahtası

plongeon [ploñjoñ] *le* dalma, dalış
plonger [ploñje] dalmak; daldırmak, batırmak
plongeur, euse [ploñjör, öz] *le+la* dalgıç; bulaşıkçı
pluie [plui] *la* yağmur
plume [plüm] *la* kuş tüy; kalem ucu
plumer [plüme] tüylerini yolmak
plumier [plümye] *le* kalem kutusu
plupart [plüpar]: ***la plupart*** -ın çoğu, büyük bir kısmı ***pour la plupart*** çoğunlukla, çoğunluk olarak
pluriel [plüryel] *le* çoğul
plus [plü] daha; artı ***de plus, en plus*** ayrıca, bundan başka ***de plus en plus*** gitgide, gittikçe ***lela plus*** en ***ne ... plus*** artık ***plus que*** -den daha, -den çok ***tout au plus*** olsa olsa, en çok
plusieurs [plüzyör] birçok
plus-que-parfait [plüsköparfe] *le* hikâye bileşik zamanı, mişli geçmiş zamanın hikâyesi
plutôt [plüto] daha çok; daha doğrusu
pluvieux, euse [plüvyö, z] yağmurlu
pneu, x [pnö] *le* lastik
pneumatique [pnömatik] havalı, pnömatik ¤ *le* lastik
pneumonie [pnömoni] *la* zatürree
poche [poş] *la* cep
poché, e [poşe]: ***œuf poché*** haşlama yumurta ***œil poché*** morarmış göz
pochette [poşet] *la* küçük kutu, küçük paket; cep mendili ***pochette d'allumettes*** poşet kibrit ***pochette de disque*** plak gömleği
podium [podyom] *le* podyum
poêle [pual] *le* soba ¤ *la*: ***poêle à frire*** tava, kızartma tavası
poème [poem] *le* şiir
poésie [poezi] *la* şiir
poète [poet] *le* ozan, şair
poétique [poetik] şiirsel
pognon [ponyoñ] *le*, kd. para, mangır
poids [pua] *le* ağırlık; sp. gülle ***prendre du poids*** kilo almak, şişmanlamak ***poids lourd*** ağırsıklet; ağır vasıta, ağır taşıt
poignard [puanyar] *le* hançer
poignée [puanye] *la* bir tutam, bir avuç; sap, kulp ***poignée de main*** el sıkma, tokalaşma
poignet [puanye] *le* bilek; yen
poil [pual] *le* kıl; tüy ***à poil*** kd. çıplak

poinçonner [pueñsone] zımbalamak, delmek
poing [pueñ] *le* yumruk
point [pueñ] *le* yer; nokta; an; konu; sayı, puan; derece; okul not ***à point*** kararında, iyi pişmiş; tam zamanında ***au point mort*** oto. boşta ***point d'exclamation*** ünlem işareti ***point de vue*** görüş; bakış açısı ***point d'interrogation*** soru işareti ***point du jour*** tan, şafak ***sur le point de faire*** -mek üzere ***points cardinaux*** anayönler
pointe [pueñt] *la* sivri uç; nükte, espri ***sur la pointe des pieds*** ayaklarının ucuna basa basa
pointer [pueñte] işaretlemek; işyerinde çalışanların giriş-çıkışlarını denetlemek
pointillé [pueñtiye] *le* noktalı çizgi
pointilleux, euse [pueñtiyö, z] titiz
pointu, e [pueñtü] sivri; tiz, keskin
pointure [pueñtür] *la* ayakkabı, vb. numara, ölçü
point-virgule [pueñvirgül] *le* noktalı virgül
poire [puar] *la* armut; kd. surat, yüz
poireau, x [puaro] *le* pırasa
pois [pua] *le* bezelye ***pois chiche*** nohut
poison [puazoñ] *le* ağı, zehir
poisseux, euse [puasö, z] yapışkan
poisson [puasoñ] *le* balık ***les Poissons*** Balık burcu
poissonnerie [puasonri] *la* balıkçı dükkânı
poissonnier, ière [puasonye, yer] *le+la* balıkçı
poitrine [puatrin] *la* göğüs
poivre [puavr] *le* karabiber
poivré, e [puavre] biberli, karabiberli
poivrier [puavriye] *le* biberlik
poivron [puavroñ] *le* dolmalık biber ***poivron rouge*** kırmızıbiber ***poivron vert*** yeşil biber
polaire [poler] kutupsal, kutup +
pôle [pol] *le* kutup
polémique [polemik] *la* tartışma
poli, e [poli] kibar, nazik
police [polis] *la* polis; poliçe ***police d'assurance*** sigorta poliçesi ***police des mœurs*** ahlak zabıtası
policier, ière [polisye, yer] polisle ilgili, polis + ¤ *le* polis memuru
policlinique [poliklinik] *la* poliklinik

polir [polir] parlatmak, cilalamak
polisson, ne [polisoñ, on] haylaz, yaramaz
politesse [polites] *la* kibarlık, nezaket
politicien, ne [politisyeñ, en] *le+la* politikacı
politique [politik] politik, siyasal ¤ *la* politika, siyaset
pollen [polen] *le* çiçektozu
polluer [polue] kirletmek, pisletmek
pollution [polusyoñ] *la* kirletme; kirlilik
poltron, ne [poltroñ, on] korkak, tabansız
polyclinique [poliklinik] *la* poliklinik
polycopier [polikopye] çoğaltmak, teksir etmek
polygone [poligon] *le* çokgen
pommade [pomad] *la* merhem, pomat
pomme [pom] *la* elma ***pomme de terre*** patates
pommette [pomet] *la* elmacık kemiği
pompe [poñp] *la* pompa, tulumba; görkem, tören
pomper [poñpe] pompalamak; çekmek, emmek
pompeux, euse [poñpö, z] görkemli, gösterişli
pompier [poñpye] *le* itfaiyeci
ponce [poñs] *la*: ***pierre ponce*** süngertaşı
ponctualité [poñktualite] *la* dakiklik
ponctuation [poñktuasyoñ] *la* noktalama
ponctuel, le [poñktuel] dakik
ponctuer [poñktue] noktalamak
pondre [poñdr] yumurtlamak; kd. doğurmak
poney [pone] *le* midilli
pont [poñ] *le* köprü ***pont aérien*** hava köprüsü ***pont suspendu*** asma köprü
pop [pop] pop ***le pop*** pop müzik
populace [popülas] *la* ayaktakımı
populaire [popüler] popüler, herkesçe sevilen; halkla ilgili, halka özgü, halk +
popularité [popülarite] *la* popülerlik, herkesçe sevilme
population [popülasyoñ] *la* nüfus
porc [por] *le* domuz; domuz eti
porcelaine [porsölen] *la* porselen, çini
porc-épic [porkepik] *le* kirpi
porche [porş] *le* kapı sundurması
pore [por] *le* gözenek

poreux, euse [porö, öz] gözenekli
pornographie [pornografi] *la* pornografi
pornographique [pornografik] pornografik, porno
port [por] *le* liman; taşıma; taşıma ücreti
portable [portabl(õ)] taşınabilir, portatif
portatif, ive [portatif, v] portatif, taşınır
porte [port] *la* kapı ***mettre à la porte*** kapı dışarı etmek ***porte d'entrée*** giriş kapısı, ön kapı
porte-avions [portavyoñ] *le* uçak gemisi
porte-bagages [portbagaj] *le* bagaj filesi
porte-clefs [portökle] *le* anahtarlık
portée [porte] *la* erim, menzil; değer, önem; kapsam
porte-fenêtre [portfõnetr] *la* balkon kapısı, camlı dış kapı
portefeuille [portõföy] *le* cüzdan
portemanteau, x [portmañto] *le* portmanto
porte-mine [portõmin] *le* sürgülü kurşunkalem
porte-monnaie [portmone] *le* para çantası
porte-parole [portparol] *le* sözcü
porter [porte] taşımak; giymek, takmak; götürmek; getirmek ***porter sur*** -e dayanmak; ile ilgili olmak ***se porter bien*** sağlığı iyi olmak ***se porter mal*** sağlığı kötü olmak
porte-savon [portsavoñ] *le* sabunluk
porte-serviettes [portservyet] *le* havluluk, havlu askısı
porteur, euse [portör, z] *le* hamal; tic. çek taşıyan, hamil
porte-voix [portõvua] *le* megafon
portier [portye] *le* kapıcı
portière [portyer] *la* taşıt kapı
portion [porsyoñ] *la* pay; parça, bölüm; porsiyon
porto [porto] *le* porto şarabı
portrait [portre] *le* portre
pose [poz] *la* yerleştirme; poz; tavır
posé, e [poze] ciddi, ağırbaşlı
poser [poze] koymak; yerleştirmek; poz vermek
poseur, euse [pozör, z] *le+la* gösterişçi, kasıntı
positif, ive [pozitif, v] olumlu; kesin; artı, pozitif
position [pozisyoñ] *la* durum, vaziyet; yer, konum; tavır, hal

posséder [posede] sahip olmak
possesseur [posesör] *le* sahip
possessif, ive [posesif, iv] dilb. iyelik gösteren, iyelik +
possession [posesyoñ] *la* sahip olma, sahiplik, iyelik
possibilité [posibilite] *la* olanak; olasılık
possible [posibl] olanaklı, mümkün; olası, muhtemel
poste [post] *la* posta; postane ¤ *le* karakol; görev, mevki; TV, radyo alıcı ***poste de police*** karakol ***poste d'essence*** benzin istasyonu ***poste de secours*** ilkyardım ***poste de télévision*** televizyon ***poste restante*** postrestant ***Postes et Télécommunications P.T.T.*** Posta, Telgraf, Telefon PTT
poster[1] [poste] postalamak
poster[2] [poster] *le* poster
postérieur, e [posteryör] sonraki; arka ¤ *le*, kd. kıç, göt
postérité [posterite] *la* gelecek kuşaklar
postiche [postiş] yapma, takma, sahte
post-scriptum [postskriptom] *le* dipnot
postulant, e [postülañ, t] *le+la* aday, istekli
postuler [postüle] iş istemek, başvurmak
posture [postür] *la* durum; davranış, tutum
pot [po] *le* kavanoz, tencere, çömlek, kap ***boire un pot*** kd. içki içmek ***pot d'échappement*** egzoz borusu ***pot de fleurs*** saksı
potable [potabl] içilir, içilebilir ***eau potable*** içme suyu
potage [potaj] *le* çorba
potager, ère [potaje, er] sebzeyle ilgili, sebze + ***jardin potager*** sebze bahçesi
potasser [potase] kd. ineklemek, çok çalışmak
pot-de-vin [podveñ] *le* rüşvet
poteau, x [poto] *le* direk ***poteau indicateur*** yol levhası, işaret direği
potelé, e [potle] tombul
potence [potañs] *la* darağacı
potentiel, le [potañsyel] *s+le* potansiyel
poterie [potri] *la* çömlekçilik; çanak çömlek
potier [potye] *le* çömlekçi
potins [poteñ] *le+ç.* dedikodu
potiron [potiroñ] *le* kabak
pot-pourri [popuri] *le* potpuri
pou, x [pu] *le* bit
poubelle [pubel] *la* çöp sepeti, çöp tenekesi
pouce [pus] *le* başparmak

poudre [pudr] *la* toz; pudra; barut
poudrier [pudriye] *le* pudriyer, pudralık
poulailler [pulaye] *le* kümes
poulain [puleñ] *le* tay
poule [pul] *la* tavuk; kd. orospu
poulet [pule] *le* piliç; kd. polis
poulpe [pulp] *le* ahtapot
pouls [pu] *le* nabız
poumon [pumoñ] *le* akciğer
poupée [pupe] *la* oyuncak bebek
poupon [pupoñ] *le* bebek
pouponnière [puponyer] *la* kreş
pour [pur] için; yerine, adına; -e göre; -e karşı; -den dolayı, yüzünden ***pour cent*** yüzde ***pour que*** -sin diye, -mesi için
pourboire [purbuar] *le* bahşiş
pourcentage [pursañtaj] *le* yüzde oranı, yüzde
pourchasser [purşase] kovalamak, peşine düşmek
pourpre [purpr] lal, parlak kırmızı
pourquoi [purkua] neden
pourri, e [puri] çürük, bozuk
pourrir [purir] çürümek, bozulmak; çürütmek
pourriture [puritür] *la* çürüme, çürük
poursuite [pursuit] *la* izleme, kovalama, arama ***poursuites*** *la* +ç, huk kovuşturma
poursuivre [pursuivr] kovalamak; izlemek, aramak; sürdürmek
pourtant [purtañ] yine de, bununla birlikte
pourtour [purtur] *le* çevre, dolay
pourvoir [purvuar] sağlamak, vermek ***pourvoir à*** karşılamak, bakmak
pourvu que [purvükö] yeter ki
pousse [pus] *la* bitme, çıkma; filiz
poussée [puse] *la* itme, itiş
pousser [puse] itmek; devam etmek; çığlık, vb. atmak, koparmak; büyümek, boylanmak
poussette [puset] *la* puset
poussière [pusyer] *la* toz
poussiéreux, euse [pusyerö, öz] tozlu
poussin [puseñ] *le* civciv
poutre [putr] *la* kiriş
pouvoir [puvuar] -ebilmek, -abilmek ¤ *le* güç; yetki; iktidar ***pouvoir d'achat*** alım gücü, satın alma gücü ***les pouvoirs publics*** yetkililer, ilgili makamlar
prairie [preri] *la* çayır
praticable [pratikabl] yapılabilir, gerçekleştirilebilir

praticien, ne [pratisyeñ, yen] *le+la* pratisyen
pratique [pratik] pratik; kullanışlı, elverişli ¤ *la* uygulama ***mettre en pratique*** uygulamaya koymak, gerçekleştirmek
pratiquement [pratikmañ] uygulamada; gerçekte, aslında
pratiquer [pratike] yapmak, etmek, uygulamak; kiliseye gitmek, dinin gereklerini yapmak
pré [pre] *le* çayır
précaution [prekosyoñ] *la* önlem, tedbir ***par précaution*** önlem olarak
précédent, e [presedañ, t] önceki
précéder [presede] önde gitmek; önce gelmek
précepteur, trice [preseptör, tris] *le+la* mürebbiye, dadı, eğitmen
prêcher [preşe] vaaz vermek; öğütlemek, salık vermek
précieux, euse [presyö, z] değerli, pahalı
précipice [presipis] *le* uçurum
précipitamment [presipitamañ] çabucak, alelacele
précipitation [presipitasyoñ] *la* acele ***précipitations atmosphériques*** yağış
précipité, e [presipite] hızlı, çabuk; aceleci
précipiter [presipite] devirmek, alaşağı etmek ***se précipiter*** atılmak; acele etmek
précis, e [presi, iz] açık, belirgin; belirli; kesin, tam
précisément [presizemañ] açıkça
préciser [presize] açıklamak; belirtmek
précision [presizyoñ] *la* açıklık, belirlilik; kesinlik, doğruluk
précoce [prekos] erken; turfanda
préconçu, e [prekoñsü] önyargılı
préconiser [prekonize] salık vermek, tavsiye etmek
précurseur [prekürsör] *s+le* haberci, müjdeci
prédécesseur [predezesör] *le* selef, öncel
prédicateur [predikatör] *le* vaiz
prédiction [prediksyoñ] *la* önceden bildirme, kehanet
prédire [predir] önceden bildirmek, kehanette bulunmak
prédominer [predomine] üstün olmak, ağır basmak
préfabrique, e [prefabrike] prefabrike
préface [prefas] *la* önsöz

préfecture [prefektür] *la* il; valilik ***préfecture de police*** emniyet müdürlüğü
préférable [preferabl] yeğ, daha iyi, tercih edilir
préféré, e [prefere] *s+a.* en çok sevilen, gözde, favori
préférence [preferañs] *la* tercih, yeğleme ***de préférence*** tercihen, en iyisi
préférer [prefere] yeğlemek, tercih etmek
préfet [prefe] *le* vali ***préfet de police*** emniyet müdürü
préfixe [prefiks] *le*, dilb. önek
préjudice [prejüdis] *le* zarar, ziyan ***porter préjudice à*** -e zarar vermek
préjugé [prejüje] *le* önyargı
préliminaire [preliminer] ilk, ön, hazırlayıcı
prélude [prelüd] *le* başlangıç
préméditer [premedite] önceden tasarlamak
premier, ière [prõmye, yer] birinci, ilk; temel ***Premier Ministre*** başbakan
premièrement [prõmyermañ] ilkin, en önce
prémonition [premonisyoñ] *la* önsezi
prendre [prañdr] almak; tutmak; yakalamak; binmek; yemek, içmek ***prendre qn pour*** birini ... sanmak ***s'y prendre*** davranmak, hareket etmek
preneur [prõnör] *le* (bir şeye) düşkün, tiryaki; alıcı
prénom [prenoñ] *le* küçük ad
préoccupation [preoküpasyoñ] *la* tasa, kaygı
préoccuper [preoküpe] kaygılandırmak, tasalandırmak
préparatifs [preparatif] *le+ç.* hazırlık
préparation [preparasyoñ] *la* hazırlama, hazırlanma
préparer [prepare] hazırlamak ***se préparer*** hazırlanmak
préposé, e [prepoze] *le+la* görevli, memur; postacı
préposition [prepozisyoñ] *la*, dilb. ilgeç, edat
près [pre] yakın, yakında ***près de*** -in yanında, yakınında; hemen hemen, aşağı yukarı
présage [prezaj] *le* belirti, alamet; kehanet
présager [prezaje] -in belirtisi olmak, haber vermek
presbyte [presbit] presbit
prescription [preskripsyoñ] *la* yönerge, talimat; reçete; huk. zamanaşımı
présence [prezañs] *la* var olma; hazır bulunma, katılma
présent, e [prezañ, t] bulunan, hazır, mevcut; şimdiki, şu

anki ¤ *le* armağan, hediye ***à présent*** şimdi
présentateur, trice [prezañtatör, tris] *le+la* sunucu
présentation [prezañtasyoñ] *la* sunma; tanıtma; gösterme
présenter [prezañte] sunmak; göstermek; tanıtmak ***se présenter*** ortaya çıkmak, karşısına çıkmak; aday olmak
préservatif [prezervatif] *le* prezervatif, kılıf
préserver [prezerve] korumak de, -den
présidence [prezidañs] *la* başkanlık
président [prezidañ] *le* başkan
présider [prezide] başkanlık etmek
presque [preskö] hemen hemen, neredeyse
presqu'île [preskil] *la* yarımada
pressant, e [presañ, t] ivedi, acil
presse [pres] *la* basın; pres, mengene ***presse féminine*** kadın dergileri
pressé, e [prese] acelesi olan; ivedi, acil ***orange pressée*** portakal suyu
presse-citron [pressitroñ] *le* limon sıkacağı
presser [prese] sıkmak; sıkıştırmak; basmak; acil olmak ***se presser*** acele etmek; yığılmak, toplaşmak
pressing [presing] *le* kuru temizleme dükkânı
pression [presyoñ] *la* basınç; baskı
prestidigitateur, trice [prestidijitatör, tris] *le+la* hokkabaz
prestidigitation [prestidijitasyoñ] *la* hokkabazlık, el çabukluğu
prestige [prestij] *le* saygınlık
prestigieux, euse [pestijyö, öz] saygın, tanınmış
présumer [prezüme] sanmak, varsaymak
prêt, e [pre, pret] hazır ¤ *le* ödünç verilen para
prêt-àporter [protaporte] *le* hazır giysi, konfeksiyon
prétendre [pretañdr] ileri sürmek, iddia etmek
prétendu, e [pretañdü] sözde
prétentieux, euse [pretañsyö, z] kendini beğenmiş, iddialı
prétention [pretañsyoñ] *la* sav, iddia; kendini beğenmişlik
prêter [prete] ödünç vermek; vermek ***prêter l'oreille*** kulak vermek ***prêter serment*** ant içmek
prêteur, euse [pretör, öz] *le* borç veren, ödünç veren
prétexte [pretekst] *le* bahane
prêtre [pretr] *le* papaz, rahip

prêtrise [pretriz] *la* papazlık, rahiplik
preuve [pröv] *la* kanıt, delil; prova
prévenances [prevnañs] *la+ç.* naziklik, düşüncelilik
prévenant, e [prevnañ, t] nazik, düşünceli
prévenir [prevnir] önlemek; uyarmak; haber vermek, bildirmek
préventif, ive [prevañtif, v] önleyici, koruyucu
prévention [prevañsyoñ] *la* önleme
prévenu, e [prevnü] *le+la* sanık
prévision [previzyoñ] *la* tahmin ***en prévision de*** olacak diye, olasılığına karşı ***prévisions météorologiques*** hava tahmini
prévoir [prevuar] önceden görmek, kestirmek; öngörmek
prier [priye] dua etmek, yakarmak; yalvarmak
prière [priyer] *la* dua, yakarış
primaire [primer] ilk
prime [prim] *la* prim, ikramiye; sigorta primi
primer [prime] üstün olmak
primeurs [primör] *la+ç.* turfanda yemiş, turfanda sebze
primitif, ive [primitif, v] ilk ¤ *s+a.* ilkel
prince [preñs] *le* prens
princesse [preñses] *la* prenses
principal, e, aux [preñsipal, o] en önemli, başlıca, temel
principalement [preñsipalmañ] başlıca; özellikle
principe [preñsip] *le* ilke, prensip ***par principe*** ilke olarak, prensip olarak
printemps [preñtañ] *le* ilkbahar
priorité [priyorite] *la* öncelik; oto. geçiş üstünlüğü
pris, e [pri, z] tutulmuş, boş değil; meşgul
prise [priz] *la* alma; tutma, yakalama; priz
prisme [prism] *le* prizma, biçme
prison [prizoñ] *la* hapishane, cezaevi
prisonnier, ière [prizonye, yer] *le+la* tutsak; tutuklu, mahkûm
privé, e [prive] özel
priver [prive] yoksun bırakmak ***se priver de*** -den yoksun olmak
privilège [privilej] *le* ayrıcalık
privilégié, e [privilejye] ayrıcalıklı
prix [pri] *le* değer, fiyat; ödül ***à tout prix*** her ne pahasına olursa olsun
probabilité [probabilite] *la* olasılık
probable [probabl] olası, muhtemel

probablement [probablömañ] belki de
probité [probite] *la* dürüstlük, doğruluk
problème [problem] *le* sorun; problem
procédé [prosede] *le* yöntem, yol; işlem; davranış
procéder [prosede] davranmak, hareket etmek ***procéder de*** -den kaynaklanmak, ileri gelmek
procès [prose] *le* dava
procession [prosesyoñ] *la* tören alayı
processus [prosesüs] *le* süreç
procès-verbal, aux [proseverbal, o] *le* tutanak
prochain, e [proşeñ, en] yakın; gelecek
prochainement [proşenmañ] yakında
proche [proş] yakın ***proches*** *le+ç.* yakınlar, akrabalar
proclamation [proklamasyoñ] *la* ilan; bildiri
procuration [prokürasyoñ] *la* vekâlet; vekâletname
procurer [proküre] sağlamak, vermek ***se procurer*** elde etmek
procureur [proküröR] *le* savcı
prodige [prodij] *le* mucize, harika
prodigue [prodig] cömert; savurgan, tutumsuz
prodiguer [prodige] saçıp savurmak, israf etmek
producteur, trice [prodüktör, tris] *le+la* üretici; sin. yapımcı
productif, ive [prodüktif, v] verimli; kazançlı
production [prodüksyoñ] *la* üretim; verim; ürün; yapıt, eser
productivité [prodüktivite] *la* verimlilik
produire [produir] üretmek; yapmak; doğurmak; yetiştirmek; neden olmak ***se produire*** görünmek, kendini göstermek; olmak, meydana gelmek
produit [produi] *le* ürün; kazanç
professer [profese] açıkça söylemek, itiraf etmek; öğretmenlik yapmak, ders vermek
professeur [profesör] *le* öğretmen; profesör
profession [profesyoñ] *la* meslek, iş, sanat
professionnel, le [profesyonel] mesleki ¤ *le+la* profesyonel
profil [profil] *le* profil, yandan görünüş
profit [profi] *le* kazanç; yarar, çıkar ***tirer profit de*** -den yararlanmak
profitable [profitabl] kazançlı, kârlı

profiter [profite]: ***profiter à*** -e yararlı olmak; -e kazanç getirmek ***profiter de*** -den yararlanmak
profond, e [profoñ, d] derin
profondeur [profoñdör] derinlik
profusion [profüzyoñ] *la* bolluk; savurganlık
programme [program] *le* program
programmer [programe] bilgisayar programlamak
programmeur, euse [programör, öz] *le+la* bilgisayar programcısı
progrès [progre] *le* gelişme, ilerleme
progresser [progrese] gelişmek; ilerlemek
progressif, ive [progresif, iv] ilerleyen, yavaş yavaş artan
progression [progresyoñ] *la* ilerleme
prohiber [proibe] yasaklamak
projecteur [projektör] *le* projektör, ışıldak
projectile [projektil] *le* mermi
projection [projeksyoñ] *la* atma, fırlatma; sin. gösterim, oynatma
projet [proje] *le* tasarı, proje ***projet de loi*** yasa tasarısı
projeter [projte] tasarlamak; sin. göstermek, oynatmak; atmak, fırlatmak
prolétaire [proleter] *le* emekçi
prolétariat [proletarya] *le* emekçi sınıfı, proletarya
prolongation [proloñgasyoñ] *la* uzatma, uzama ***prolongations*** *la*+ç. futbol uzatma
prolongement [proloñjmañ] *le* uzatma; uzantı
prolonger [proloñje] uzatmak ***se prolonger*** uzamak
promenade [promnad] *la* gezi, gezinti
promener [promne] gezdirmek, dolaştırmak ***se promener*** gezinmek, dolaşmak
promesse [promes] *la* söz, vaat
promettre [prometr] söz vermek; umut vermek
promotion [promosyoñ] *la* terfi, yükselme
promouvoir [promuvuar] terfi ettirmek
prompt, e [proñ, t] tez, çabuk, hızlı
pronom [pronoñ] *le*, dilb. adıl, zamir
prononcer [pronoñse] telaffuz etmek; söylemek; bildirmek
prononciation [pronoñsyasyoñ] *la* telaffuz, söyleniş
propagande [propagañd] *la* propaganda
propager [propaje] yaymak ***se propager*** yayılmak

prophète [profet] *le* peygamber
propice [propis] uygun, elverişli
proportion [proporsyoñ] *la* oran; orantı
proportionnel, le [proporsyonel] orantılı
propos [propo] *le* söz, konuşma; niyet ***à propos*** sırası gelmişken ***à propos de*** konusunda, hakkında
proposer [propoze] önermek ***se proposer de faire*** -meye niyetli olmak
proposition [propozisyoñ] *la* öneri; önerme; dilb. cümle, tümce; yancümle, yantümce
propre [propr] temiz; kendi, öz ***propre à*** -e özgü; -e uygun, elverişli
proprement [proprômañ] temiz olarak, temiz temiz; tam olarak ***à proprement parler*** daha doğrusu, açıkçası
propreté [proprôte] *la* temizlik
propriétaire [propriyeter] *le+la* sahip, mal sahibi
propriété [propriyete] *la* iyelik, mülkiyet; mülk
proscrire [proskrir] sürgüne göndermek; yasaklamak
prose [proz] *la* düzyazı, nesir
prospectus [prospektüs] *le* tanıtmalık, prospektüs
prospère [prosper] başarılı; gönençli, mutlu, refah içinde
prospérer [prospere] gelişmek, ilerlemek
prospérité [prosperite] *la* gönenç, refah; gelişme
prostituée [prostitüe] *la* orospu, fahişe
prostitution [prostitüsyoñ] *la* orospuluk, fuhuş
protagoniste [protagonist] *le* başoyuncu; öncü
protecteur, trice [protektör, tris] *s+a.* koruyucu
protection [proteksyoñ] *la* koruma
protéger [proteje] korumak ***se protéger de contre*** kendini den korumak
protéine [protein] *la* protein
protestant, e [protestañ, t] *s+a.* Protestan
protestantisme [protestañtism(ö)] *le* Protestanlık
protestation [protestasyoñ] *la* protesto
protester [proteste] protesto etmek
protocole [protokol] *le* protokol
proue [pru] *la*, den. pruva
prouver [pruve] kanıtlamak, göstermek
provenir [provnir]: ***provenir de*** -den gelmek; -ın sonucu olmak, -den ileri gelmek

proverbe [proverb] *le* atasözü
province [proveñs] *la* eyalet; il; taşra
proviseur [provizör] *le* lise müdürü
provision [provizyoñ] *la* stok; tic. karşılık, provizyon ***provisions*** *la+ç.* erzak, yiyecek
provisoire [provizuar] geçici, eğreti
provisoirement [provizuarmañ] geçici olarak, şimdilik
provocant, e [provokañ, t] kışkırtıcı
provocation [provokasyoñ] *la* kışkırtma, tahrik
provoquer [provoke] kışkırtmak; neden olmak
proximité [proksimite] *la* yakınlık ***à proximité de*** -in yakınında
prudence [prüdañs] *la* ihtiyat
prudent, e [prüdañ, t] ihtiyatlı
prune [prün] *la* erik
pruneau, x [prüno] *le* kuru erik, çir
prunelle [prünel] *la* gözbebeği
psychanalyse [psikanaliz] *la* psikanaliz
psychanalyste [psikanalist] *le+la* psikanalist
psychiatre [psikyatr] *le+la* psikiyatr, ruh hekimi
psychiatrie [psikyatri] *la* psikiyatri, ruh hekimliği
psychique [psişik] ruhsal, psişik
psychologie [psikoloji] *la* ruhbilim, psikoloji
psychologique [psikolojik] psikolojik, ruhbilimsel
psychologue [psikolog] *le+la* ruhbilimci, psikolog
puanteur [püañtör] *la* pis koku
puberté [püberte] *la* erinlik, buluğ
public, ique [püblik] halkla ilgili, halk +, kamu +; genel; devletle ilgili, devlet + ¤ *le* halk, kamu; dinleyiciler, izleyiciler ***en public*** herkesin önünde
publication [püblikasyoñ] *la* yayım; yayın
publicité [püblisite] *la* reklamcılık; reklam
publier [pübliye] yayımlamak; ilan etmek
publique [püblik] bkz. ***public***
puce [püs] *la* pire
pudique [püdik] edepli
puer [püe] pis kokmak
puis [pui] sonra
puiser [puize] su çekmek
puisque [puiskö] çünkü; madem, -diğine göre
puissance [puisañs] *la* güç, kuvvet; etki; yetke, otorite
puissant, e [puisañ, t] güçlü; etkili, nüfuzlu

puits [pui] *le* kuyu ***puits de mine*** maden kuyusu
pull-over [pulovör] *le* kazak
pulvérisateur [pülverizatör] *le* püskürteç, pülverizatör
pulvériser [pülverize] toz haline getirmek; püskürtmek
punaise [pünez] *la* tahtakurusu; raptiye
punche [poñş] *le* punç
punir [pünir] cezalandırmak
punition [pünisyoñ] *la* cezalandırma; ceza
pupille [püpiy] *la* gözbebeği
pupitre [püpitr] *le* okul sıra
pur, e [pür] saf, arı; temiz; içki sek
purée [püre] *la*: ***purée de pommes de terre*** patates püresi
pureté [pürte] *la* temizlik, arılık, saflık
purgatif [pürgatif] *le* müshil
purge [pürj] *la* tasfiye, temizlik
purger [pürje] tasfiye etmek, temizlemek; hek. müshil vermek
purifier [pürifye] arıtmak
puritain, e [püriteñ, en] *s+a.* Püriten
puritanisme [püritanism(ö)] *le* Püritanizm, Püritenlik
pur-sang [pürsañ] *le* safkan at
pus [pü] *le* irin
putain [püteñ] *la*, arg. orospu
puzzle [pözl] *le* oyun bozyap
pygmée [pigme] *le* cüce
pyjama [pijama] *le* pijama
pyramide [piramid] *la* piramit

Q q

quadrilatère [kuadrilater] *le* dörtgen, dörtkenar
quadrillé, e [kadriye] kâğıt kareli
quai [ke] *le* rıhtım; peron
qualificatif, ive [kalifikatif, v] dilb. niteleyici, niteleme +
qualification [kalifikasyoñ] *la* niteleme; nitelik
qualifier [kalifye] nitelemek, nitelendirmek
qualité [kalite] *la* nitelik; özellik
quand [kañ] ne zaman; -dığı zaman, -ınca, -ince ***quand même*** yine de, bununla birlikte
quant à [kañta] -e gelince, ise
quantité [kañtite] *la* miktar, sayı; nicelik ***en grande quantité*** çok sayıda ***quantité de*** birçok
quarantaine [karañten] *la* karantina
quarante [karañt] kırk
quart [kar] *le* çeyrek, dörtte bir
quartier [kartye] *le* mahalle, semt ***quartier général, QG***

genel karargâh ***quartiers*** karargâh
quartz [kuarts] *le* kuvars
quasi [kazi] hemen hemen, gibi, neredeyse
quasiment [kazimañ] aşağı yukarı, hemen hemen
quatorze [katorz] on dört
quatre [katrö] dört
quatre-vingt-dix [katröveñdis] doksan
quatre-vingts [katröveñ] seksen
quatrième [katriyem] dördüncü
quatuor [kuatuor] *le*, müz. kuartet
que [kö] ne; -diği, -dığı; ki; karşılaştırmalarda -den, -dan, kadar
quel, quelle [kel] hangi; ne ***quel que*** ne olursa olsun
quelconque [kelkoñk] herhangi bir; değersiz, sıradan
quelque [kelkö] bazı, biraz; bir, biri; ne, hangi ***quelque chose*** bir şey ***quelque part*** bir yere, bir yerde ***quelque peu*** biraz; hayli, epey
quelquefois [kelköfua] bazen, kimi kez
quelques-uns, -unes [kelközöñ, ün] bazıları, kimileri
quelqu'un, une [kelköñ, ün] biri, birisi
querelle [körel] *la* kavga, tartışma
quereller [körele]: ***se quereller*** kavga etmek
question [kestyoñ] *la* soru; sorun ***en question*** söz konusu olan
questionnaire [kestyoner] *le* sorular, soru kâğıdı
questionner [kestyone] soru sormak; sorguya çekmek
quête [ket] *la* yardım için para toplama ***en quête de*** -ın peşinde ***faire la quête*** para toplamak ***quêter*** yardım için para toplamak; aramak, araştırmak
queue [kö] *la* kuyruk; sap ***faire la queue*** kuyruğa girmek
qui [ki] kim; kimi; -en, -an
quiconque [kikoñk] kim ki, her kim; herhangi biri
quincaillerie [keñkayri] *la* hırdavat; hırdavatçı dükkânı
quincaillier, ière [keñkaye, yer] *le+la* hırdavatçı
quinte [keñt] *la*: ***quinte de toux*** öksürük nöbeti
quinze [keñz] on beş
quittance [kitañs] *la* makbuz
quitte [kit] borçtan kurtulmuş
quitter [kite] ayrılmak, bırakmak, terk etmek; giysi çıkarmak ***se quitter*** birbirinden ayrılmak ***ne quittez***

pas telefonu kapatmamak, ayrılmamak
quoi [kua] ne ***'il n'y a pas de quoi'*** bir şey değil, rica ederim
quoique [kuakõ] -diği halde, -e karşın, ise de
quota [kuota] *le* kota, kontenjan
quote-part [kotpar] *la* pay
quotidien, ne [kotidyeñ, en] günlük, gündelik ¤ *le* günlük gazete
quotient [kosyañ] *le*, mat. bölüm

R r

rabais [rabe] *le* indirim
rabaisser [rabese] indirmek, azaltmak
rabattre [rabatr] düşürmek, indirmek, kırmak ***se rabattre*** yolunu değiştirmek, yön değiştirmek
rabbin [rabeñ] *le* haham
rabot [rabo] *le* planya, rende
raboter [rabote] rendelemek
rabougri, e [rabugri] sıska, cılız
racaille [rakay] *la* ayaktakımı
raccommodage [rakomodaj] *le* onarma, yamama
raccommoder [rakomode] onarmak; yamamak
raccorder [rakorde] birleştirmek, bağlamak, eklemek
raccourci [rakursi] *le* kestirme yol
raccourcir [rakursir] kısaltmak; kısalmak
raccrocher [rakroşe] telefonu kapamak
race [ras] *la* soy; ırk
racheter [raşte] yeniden satın almak; fidye vererek kurtarmak; gidermek, telafi etmek
racial, e, aux [rasyal, o] ırkla ilgili
racine [rasin] *la* kök
racisme [rasism] *le* ırkçılık
raciste [rasist(õ)] *s+a.* ırkçı
raclée [rakle] *la*, kd. dayak, kötek
racler [rakle] kazımak
racoler [rakole] orospu asılmak, müşteri bulmaya çalışmak
raconter [rakoñte] anlatmak
radar [radar] *le* radar
rade [rad] *la* liman
radeau, x [rado] *le* sal
radiateur [radyatör] *le* radyatör
radiation [radyasyoñ] *la* ışınım, radyasyon
radier [radye] silmek
radieux, euse [radyö, z] parlak, pırıl pırıl

radin, e [radeñ, in] kd. cimri
radio [radyo] *la* radyo; hek. röntgen
radioactif, ive [radyoaktif, v] radyoaktif
radioactivité [radyoaktivite] *la* radyoaktivite
radiodiffuser [radyodifüze] radyoyla yayımlamak
radiographie [radyografi] *la* radyografi, röntgen
radiographier [radyografye] röntgenini çekmek, filmini almak
radioscopie [radyoskopi] *la* radyoskopi
radiothérapie [radyoterapi] *la* radyoterapi
radis [radi] *le* turp
radium [radyom] *le* radyum
radoucir [radusir]: ***se radoucir*** yumuşamak, yatışmak
rafale [rafal] *la* bora, fırtına
raffermir [rafermir] sağlamlaştırmak, güçlendirmek ***se raffermir*** sağlamlaşmak, güçlenmek
raffinage [rafinaj] *le* arıtma, arıtım
raffiner [rafine] arıtmak
raffinerie [rafinri] *la* rafineri, arıtımevi
raffoler [rafole]: ***raffoler de*** -e bayılmak, -ın hastası olmak
raffut [rafü] *le*, kd. gürültü patırtı
rafistoler [rafistole] kd. üstünkörü onarmak
rafler [rafle] kd. soyup soğana çevirmek
rafraîchir [rafreşir] soğutmak, serinletmek ***se rafraîchir*** soğumak, serinlemek
rafraîchissant, e [refreşisañ, añt] serinletici
rafraîchissement [rafreşismañ] *le* soğutma, serinletme, serinleme; soğuk içecek
rage [raj] *la* kuduz; öfke, kudurganlık
rager [raje] öfkeden kudurmak
rageur, euse [rajör, öz] sinirli, huysuz
ragot [rago] *le*, kd. dedikodu
ragoût [ragu] *le* yahni
raid [red] *le* akın, baskın
raide [red] sert, katı; dik, sarp
raideur [redör] *la* sertlik, katılık; diklik, sarplık
raidir [redir] germek, kasmak; sertleştirmek, katılaştırmak
raie [re] *la* çizgi, yol; saç ayırma çizgisi
raifort [refor] *le* yabanturpu, acırga
rail [ray] *le* ray; demiryolu
railler [raye] ile alay etmek, ile dalga geçmek
rainure [renür] *la* yarık, oluk

raisin [rezeñ] *le* üzüm ***raisin muscat*** misket üzümü ***raisins secs*** kuru üzüm
raison [rezoñ] *la* neden, gerekçe; us, akıl; kanıt ***avoir raison*** haklı olmak
raisonnable [rezonabl(õ)] mantıklı, akla yatkın; aklı başında, makul
raisonnement [rezonmañ] *le* uslamlama, muhakeme
raisonner [rezone] düşünmek; uslamlamak, muhakeme etmek
rajeunir [rajönir] gençleştirmek; gençleşmek
rajuster [rajüste] düzeltmek; ayarlamak, düzenlemek
ralenti [ralañti] *le* sin. yavaşlatılmış hareket ***tourner au ralenti*** oto. rölantide çalışmak
ralentir [ralañtir] yavaşlatmak; yavaşlamak ***se ralentir*** yavaşlamak
ralentissement [ralañtismañ] *le* yavaşlama, yavaşlık
rallonger [raloñje] uzatmak
rallye [rali] *le* ralli
ramassage [ramasaj] *le*: ***ramassage scolaire*** taşıtla okula öğrenci getirip götürme
ramassé, e [ramase] tıknaz, bodur
ramasser [ramase] toplamak
rame [ram] *la* kürek; metro tren
rameau, x [ramo] *le* küçük dal
ramener [ramne] geri getirmek; çekmek
ramer [rame] kürek çekmek
rameur, euse [ramör, öz] *le+la* kürekçi
ramollir [ramolir] yumuşatmak
ramoner [ramone] kurumunu temizlemek
ramoneur [ramonör] *le* baca temizleyicisi
rampe [rañp] *la* tırabzan, korkuluk
ramper [rañpe] sürünmek
rance [rañs] acımış, ekşi
rançon [rañsoñ] *la* fidye, kurtulmalık
rancune [rañkün] *la* hınç, kin
randonnée [rañdone] *la* gezi, gezinti
rang [rañ] *le* sıra, dizi; sınıf; mevki
rangé, e [rañje] düzenli, tertipli
rangée [rañje] *la* sıra, dizi
ranger [rañje] dizmek, sıralamak; düzene sokmak, çekidüzen vermek ***se ranger*** kenara çekilmek
ranimer [ranime] diriltmek, canlandırmak
rapatrier [rapatriye] yurduna geri göndermek
râpe [rap] *la* mutfak rendesi

râper [rape] sebze, vb. rendelemek
rapetasser [raptase] kd. üstünkörü onarmak
rapide [rapid] hızlı, çabuk ¤ *le* ekspres tren
rapidement [rapidmañ] hızlı, hızla
rapidité [rapidite] *la* hız, çabukluk
rapiécer [rapyese] yamamak
rappel [rapel] *le* geri çağırma
rappeler [raple] geri çağırmak; anımsatmak, akla getirmek ***se rappeler*** anımsamak, hatırlamak
rappliquer [raplike] kd. gelmek, dönmek
rapport [rapor] *le* rapor; gelir, ürün; ilişki, benzerlik ***être en rapport avec*** -e uygun olmak ***par rapport à*** -e göre, -e oranla ***rapports sexuels*** cinsel ilişki
rapporter [raporte] geri getirmek; getirmek; gelir getirmek, para getirmek ***se rapporter à*** ile ilgili olmak ***s'en rapporter à*** -e güvenmek
rapporteur, euse [raportör, öz] *le+la* sözcü, raportör ¤ *le*, mat. iletki
rapprochement [raproşmañ] *le* yakınlaşma; yakınlık, benzerlik
rapprocher [raproşe] yaklaştırmak ***se rapprocher*** yaklaşmak
raquette [raket] *la* raket
rare [rar] az, az bulunur, nadir; seyrek
rarement [rarmañ] seyrek, binde bir, nadiren
rareté [rarte] *la* azlık, kıtlık; seyreklik, nadirlik
ras, e [ra, raz] kazınmış, dibinden kesilmiş ***à ras bords*** silme, ağzına kadar ***en avoir ras le bol*** kd. bıkmak, usanmak
raser [raze] tıraş etmek; canını sıkmak, kafasını ütülemek ***se raser*** tıraş olmak; sıkıntıdan patlamak
rasoir [razuar] *le* tıraş makinesi; ustura ***rasoir électrique*** elektrikli tıraş makinesi
rassasier [rasazye] doyurmak
rassembler [rasañble] toplamak ***se rassembler*** toplanmak
rassis, e [rasi, iz] ekmek bayat
rassurer [rasüre] yatıştırmak, rahatlatmak ***se rassurer*** rahatlamak
rat [ra] *le* sıçan, fare
râteau, x [rato] *le* tırmık
rater [rate] başarısızlığa uğramak; kaçırmak
ratifier [ratifye] onaylamak

ration [rasyoñ] *la* yiyecek içecek payı, tayın
rationnel, le [rasyonel] rasyonel; makul, akla yatkın
rationner [rasyone] karneye bağlamak
rattraper [ratrape] yetişmek, yakalamak; gidermek, telafi etmek
rauque [rok] boğuk
ravauder [ravode] onarmak
ravin [raveñ] *le* sel çukuru
ravir [ravir] hayran bırakmak
raviser [ravize]: ***se raviser*** fikrini değiştirmek
ravissant, e [ravisañ, t] çok güzel, büyüleyici
ravitailler [ravitaye] yiyicek vb. sağlamak; taşıt yakıt vermek
rayé, e [reye] çizgili, yollu
rayer [reye] çizmek, karalamak
rayon [reyoñ] *le* ışın; mat. yarıçap; raf; bölüm, reyon ***rayon de soleil*** güneş ışını ***rayons X*** X ışınları
rayonner [reyone] ışıldamak; parlamak, ışık saçmak
rayure [reyür] *la* çizgi, yol; çizinti
razzia [razya] *la* baskın
réacteur [reaktör] *le* tepkili motor; reaktör
réaction [reaksyoñ] *la* tepki; gericilik; tepkime, reaksiyon ***moteur à réaction*** tepkili motor
réactionnaire [reaksyoner] gerici
réagir [reajir] tepkimek; tepki göstermek
réalisateur, trice [realizatör, tris] *le+la* yönetmen
réalisation [realizasyoñ] *la* gerçekleştirme, yapma, gerçekleşme
réaliser [realize] gerçekleştirmek, yapmak; anlamak
réalisme [realism] *le* gerçekçilik
réaliste [realist] *s+a.* gerçekçi
réalité [realite] *la* gerçek; gerçeklik
rébarbatif, ive [rebarbatif, v] ters, kaba, itici
rebeller [röbele]: ***se reboller*** ayaklanmak, başkaldırmak
rébellion [rebelyoñ] *la* ayaklanma, isyan
rebondi, e [röboñdi] tombul, yuvarlak
rebondir [röboñdir] zıplamak, sıçramak
rebord [röbor] *le* kenar
rebrousser [röbruse]: ***rebrousser chemin*** yoldan geri dönmek
rebuffade [röbüfad] *la* tersleme, ters cevap
rebut [röbü] *le*: ***mettre au rebut*** ıskartaya çıkarmak

récemment [resamañ] geçenlerde, son zamanlarda
recensement [rõsañsmañ] *le* sayım
récent, e [resañ, t] yeni, son
récépissé [resepise] *le* makbuz, alındı
récepteur, trice [reseptör, tris] *s+le* alıcı
réception [resepsyoñ] *la* alma; kabul; resepsiyon
réceptionniste [resepsyonist(õ)] *le+la* resepsiyonist
récession [resesyoñ] *la* çekilme, gerileme; tic. durgunluk
recette [rõset] *la* yemek tarifesi; reçete
receveur, euse [rõsvöd, öz] *le+la* tahsildar; otobüs biletçi
recevoir [rõsvuar] almak; kabul etmek; misafir ağırlamak
rechange [rõşañj]: ***de rechange*** yedek
recharger [rõşarje] yeniden yüklemek, yeniden doldumak
réchaud [reşo] *le* ocak
réchauffer [reşofe] yeniden ısıtmak
rêche [reş] sert, pürtüklü
recherche [rõşerş] *la* arama; araştırma
rechercher [rõşerşe] aramak; araştırmak
récipient [resipyañ] *le* kap
réciproque [resiprok] karşılıklı
récit [resi] *le* öykü, hikâye
récital [resital] *le* resital
récitation [resitasyoñ] *la* ezberden okuma; ezber parçası
réciter [resite] ezbere okumak; anlatmak
réclamation [reklamasyoñ] *la* şikâyet
réclame [reklam] *la* reklam; ilan
réclamer [reklame] istemek, dilemek; gerektirmek
récolte [rekolt] *la* ürün toplama; ürün
récolter [rekolte] ürün toplamak
recommandation [rõkomañdasyoñ] *la* salık verme, tavsiye
recommandé [rõkomañde] *le*: ***en recommandé*** taahhütlü olarak
recommander [rõkomañde] salık vermek, tavsiye etmek; taahhütlü göndermek
recommencer [rõkomañse] yeniden başlamak
récompense [rekoñpañs] *la* ödül; karşılık
récompenser [rekoñpañse] ödüllendirmek

réconciliation [rekoñsilyasyoñ] *la* barıştırma, uzlaştırma, barışma

réconcilier [rekoñsilye] barıştırmak, uzlaştırmak

reconduire [rõkoñduir] uğurlamak, geçirmek

réconfort [rekoñfor] *le* avuntu, teselli; güç, destek

réconforter [rekoñforte] avutmak, teselli etmek; güçlendirmek, canlandırmak

reconnaissance [rõkonesañs] *la* tanıma; ask. keşif; minnettarlık

reconnaissant, e [rõkonesañ, t] minnettar

reconnaître [rõkoetr] tanımak; keşif yapmak

reconstituer [rõkoñstitüe] yeniden kurmak, yenide oluşturmak

reconstruire [rõkoñstrüir] yeniden yapmak

record [rõkor] *s+le* rekor

recours [rõkur] *le* başvuru ***avoir recours à*** -e başvurmak

recouvrir [rõkuvrir] yeniden örtmek; gizlemek, saklamak

récréation [rekreasyoñ] *la* eğlence, dinlenme; okul teneffüs

recrue [rõkrü] *la* acemi er

recruter [rõkrüte] askere almak, silah altına çağırmak

rectangle [rektañgl] *le* dikdörtgen

rectifier [rektifye] düzeltmek

reçu [rõsü] *le* makbuz, alındı

recueil [rõköy] *le* kitap, derleme

recueillir [rõköyir] toplamak

recul [rõkül] *le* geri çekilme; gerileme

reculer [rõküle] geri çekilmek; gerilemek; geri çekmek

récupérer [reküpere] geri almak; toplamak; kendini toparlamak

récurer [reküre] ovarak temizlemek

rédacteur, trice [redaktör, tris] *le+la* yazar; makale yazarı; redaktör

rédaction [redaksyoñ] *la* yazma, kaleme alma; yazı işleri

rédiger [redje] yazmak, kaleme almak

redire [rõdir] yeniden söylemek, yinelemek, tekrarlamak ***trouver à redire à*** -e kusur bulmak

redoubler [rõduble] sınıfta kalmak, çift dikiş yapmak

redouter [rõdute] -den korkmak

redresser [rõdrse] doğrultmak, düzeltmek ***se redresser*** doğrulmak, kalkmak
réduction [redüksyoñ] *la* azaltma, indirme; kısaltma
réduire [redüir] azaltmak, indirmek; kısaltmak
réduit [redüi] *le* küçük oda
réel, le [reel] *s+le* gerçek
réellement [reelmañ] gerçekten
refaire [rõfer] yeniden yapmak; onarmak, düzeltmek ***se refaire*** iyileşmek
réfection [refeksyoñ] *la* onarma, düzeltme
réfectoire [refektuar] *le* yemekhane
référence [referañs] *la* gönderme; kaynak ***faire référence à*** -e göndermek, göndermede bulunmak ***ouvrage de référence*** başvuru kitabı ***références*** *la+ç.* referans
référendum [referañdom] *le* halkoylaması, referandum
réfléchi, e [refleşi] düşünceli; dilb. eylem dönüşlü
réfléchir [refleşir] yansıtmak; düşünmek ***réfléchir à sur*** üzerinde düşünmek
reflet [rõfle] *le* yansıma; şavk
refléter [rõflete] yansıtmak
réflexe [refleks] *le* refleks, tepke, yansı
réflexion [refleksyoñ] *la* yansıma; düşünme; düşünce ***à la réflexion faite*** düşünüp taşındım ***sans réflexion*** düşüncesizce
reflux [rõflü] *le* deniz alçalma, cezir
réforme [reform] *la* reform, ıslahat
réformer [reforme] reform yapmak, düzeltmek
refouler [rõfule] geri püskürtmek; bastırmak, tutmak
refrain [rõfreñ] *le*, müz. nakarat
réfrigérateur [refrijeratör] *le* buzdolabı
réfrigérer [refrijere] soğutmak, dondurmak
refroidir [rõfruadir] soğutmak
refroidissement [rõfruadismañ] *le* soğuma; üşütme, soğuk alma
refuge [rõfüj] *le* sığınak; trafik röfüj
réfugié, e [refüjye] *s+a.* mülteci
réfugier [refüjye]: ***se réfugier*** sığınmak, iltica etmek
refus [rõfü] *le* ret, geri çevirme
refuser [rõfüzye] reddetmek
regagner [rõganye] yeniden kazanmak, yeniden bulmak; dönmek
régal [regal] *le* şölen, ziyafet
régaler [regale] şölen vermek, ziyafet çekmek

regard [rõgar] *le* bakış ***au regard de*** bakımından, açasından ***en regard*** karşılıklı, karşı karşıya
regarder [rõgarde] bakmak; izlemek; ilgilendirmek ***regarder à*** -e dikkat etmek, uymak
régent [rejañ] *le* kral naibi
régie [reji] *la* tekel; sin, tiy. yapım, yönetim
régime [rejim] *le* yönetim; rejim ***suivre un régime*** rejim yapmak
régiment [rejimañ] *le*, ask. alay
région [rejyoñ] *la* bölge
régional, e, aux [rejyonal, o] bölgesel
régir [rejir] yönetmek
régisseur [rejisör] *le* yönetim vekili; yönetmen, rejisör
réglage [reglaj] *le* uyarlama, düzenleme
règle [regl] *la* cetvel; kural ***en règle*** kurala uygun ***en règle générale*** genel olarak ***règles*** *la+ç.* aybaşı, âdet
réglé, e [regle] düzenli; çizgili
règlement [reglõmañ] *le* çözme, halletme; yönetmelik, tüzük
régler [regle] ayarlamak; düzenlemek; çözmek, halletmek; ödemek
régner [renye] saltanat sürmek, hüküm sürmek
regret [rõgre] *le* üzüntü, acı; pişmanlık
regretter [rõgrete] üzülmek, acımak; pişman olmak
régularité [regülarite] *la* düzgünlük; düzenlilik
régulier, ière [regülye, yer] düzgün; düzenli; yasal, usule uygun
rehausser [rõose] yükseltmek
rein [reñ] *le* böbrek ***reins*** *le+ç.* böğür
reine [ren] *la* kraliçe
rejeter [rõjte] geri atmak; dışarı atmak
rejoindre [rõjueñdr] birleştirmek; katılmak ***se rejoindre*** kavuşmak; birleşmek
réjouir [rejuir] sevindirmek ***se réjouir*** sevinmek, eğlenmek
réjouissances [rejuisañs] *la+ç.* şenlik
relâche [rõlaş] *le* ara, dinlenme ***sans relâche*** ara vermeden
relâché, e [rõlaşe] gevşek, laçka
relâcher [rõlaşe] serbest bırakmak; gevşetmek
relais [rõle] *le* röle; vardiya
relatif, ive [rõlatif, v] bağıl, göreli; dilb. ilgi +
relation [rõlasyoñ] *la* ilişki, ilgi; tanıdık; öykü, hikâye ***entrer en relation avec*** ile

temasa geçmek ***être en relation avec*** ile temasta olmak
reléguer [rölege] sürgüne göndermek
relève [rölev] *la* nöbet değiştirme
relevé, e [rölve] fazla baharatlı ¤ *le* özet; liste, çizelge
relever [rölve] kaldırmak; yükseltmek, artırmak; nöbetini devralmak; baharat katmak ***relever de*** -den kalkmak, iyileşmek
relief [rölyef] *le* kabartma, rölyef
relier [rölye] bağlamak; ciltlemek
religieux, euse [rölijyö, z] dinsel; dindar ¤ *le* keşiş, rahip ¤ *la* rahibe
religion [rölijyoñ] *la* din; inanç
reliur [rölyür] *la* cilt; ciltçilik
reluire [röluir] parlamak, parıldamak
reluisant, e [röluizañ, t] parlak, ışıldayan
remarquable [römarkabl] dikkate değer; olağanüstü
remarque [römark] *la* dikkat; uyarı; not
remarquer [römarke] fark etmek; dikkat etmek
remblai [rañble] *le* toprakla doldurma
rembourrer [rañbure] kıtık doldurmak
remboursement [rañbursömañ] *le* borcu ödeme
rembourser [rañburse] ödemek
remède [römed] *le* ilaç; çare
remerciements [römersimañ] *le+ç.* teşekkürler
remercier [römersye] teşekkür etmek
remettre [römetr] yerine koymak; vermek, teslim etmek; ertelemek; iyileştirmek; affetmek ***se remettre*** iyileşmek
remise [römiz] *la* verme, teslim etme; indirim; erteleme
remonter [römoñte] yeniden çıkmak; yükselmek, artmak; yükseltmek, artırmak
remords [römor] *le* vicdan azabı, pişmanlık
remorque [römork] *la* römork
remorquer [römorke] yedekte çekmek
remous [römu] *le* anafor
remplaçant, e [rañplasañ, t] *le+la* vekil; yedek
remplacement [rañplasmañ] *le* yerine koyma, yerine geçirme; yerini alma
remplacer [rañplase] yerine koymak; yerine geçmek
rempli, e [rañpli] dolu de, ile

remplir [rañplir] doldurmak; yapmak, yerine getirmek
remporter [rañporte] geri götürmek; kazanmak, elde etmek
remue-ménage [rõmümenaj] *le* gürültü patırtı
remuer [rõmüe] kımıldatmak, oynatmak; karıştırmak
rémunération [remünerasyoñ] *la* ödül; karşılık, ücret
rémunérer [remünere] ödüllendirmek; ödemek, ücretini vermek
renaissance [rõnesañs] *la* yeniden doğma, dirilme ***la Renaissance*** Rönesans
renard [rõnar] *le* tilki
renchérir [rañşerir] pahalanmak, pahalılaşmak
rencontre [rañkoñtr] *la* karşılaşma; rastlantı; toplantı
rencontrer [rañkoñtre] ile karşılaşmak ***se rencontrer*** rastlaşmak, karşılaşmak; taşıt birbiriyle çarpışmak
rendement [rañdmañ] *le* verim, randıman
rendez-vous [rañdevu] *le* randevu ***avoir rendez-vous avec*** ile randevusu olmak ***donner rendez-vous à*** ile randevulaşmak
rendre [rañdr] geri vermek; geri çevirmek; yapmak, etmek, kılmak; çıkarmak ***se rendre*** teslim olmak
renfermer [rañferme] içermek, kapsamak
renforcer [rañforse] sağlamlaştırmak, desteklemek
renfort [rañfor] *le* takviye
renfrogner [rañfronye]: ***se renfrogner*** surat asmak
renier [rõnye] yadsımak, inkâr etmek
renifler [rõnifle] burnunu çekmek
renom [rõnoñ] *le* ün
renommé, e [rõnome] ünlü ¤ *la* ün
renoncer [rõnoñse]: ***renoncer à*** -den vazgeçmek, -ı bırakmak
renouer [rõnue] yeniden bağlamak
renouveler [rõnuvle] yenilemek; yinelemek, tekrarlamak ***se renouveler*** yinelenmek, tekrar olmak
rénovation [renovasyoñ] *la* yenileştirme, iyileştirme
rénover [renove] yenileştirmek, iyileştirmek
renseignement [rañsenymañ] *le* bilgi; haber
renseigner [rañsenye] bilgi vermek ***se renseigner*** bilgi edinmek
rentabilité [rañtabilite] *la* verimlilik

rentable [rañtabl] verimli, kazançlı
rente [rañt] *la* gelir
rentrée [rañtre] *la* dönüş; yeniden açılma
rentrer [rañtre] geri dönmek; girmek; yeniden açılmak ***rentrer dans*** -e girmek; -e yeniden kavuşmak
renverser [rañverse] devirmek; düşürmek; dökmek ***se renverser*** devrilmek; düşmek
renvoi [rañvua] *le* kovma, çıkarma; erteleme; geğirme
renvoyer [rañvuaye] geri göndermek; kovmak, çıkarmak; ertelemek
réorganisation [reorganizasyoñ] *la* yeniden örgütleme, yeniden örgütlenme
réorganiser [reorganize] yeniden örgütlemek
repaire [rõper] *le* in
répandre [repañdr] dökmek; yaymak, saçmak ***se répandre*** dökülmek; yayılmak
répandu, e [repañdü] yaygın
réparation [reparasyoñ] *la* onarma, onarım
réparer [repare] onarmak; gidermek; düzeltmek
répartir [repartir] dağıtmak, bölüştürmek
repartir [rõpartir] yeniden gitmek; yeniden başlamak
repas [rõpa] *le* yemek
repasser [rõpase] yeniden geçmek; ütülemek; yeniden göstermek
repentir [rõpañtir] *le* pişmanlık ***se repentir*** pişman olmak
repère [rõper] *le* işaret, nişan
repérer [rõpere] işaretlemek
répertoire [repertuar] *le* liste; dizin, fihrist; repertuar
répéter [repete] yinelemek, tekrarlamak; tiy. prova yapmak
répétition [repetisyoñ] *la* yineleme, tekrar; prova
répit [repi] *le* ara, mola ***sans répit*** aralıksız, durup dinlenmeden
repli [rõpli] *le* kıvrım; ask. geri çekilme
replier [rõpliye] katlamak, kıvırmak ***se replier*** ask. geri çekilmek
réplique [replik] *la* yanıt, karşılık; tiy. replik
répliquer [replike] karşılık vermek
répondre [repoñdr] yanıtlamak, cevap vermek ***répondre à*** -e karşılık vermek; -i karşılamak ***répondre de*** -ın sorumluluğunu üstlenmek

réponse [repoñs] *la* yanıt, karşılık ***en réponse à*** -e karşılık olarak, cevaben
reportage [rõportaj] *le* röportaj
reporter[1] [rõporter] *le* muhabir, röportaj muhabiri
reporter[2] [rõporte] yerine götürmek; ertelemek ***se reporter à*** -e başvurmak
repos [rõpo] *le* dinlenme; huzur
reposer [rõpoze] yerine koymak; dinlendirmek; dinlenmek ***se reposer*** dinlenmek ***se reposer sur*** -e güvenmek
repoussant, e [rõpusañ, t] tiksindirici, iğrenç
repousser [rõpuse] püskürtmek, geri itmek; reddetmek
reprendre [rõprañdr] geri almak; yeniden ele geçirmek; yeniden başlamak; azarlamak ***se reprendre*** kendini toparlamak
représailles [rõprezay] *la+ç.* misilleme, karşılık
représentant, e [rõprezañtañ, t] *le+la* temsilci
représentation [rõprezañtasyoñ] *la* temsil; temsilcilik
représenter [rõprezañte] temsil etmek; göstermek, betimlemek; oynamak, canlandırmak ***se représenter*** gözünde canlandırmak
réprimande [reprimañd] *la* azar, azarlama
réprimander [reprimañde] azarlamak
réprimer [reprime] önlemek, bastırmak
reprise [rõpriz] *la* yeniden oynama; yeniden başlama; yeniden ele geçirme; onarma, yamama ***à plusieurs reprises*** defalarca, birçok kez
repriser [rõprize] onarmak, yamamak, gözemek
reproche [rõproş] *le* azarlama, sitem
reprocher [rõproşe] azarlamak, sitem etmek
reproduction [rõprodüksyoñ] *la* üreme, çoğalma, röprodüksiyon
reproduire [rõproduir] üretmek; çoğaltmak ***se reproduire*** üremek, çoğalmak
reptile [reptil] *le* sürüngen
républicain, e [repüblikeñ, en] *s+a.* cumhuriyetçi
république [repüblik] *la* cumhuriyet
répudier [repüdye] boşamak; reddetmek
répugnance [repünyañs] *la* tiksinme, nefret
répugnant, e [repünyañ, t] tiksindirici, iğrenç

répulsion [repülsyoñ] *la* tiksinme, nefret
réputation [repütasyoñ] *la* ün, şöhret
réputé, e [repüte] ünlü, tanınmış
requérir [rõkerir] gerektirmek; istemek
requête [rõket] *la* istek, dilek; dilekçe
requin [rõkeñ] *le* köpekbalığı
rescapé, e [reskape] *le+la* kurtulan, sağ kalan
réseau, x [rezo] *le* ağ, şebeke
réservation [rezervasyoñ] *la* yer ayırtma, rezervasyon
réserve [rezerv] *la* yedek, ihtiyat; ardiye
réservé, e [rezerve] ihtiyatlı, sakıngan; ayrılmış, tutulmuş
réserver [rezerve] yer ayırtmak; saklamak, ayırmak
réservoir [rezervuar] *le* depo, sarnıç
résidence [rezidañs] *la* oturma, ikamet
résider [rezide] oturmak, ikamet etmek
résidu [rezidü] *le* artık, kalıntı
résignation [rezinyasyoñ] *la* vazgeçme, bırakma
résigner [rezinye] -den çekilmek, istifa etmek ***se résigner*** tevekkül etmek, kadere boyun eğmek
résilier [rezilye] bozmak, feshetmek
résille [reziy] *la* saç filesi
résine [rezin] *la* reçine
résistance [rezistañs] *la* direnme, karşı koyma; direnç
résistant, e [rezistañ, t] dayanıklı, sağlam
résister [reziste] dayanmak; direnmek, karşı koymak
résolu, e [rezolü] kararlı, azimli
résolution [rezolüsyoñ] *la* çözüm; karar, azim
résonner [rezone] çınlamak; yankı vermek
résoudre [rezudr] çözmek ***se résoudre à faire*** -meye karar vermek
respect [respe] *le* saygı
respectable [respektabl] saygın, saygıdeğer
respecter [respekte] saygı göstermek
respectueux, euse [respektüö, z] saygılı
respiration [respirasyoñ] *la* soluma, solunum ***respiration artificielle*** suni solunum
respirer [respire] soluk almak; solumak, içine çekmek
responsabilité [respoñsabilite] *la* sorumluluk

responsable [respoñsabl] *s+a.* sorumlu de, -den
resquiller [reskiye] sinema, stadyum bedavadan girmek
ressemblance [rõsañblañs] *la* benzerlik
ressembler [rõsañble]: ***ressembler à*** -e benzemek ***se ressembler*** benzeşmek, birbirine benzemek
ressentiment [rõsañtimañ] *le* hınç, kin
ressentir [rõsañtir] duymak, hissetmek
resserrer [rõsere] sıkmak; sıkıştırmak
ressort [rõsor] *le* yay, zemberek ***en dernier ressort*** en sonunda
ressortir [rõsortir] yeniden çıkmak
ressource [rõsurs] *la* çare, yol ***ressources*** *la+ç.* kaynak, zenginlik
restant, e [restañ, t] *s+le* geri kalan
restaurant [restorañ] *le* lokanta
restauration [restorasyoñ] *la* onarım, yenileme, restorasyon
restaurer [restore] onarmak, yenilemek, restore etmek; güçlendirmek, canlandırmak
reste [rest] *le* kalan, artık ***du reste, au reste*** zaten, üstelik
rester [reste] kalmak
restituer [restitüe] geri vermek; eski durumuna sokmak
restreindre [restreñdr] sınırlamak, kısmak
restriction [restriksyoñ] *la* sınırlama, kısıtlama
résultat [rezülta] *le* sonuç
résumé [rezüme] *le* özet ***en résumé*** özetle, kısacası
résumer [rezüme] özetlemek
rétablir [retablir] yeniden kurmak; iyileştirmek, sağlığına kavuşturmak ***se rétablir*** iyileşmek, sağlığına kavuşmak
rétablissement [retablismañ] *le* yeniden kurma; iyileşme, sağlığına kavuşma
retard [rõtar] *le* gecikme; gerilik ***avoir du retard*** gecikmek ***sans retard*** gecikmeden, gecikmeksizin
retarder [rõtarde] geciktirmek; gecikmek; geri kalmak
retenir [rõtnir] tutmak; alıkoymak; ayırtmak
retentir [rõtañtir] çınlamak, yankılanmak
retenue [rõtnü] *la* tutma, alıkoyma; kesinti
rétif, ive [retif, v] huysuz, inatçı

retirer [rõtire] geri çekmek; çıkarmak ***se retirer*** geri çekilmek; emekliye ayrılmak
retomber [rõtoñbe] bir daha düşmek; sarkmak, dökülmek
rétorquer [retorke] karşılık vermek
retouche [rõtuş] *la* düzeltme, rötuş
retoucher [rõtuşe] düzeltmek, rötuş yapmak
retour [rõtur] *le* dönüş; karşılık ***être de retour*** dönmek de, -den
retourner [rõturne] çevirmek, ters çevirmek; geri çevirmek; geri dönmek
retraite [rõtret] *la* geri çekilme; emeklilik ***prendre sa retraite*** emekliye ayrılmak
retraité, e [rõtrete] *s+a.* emekli
rétrécir [retresir] giysi daraltmak; daralmak, çekmek
rétrograde [retrograd] gerici
rétrograder [retrograde] gerilemek; oto. vites küçültmek
retrousser [rõtruse] giysi sıvamak, yukarı kaldırmak
retrouver [rõtruve] yeniden bulmak; yeniden kavuşmak ***se retrouver*** buluşmak, görüşmek
rétroviseur [retrovizör] *le* dikiz aynası
réunion [reünyoñ] *la* birleşme; toplantı
réunir [reünir] toplamak; birleştirmek ***se réunir*** toplanmak; birleşmek
réussi, e [reüsi] başarılı, parlak
réussir [reüsir] başarmak, başarı göstermek ***réussir à*** -e iyi gelmek ***réussir à faire*** -meyi başarmak
réussite [reüsit] *la* başarı
revanche [rõvañş] *la* öç, intikam; sp. rövanş
rêve [rev] *le* düş, rüya; düş, hayal
revêche [rõveş] hırçın, huysuz
réveil [revey] *le* uyanma, uyanış; çalar saat
réveille-matin [reveymateñ] *le* çalar saat
réveiller [reveye] uyandırmak ***se réveiller*** uyanmak
réveillon [reveyoñ] *le* Noel arifesi; yeni yıl arifesi
révélation [revelasyoñ] *la* açığa vurma
révéler [revele] açığa vurmak; göstermek
revenant, e [rõvnañ, t] *le+la* hortlak
revendication [rõvañdikasyoñ] *la* hak iddiası, istek, talep

revendiquer [rõvañdike] hak iddia etmek, istemek
revenir [rõvnir] dönmek, geri gelmek ***revenir à*** -e gelmek, -e mal olmak ***revenir à soi*** ayılmak, kendine gelmek ***revenir de*** -den kurtulmak, atlatmak
revenu [rõvnü] *le* gelir, kazanç
rêver [reve] düş görmek, rüya görmek; düşlemek, hayal kurmak
réverbère [reverber] *le* sokak lambası
réverbérer [reverbere] yansıtmak
révérence [reverañs] *la* derin saygı; reverans
rêverie [revri] *la* düş, hülya
revers [rõver] *le* ters
revêtement [rõvetmañ] *le* sıva; kaplama
revêtir [rõvetir] örtmek; giydirmek
rêveur, euse [revör, öz] *s+a.* hayalci, hayalperest
réviser [revize] gözden geçirmek; elden geçirmek
révision [revizyoñ] *la* gözden geçirme; elden geçirme, revizyon
revoir [rõvuar] yeniden görmek; gözden geçirmek ***au revoir*** allahaısmarladık
révolte [revolt] *la* ayaklanma, başkaldırı
révolter [revolte] ayaklandırmak, isyan ettirmek ***se révolter*** ayaklanmak
révolution [revolüsyoñ] *la* devrim; devir, dönme
révolutionnaire [revolüsyoner] *s+a.* devrimci
révolutionner [revolüsyone] devrim yapmak
revolver [revolver] *le* tabanca
revue [rõvü] *la* gözden geçirme; denetleme, teftiş; dergi; revü
rez-de-chaussée [redşose] *le* zemin katı
rhinocéros [rinoseros] *le* gergedan
rhubarbe [rübarb] *la*, bitk. ravent
rhum [rom] *le* rom
rhumatisme [rümatism] *le* romatizma
rhume [rüm] *le* nezle ***le rhume des foins*** saman nezlesi
riant, e [ryañ, t] güleç, neşeli
ricaner [rikane] sırıtmak; bıyık altından gülmek
riche [riş] zengin
richesse [rişes] *la* zenginlik
ride [rid] *la* kırışık, kırışıklık
ridé, e [ride] kırışık, kırış kırış
rideau, x [rido] *le* perde
rider [ride] kırıştırmak ***se rider*** kırışmak
ridicule [ridikül] gülünç

rien [ryeñ] hiçbir şey ¤ *le* bir hiç, önemsiz şey ***ça ne fait rien*** zararı yok, önemli değil ***de rien*** bir şey değil
rigide [rijid] sert, katı
rigidité [rijidite] *la* sertlik, katılık
rigoler [rigole] gülmek; eğlenmek, dalga geçmek
rigolo, ote [rigolo, ot] kd. gülünç, komik
rigoureux, euse [rigurö, z] sert, şiddetli
rigueur [rigör] *la* sertlik, şiddet ***à la rigueur*** gerekirse ***de rigueur*** zorunlu
rime [rim] *la* uyak, kafiye
rincer [reñse] durulamak, çalkalamak
riposter [riposte] misillemede bulunmak
rire [rir] gülmek; eğlenmek ¤ *le* gülme, gülüş
risque [risk] *le* tehlike, risk
risqué, e [riske] riskli, tehlikeli
risquer [riske] tehlikeye atmak, riske sokmak
ristourne [risturn] *la* indirim
rite [rit] *le* ayin, tören
rivage [rivaj] *le* kıyı, sahil
rival, e, aux [rival, o] *s+a.* rakip
rivaliser [rivalize]: ***rivaliser avec*** ile yarışmak, ile rekabet etmek
rivalité [rivalite] *la* rekabet
rive [riv] *la* kıyı, sahil; ırmak kıyı, geçe
rivet [rive] *le* perçin çivisi
rivière [rivyer] *la* ırmak, çay
rixe [riks] *la* kavga, dövüş
riz [ri] *le* pirinç ***riz au lait*** sütlaç
robe [rob] *la* entari, elbise; cüppe ***robe de chambre*** sabahlık ***robe de grossesse*** hamile elbisesi ***robe de mariée*** gelinlik, gelin elbisesi
robinet [robine] *le* musluk
robot [robo] *le* robot
robuste [robüst] gürbüz, dinç, sağlam
roc [rok] *le* kaya
rocade [rokad] *la*, oto. yan yol
rocher [roşe] *le* kaya
rock and roll [rokenrol] *le* rak, rakınrol
rodage [rodaj] *le* alıştırma, rodaj
rôder [rode] başıboş dolaşmak; kolaçan etmek
roder [rode] motor, araba alıştırmak, yavaş yavaş çalıştırmak
rôdeur, euse [rodör, öz] *le+la* aylak, serseri
rogner [ronye] kırpmak, budamak
rognons [ronyoñ] *le+ç.* böbrekler

rogue [rog] kibirli, kendini beğenmiş
roi [rua] *le* kral; iskambil papaz; satranç şah
rôle [rol] *le* rol
roman [romañ] *le* roman ***roman d'espionnage*** casus romanı ***roman photo*** fotoroman
romancier, ière [romañsye, yer] *le+la* romancı
romanesque [romanesk] romanesk, roman gibi
romantique [rommañtik] romantik
romantisme [romañtism] *le* romantizm
romarin [romareñ] *le* biberiye
rompre [roñpr] kırmak, koparmak; bozuşmak
ronce [roñs] *la* böğürtlen
ronchonner [roñşone] kd. homurdanmak
rond, e [roñ, roñd] yuvarlak; toparlak ¤ *le* halka; çember ***en rond*** çepeçevre
rondelle [roñdel] *la* rondela, pul
rondement [roñdmañ] çabuk, hızlı; açıkça, dobra dobra
rondin [roñdeñ] *le* kütük, tomruk
rond-point [roñpueñ] *le* döner kavşak, döner ada
ronfler [roñfle] horlamak
ronger [roñje] kemirmek ***se ronger les ongles*** tırnaklarını yemek
ronronner [roñrone] kedi mırlamak, mırıldamak
roquette [roket] roket, füze
rosaire [rozer] *le* tespih
rosbif [rosbif] *le* rozbif, kızartılmış sığır eti
rose [roz] pembe ¤ *la* gül
roseau, x [rozo] *le* kamış, saz
rosée [roze] *la* çiy
rosette [rozet] *la* rozet
rosier [rozye] *le* gül ağacı
rosser [rose] kd. pataklamak, dayak atmak
rossignol [rosinyol] *le* bülbül
rot [ro] *le* geğirti
rotatif, ive [rotatif, v] dönen, döner
rôti [roti] *le* kızartma et, rosto
rôtir [rotir] kızartmak; kızarmak
rôtisserie [rotisri] *la* kebapçı dükkânı
rotule [rotül] *la* dizkapağı
roucouler [rukule] ötmek, üveymek, kuğurmak
roue [ru] *la* tekerlek; çark ***roue de secours*** yedek tekerlek
roué, e [rue] kurnaz, malın gözü
rouge [ruj] kırmızı, kızıl ¤ *le* kırmızı renk ¤ *le+la* kızıl, komünist ***passer au rouge***

kırmızı yanmak; sürücü kırmızıda geçmek ***rouge à lèvres*** ruj, dudak boyası
rougeole [rujol] *la* kızamık
rougeur [rujör] *la* kırmızılık; kızarma
rougir [rujir] kızarmak
rouille [ruy] *la* pas
rouillé, e [ruye] paslı
rouler [rule] yuvarlamak; sarmak; kd. aldatmak, kandırmak; yuvarlanmak; taşıt gitmek
roulette [rulet] *la* rulet; küçük tekerlek
roupiller [rupiye] kd. uyumak
rouquin, e [rukeñ, in] *le+la* kızıl saçlı kimse
rouspéter [ruspete] kd. itiraz etmek
route [rut] *la* yol; rota ***en route*** yolda giderken ***se mettre en route*** yola koyulmak
routier, ière [rutye, yer] yolla ilgili, yol + ¤ *le* uzun yola giden kamyon şoförü; uzun yol lokantası
routine [rutin] *la* alışkanlık; görenek
routinier, ière [rutinye, yer] alışılmış, rutin, değişiklik göstermeyen
roux, rousse [ru, s] kızıl; kızıl saçlı
royal, e, aux [ruayal, o] kralla ilgili; krallara yakışır, şahane
royaliste [ruayalist] *s+a.* kralcı
royaume [ruayom] *le* krallık
ruban [rübañ] *le* şerit; kurdele; bant ***ruban adhésif*** izole bant
rubis [rübi] *le* yakut
ruche [rüş] *la* arı kovan
rude [rüd] sert; kaba; güç, zor
rudiments [rüdimañ] *le+ç.* temel bilgiler, esaslar
rudoyer [rüduaye] sert davranmak, terslemek
rue [rü] *la* sokak
ruelle [ruel] *la* dar sokak
ruer [rüe] at tepmek, çifte atmak ***se ruer sur*** -ın üzerine atılmak
rugby [rügbi] *le* rugbi, ragbi
rugeux, euse [rügö, z] pürtüklü, pürüzlü
rugir [rüjir] kükremek; gürlemek
rugissement [rüjismañ] *le* kükreme; gürleme
ruine [ruin] *la* yıkıntı, ören, harabe
ruiner [ruine] yıkmak, harap etmek; bozmak, berbat etmek
ruisseau, x [ruiso] *le* dere, çay
rumeur [rümör] *la* uğultu; söylenti

rural, e, aux [rüral, o] kırsal, köy +
ruse [rüz] *la* kurnazlık, hile
rusé, e [rüze] kurnaz, hileci
rustre [rüstr] *le* hödük, kaba kimse
rythme [ritm] *le* ritim
rythmé, e [ritme] ritmik
rythmique [ritmik] ritmik

S s

s' [s] bkz. ***se***
sa [sa] bkz. ***son***
sable [sabl] *le* kum
sablé [sable] *le* kurabiye
sableux, euse [sablö, z] kumlu
sablier [sabliye] *le* kum saati
sablonneux, euse [sablonö, z] kumlu
sabotage [sabotaj] *le* baltalama, sabotaj
saboter [sabote] baltalamak, sabote etmek
saboteur, euse [sabotör, öz] *le+la* baltalayıcı, sabotajcı
sabre [sabr] *le* kılıç
sac [sak] *le* çanta; torba; çuval ***sac à dos*** sırt çantası ***sac à main*** el çantası ***sac de couchage*** uyku tulumu
saccade [sakad] *la* sarsıntı, tekleme
saccharine [sakarin] *la* sakarin
sacerdoce [saserdos] *le* papazlık, rahiplik
sachet [saşe] *le* küçük torba, poşet ***sachet de thé*** çay poşeti
sacoche [sakoş] *la* çanta
sacré, e [sakre] kutsal; kd. pis, kerata
sacrement [sakrömañ] *le* Hıristiyanlık'ta dinsel tören
sacrifice [sakrifis] *le* kurban; özveri
sacrificier [sakrifye] kurban etmek; feda etmek
sadique [sadik] *s+a.* sadist
sadisme [sadism] *le* sadizm
safari [safari] *le* safari ***faire un safari*** safariye çıkmak
sage [saj] akıllı, tedbirli; çocuk uslu, uysal
sage-femme [sajfam] *la* ebe
sagesse [sajes] *la* bilgelik
Sagittaire [sajiter] *le* Yay burcu
saière [salyer] *la* tuzluk
saignant, e [senyañ, t] et az pişmiş, kanlı
saigner [senye] kanamak
saillie [sayi] *la* çıkıntı; nükte, espri
sain, e [señ, sen] sağlıklı; sağlam ***sain et sauf*** sağ salim
saindoux [señdu] *le* erimiş domuz yağı

saint, e [señ, señt] kutsal ¤ *le+la* ermiş, aziz, evliya ***la Saint-Sylvestre*** yeni yıl arifesi ***le Saint-Esprit*** Ruhulkudüs ***le Saint-Père*** papa
sainteté [señtte] *la* kutsallık
saisir [sezir] yakalamak; tutmak; anlamak, kavramak
saison [sezoñ] *la* mevsim ***la belle saison*** yaz ayları
salade [salad] *la* salata; kıvırcık marul ***salade de concombres*** hıyar salatası ***salade de fruits*** meyve salatası ***salade russe*** Rus salatası
saladier [saladye] *le* salata tabağı
salaire [saler] *le* ücret
salaison [salezoñ] *la* tuzlama
salami [salami] *le* salam
salaud [salo] *le* ibne! piç! it!
sale [sal] pis, kirli
salé, e [sale] tuzlu; açık saçık
saler [sale] tuzlamak, tuz koymak
saleté [salte] *la* pislik; kir
saliguad [saligo] *le*, kd. ibne, adi herif
salin, e [saleñ, in] tuzlu
salir [salir] kirletmek ***se salir*** kirlenmek
salive [saliv] *la* tükürük, salya
salle [sal] *la* oda; salon ***salle à manger*** yemek salonu ***salle d'attente*** bekleme salonu ***salle de bains*** banyo ***salle de classe*** sınıf, derslik ***salle d'embarquement*** havaalanı çıkış salonu ***salle de séjour*** oturma odası ***salle de spectacle*** tiyatro; sinema ***salle d'opération*** ameliyathane
salon [saloñ] *le* salon; oturma odası, misafir odası; sergi ***salon de thé*** çay salonu
salope [salop] *la* orospu, kaltak
saloperie [salopri] *la* pislik
salopette [salopet] *la* tulum, iş elbisesi
saluer [salue] selamlamak
salut [salü] selam! merhaba! ¤ *le* selam; kurtuluş, selamet
salutaire [salüter] sağlığa yararlı, iyileştirici
salutations [salütasyoñ] *la+ç.* selam, selamlar ***recevez mes salutations distinguées respectueuses*** saygılarımla
samedi [samdi] *le* cumartesi
sanatorium [sanatoryom] *le* sanatoryum
sanctifier [sañktifye] kutsamak; kutsallaştırmak

sandale [sañdal] *la* ayakkabı sandal
sandalette [sañdalet] *la* sandalet
sandwich [sañduiç] *le* sandviç
sang [sañ] *le* kan
sang-froid [sañfrua] *le* soğukkanlılık
sanglant, e [sañglañ, t] kanlı
sangle [sañgl] *la* kolan
sanglot [sañglo] *le* hıçkırık
sangloter [sañglote] hıçkırmak, hıçkıra hıçkıra ağlamak
sangsue [sañsü] *la* sülük
sanguin, e [sañgeñ, in] kanla ilgili, kan + ¤ *la* kan portakalı
sanitaire [saniter] sağlıkla ilgili, sağlık +
sans [sa] -sız, -siz; -meksizin, -meden
sans-abri [sañzabri] *le+ç.* evsiz barksız kalmış kimse
sans-emploi [sañañplua] *le+ç.* işsiz
sans-gêne [sañjen] düşüncesiz, patavatsız
sans-logis [sañloji] *le+ç.* evsiz barksız
sans-travail [sañtravay] *le+ç.* işsiz
santé [sañte] *la* sağlık, esenlik ***boire à la santé de*** sağlığına içmek ***à ta votre santé!*** sağlığınıza!
saphir [safir] *le* gökyakut, safir
sapin [sapeñ] *le* köknar ağacı ***sapin de noël*** Noel ağacı
sarcasme [sarkasm] *le* ince alay, iğneli söz
sarcastique [sarkastik] alaylı, iğneleyici
sardine [sardin] *la* sardalye, ateşbalığı
sarriette [saryet] *la* kekik
satellite [satelit] *le* uydu
satin [sateñ] *le* atlas, saten
satire [satir] *la* yergi, taşlama
satirique [satirik] yergili, taşlamalı
satiriser [satirize] yermek, taşlamak
satisfaction [satisfaksyoñ] *la* hoşnutluk, memnuniyet; doyum, tatmin
satisfaire [satisfer] memnun etmek, hoşnut etmek; doyurmak, tatmin etmek
satisfaisant, e [satisfezañ, t] memnunluk verici; doyurucu, tatmin edici
satisfait, e [satisfe, t] doyurulmuş, tatmin edilmiş ***satisfait de*** -den memnun
sauce [sos] *la* salça, sos ***sauce tomate*** domates sosu
saucisse [sosis] *la* sosis
saucisson [sosisoñ] *le* kalın sosis

sauf [sof] -den başka, dışında, hariç ***sauf erreur*** yanılmıyorsam
sauf, sauve [sof, sov] zarar görmemiş, kurtulmuş
sauge [soj] *la* adaçayı
saule [sol] *le* söğüt
saumon [somoñ] *le* som balığı
saumure [somür] *la* salamura
sauna [sona] sauna
saupoudrer [sopudre] serpmek, ekmek
saut [so] *le* atlama, sıçrama ***faire un saut chez*** -e şöyle bir uğramak ***saut à la perche*** sırıkla atlama ***saut en hauteur*** yüksek atlama ***saut en longueur*** uzun atlama ***saut périlleux*** perende, takla
sauté, e [sote] *s+le* sote
sauter [sote] atlamak; havaya uçmak; patlamak
sauterelle [sotrel] *la* çekirge
sauteur, euse [sotör, öz] *le+la* atlet atlayıcı
sautiller [sotiye] sekmek, seke seke gitmek
sauvage [sovaj] *s+a.* vahşi, yabani
sauvagerie [sovajri] *la* vahşilik, yabanilik
sauve [sov] bkz. ***sauf***
sauvegarder [sovgarde] korumak, savunmak
sauver [sove] kurtarmak ***se sauver*** kaçmak
sauvetage [sovtaj] *le* kurtarma
sauveur [sovör] *le* kurtarıcı
savant, e [savañ, t] bilgin, çok bilgili ¤ *le* bilgin, bilim adamı
saveur [savör] *la* tat, lezzet
savoir [savuar] bilmek ***à savoir*** yani
savoir-faire [savuarfer] *le* beceriklilik
savon [savoñ] *le* sabun
savonner [savone] sabunlamak
savonneux, euse [savonö, öz] sabunlu
savourer [savure] tadını çıkarmak
savoureux, euse [savurö, z] lezzetli, nefis
saxophone [saksofon] *le* saksofon
saxophonisti [saksofonist(ö)] *le+la* saksofoncu
scandale [skañdal] *le* skandal, rezalet
scandaleux, euse [skañdalö, öz] utanç verici, ayıp
scaphandre [skafañdr] *le* dalgıç elbisesi; uzay giysisi
scarlatine [skarlatin] *la* kızıl hastalığı
sceau, x [so] *le* mühür, damga

sceller [sele] mühürlemek, damgalamak
scénario [senaryo] *le* senaryo
scène [sen] *la* sahne; olay yeri ***mettre en scène*** sahnelemek, sahneye koymak
scepticisme [septisism] *le* kuşkuculuk, şüphecilik
sceptique [septik] *s+a.* kuşkucu, şüpheci
schizophrénie [skizofreni] *la* şizofreni
sciatique [syatik] *la* siyatik
scie [si] *le* testere ***scie à découper*** kıl testere
science [syañs] *la* bilim; bilgi
science-fiction [syañsfiksyoñ] *la* bilimkurgu
scientifique [syañtifik] bilimsel ¤ *le+la* bilim adamı
scintiller [señtiye] parıldamak
scolaire [skoler] okulla ilgili, okul +
scolarité [skolarite] *la* öğrenim
score [skor] *le*, sp. skor
scorpion [skorpyoñ] *le*: ***le Scorpion*** Akrep burcu
scout, e [skut] *le* izci
scoutisme [skutism(ö)] *le* izcilik
scrupule [skrüpül] *le* endişe, kuruntu; ikircim, tereddüt
scrupuleux, euse [skrüpülö, öz] titiz; kuruntulu; dürüst
scruter [skrüte] incelemek
scrutin [skrüteñ] *le* oy; oylama
sculpter [skülte] yontmak; oymak
sculpteur [skültör] *le* yontucu, heykeltıraş
sculpture [skültür] *la* yontu, heykel; yontuculuk, heykeltıraşlık
se, s' [sö] kendini, kendine; birbirini, birbirine
séance [seañs] *la* oturum, celse; seans, gösterim
seau, x [so] *le* kova
sec, sèche [sek, seş] kuru; sert, soğuk; sek, susuz ***à sec*** susuz, kuru
sèche-cheveux [seşşövö] *le* saç kurutma makinesi
sécher [seşe] kurutmak; ders asmak, kaytarmak; kurumak
sécheresse [seşres] *la* kuruluk; kuraklık
séchoir [seşuar] *le* kurutma makinesi
second, e [sgoñ, d] ikinci ¤ *le* ikinci kat ¤ *la* ikinci mevki
secondaire [sögoñder] ikincil, ikinci derecede olan
seconde [sgoñd] *la* saniye
seconder [sögoñde] yardım etmek
secouer [skue] silkmek, sallamak; sarsmak
secourir [skurir] yardımına koşmak, yardım etmek

secours [skur] *le* yardım ***au secours!*** imdat! yetişin!
secousse [skus] *la* sarsıntı
secret, ète [sõkre, t] gizli ¤ *le* giz, sır ***en secret*** gizlice
secrétaire [skreter] *le+la* sekreter, yazman ¤ *le* yazı masası ***secrétaire de direction*** özel sekreter ***secrétaire d'État*** ABD'de bakan; dışişleri bakanı ***secrétaire général*** genel sekreter
secrétariat [skretarya] *le* sekreterlik
sécréter [sekrete] salgılamak
sécrétion [sekresyoñ] *la* salgılama; salgı
secte [sekt] *la* mezhep
secteur [sektör] *le* kesim, sektör; bölge ***le secteur privé*** özel kesim, özel sektör
section [seksyoñ] *la* kesme; kesit; şube; paragraf
séculier, ière [sekülye, yer] laik
sécurité [sekürite] *la* güvenlik, emniyet
sédatif, ive [sedatif, v] *s+le*, hek. yatıştırıcı
sédiment [sedimañ] *le* tortu, çökelti
séduction [sedüksyoñ] *la* ayartma, baştan çıkarma; çekicilik
séduire [seduir] büyülemek; ayartmak, baştan çıkarmak
séduisant, e [sedüizañ, añt] çok çekici
segment [segmañ] *le* parça; segman
ségrégation [segregasyoñ] *la* ayrım
seigle [segl] *le* çavdar
seigneur [senyör] *le* derebeyi; bey, beyefendi
sein [señ] *le* göğüs; rahim
séisme [seism] *le* deprem, yersarsıntısı
seize [sez] on altı
seizième [sezyem] on altıncı
séjour [sejur] *le* kalma, oturma
séjourner [sejurne] kalmak, oturmak
sel [sel] *le* tuz ***sel de table*** sofra tuzu
sélection [seleksyoñ] *la* seçme, seçim
sélectionner [seleksyone] seçmek
self-service [selfservis] *s+le* selfservis
selle [sel] *la* eyer; sele
selon [sloñ] -e göre
semailles [sõmay] *la+ç.* ekim
semaine [smen] *la* hafta ***en semaine*** hafta içinde
sémantique [semañtik] anlamsal ¤ *la* anlambilim

semblable [sañblabl] benzer; böyle, bu gibi ***semblable à*** -e benzer
semblant [sañblañ] *le* görünüş ***faire semblant de faire*** -ıyormuş gibi görünmek
sembler [sañble] gibi görünmek
semelle [smel] *la* ayakkabı taban
semence [smañs] *la* tohum
semer [sme] ekmek; saçmak, serpmek
semestre [smestr] *le* yarıyıl, sömestr
semoule [smul] *la* irmik
sénat [sena] *le* senato
sénateur [senatör] *le* senatör
sens [sañs] *le* duyu, his; anlam; düşünce, kanı; anlayış; yön ***sens commun*** sağduyu ***sens dessus dessous*** altüst; karmakarışık ***sens interdit, sens unique*** tek yönlü cadde
sensation [sañsasyoñ] *la* duyum; duygu; heyecan
sensationnel, le [sañsasyonel] sansasyonel, heyecan uyandıran
sensé, e [sañse] sağduyulu; mantıklı, makul
sensibilité [sañsibite] *la* duyarlık; duygusallık
sensible [sañsibl] duyarlı, hassas; duygulu
sensuel, le [sañsüel] kösnül, şehvetli, şehvete düşkün
sentence [sañtañs] *la* yargı, hüküm; özdeyiş
senteur [sañtör] *la* koku
sentier [sañtye] *le* keçiyolu, patika
sentiment [sañtimañ] *le* duygu
sentimental, e, aux [sañtimañtal, o] duygusal; sevgiyle ilgili, aşk +
sentinelle [sañtinel] *la* nöbetçi
sentir [sañtir] koklamak; kokmak; tadı vermek, tadında olmak; duymak, hissetmek
séparation [separasyoñ] *la* ayırma, ayrılma; ayrılık
séparé, e [separe] ayrı, ayrılmış
séparer [separe] ayırmak
sept [set] yedi
septembre [septañbr] *le* eylül
septentrional, e, aux [septañtriyonal, o] kuzey
septième [setyem] yedinci
serein, e [sören, en] sakin
sérénade [serenad] *la* seranat; kd. gürültü, velvele
sergent [serjañ] *le* çavuş
série [seri] *la* dizi, seri; alet, tencere, vb. takım ***en série*** seri halinde

sérieusement [seryözmañ] ciddi olarak, gerçekten; ciddi misin?
sérieux, euse [seryö, z] ciddi; güvenilir, sağlam ¤ *le* ciddiyet
serin [sreñ] *le* kanarya
seringue [sreñg] *la* şırınga
serment [sermañ] *le* ant, yemin
sermon [sermoñ] *le* vaaz
serpent [serpañ] *le* yılan
serre [ser] *la* limonluk, ser, sera
serrer [sere] sıkmak; sıkıştırmak ***serrer à droite*** sağdan gitmek; sağa yanaşmak ***serrer la main à*** ile tokalaşmak ***se serrer*** sıkışmak
serrure [serür] *la* kilit
serrurier [serürye] *le* çilingir
sérum [serom] *le* serum
servante [servañt] *la* hizmetçi kadın, kız
serveur, euse [servör, öz] *le+la* garson
service [servis] *le* servis; hizmet; yardım; görev; takım, sofra takımı
serviette [servyet] *la* peçete; havlu; evrak çantası
servir [servir] hizmet etmek; yardım etmek; servis yapmak ***servir à*** -e yararı dokunmak ***se servir de*** yemek -den almak; kullanmak
serviteur [servitör] *le* hizmetçi, uşak
ses [se] bkz. ***son***
session [sesyoñ] *la* toplantı; dönem
seuil [söy] *le* eşik
seul, e [söl] tek; yalnız
seulement [sölmañ] yalnız, ancak, sadece
sève [sev] *la* özsu, usare
sévère [sever] sert, şiddetli
sévérité [severite] *la* sertlik, şiddet
sexe [seks] *le* cinsiyet, eşey
sexologue [seksolog] *le+la* seksolog
sexualité [seksüalite] *la* cinsellik
sexuel, le [seksüel] cinsel
shampooing [şañpueñ] *le* şampuan ***se faire un shampooing*** saçını şampuanla yıkamak
short [şort] *le* şort
si [si] eğer, ise; ise de, her ne kadar; evet; öyle, o kadar
siècle [syekl] *le* yüzyıl; çağ
siège [syej] *le* oturacak yer, iskemle, koltuk
sien, ne [syeñ, syen]: ***le sien, la sienne*** onunki
sieste [syest] *la* öğle uykusu
siffler [sifle] ıslık çalmak; düdük çalmak

sifflet [sifle] *le* düdük
signal, aux [sinyal, o] *le* işaret; sinyal
signaler [sinyale] işaret etmek; bildirmek
signature [sinyatür] *la* imzalama; imza
signe [siny] *le* işaret, belirti
signer [sinye] imzalamak
significatif, ive [sinyifikatif, v] anlamlı
signification [sinyifikasyoñ] *la* anlam
signifier [sinyifye] anlamına gelmek, demek olmak
silence [silañs] *le* sessizlik
silencieux, euse [silañsyö, öz] sessiz ¤ *le* susturucu
silex [sileks] *le* çakmaktaşı
silhoutte [siluet] *la* siluet
silicone [silikon] *la* silikon
similaire [similer] benzer
simple [señpl] yalın, sade; kolay; saf, bön
simplement [señplõmañ] yalnızca, sadece
simplicité [señplisite] *la* yalınlık, sadelik; kolaylık; saflık, bönlük
simplifier [señplifye] basitleştirmek, kolaylaştırmak; mat. sadeleştirmek
simulation [simülasyoñ] *la* yalandan yapma, taslama
simuler [simüle] yalandan yapmak, taslamak
simultané, e [simültane] eşzamanlı, aynı zamanda olan
sincère [señser] içten, candan, samimi
sincérité [señserite] *la* içtenlik, samimilik
singe [señj] *le* maymun
singulier, ière [segülye, yer] *s+le*, dilb. tekil
sinistre [sinistr] uğursuz; kötü, korkunç ¤ *le* kaza, felaket
sinon [sinoñ] yoksa, olmazsa; -den başka, dışında
sinstré, e [sinistre] *s+a.* kazazede, felaketzede
sinus [sinüs] *le* sinüs
sinusite [sinüzit] *la* sinüzit
siphon [sifoñ] *le* sifon
sirène [siren] *la* siren, canavar düdüğü
sirop [siro] *le* şurup ***sirop contre la toux*** öksürük şurubu
site [sit] *le* görünüm, manzara; güzel yer
sitôt [sito] hemen, derhal ***sitôt que*** yap-ar yap-maz
situation [sitüasyoñ] *la* yer, konum; durum, hal; iş
situer [sitüe] yerleştirmek, oturtmak
six [sis] altı
sixième [sizyem] altıncı
sketch [skeç] *le* skeç

ski [ski] *le* kayak ***faire du ski*** kayak yapmak ***ski nautique*** su kayağı
skier [skye] kayak yapmak
skieur, euse [skyör, öz] *le+la* kayakçı
slalom [slalom] *le* slalom
slip [slip] *le* don, külot, slip
slogan [slogañ] *le* slogan
smoking [smoking] *le* smokin
snack [snak] *le* snekbar, hafif yemek yenen yer
snob [snob] *s+a.* züppe
snobisme [snobism(ö)] *le* züppelik
sobre [sobr] ölçülü, ılımlı; yalın, sade
sociable [sosyabl] sokulgan, girgin, sempatik
social, e, aux [sosyal, o] toplumsal, sosyal
socialisme [sosyalism] *le* sosyalizm
socialiste [sosyalist(ö)] *le+la* sosyalist
sociétaire [sosyeter] *le+la* üye
société [sosyete] *la* toplum; topluluk; dernek, kulüp; ortaklık, şirket ***société anonyme S.A.*** anonim ortaklık ***société à responsabilité limitée S.A.R.L.*** limited ortaklık
sociologie [sosyoloji] *la* toplumbilim, sosyoloji
sociologue [sosyolog] *le+la* toplumbilimci, sosyolog
socquette [soket] *la* kısa çorap, soket
sodium [sodyom] *le* sodyum
sœur [sör] *la* kız kardeş; rahibe
soi [sua] kendi, kendisi
soi-disant [suadizañ] sözde; güya, sanki
soie [sua] *la* ipek
soif [suaf] *la* susama ***avoir soif*** susamak
soigné, e [suanye] bakımlı, temiz
soigner [suanye] tedavi etmek; bakmak, ilgilenmek; dikkat etmek, özen göstermek
soigneux, euse [suanyö, z] temiz, bakımlı; özenli, dikkatli
soi-même [suamem] kendi, kendisi
soin [sueñ] *le* özen, dikkat ***avoir prendre soin de*** -e bakmak, özen göstermek ***soins*** *le+ç.* bakım; tedavi
soir [suar] *le* akşam ***ce soir*** bu akşam ***demain soir*** yarın akşam
soirée [suare] *la* akşam; gece partisi
soit [sua] yani; olsun, tut ki, farzedelim ki ***soit ... soit*** ya ... ya da ...
soixante [suasañt] altmış

soixante-dix [suasañt dis] yetmiş
soja [soja] *le* soya fasulyesi
sol [sol] *le* toprak; yer, zemin; müz. sol
solaire [soler] güneşle ilgili, güneş +
soldat [solda] *le* asker, er
solde [sold] *la* ücret, aylık ¤ *le*, tic. hesap bakiyesi, hesap kalıntısı ***soldes*** *le+ç.* indirimli satılan mal; ucuzluk, indirimli satış
sole [sol] *la* dilbalığı
soleil [soley] *le* güneş ***il fait du soleil*** hava güneşli
solennel, le [solanel] törenli; gösterişli, görkemli
solidarité [solidarite] *la* dayanışma
solide [solid] katı; sağlam, dayanıklı; gürbüz, güçlü kuvvetli
solidifier [solidifye] katılaştırmak ***se solidifier*** katılaşmak
soliste [solist] *le+la* solist
solitaire [soliter] yalnız; ıssız, tenha ¤ *le+la* münzevi
solitude [solitüd] *la* yalnızlık; ıssızlık
solo [solo] *le* solo
soluble [solübl] çözünür, eriyebilir
solution [solüsyoñ] *la* çözüm; kim. eriyik
sombre [soñbr] karanlık, loş; mec. kasvetli, üzüntülü
sombrer [soñbre] gemi batmak
sommaire [somer] *s+le* özet
somme [som] *la* toplam; tutar, miktar ¤ *le* şekerleme, kestirme ***en somme*** sonuçta, sonuç olarak ***faire la somme de*** toplamak ***faire un somme*** kestirmek, şekerleme yapmak ***somme toute*** kısacası, nihayet
sommeil [somey] *le* uyku ***avoir sommeil*** uykusu gelmek
sommeiller [someye] uyuklamak
sommet [some] *le* tepe, doruk
somnambule [somnañbül] *le+la* uyurgezer
somnifère [somnifer] *le* uyku ilacı, uyku hapı
somnolent, e [somnolañ, t] uyuklayan
somnoler [somnole] uyuklamak
son[1] [soñ] *le* ses; kepek
son[2] [soñ], ***sa*** [sa], *ç.* ***ses*** [se] onun
sondage [soñdaj] *le* sondaj, sondalama
songer [soñje] rüya görmek; düş kurmak ***songer à*** -ı düşünmek

sonner [sone] çalmak; çınlamak
sonnerie [sonri] *la* telefon, saat, vb. sesi; zil
sonore [sonor] ses veren, çınlayan; sesli
sont [soñ] bkz. ***être***
sorcellerie [sorselri] *la* büyücülük
sorcier, ière [sorsye, yer] *le+la* büyücü
sordide [sordid] pis, iğrenç
sort [sor] *le* yazgı, kader; kısmet, şans; kura, adçekme ***tirer au sort*** kura çekmek, adçekmek
sorte [sort] *la* çeşit, tür ***de la sorte*** böyle, bu şekilde ***de telle sorte que, en sorte que*** öyle ki, o şekilde ki
sortie [sorti] *la* çıkış; gezinti, dolaşma ***sortie de secours*** tehlike çıkışı, imdat kapısı
sortir [sortir] çıkmak; çıkarmak
sot, tte [so, t] *s+a.* aptal, salak
sottise [sotiz] *la* aptallık
sou [su] *le* metelik, para ***sans le sou*** meteliksiz, cebi delik
souci [susi] *le* kaygı, tasa, dert
soucier [susye]: ***se soucier de*** -den tasalanmak, -ı merak etmek
soucieux, euse [susyö, z] kaygılı, üzüntülü
soucoupe [sukup] *la* fincan tabağı ***soucoupe volante*** uçan daire
soudain, e [sudeñ, en] ani; birdenbire, hemen
soudainement [sudenmañ] ansızın, apansız
souder [sude] lehimlemek; kaynak yapmak
soudure [sudür] *la* lehim; kaynak
souffle [sufl] *le* soluk; üfleme; esme ***être à bout de souffle*** soluğu kesilmek, soluk soluğa kalmak
soufflé [sufle] *le* sufle
souffler [sufle] üflemek; esmek
soufflet [sufle] *le* körük
souffleur, euse [suflör, z] *le+la*, tiy. suflör
souffrance [sufrañs] *la* acı, ıstırap
souffrant, e [sufrañ, t] rahatsız, keyifsiz
souffrir [sufrir] acı çekmek; çekmek, dayanmak
soufre [sufr] *le* kükürt
souhait [sue] *le* dilek, istek ***à vos souhaits!*** aksırık çok yaşa!
souhaiter [suete] dilemek, istemek
soûl, e [su, l] sarhoş

soulager [sulaje] birinin acı, vb.'ni dindirmek, azaltmak
soûler [sule] sarhoş etmek ***se soûler*** sarhoş olmak
soulèvement [sulevmañ] *le* ayaklanma, isyan
soulever [sulve] kaldırmak
soulier [sulye] *le* ayakkabı
souligner [sulinye] altını çizmek; mec. vurgulamak
soumettre [sumetr] boyun eğdirmek, egemenliğine almak ***se soumettre*** boyun eğmek à, -e, -a
soumission [sumisyoñ] *la* boyun eğme, itaat; uysallık
soupape [supap] *la* supap
soupçon [supsoñ] *le* kuşku, şüphe
soupçonner [supsone] kuşkulanmak, şüphelenmek
soupçonneux, euse [supsonö, öz] kuşkucu, şüpheci
soupe [sup] *la* çorba
souper [supe] *le* akşam yemeği
soupir [supir] *le* iç çekme
soupirer [supire] iç çekmek
souple [supl] esnek, yumuşak
souplesse [suples] *la* esneklik, yumuşaklık
source [surs] *la* kaynak
sourcil [sursi] *le* kaş
sourd, e [sur, d] sağır; boğuk, kısık; donuk
sourd-muet, sourde-muette [surmüe, surmüet] *s+a.* sağır ve dilsiz
sourire [surir] gülümsemek ¤ *le* gülümseme
souris [suri] *la* sıçan, fare
sous- [su] 'alt', 'az', 'eksik' anlamında bir önek
sous [su] altına, altında
sous-alimenté, e [suzalimañte] yetersiz beslenmiş
souscription [suskripsyoñ] *la* abone olma
souscrire [suskrir]: ***souscrire à*** -e abone olmak
sous-développé, e [sudevelope] az gelişmiş
sous-directeur, trice [sudirektör, tris] *le+la* müdür yardımcısı
sous-entendre [suzañtañdr] ima etmek, üstü kapalı anlatmak
sous-entendu, e [suzañtañdü] kapalı, açıkça belirtilmemiş ¤ *le* ima, anıştırma
sous-jacent, e [sujasañ, t] alttaki
sous-lieutenant [sulyötnañ] *le* asteğmen
sous-louer [sulue] ikinci elden kiralamak
sous-marin, e [sumareñ, in] *s+le* denizaltı
sous-officier [suzofisye] *le* astsubay

sous-produit [suprodüi] *le* yan ürün
sous-secrétaire [susökreter] *le*: ***sous-secrétaire d'État*** müsteşar
sous-sol [susol] *le* bodrum katı
sous-titre [sutitr] *le* altyazı
soustraction [sustraksyoñ] *la* çıkarma
soustraire [sustrer] çıkarmak ***se soustraire à*** -den kaçmak
sous-vêtement [suvetmañ] *le* iç çamaşırı, içlik
soute-mouton [sotmutoñ] *le*: ***jouer à soute-mouton*** birdirbir oynamak
soutenir [sutnir] desteklemek; tutmak
souterrain, e [sutereñ, en] yeraltı ¤ *le* yeraltı geçidi
soutien [sutyeñ] *le* destek
soutien-gorge [sutyeñgorj] *le* sutyen
souvenir [suvnir] *le* anı, hatıra; anmalık, hediye ***se souvenir de*** -ı anımsamak, hatırlamak ***se souvenir que*** -dığını anımsamak, hatırlamak
souvent [suvañ] sık sık, genellikle ***peu souvent*** nadiren, seyrek olarak
souverain, e [suvreñ, en] egemen; en yüksek, yüce ¤ *le+la* hükümdar
soyeux, euse [suayö, z] ipekli
spacieux, euse [spasyö, z] geniş, ferah
spaghettis [spageti] *le+ç.* spagetti
spatial, e, aux [spasyal, o] uzayla ilgili, uzay +
speaker, ine [spikör, krin] *le+la* spiker
spécial, e, aux [spesyal, o] özel
spécialement [spesyalmañ] özellikle
spécialiser [spesyalize] uzmanlaştırmak ***se spécialiser*** uzmanlaşmak
spécialiste [spesyalist] *le+la* uzman
spécialité [spesyalite] *la* özellik; uzmanlık
spécification [spesifikasyoñ] *la* belirtme, belirleme
spécifier [spesifye] belirtmek, belirlemek
spécifique [spesifik] özgül; özel
spécimen [spesimen] *le* örnek, numune
spectacle [spektakl] *le* görünüm, manzara; gösteri, temsil
spectateur, trice [spektatör, tris] *le+la* izleyici, seyirci

spéculateur, trice [spekülatör, tris] *le+la* vurguncu, spekülatör
spéculation [spekülasyoñ] *la* vurgunculuk, spekülasyon
spéculer [speküle] spekülasyon yapmak
sperme [sperm] *le* sperma, meni
sphère [sfer] *la* küre, yuvar; alan
sphérique [sferik] küresel
spirale [spiral] *la* helezon
spirituel, le [spirituel] manevi, tinsel; esprili
spiritueux [spiritüö] *le* alkollü içki
splendeur [splañdör] *la* görkem; parlaklık
splendide [splañdid] parlak, göz kamaştırıcı
spontané, e [spoñtane] kendiliğinden
sport [spor] *le* spor ***faire du sport*** spor yapmak
sportif, ive [sportif, iv] sportif
square [skuar] *le* küçük park
squelette [skölet] *le* iskelet
stable [stabl] sağlam, dayanıklı; istikrarlı, kararlı
stade [stad] *le* stat, stadyum
stage [staj] *le* staj
stagiaire [stajyer] *s+a.* stajyer
stagnant, e [stagnañ, t] durgun
stalle [stal] *la*, tiy. koltuk
standard [stañdar] standart ¤ *le* telefon santralı
standardiste [stañdardist(ö)] *le+la* santral görevlisi
star [star] *la* yıldız
starter [starter] *le*, oto jigle
station [stasyoñ] *la* istasyon; durak ***station de taxis*** taksi durağı
stationnement [stasyonmañ] *le* durma, park yapma ***zone de stationnement interdit*** park yasağı olan alan
stationner [stasyone] durmak, park yapmak
station-service [stasyoñservis] *la* servis istasyonu
statique [statik] statik, duruk
statistique [statistik] *la* istatistik
statue [statü] *la* yontu, heykel
stature [statür] *la* boy
statut [statü] *le* tüzük; yasa; yönetmelik; statü
stencil [stensil] *le* stensil, mumlu kâğıt
sténodactylo [stenodaktilo] *la* stenocu
sténographie [stenografi] *la* steno
steppe [step] *la* bozkır
stéréophonie [stereofoni] *la* stereofoni
stéréophonique [stereofonik] stereofonik

stérile [steril] steril, mikropsuz; verimsiz, kısır
stérilet [sterile] *le*, hek. spiral
stériliser [sterilize] sterilize etmek, mikroptan arındırmak
stéthoscope [stetoskop] *le* stetoskop
stimulant, e [stimülañ, t] uyarıcı ¤ *le* uyarıcı ilaç
stimulation [stimülasyoñ] *la* uyarma, uyarım; teşvik, dürtü
stimuler [stimüle] uyarmak; gayrete getirmek, özendirmek
stipuler [stipüle] şart koşmak; açıkça belirtmek
stock [stok] *le* stok
stop [stop] dur! stop! ¤ *le*, oto. stop lambası
store [stor] *le* stor, perde
strabisme [strabism] *le* şaşılık
strapontin [strapoñteñ] *le* açılır kapanır iskemle
stratégie [strateji] *la* strateji
stratégique [stratejik] stratejik
stress [stres] *le* stres
strict, e [strikt] sıkı, katı, sert; titiz
strip-tease [striptiz] *le* striptiz
strip-teaseuse [striptizöz] *la* striptizci
structure [strüktür] *la* yapı
studieux, euse [stüdyö, z] çalışkan
studio [stüdyo] *le* küçük daire; stüdyo, işlik
stupéfaction [stüpefaksyoñ] *la* şaşkınlık
stupéfait, e [stüpefe, t] şaşmış, afallamış
stupéfiant, e [stüpefyañ, t] şaşırtıcı ¤ *le* uyuşturucu madde
stupéfier [stüpefye] şaşırtmak, sersemletmek
stupide [stüpid] aptal, sersem; saçma
stupidité [stüpidite] *la* aptallık
style [stil] *le* biçem, üslup
styliste [stilist] *le*+*la* stilist
stylo [stilo] *le*: ***stylo à encre*** dolmakalem ***stylo à bille*** tükenmez, tükenmezkalem
stylo-feutre [stilofötr(ö)] *le* keçeli kalem
suave [süav] tatlı, yumuşak, hoş
subconscient [süpkoñsyañ] *le* bilinçaltı
subir [sübir] geçirmek, çekmek, uğramak
subit, e [sübi, t] ani, beklenmedik
subitement [sübitmañ] birdenbire, ansızın
subjectif, ive [sübjektif, v] öznel
subjonctif [sübjoñktif] *le*, dilb. dilek kipi
sublime [süblim] yüce, ulu

submersible [sübmersibl] *le* denizaltı
subordonné, e [sübordone] bağlı, bağımlı ¤ *le+la* ast
subsistance [sübzistañs] *la* geçim
substance [süpstañs] *la* madde; öz
substantif [süpstañtif] *le*, dilb. ad, isim
substitution [süpstitüsyoñ] *la* yerine koyma, yerine geçme
subterfuge [süpterfüj] *le* kaçamak, kurnazlık
subtil, e [süptil] ince; karışık, anlaşılmaz; kurnaz
subvention [sübvañsyoñ] *la* sübvansiyon, destekleme, devlet yardımı
subventionner [sübvañsyone] para yardımında bulunmak, para vermek
suc [sük] *le*, bitk. özsu; meyve, vb. su
succéder [süksede]: ***succéder à*** -ın yerine geçmek; -ı izlemek, -den sonra gelmek
succès [sükse] *le* başarı ***avoir du succès*** başarılı olmak
successeur [süksesör] *le* ardıl, halef
successif, ive [süksesif, v] birbirini izleyen, ardışık
succession [süksesyoñ] *la* art arda geliş; huk. kalıt, miras
succulent, e [sükülañ, t] sulu, özlü
succursale [sükürsal] *la* şube ***magasin à succursales multiples*** çok şubeli mağaza
sucer [süse] emmek
sucette [süset] *la* lolipop, saplı şeker
sucre [sükr] *le* şeker ***sucre de betterave*** pancar şekeri ***sucre de canne*** şekerkamışı şekeri ***sucre de cristallisé*** kristal şeker ***sucre en morceaux*** kesmeşeker ***sucre en poudre*** pudra şekeri ***sucre semoule*** tozşeker
sucré, e [sükre] şekerli
sucrer [sükre] tatlandırmak, şeker katmak
sucrier [sükriye] *le* şekerlik, şeker kabı
sud [süd] *s+le* güney
sud-est [südest] *s+le* güneydoğu
sud-ouest [süduest] *s+le* güneybatı
suer [süe, sue] terlemek
sueur [suör] *la* ter
suffire [süfir] yetmek, yetişmek
suffisamment [süfizamañ] yeterince, yeter derecede

suffisant, e [süfizañ, t] yeter; yeterli
suffixe [süfiks] *le*, dilb. sonek
suffoquer [süfoke] boğmak; boğulmak
suffrage [süfraj] *le* oy
suggérer [süjere] salık vermek
suggestif, ive [sügjestif, v] cinsel açıdan tahrik edici
suggestion [sügjestyoñ] *la* öneri, tavsiye
suicide [suisid] *le* intihar
suicider [suiside]: ***se suicider*** kendini öldürmek, intihar etmek
suie [süi] *la* is, kurum
suinter [süeñte] sızmak
suite [suit] *la* arka, geri; sıra, dizi; sonuç; maiyet ***de suite*** kesintisiz, art arda ***faire suite à*** -ı izlemek, -den sonra gelmek ***par la suite*** sonradan, daha sonra ***suite de*** -ın bir sonucu olarak, yüzünden
suivant, e [suivañ, t] gelecek, ertesi; aşağıdaki; -e göre
suivi, e [süivi] sürekli; tutarlı
suivre [suivr] izlemek, takip etmek
sujet [süje] *le* konu; neden; dilb. özne ***au sujet de*** hakkında, konusunda
sujet, te [süje, t] *le+la* uyruk ***sujet à*** -e bağlı; -e maruz
sujétion [süjesyoñ] *la* bağımlılık
sultan [sültañ] *le* sultan
super [süper] süper, üstün
superbe [süperb] görkemli, muhteşem
supercarburant [süperkarbürañ] *le* süper benzin
superficie [süperfisi] *la* yüzölçümü
superficiel, le [süperfisyel] yüzeysel; üstünkörü
superflu, e [süperflü] gereksiz, fazla
supérieur, e [süperyör] üst; yüksek; üstün ¤ *le+la* üst, amir
supériorité [süperyorite] *la* üstünlük
superlatif [süperlatif] *le*, dilb. enüstünlük derecesi
supermarché [süpermarşe] *le* süpermarket
superpuissance [süperpuisañs] *la* büyük devlet, süper güç
supersonique [süpersonik] sesten hızlı, süpersonik
superstitieux, euse [süperstisyö, z] boş inançlı, batıl itikatlı
superstition [süperstisyoñ] *la* boş inanç, batıl itikat
suppléant, e [süpleañ, t] *s+a.* vekil
supplément [süplemañ] *le* ek, ilave

supplémentaire [süplemañter] ek, ilave
supplice [süplis] *le* işkence
supplier [süpliye] yalvarmak
support [süpor] *le* destek
supporter[1] [süporte] taşımak, destek olmak; dayanmak, katlanmak
supporter[2] [süporter] *le*, sp. taraftar
supposer [süpoze] sanmak; varsaymak, farz etmek
supposition [süpozisyoñ] *la* sanı, tahmin; varsayım
supprimer [süprime] ortadan kaldırmak; çıkarmak, atmak
sur [sür] üstüne, üstünde, üstünden; -e doğru; konusunda, üzerine
sur, e [sür] ekşi
sûr, e [sür] kesin, su götürmez; güvenilir; emin, sağlam
suranné, e [sürane] eskimiş, modası geçmiş
surcharge [sürşarj] *la* yük fazlalığı; bolluk, aşırılık ***surcharge de bagages*** fazla bagaj
surdité [sürdite] *la* sağırlık
sûrement [sürmañ] her halde, şüphesiz; güvenle; mutlaka
surestimer [sürestime] fazla değer biçmek
sûreté [sürte] *la* güvenlik, emniyet
surf [sürf] *le* sörf
surface [sürfas] *la* yüzey, yüz; yüzölçümü
surgelé, e [sürjöle] dondurulmuş, derin dondurulmuş
surhomme [sürom] *le* üstün insan
surhumain, e [sürümeñ, en] insanüstü
sur-le-champ [sürlöşañ] hemen, derhal
surlendemain [sürlañdmeñ] *le*: ***le surlendemain*** iki gün sonra
surmenage [sürmõnaj] *le* aşırı çalışma ***le surmenage intellectuel*** sürmenaj, zihin yorgunluğu
surmener [sürmõne] aşırı çalıştırmak; aşırı yormak ***se surmener*** aşırı yorulmak
surmonter [sürmoñte] üstünde bulunmak; yenmek, üstesinden gelmek
surnaturel, le [sürnatürel] *s+le* doğaüstü
surnom [sürnoñ] *le* lakap, takma ad
surpasser [sürpase] aşmak, geçmek
surplus [sürplü] *le* artık, fazla
surprendre [sürprañdr] şaşırtmak; yakalamak

surprise [sürpriz] *la* şaşkınlık; sürpriz
surréaliste [sürrealist] gerçeküstücü
sursaut [sürso] *le* irkilme, sıçrama
sursauter [sürsote] irkilmek, sıçramak
surtaxe [sürtaks] *la* ek vergi
surtout [sürtu] özellikle, hele
surveillance [sürveyañs] *la* gözetim; denetim
surveillant, e [sürveyañ, t] *le+la* gözcü, bekçi; okul mubassır
surveiller [sürveye] bakmak, göz kulak olmak; gözetlemek, kollamak
survêtement [sürvetmañ] *le* eşofman
survivant, e [sürvivañ, t] *le+la* sağ kalan, kurtulan
survivre [sürvivr] yaşamak, yaşamayı sürdürmek ***survivre à*** -den sağ kurtulmak, hayatta kalmak
sus [süs]: ***en sus*** ayrıca, üstelik
susceptible [süseptibl] alıngan
suspect, e [süspekt, ekt] *s+a.* şüpheli
suspecter [süspekte] kuşkulanmak, şüphe etmek
suspendre [süspañdr] asmak; ertelemek, durdurmak
suspendu, e [süspañdü] asılı; askıda
suspension [süspañsyoñ] *la* asma; erteleme; oto. süspansiyon
suture [sütür] *la*, hek. dikiş
suturer [sütüre] hek. dikmek
svelte [svelt] ince, narin
sweater [svitör] *le* süveter
syllabe [silab] *la* hece
sylviculture [silvikültür] *la* ormancılık
symbole [señbol] *le* simge, sembol
symbolique [señbolik] simgesel, sembolik
symboliser [señbolize] simgelemek, simgesi olmak
symétrie [simetri] *la* simetri, bakışım
symétrique [simetrik] simetrik, bakışımlı
sympathie [señpati] *la* sempati
sympathique [señpatik] sempatik
symphonie [señfoni] *la* senfoni
symphonique [señfonik] senfonik
symptôme [señptom] *le* belirti, semptom
synagogue [sinagog] *la* havra, sinagog
syndical, e, aux [señdikal] sendikal, sendikayla ilgili
syndicaliste [señdikalist(ö)] *le+la* sendikacı

syndicat [señdika] *le* sendika ***syndicat d'initiative*** turizm bürosu ***syndicat patronal*** işverenler sendikası

syndiquer [señdike]: ***se syndiquer*** sendiya girmek; sendikalaşmak

syndrome [señdrom] *le* sendrom

synonyme [sinonim] eşanlamlı, anlamdaş ¤ *le* eşanlamlı sözcük

syntaxe [señtaks] *la*, dilb. sözdizim, tümcebilim

synthèse [señtez] *la* bireşim, sentez

synthétique [señtetik] sentetik

synthétiseur [señtetizör] *le*, müz. sintisayzır

syphilis [sifilis] *la* frengi

systématique [sistematik] dizgeli, düzenli, sistemli

système [sistem] *le* dizge, sistem

T t

t' [tö] bkz. ***te***

ta [ta] bkz. ***ton***

tabac [taba] tütün; tütüncü dükkânı ***tabac à priser*** enfiye

table [tabl] *la* masa; sofra; yemek; çizelge, tablo ***à table!*** yemek hazır! sofraya buyurun! ***faire table rase*** silip süpürmek de, -ı, -i ***mettre la table*** sofrayı hazırlamak ***se mettre à table*** sofraya oturmak ***table basse*** sehpa ***table de multiplication*** çarpım tablosu ***table des matières*** kitap içindekiler

tableau, x [tablo] *le* tablo; çizelge, cetvel ***tableau d'affichage*** afiş panosu ***tableau de bord*** kontrol paneli, komuta tablosu ***tableau noir*** tahta, karatahta

tablette [tablet] *la* raf; tablet

tablier [tabliye] *le* önlük

tabou [tabu] *s+le* tabu, yasak

tabouret [tabure] *le* tabure

tâche [taş] *la* görev, iş; ödev

tache [taş] *la* leke

tacher [taşe] lekelemek

tâcher [taşe]: ***tâcher de faire*** -meye çalışmak, -meye çabalamak

tacot [tako] *le* külüstür araba, taka

tact [takt] *le* sezinç, incelik, nezaket ***avoir du tact*** ince düşünmek, düşünceli olmak

tactique [taktik] *s+la* taktik

taie [te] *la*: ***taie d'oreiller*** yastık yüzü, yastık kılıfı
taille [tay] *la* kesme, biçme; bel; boy
taille-crayon(s) [taykreyoñ] *le* kalemtıraş
tailler [taye] kesmek; budamak; kalem açmak, yontmak ***se tailler*** kd. tüymek, toz olmak
tailleur [tayör] *le* terzi; tayyör
taire [ter] söylememek, gizlemek ***faire taire*** -ı susturmak ***se taire*** susmak ***tais-toi! taisez-vous!*** susun!
talc [talk] *le* talk pudrası
talent [talañ] *le* yetenek
talentueux, euse [talañtüö, öz] yetenekli
talon [taloñ] *le* topuk; ökçe; koçan
tambour [tañbur] *le* davul
tambourin [tañbureñ] *le* tef, darbuka
tamis [tami] *le* elek
tamiser [tamize] elemek, elekten geçirmek
tampon [tañpoñ] *le* tampon; tıkaç, tapa
tamponner [tañpone] damgalamak, mühürlemek; ile çarpışmak
tandis [tañdi]: ***tandis que*** iken; -diğinde, -diği zaman; -diği halde
tangente [tañjañt] *la*, mat. tanjant
tango [tañgo] *le* tango
tanière [tanyer] *la* in
tank [tañk] *le* tank
tant [tañ] o kadar, öyle çok, öyle ***tant de*** pek çok ***tant mieux*** ne iyi! harika! iyi ya! ***tant pis*** yazık, çok kötü ***tant que*** -dikçe, -diği sürece; o kadar ... ki
tante [tañt] *la* hala, teyze, yenge
tantôt [tañto] öğleden sonra ***tantôt ... tantôt ...*** bazen ... bazen ..., kâh ... kâh ...
tape [tap] *la* tokat, şamar
taper [tape] vurmak; çarpmak; daktiloyla yazmak
tapis [tapi] *le* halı, kilim
tapis-brosse [tapibros] *le* paspas
tapisser [tapise] duvar kâğıdıyla kaplamak
tapisserie [tapisri] *la* duvar örtüsü, duvar halısı; duvar kâğıdı
tapissier, ière [tapisye, yer] *le+la* döşemeci; dekoratör
taquin, e [takeñ, in] takılgan, muzip
taquiner [takine] takılmak, şakalaşmak
tard [tar] geç ***au plus tard*** en geç ***plus tard*** daha sonra

tarder [tarde] gecikmek, geç kalmak ***sans plus tarder*** daha fazla gecikmeden
tarif [tarif] *le* tarife, fiyat listesi
tarir [tarir] kurumak; kurutmak
tarte [tart] *la* turta, pasta
tartine [tartin] *la* tereyağlı ya da reçelli ekmek dilimi
tartiner [tartine] üzerine sürmek
tas [ta] *le* yığın, küme ***un tas de*** bir sürü
tasse [tas] *la* fincan
tasser [tase] sıkıştırmak, tıkmak ***se tasser*** sıkışmak
tâter [tate] ellemek, elle yoklamak; denemek
tâtonner [tatone] el yordamıyla aramak
tâtons [tatoñ]: ***à tâtons*** el yordamıyla
tatouage [tatuaj] *le* bedende dövme
tatouer [tatue] dövme yapmak
taudis [todi] *le* gecekondu, kümes gibi ev
taupe [top] *la* köstebek
taureau, x [toro] *le* boğa ***le Taureau*** Boğa burcu
tauromachie [toromaşi] *la* boğa güreşi
taux [to] *le* oran, yüzde ***taux d'intérêt*** faiz oranı
taxe [taks] *la* vergi; harç; narh ***taxe à la valeur ajoutée T.V.A.*** katma değer vergisi KDV
taxer [takse] vergilendirmek; narh koymak
taxi [taksi] *le* taksi
taximètre [taksimetr] *le* taksimetre
taxiphone [taksifon] *le* genel telefon
té [te] *le* T cetveli
te, t' [tö] seni, sana
technicien, ne [teknisyeñ, yen] *le+la* teknisyen
technique [teknik] *s+la* teknik
techniquement [teknikmañ] teknik olarak
technologie [teknoloji] *la* teknoloji
technologique [teknolojik] teknolojik
tee-shirt [tişört] *le* tişört
teindre [teñdr] boyamak
teint, e [teñ, teñt] boyanmış, boyalı ¤ *le* beniz, yüz rengi ¤ *la* renk
teinter [teñte] hafifçe boyamak
teinture [teñtür] *la* boyama; boya ***teinture d'iode*** tentürdiyot
teinturerie [teñtürri] *la* dükkân kuru temizleyici
tel, le [tel] böyle, öyle ***tel que*** gibi ***tel quel*** olduğu gibi

télé [tele] *la*, kd. televizyon, TV ***à la télé*** televizyonda, TV'de
télécommande [telekomañd] *la* uzaktan kumanda
télécommunications [telekomünikasyoñ] *la*+ç. uziletişim, telekomünikasyon
télécopie [telekopi] *la* faks
téléférique [teleferik] *le* teleferik
télégramme [telegram] *le* telgraf, tel
télégraphe [telegraf] *le* telgraf, tel
télégraphier [telegrafye] telgraf çekmek
téléobjectif [teleobjektif] *le* teleobjektif
télépathie [telepati] *la* telepati, uzaduyum
téléphérique [teleferik] *le* teleferik
téléphone [telefon] *le* telefon ***téléphone portatif*** cep telefonu
téléphoner [telefone] telefon etmek
téléphoniste [telefonist(õ)] *le*+*la* telefonist, santral memuru
télescope [teleskop] *le* teleskop, ırakgörür
télésiège [telesyej] *le* telesiyej
téléspectateur, trice [telespektatör, tris] *le*+*la* televizyon izleyicisi
téléviser [televize] televizyonda vermek, televizyonla yayımlamak
téléviseur [televizör] *le* televizyon aygıtı
télévision [televizyoñ] *la* televizyon ***à la télévision*** televizyonda
télex [teleks] *le* teleks
telle [tel] bkz. ***tel***
tellement [telmañ] öyle, o kadar ***pas tellement*** pek değil
témoignage [temuanyaj] *le* tanıklık; tanık ifade
témoigner [temuanye] göstermek, belirtmek ***témoigner de*** -ın belirtisi olmak, kanıtlamak
témoin [temueñ] *le* tanık ***être témoin de*** -e tanık olmak ***témoin oculaire*** görgü tanığı
tempe [tañp] *la* şakak
tempérament [tañperamañ] *le* huy, yaradılış
température [tañperatür] *la* sıcaklık; hek. ateş
tempéré, e [tañpere] ölçülü, ılımlı; ılıman, ılık
tempête [tañpet] *la* fırtına
temple [tañpl] *le* tapınak
tempo [tempo] *le* tempo
temporaire [tañporer] geçici
temporairement [tañporermañ] geçici olarak

temporel, le [tañporel] geçici, fani; maddi, dünyevi
temps [tañ] *le* hava; zaman, vakit; çağ ***à temps*** zamanında, vaktinde ***dans le temps*** eskiden, vaktiyle ***de temps en temps, de temps à autre*** zaman zaman, ara sıra ***de tout temps*** her zaman ***temps mort*** tic. ölü mevsim
tenace [tõnas] inatçı, sebatkâr
ténacité [tenasite] *la* inat, sebat
tenailles [tõnay] *la+ç.* kerpeten
tendance [tañdañs] *la* akım; eğilim
tendon [tañdoñ] *le*, hek. kiriş
tendre [tañdr] taze, körpe, yumuşak; govrok; oovooon, şefkatli; germek; uzatmak; döşemek, kaplamnak ***tendre à*** -e yönelmek ***tendre l'oreille*** kulak kabartmak
tendrement [tañdrõmañ] sevgiyle, şefkatle
tendresse [tañdres] *la* sevecenlik, şefkat
tendu, e [tañdü] gergin
ténèbres [tenebr] *la+ç.* karanlık
ténébreux, euse [tenebrö, öz] karanlık
teneur [tõnör] *la* içerik, kapsam
tenir [tõnir] tutmak; işletmek, yönetmek; kapsamak, içine almak; düzenlemek, yapmak ***se tenir*** durmak; birbirini tutmak, tutuşmak ***se tenir à*** -e tutunmak ***tenir à*** -e bağlı olmak, -den kaynaklanmak ***tenir de*** -e benzemek, çekmek ***tenir pour*** gözüyle bakmak
tennis [tenis] *le* tenis ***tennis de table*** masa tenisi
tennisman [tenisman] *le* tenisçi
ténor [tenor] *le*, müz. tenor
tension [tañsyoñ] *la* gerilme; gerginlik; hek. tansiyon
tentation [tañtasyoñ] *la* günaha girme, şeytana uyma; ayartma
tentative [tañtativ] *la* girişim, kalkışma
tente [tañt] *la* çadır, tente ***tente à oxygène*** oksijen çadırı
tenter [tañte] ayartmak, baştan çıkarmak; girişmek, denemek
tenu [tõnü]: ***bien tenu*** bakımlı ***être tenu de*** -den sorumlu olmak
ténu, e [tenü] incecik
tenue [tõnü] *la* giyim, kıyafet; davranış, tutum
terme [term] *le* vade; son, bitiş; sözcük, terim ***à court ter-***

me kısa vadeli ***à long terme*** uzun vadeli
terminaison [terminezoñ] *la*, dilb. sonek, takı
terminal, e, aux [terminal, o] son; uç ¤ *le* terminal
terminer [termine] bitirmek, sonlandırmak ***se terminer*** bitmek, sona ermek
terminologie [terminoloji] *la* terminoloji
terminus [terminüs] *le* terminal, son durak
terne [tern] donuk, mat
terrain [tereñ] *le* toprak, yer, arazi; arsa ***terrain d'aviation*** havaalanı ***terrain de camping*** kamp yeri ***terrain de football*** futbol alanı ***terrain de golf*** golf sahası ***terrain de jeu*** oyun alanı ***terrain de sports*** spor alanı
terrasse [teras] *la* teras, taraça
terre [ter] *la* yer, toprak; dünya; kara; ülke ***à par terre*** yere, yerde
terreur [terör] *la* terör, yıldırma; korku, dehşet
terrible [teribl] korkunç
terrier [terye] *le* in, yuva, delik
terrifier [terifye] çok korkutmak
terrine [terin] *la* güveç
territoire [terituar] *le* toprak; bölge; ülke ***territorial, e, aux*** ülkeyle ilgili; toprakla ilgili, karayla ilgili
terroir [teruar] *le* toprak
terroriser [terorize] yıldırmak, korkutmak
terrorisme [terorism(ö)] *le* terörizm
terroriste [terorist(ö)] *le+la* terörist
tes [te] bkz. ***ton***
test [test] *le* test, sınav; deneme, sınama
testament [testamañ] *le* vasiyet
testicule [testikül] *le* testis, taşak
tétanos [tetanos] *le* tetanos
tête [tet] *la* baş; kafa ***en tête*** önde, başta ***faire une tête*** futbol topa kafa vurmak ***tenir tête à*** -e karşı koymak, karşı gelmek
tête-à-tête [tetatet] *le* baş başa konuşma, özel konuşma
tétine [tetin] *la* biberon emzik
téton [tetoñ] *le*, kd. göğüs, meme
têtu, e [tetü] inatçı, dik başlı
texte [tekst] *le* metin
textile [tekstil] *s+le* tekstil
texture [tekstür] *la* doku; yapı, örgü

thé [te] *le* çay ***faire le thé*** çayı yapmak ***prendre le thé*** çay içmek
théâtre [teatr] *le* tiyatro
théière [teyer] *la* çaydanlık
thème [tem] *le* konu, tema
théologie [teoloji] *la* ilahiyat, Tanrıbilim
théorème [teorem] *le* teorem
théorie [teori] *la* kuram, teori
théorique [teorik] kuramsal, teorik
thérapie [terapi] *la* terapi, tedavi
thermal, e, aux [termal, o] termal ***cure thermale*** kaplıca tedavisi ***station thermale*** kaplıca, ılıca
thermique [termik] ısıl, termik
thermomètre [termometr] *le* termometre, ısılölçer
thermonucléaire [termonükleer] termonükleer
thermos [termos] *le*, *la* termos
thermostat [termosta] *le* termostat
thèse [tez] *la* sav, tez
thon [toñ] *le* orkinos, ton
thym [teñ] *le* kekik
thyroïde [tiroid] *la* kalkanbezi, tiroit
tic [tik] *le* tik
ticket [tike] *le* bilet
tiède [tyed] ılık
tien, tienne [tyeñ, tyen]: ***le tien, la tienne*** seninki ***les tiens, les tiennes*** seninkiler
tiers, tierce [tyer, s] üçüncü
tige [tij] *la* sap; çubuk
tigre [tigr] *le* kaplan
tilleul [tiyöl] *le* ıhlamur ağacı, çayı
timbale [teñbal] *la* tas
timbre [teñbr] *le* damga, mühür; pul; zil
timbrer [teñbre] damgalamak; pul yapıştırmak
timide [timid] utangaç, sıkılgan
timidité [timidite] *la* utangaçlık, sıkılganlık
tinter [teñte] çalmak; şıngırdamak
tir [tir] *le* atış; silah ateş; futbol şut ***tir à l'arc*** ok atma
tirage [tiraj] *le* basma, baskı; baskı sayısı, tiraj; çekme ***tirage au sort*** adçekme, kura çekme
tire-bouchon [tirbuşoñ] *le* tirbuşon
tirelire [tirlir] *la* kumbara
tirer [tire] çekmek; çıkarmak; çizmek; ateş etmek; basmak, yayımlamak ***se tirer*** kd. çekip gitmek
tiroir [tiruar] *le* çekmece
tisonnier [tizonye] *le* ocak demiri, uzu ateş karıştırma maşası

tissage [tisaj] *le* dokuma
tisser [tise] dokumak
tissu [tisü] *le* kumaş; doku
titre [titr] *le* başlık, ad; san, unvan; senet; sıfat ***à titre de*** olarak, sıfatıyla
tituber [titübe] sendelemek
toast [tost] *le* tost; kadeh kaldırma
toboggan [tobogañ] *le* kızak
toi [tua] sen
toile [tual] *la* bez; tual ***toile cirée*** muşamba
toilette [tualet] *la* yıkanma; tuvalet ***faire sa toilette*** yıkanmak
toi-même [tuamem] kendin
toit [tua] *le* dam, çatı
tôle [tol] *la* sac
tolérance [tolerañs] *la* hoşgörü
tolérant, e [tolerañ, t] hoşgörülü
tolérer [tolere] hoş görmek; katlanmak, dayanmak
tomate [tomat] *la* domates
tombe [toñb] *la* mezar, gömüt
tombeau, x [toñbo] *le* mezar
tombée [toñbe] *la*: ***à la tombée du jour de la nuit*** gün batarken, karanlık basarken
tomber [toñbe] düşmek ***laisser tomber*** düşürmek ***tomber sur*** ile karşılaşmak, -e rastlamak
tombeur [toñbör] *le* çapkın
tombola [toñbola] *la* tombala
ton [toñ] *le* ton
ton, ta (ç. tes) [toñ, ta, te] senin
tondeuse [toñdöz] *la* çim biçme makinesi; saç kesme makinesi
tondre [toñdr] biçmek; kesmek, kırkmak
tonne [ton] *la* ton
tonneau, x [tono] *le* fıçı; den. tonilato ***faire des tonneaux*** taşıt takla atmak, devrilmek
tonner [tone] gök gürlemek ***il tonne*** gök gürlüyor
tonnerre [toner] *le* gök gürültüsü
torche [torş] *la* meşale
torcher [torşe] kd. silmek
torchon [torşoñ] *le* mutfak bezi, toz bezi
tordre [tordr] burmak; bükmek ***se tordre de rire*** gülmekten katılmak
torero [torero] *le* boğa güreşçisi
tornade [tornad] *la* tornado
torpille [torpiy] *la* torpil
torpiller [torpiye] torpillemek; mec. baltalamak
torréfier [torefye] kavurmak
torrent [torañ] *le* sel
tort [tor] *le* kusur, hata; haksızlık ***à tort*** haksızca,

haksız yere ***avoir tort*** haksız olmak
torticolis [tortikoli] *le* boyun tutulması
tortiller [tortiye] burmak, bükmek, kıvırmak ***se tortiller*** kıvrılmak
tortue [tortü] *la* kaplumbağa
tortueux, euse [tortuö, z] dolambaçlı, eğri büğrü
torture [tortür] *la* işkence
torturer [tortüre] işkence yapmak
tôt [to] erken ***tôt ou tard*** er geç
total, e, aux [total, o] bütün, tam, tüm ¤ *le* toplam
totalement [totalmañ] tamamıyla, büsbütün
totalité [totalite] *la* bütün, tüm, hepsi
toubib [tubib] *le*, kd. doktor, hekim
touche [tuş] *la* tuş; futbol taç
toucher [tuşe] dokunmak; görüşmek, temas kurmak; vurmak; para almak; ilgilendirmek ¤ *le* dokunma duyusu ***toucher à*** -e dokunmak; -e değinmek; -e yaklaşmak
touffu, e [tufü] sık, gür, yoğun
toujours [tujur] her zaman, hep ***pour toujours*** ebediyen, sonsuza dek
toupie [tupi] *la* topaç
tour [tur] *la* kule ¤ *le* dolaşma, gezi; dönme, dönüş; çevre; torna ***à tour de rôle*** sırasıyla ***faire le tour de*** dolaşmak, tur atmak
tourbe [turb] *la* turba
tourbillon [turbiyoñ] *le* kasırga; burgaç, girdap
tourbillonner [turbiyone] fırıl fırıl dönmek
tourisme [turism] *le* turizm ***agence de tourisme*** turizm acentesi
touriste [turist(ö)] *le+la* turist
touristique [turistik] turistik
tourmenter [turmañte] acı çektirmek, eziyet etmek ***se tourmenter*** üzülmek, sıkılmak
tournant [turnañ] *le* dönemeç; mec. dönüm noktası
tournant, e [turnañ, t] dönen, döner
tourne-disque [turnödisk] *le* pikap
tournée [turne] *la* gezi, turne
tourner [turne] döndürmek; çevirmek; dolaşmak; dönmek; çalışmak, işlemek ***bien tourner*** iyiye gitmek
tournesol [turnösol] *le* ayçiçeği, günebakan
tournevis [turnövis] *le* tornavida
tourniquet [turnike] *le* turnike
tournoi [turnua] *le* turnuva

tourte [turt] *la* etli börek
tourterelle [turtörel] *la* kumru
Toussaint [tuseñ] *la*: ***la Toussaint*** tüm ermişler yortusu, bir kasım
tousser [tuse] öksürmek
tout, e (ç. tous, toutes) [tu, tus, tut] bütün; her; tam; her şey; hepsi; çok, pek ¤ *le* bütün, tüm ***du tout*** hiç de ***en tout*** hepsi dahil ***tout à coup*** birdenbire ***tout à fait*** tamamıyla ***tout à l'heure*** birazdan, biraz önce ***tout de même*** yine de, bununla birlikte ***tout de suite*** hemen, derhal ***tout le monde*** herkes ***tout le temps*** her zaman, hep ***tout neuf*** yepyeni
toutefois [tutfua] bununla birlikte
toutou [tutu] *le*, kd. köpek, kuçukuçu
toux [tu] *la* öksürük
toxine [toksin] *la* toksin, zehir, ağı
toxique [toksik] zehirli, ağılı
trac [trak] *le* topluluk karşısında duyulan korku, heyecan
tracas [traka] *le* sıkıntı, kaygı
tracasser [trakase] canını sıkmak, üzmek
trace [tras] *la* iz ***traces de pas*** ayak izleri
tracer [trase] çizmek; yazmak
tracteur [traktör] *le* traktör
tradition [tradisyoñ] *la* gelenek
traditionnel, le [tradisyonel] geleneksel
traducteur, trice [tradüktör, tris] *le+la* çevirmen
traduction [tradüksyoñ] *la* çeviri
traduire [traduir] çevirmek; dile getirmek, anlatmak
trafic [trafik] *le* trafik
trafiquant, e [trafikañ, t] *le+la* kaçakçı, satıcı
tragédie [trajedi] *la* trajedi, ağlatı
tragique [trajik] trajik, acıklı
trahir [trair] ihanet etmek; açığa vurmak
train [treñ] *le* tren; yürüyüş, gidiş ***train de vie*** yaşam tarzı
traîneau, x [treno] *le* kızak
traîner [trene] çekmek; sürüklemek; sürünmek
traire [trer] sağmak
trait [tre] *le* çizgi; özellik ***trait d'union*** tire, kısa çizgi
traité [trete] *le* antlaşma
traitement [tretmañ] *le* davranış; tedavi; aylık, maaş
traiter [trete] davranmak, muamele etmek; tedavi etmek; karşılamak; görüşmek; işlemek
traître, esse [tretr, es] *s+a.* hain

traîtrise [tretriz] *la* hainlik, ihanet
trajet [traje] *le* yolculuk
tram [tram] *le* tramvay
tramway [tramue] *le* tramvay
tranchant, e [trañşañ, t] keskin ¤ *le* ağız, keskin taraf
tranche [trañş] *la* dilim
trancher [trañşe] kesmek
tranquille [trañkil] sakin, durgun; uslu ***laisser tranquille*** rahat bırakmak
tranquillisant [trañkilizañ] *le* yatıştırıcı, müsekkin
tranquilliser [trañkilize] yatıştırmak, sakinleştirmek
transaction [trañzaksyoñ] *la* anlaşma; uzlaşma
transatlantique [trañzatlañtik] *s+le* transatlantik
transférer [trañsfere] geçirmek, taşımak, nakletmek; devretmek, aktarmak
transfert [trañsfer] *le* transfer; taşıma, nakil
transformateur [trañsformatör] *le* transformatör
transformation [trañsformasyoñ] *la* biçim değiştirme; dönüşme, dönüşüm
transformer [trañsforme] biçimini değiştirmek; dönüştürmek ***se transformer*** biçimi, huyu değişmek
transi, e [trañzi] çok üşümüş, donmuş
transistor [trañzistor] *le* transistor
transitif, ive [trañzitif, v] dilb. eylem geçişli
transition [trañzisyoñ] *la* geçiş, geçme
transitoire [trañzituar] geçici
translucide [trañslüsid] yarısaydam
transmettre [trañsmetr] iletmek, aktarmak; geçirmek; radyo, TV yayımlamak
transmission [trañsmisyoñ] *la* iletme, aktarma; geçme, geçirme
transparence [trañsperañs] *la* saydamlık
transparent, e [trañsparañ, t] saydam
transpiration [trañspirasyoñ] *la* terleme
transpirer [trañspire] terlemek
transplanter [trañsplañte] hek. organ nakletmek; bitk. başka yere dikmek
transport [trañspor] *le* taşıma, nakil; taşımacılık ***transports en commun*** toplu taşımacılık
transporter [trañsporte] taşımak, götürmek; iletmek
transversal, e, aux [trañsversal, o] enine, enlemesine
trapu, e [trapü] bodur

traquenard [traknar] *le* kapan, tuzak
traquer [trake] izlemek, kovalamak
travail, aux [travay, o] *le* iş; çalışma; emek; yapıt, eser
travailler [travaye] çalışmak; işlemek
travailleur, euse [travayör, öz] çalışkan ¤ *le+la* işçi
travers [traver] *le* kusur ***à travers*** arasında, arasından ***au travers de*** -ın arasından, ortasından ***de travers*** eğri, çaprazlama ***en travers de*** -ın enine, enlemesine
traverse [travers] *la* travers
traversée [traverse] *la* içinden geçme, boydan boya geçme
traverser [traverse] içinden geçmek, boydan boya geçmek
traversin [traverseñ] *le* uzun yastık
trébucher [trabüşe] sürçmek, sendelemek
trèfle [trefl] *le* yonca; iskambil sinek
treize [trez] on üç
treizième [trezyem] on üçüncü
tremblement [trañblõmañ] *le* titreme ***tremblement de terre*** deprem, yersarsıntısı
trembler [trañble] titremek
tremper [trañpe] ıslatmak; daldırmak, batırmak
tremplin [trañpleñ] *le* tramplen, sıçrama tahtası
trente [trañt] otuz
trentième [trañtyem] otuzuncu
trépasser [trepase] ölmek
trépider [trepide] sarsılmak
trépied [trepye] *le* üç ayaklı eşya
très [tre] çok, pek
trésor [trezor] *le* hazine, define
trésorier, ière [trezorye, yer] *le+la* veznedar
tresse [tres] *la* örgü
tresser [trese] örmek
treuil [tröy] *le* vinç
trêve [trev] *la* ateşkes, mütareke
tri [tri] *le* seçme, ayırma
triangle [triyañgl] *le* üçgen
tribunal, aux [tribünal, o] *le* mahkeme
tribune [tribün] *la* kürsü; tribün
tricher [trişe] hile yapmak, aldatmak
tricherie [trişri] *la* hile
tricheur, euse [trişör, öz] *le+la* hileci; düzenbaz, üçkâğıtçı
tricot [triko] *le* örgü, örme işi, triko
tricoter [trikote] örmek
trictrac [triktrak] *le* tavla oyunu
trier [triye] seçmek, ayırmak

trigonométrie [trigonometri] *la* trigonometri
trillion [trilyoñ] *le* trilyon
trimestre [trimestr] *le* okul üç aylık süre
trimestriel, le [trimestriyel] üç aylık
trinquer [treñke] kadeh tokuşturmak
trio [triyo] *le* üçlü, triyo
triomphant, e [triyoñfañ, t] muzaffer, galip
triomphe [triyoñf] *le* zafer, utku
triompher [triyoñfe] yenmek, zafer kazanmak
tripes [trip] *la+ç.* işkembe
triple [tripl] üç kat, üç misli
tripot [tripo] *le* batakhane
triste [trist] üzgün; acıklı, üzücü
tristesse [tristes] *la* üzüntü
troc [trok] *le* değiş tokuş, trampa
trognon [tronyoñ] *le* yemiş eşelek, yenmeyen kısım
trois [trua] üç
troisième [truazyem] üçüncü
trolleybus [trolebüs] *le* troley-büs
trombone [troñbon] *le*, müz. trombon; büroda ataş
trompe [troñp] *la* fil hortum
tromper [troñpe] aldatmak, yanıltmak ***se tromper*** aldanmak, yanılmak
trompette [troñpet] *la* boru, borazan
trompeur, euse [troñpör, öz] aldatıcı, yanıltıcı
tronc [troñ] *le* gövde
tronçon [troñsoñ] *le* parça
trône [tron] *le* taht
tronquer [troñke] kesmek, budamak
trop [tro] çok, fazla ***de trop, en trop*** fazla, artık
tropical, e, aux [tropikal, o] tropikal
tropique [tropik] *le* dönence
trop-plein [tropleñ] *le* fazlalık, taşan kısım
troquer [troke] değiş tokuş etmek, trampa etmek
trot [tro] *le* tırıs
trotter [trote] tırıs gitmek
trottoir [trotuar] *le* yaya kaldırımı
trou [tru] *le* delik, çukur
trouble [trubl] bulanık ¤ *le* karışıklık; huzursuzluk
troubler [truble] bulandırmak; rahatsız etmek ***se troubler*** şaşırmak, heyecanlanmak
troué, e [true] delikli, delinmiş
trouer [true] delmek
troupe [trup] *la*, ask. birlik, bölük
troupeau, x [trupo] *le* sürü
trousse [trus] *la* çanta, kutu; kalem çantası ***trousse à outils*** takım çantası

trousseau, x [truso] *le* gelin çeyizi
trouver [truve] bulmak ***se trouver*** olmak; kendini bulmak
truc [trük] *le* yol, çare; oyun, numara; şey
truelle [trüel] *la* mala
truffe [trüf] *la* yermantarı, domalan
truite [trüit] *la* alabalık
truquage [trükaj] *le* hile
truquer [trüke] hile yapmak, hile karıştırmak
trust [tröst] *le*, tic. tröst
tsar [dzar] *le* çar
tu [tü] sen
tube [tüb] *le* tüp; boru
tuberculose [tüberküloz] *la* verem, tüberküloz
tuer [tue, tüe] öldürmek
tuerie [türi] *la* katliam
tue-tête [tütet]: ***à tue-tête*** avazı çıktığı kadar
tueur [tuör] *le* katil ***tueur à gages*** kiralık katil
tuile [tuil] *la* kiremit; kd. kaza, aksilik
tulipe [tülip] *la* lale
tumeur [tümör] *la* ur, tümör
tumulte [tümült] *le* karışıklık, gürültü
tunique [tünik] *la* tünik
tunnel [tünel] *le* tünel
turbin [türbeñ] *le*, kd. iş
turbine [türbin] *la* türbin
turbulent, e [türbülañ, t] azgın, ele avuca sığmaz
turf [türf] *le* at yarışı
turfiste [türfist(õ)] *le+la* at yarışı meraklısı
tuteur [tütör] *le*, huk. vasi
tutoyer [tütuaye] -e `sen' diye hitap etmek
tuyau, x [tuiyo] *le* boru ***tuyau d'échappement*** egzoz borusu
type [tip] *le* tip; örnek; kd. herif, adam
typhoïde [tifoid] *la* tifo
typhon [tifoñ] *le* tayfun
typhus [tifüs] *le* tifüs
typique [tipik] tipik

U u

ulcère [ülser] *le* ülser
ultimatum [ültimatom] *le* ültimatom
ultime [ültim] son
ultraviolet, te [ültravyole, t] morötesi, ültraviyole
un, une [öñ, ün] bir
unanime [ünanim] birlikte, oybirliği halinde
unanimité [ünanimite] *la* oybirliği ***à l'unanimité*** oybirliğiyle
uni, e [üni] düz; birleşik
unifier [ünifye] birleştirmek

uniforme [üniform] tek biçimli; tekdüze, değişmeyen ¤ *le* üniforma
union [ünyoñ] *la* birleşme, birleştirme; evlilik; birlik
unique [ünik] tek; eşsiz, benzersiz
uniquement [ünikmañ] yalnız. sadece
unir [ünir] birleştirmek; evlendirmek ***s'unir*** birleşmek; evlenmek
unité [ünite] *la* birlik; birim
univers [üniver] *le* evren
universel, le [üniversel] evrensel
université [üniversite] *la* üniversite
uranium [üranyom] *le* uranyum
urbain [ürbeñ, en] kentle ilgili, kent +
urgence [ürjañs] *la* acele, ivedilik; acil durum
urgent, e [ürjañ, t] acil, ivedi
urine [ürin] *la* sidik, idrar
uriner [ürine] işemek
urinoir [ürinuar] *le* pisuar, işeme yeri
usage [üzaj] *le* kullanım, kullanma; alışkı, âdet ***hors d'usage*** hizmet dışı, kullanımdan kalkmış
usagé, e [üzaje] kullanılmış
usager, ère [üzaje, er] *le+la* kullanan, kullanıcı
usé, e [üze] eskimiş, yıpranmış
user [üze] eskitmek; yıpratmak; tüketmek ***s'user*** eskimek; yıpranmak ***user de*** kullanmak
usine [üzin] *la* fabrika
ustensile [üstañsil] *le* takım, avadanlık ***ustensile de cuisine*** mutfak eşyası
usuel, le [üzuel] alışılmış, her günkü
usure [üzür] *la* eskime, yıpranma
utérus [üterüs] *le* dölyatağı, rahim
utile [ütil] yararlı, faydalı
utilisation [ütilizasyoñ] *la* kullanma, yararlanma
utiliser [ütilize] yararlanmak; kullanmak
utilité [ütilite] *la* yarar, fayda; yararlılık
utopie [ütopi] *la* ütopya, ütopi
utuliser [ütilize] kullanmak, yararlanmak

V v

vacances [vakañs] *la+ç.* tatil ***aller en vacances*** tatile çıkmak
vacant, e [vakañ, t] boş, açık, münhal

vacarme [vakarm] *le* patırtı, gürültü
vaccin [vakseñ] *le* aşı; aşılama
vaccination [vaksinasyoñ] *la* aşılama, aşılanma
vacciner [vaksine] aşılamak
vache [vaş] kd. kötü, adi ¤ *la* inek ***vache à lait*** enayi, keriz
vacherie [vaşri] *la*, kd. adilik, hıyarlık
vagabond, e [vagaboñ, añd] başıboş ¤ *le+la* serseri
vagin [vajeñ] *le* dölyolu, vajina
vague [vag] belirsiz ¤ *la* dalga
vain, e [veñ, ven] boş, nafile ***en vain*** boşuna
vaincre [veñkr] yenmek
vainqueur [veñkör] *le* galip, yenen; sp. kazanan, galip
vaisseau, x [veso] *le* damar; gemi ***vaisseau spatial*** uzaygemisi
vaisselle [vesel] *la* bulaşık; bulaşık yıkama ***faire la vaisselle*** bulaşık yıkamak
val, vaux vals [val, vo] *le* koyak, vadi
valable [valabl] geçerli
valée [vale] *la* koyak, vadi
valet [vale] *le* iskambil oğlan, bacak
valeur [valör] *la* değer
valide [valid] sağlıklı, sağlam; geçerli
validité [validite] *la* geçerlik
valise [valiz] *la* valiz, bavul
valoir [valuar] etmek, değerinde olmak; eşit olmak, denk olmak; kazandırmak, sağlamak ***faire valoir*** değerlendirmek, işletmek ***vaille que vaille*** ne olursa olsun ***valoir la peine*** zahmetine değmek
valse [vals] *la* vals
valve [valv] *la* valf, supap
vampire [vañpir] *le* vampir
vanité [vanite] *la* kendini beğenmişlik
vaniteux, euse [vanitö, öz] kibirli, kendini beğenmiş
vanter [vañte] övmek ***se vanter*** övünmek de, ile
vapeur [vapör] *la* buhar, buğu
vaporiser [vaporize] püskürtmek
variable [varyabl] *s+la* değişken
variation [varyasyoñ] *la* değişim; değişiklik
varice [varis] *la* varis
varier [varye] değişmek; değiştirmek
variété [varyete] *la* çeşit; değişiklik, çeşitlilik ***spectacle de variétés*** varyete
vase [vaz] *le* vazo ¤ *la* çamur, balçık
vaseline [vazlin] *la* vazelin
vaste [vast] engin, geniş
vautour [votur] *le* akbaba

vautrer [votre]: ***se vautrer*** yere yatmak, uzanmak
veau, x [vo] *le* dana; dana eti
vedette [võdet] *la* sanatçı, vb. yıldız; bot, motorlu tekne
végétal, e, aux [vejetal, o] bitkisel ¤ *le* bitki
végétation [vejetasyoñ] *la* bitki örtüsü, bitey
véhicule [veikül] *le* taşıt
veille [vey] *la* gece nöbeti; uykusuzluk ***la veille*** bir önceki gün
veiller [veye] uyanık durmak; nöbet beklemek ***veiller à*** -e bakmak, ile ilgilenmek ***veiller sur*** -e göz kulak olmak
veilleuse [veyöz] *la* gece lambası; oto. yan lambası
veinard, e [venar, d] *le+la*, kd. şanslı, talihli
veine [ven] *la* toplardamar; kd. şans ***avoir de la veine*** şanslı olmak
vélo [velo] *le* bisiklet
velours [vlur] *le* kadife ***velours côtelé*** fitilli kadife
velu, e [võlü] kıllı, tüylü
vendange [vañdañj] *la* bağbozumu
vendeur, euse [vañdör, öz] *le+la* satıcı, tezgâhtar
vendre [vañdr] satmak ***'à vendre'*** satılık
vendredi [vañdrõdi] *le* cuma
vénéneux, euse [venenö, z] zehirli, ağılı
vénérable [venerabl] saygıdeğer
vénération [venerasyoñ] *la* saygı
vénérer [venere] saygı göstermek
vénérien, ne [veneryeñ, en] zührevi
vengeance [vañjañs] *la* öç, intikam
venger [vañje] öcünü almak ***se venger*** öcünü almak; öç almak
venimeux, euse [võnimö, z] zehirli, ağılı
venin [võneñ] *le* yılan, vb. zehir
venir [võnir] gelmek ***venir de*** -den gelmek ***faire venir*** doktor, vb. çağırtmak, getirtmek
vent [vañ] *le* rüzgâr, yel ***dans le vent*** kd. son moda ***il y a du vent*** hava rüzgârlı
vente [vañt] *la* satış ***mettre en vente*** satışa çıkarmak ***vente aux enchères*** açık artırmalı satış, müzayede
venter [vañte] (rüzgâr) esmek
ventilateur [vañtilatör] *le* vantilatör
ventilation [vañtilasyoñ] *la* havalandırma

ventiler [vañtile] havalandırmak
ventre [vañtr] *le* mide; karın; göbek ***avoir mal au ventre*** midesi ağrımak
ver [ver] *le* kurt; solucan ***ver à soie*** ipekböceği ***ver luisant*** ateşböceği
véranda [verañda] *la* veranda
verbal, e, aux [verbal, o] sözlü, ağızdan; sözel
verbe [verb] *le*, dilb. eylem, fiil
verdir [verdir] yeşermek
verdure [verdür] *la* yeşillik
verge [verj] *la* penis, kamış; değnek, sopa
verger [verje] *le* meyve bahçesi
verglas [vergla] *le* yerde ince buz
vérification [verifikasyoñ] *la* denetim, denetleme
vérifier [verifye] denetlemek; doğrulamak, gerçeklemek
véritable [veritabl] gerçek
vérité [verite] *la* doğru, gerçek; doğruluk
vermouth [vermut] *le* vermut
verni, e [verni] kd. şanslı, talihli
vernir [vernir] verniklemek
vernis [verni] *le* vernik, cila ***vernis à ongles*** tırnak cilası, oje
vérole [verol] *la* çiçek hastalığı; kd. frengi
verre [ver] *le* cam; bardak ***verres de contact*** kontaklens
verrou [veru] *le* sürgü
verrue [verü] *la* siğil
vers [ver] -e doğru ¤ *le* dize, mısra ***les vers*** şiir
versant [versañ] *le* yamaç
verse [vers]: ***à verse*** bardaktan boşanırcasına ***il pleut à verse*** yağmur bardaktan boşanırcasına yağıyor
Verseau [verso] *le*: ***le Verseau*** Kova burcu
versement [versömañ] *le* ödeme, para yatırma
verser [verse] çay, vb. koymak, doldurmak; aktarmak, dökmek; ödemek
version [versyoñ] *la* versiyon, değişik biçim; anadiline yapılan çeviri
verso [verso] *le* kâğıt, vb. arka
vert, e [ver, t] yeşil; taze; ham ¤ *le* yeşil renk
vertical, e, aux [vertikal, o] düşey, dikey
vertige [vertij] *le* baş dönmesi ***vertigineux, euse*** baş döndürücü
vertu [vertü] *la* erdem, fazilet
vertueux, euse [vertüö, öz] erdemli; namuslu
veste [vest] *la* ceket
vestiaire [vestyer] *le* vestiyer; soyunma odası

vestibule [vestibül] *le* hol
veston [vestoñ] *le* ceket
vêtement [vetmañ] *le* giysi, elbise ***vêtements de sport*** spor giyim
vétérinaire [veteriner] *le+la* veteriner
vêtir [vetir] giydirmek
veto [veto] *le* veto
vêtu, e [vetü]: ***vêtu de*** ... giymiş
veuf, veuve [vöf, vöv] dul ¤ *le* dul erkek ¤ *la* dul kadın
veuvage [vövaj] *le* dulluk
vexer [vekse] incitmek, kırmak, üzmek
viaduc [vyadük] *le* viyadük, köprü
viande [vyañd] *la* et
vibration [vibrasyoñ] *la* titreşim
vibrer [vibre] titremek
vicaire [viker] *le* papaz yardımcısı
vice [vis] *le* kötülük; kusur
vice-président, e [visprezidañ, t] *le+la* başkan yardımcısı, ikinci başkan
vice-versa [viseversa] karşılıklı olarak
victime [viktim] *la* kurban ***être la victime de*** -ın kurbanı olmak
victoire [viktuar] *la* zafer, yengi, utku
victorieux, euse [viktoryö, öz] muzaffer, galip, utkulu
vidange [vidañj] *la* boşaltma; oto yağ değiştirme
vidanger [vidañje] boşaltmak
vide [vid] boş ¤ *le* boşluk
vidéo [video] *s+la* video
vider [vide] boşaltmak; kapı dışarı etmek, defetmek
vie [vi] *la* yaşam, hayat; ömür
vieil [vyey] bkz. ***vieux***
vieillard [vyeyar] *le* ihtiyar, yaşlı adam
vieille [vyey] bkz. ***vieux***
vieillesse [vyeyes] *la* yaşlılık, ihtiyarlık
vieillir [vyeyir] yaşlanmak; eskimek
vierge [vyerj] *s+la* bakire ***la Vierge*** Başak burcu
vieux (vieil) vieille [vyö, vyey] yaşlı; eski ¤ *le+la* yaşlı insan ***mon vieux, ma vieille*** kd. dostum ***vieille fille*** evde kalmış kız, kalık
vif, vive [vif, viv] canlı, hareketli; keskin, şiddetli; kırıcı, acı, sert
vigne [viny] *la* üzüm asma; üzüm bağ
vignoble [vinyobl] *le* bağlık
vigoureux, euse [vigurö, z] gürbüz, güçlü kuvvetli
vigueur [vigör] *la* güç, kuvvet; dinçlik; ***en vigueur*** yürürlükte, ***entrer en vigueur*** yürürlüğe girmek, ***être en vigueur*** yürülükte olmak

vil, e [vil] alçak, aşağılık, adi ***à vil prix*** çok düşük fiyata
vilain, e [vileñ, en] çirkin; aşağılık, alçak; yaramaz
villa [vila] *la* villa, köşk
village [vilaj] *le* köy
villageois, e [vilajua, uaz] *le+la* köylü
ville [vil] *la* kent, şehir
vin [veñ] *le* şarap
vinaigre [vinegr] *le* sirke
vinaigrette [vinegret] *la* sirkeli salça, Fransız sosu
vingt [veñ, veñt] yirmi
vingtième [veñtyem] yirminci
viol [vyol] *le* ırza geçme; tecavüz, çiğneme
violation [vyolasyoñ] *la* bozma, çiğneme; saldırma, tecavüz
violence [vyolañs] *la* şiddet; zor
violent, e [vyolañ, t] şiddetli, sert, zorlu
violer [vyole] ırzına geçmek, kirletmek; bozmak, çiğnemek
violet, le [vyole, et] mor
violet, te [vyole, t] *s+le* mor ¤ *la* menekşe
violon [vyoloñ] *le* keman
violoncelle [vyoloñsel] *le* viyolonsel, çello
violoniste [vyolonist] *le+la* kemancı
vipère [viper] *la*, hayb. Engerek
virage [viraj] *le* taşıt dönüş, dönme; dönemeç, viraj ***prendre un virage*** viraj almak
virement [virmañ] *le*, tic. transfer, aktarma
virer [vire] dönmek; para aktarmak, transfer etmek
virginité [virjinite] *la* bekaret, kızlık
virgule [virgül] *la* virgül
virtuose [virtüoz] *le+la* virtüoz; usta
virus [virüs] *le* virüs
vis [vis] *la* vida
visa [viza] *le* vize
visage [vizaj] *le* yüz
visagiste [vizajist] *le+la* güzellik uzmanı
vis-à-vis [vizavi] karşı karşıya
viser [vize] nişan almak; göz dikmek; ilgilendirmek
visible [vizibl] görülebilir, görünür; belli, açık
visière [vizyer] *la* kasket, vb. siper, siperlik
vision [vizyoñ] *la* görme, görüş; hayal, boş düşünce
visite [vizit] *la* ziyaret; ziyaretçi; hek. vizite ***rendre visite à qn*** birini ziyaret etmek
visiter [vizite] ziyaret etmek
visiteur, euse [vizitör, öz] *le+la* ziyaretci
vison [vizoñ] *le* vizon; vizon kürk

visser [vise] vidalamak, döndürerek sıkıştırmak
visuel, le [vizüel] görsel
vital, e, aux [vital, o] hayati, yaşamsal, dirimsel
vitalité [vitalite] *la* canlılık, dirilik, hayatiyet
vitamine [vitamin] *la* vitamin
vite [vit] hızlı, çabuk
vitesse [vites] *la* hız; oto. vites ***à toute vitesse*** son hızla, tam gaz
vitrail, aux [vitray, o] *le* vitray
vitre [vitr] *la* pencere, kapı, arabada cam
vitrine [vitrin] *la* vitrin
vivant, e [vivañ, t] yaşayan, canlı
vivats [viva] *le+ç.* alkış, tezahürat
vive [viv] yaşasın! çok yaşa!
viveur [vivör] *le* zevk düşkünü
vivre [vivr] yaşamak; oturmak ***faire vivre*** geçindirmek, bakmak
vivres [vivr] *le+ç.* yiyecek, azık
vocabulaire [vokabüler] *le* küçük sözlük; sözcük dağarcığı
vocal, e, aux [vokal, o] sesle ilgili; müz. vokal
vocation [vokasyoñ] *la* yetenek; eğilim
vodka [vodka] *la* votka
vœu, x [vö] *le* dilek; adak; ant
vogue [vog] *la* rağbet, moda ***en vogue*** rağbette, moda
voie [vua] *la* yol ***voie ferrée*** demiryolu
voilà [vuala] işte ***voilà un an*** bir yıl önce
voile [vual] *le* örtü, perde; peçe, tül ¤ *la* yelken; yelkenli
voiler [vuale] örtmek, kapamak; gizlemek
voilier [vualye] *le* yelkenli
voir [vuar] görmek; görüşmek ***faire voir*** göstermek ***se voir*** görülmek; görüşmek
voire [vuar] hatta
voisin, e [vuazeñ, in] komşu; yakın ¤ *le+la* komşu
voisinage [vuazinaj] *le* yakınlık; yöre, dolay; komşuluk
voiture [vuatür] *la* araba, otomobil; yolcu vagonu ***voiture d'enfant*** çocuk arabası ***voiture de sport*** spor araba
voix [vua] *la* ses; oy ***à haute voix*** yüksek sesle ***à voix basse*** alçak sesle
vol [vol] *le* uçuş; hırsızlık ***à vol d'oiseau*** dümdüz, dosdoğru ***vol à main armée*** silahlı soygun
volaille [volay] *la* kümes hayvanı
volant, e [volañ, t] uçan, uçucu ¤ *le* direksiyon

volcan [volkañ] *le* yanardağ
volcanique [volkanik] volkanik, yanardağ +
volée [vole] *la* uçuş; tenis vole
voler [vole] uçmak; çalmak, aşırmak; soymak
volet [vole] *le* pencere kanadı
voleur, euse [volör, öz] *le+la* hırsız
volley-ball [volebol] *le* voleybol
volontaire [voloñter] istemli; iradeli ¤ *le+la* gönüllü
volonté [voloñte] *la* istenç, irade; istek ***bonne volonté*** iyi niyet ***mauvaise volonté*** kötü niyet
volontiers [voloñtye] seve seve, memnuniyetle
volt [volt] *le* volt
voltage [voltaj] *le* voltaj
volume [volüm] *le* hacim, oylum; kitap cilt
volupté [volüpte] *la* cinsel zevk
voluptueux, euse [volüptüö, öz] zevk düşkünü; şehvetli; seksi
vomir [vomir] kusmak; iğrenmek
vorace [voras] açgözlü, obur
vos [vo] bkz. ***votre***
vote [vot] *le* oy ***voter*** oy vermek
voter [vote] oy vermek
votre [votr] *ç.* ***vos*** [vo] sizin
vôtre [votr]: ***le vôtre, la vôtre*** sizinki ***les vôtres*** sizinkiler
vouer [vue] adamak
vouloir [vuluar] istemek, dilemek ***en vouloir à*** -e kin beslemek; -e göz dikmek
vous [vu] siz; sizi, size; kendiniz ***vous-même*** kendiniz ***vous-mêmes*** kendiniz
vouvoyer [vuvuaye] 'siz' diye hitap etmek
voyage [vuayaj] *le* gezi, yolculuk, seyahat ***voyage de noces*** balayı
voyager [vuayaje] gezmek, seyahat etmek
voyageur, euse [vuayajör, öz] *le+la* seyahat eden kimse; yolcu
voyelle [vuayel] *la*, dilb ünlü, sesli harf
voyeur, euse [vuayör, öz] *le+la* dikizci, röntgenci
voyou [vuayu] *le* serseri, it, kabadayı
vrai, e [vre] doğru, gerçek
vraiment [vremañ] gerçekten
vu [vü] göz önüne alındığında ***vu que*** -diği için
vue [vü] *la* görüş; görünüm, manzara
vulgaire [vülger] kaba, bayağı, adi

Ww

wagon [vagoñ] *le* vagon
wagon-lit [vagoñli] *le* yataklı vagon
wagon-restaurant [vagoñrestorañ] *le* yemekli vagon
waters [uater] *le+ç.* tuvalet
watt [uat] *le* vat
week-end [uikend] *le* hafta sonu
western [uestern] *le* kovboy filmi
whisky (ç. whiskies) [uiski] *le* viski

Xx

xénophobe [ksenofob] *le+la* yabancı düşmanı
xylophone [ksilofon] *le* ksilofon

Yy

y [i] oraya, orada; onu, ona
yacht [yot] *le* yat
yaourt [yaurt] *le* yoğurt
yeux [yö] bkz. ***œil***
yoga [yoga] *le* yoga

Zz

zèbre [zebr] *le* zebra
zèle [zel] *le* çaba, şevk
zélé, e [zele] gayretli, şevkli
zéro [zero] *le* sıfır
zeste [zest] *le* portakal, vb. kabuk
zézayer [zezeye] peltek konuşmak
zigzag [zigzag] *le* zikzak
zigzaguer [zigzage] zikzak yapmak
zinc [zeñg] *le* çinko; tezgâh, bar
zodiaque [zodyak] *le* Zodyak, burçlar kuşağı
zone [zon] *la* bölge; kuşak
zoo [zoo] *le* hayvanat bahçesi
zoologie [zooloji] *la* hayvanbilim, zooloji
zoologique [zoolojik] zoolojik
zut [züt] tüh! tüh be!

TURC - FRANÇAIS
TÜRKÇE - FRANSIZCA

A a

abajur abat-jour
abanmak s'appuyer sur, se coucher sur
abanoz ébène
abartı exagération
abartmak exagérer
abece alphabet
abecesel alphabétique
abes absurde, inutile
abide monument
abla sœur aînée
ablak joufflu
abluka blocus ***ablukaya almak*** bloquer
abone abonné ***abone olmak*** s'abonner
abonman abonnement
abuk sabuk absurde, incohérent ***abuk sabuk konuşmak*** radoter
acaba est-il possible, est-ce que, vous croyez
acayip étrange, bizarre
acayiplik étrangeté, singularité
acele hâte, urgence, empressement ***acele etmek*** se dépêcher, se hâter ***acelesi olmak*** avoir hâte de, être pressé
aceleci hatif, impatient
acemi inexpérimenté, débutant ***acemi çaylak*** blanc-bec ***acemi er*** recrue
acente agence; agent
acı amer, âcre; pénible; triste; deuil, souffrance, souci ***acı çekmek*** souffrir ***acı çektirmek*** tourmenter
acıklı triste, lugubre, touchant
acıkmak avoir faim
acıma pitié, compassion
acımak faire mal, avoir mal; avoir pitié, plaindre
acımasız impitoyable, sans pitié
acımasızlık atrocité, cruauté
acınacak pitoyable, piteux, minable
acıtmak faire mal, endolorir
acil pressé, urgent, rapide ***acil servis*** service d'urgence
acilen rapidement, immediatement
âciz impuissant, incapable ***âciz kalmak*** tomber dans l'impuissance
aç affamé ***aç kalmak*** rester sur sa faim
açacak ouvre-boîte, ouvre-bouteille
açgözlü avide, insatiable
açgözlülük avidité, insatiabilité
açı angle

açık ouvert; découvert; clair, distinct; libre, vacant; déficit ***açık açık*** ouvertement, franchement ***açık artırma*** adjudication publique ***açık çek*** chèque en blanc ***açık fikirli*** franc, franche ***açık hava*** temps claire ***açık konuşmak*** parler franchement ***açık oturum*** audience publique ***açık saçık*** obscène, impudique ***açığa vurmak*** divulger, révéler
açıkça ouvertement, franchement, clairement
açıkçası à proprement parler
açıkgöz roublard, malin
açıklama explication
açıklamak expliquer
açıklık clarté
açıksözlü franc, expansif
açıksözlülük franc-parler
açılış ouverture, inauguration
açılmak être ouvert, s'ouvrir
açıortay bissecteur
açlık faim, famine ***açlık grevi*** grève de la faim ***açlıktan ölmek*** mourir d'inanition
açmak ouvrir; déboucher; défaire
ad nom ***ad takmak*** donner le nom à qn ***adı geçen*** mentionné
ada île, îlot
adabımuaşeret savoir-vivre
adaçayı sauge
adak offrande, vœu
adale muscle
adalet justice ***Adalet Bakanı*** ministre de la justice ***Adalet Bakanlığı*** ministère de la justice
adaletli juste
adaletsiz inique, injuste
adaletsizlik iniquité, injustice
adam homme, indivudu, mec ***adam başına*** par personne ***adam etmek*** faire l'éducation de qn, élever ***adam gibi*** correctement, franchement ***adam olmak*** s'instruire bien ***adam öldürmek*** tuer, assasiner
adamak consacrer, dédier, vouer
adamakıllı convenablement, richement
adaptasyon adaptation
adapte adapté ***adapte etmek*** adapter ***adapte olmak*** s'adapter (à)
adaptör adapteur
adaş homonyme
adatavşanı lapin
aday candidat, postulant
âdet coutume, habitude; menstrues règles ***âdet görmek*** avoir ses règles
adet nombre

âdeta ordinairement, comme d'ordinaire
adıl *«dilb.»* pronom
adım pas, enjambée ***adım adım*** pas à pas ***adım atmak*** faire un pas
adi bas, banal, de qualité inférieur
adil juste, équitable
adilik vulgarité, banalité, vacherie
adlandırmak nommer
adli judiciaire, juridique
adliye administration de la justice
adres adresse
af pardon, grâce; amnistie
afacan vif, espiègle
afallamak être ahuri
aferin bravo!
afet fléau, calamité, catastrophe
afetzede sinistré
affetmek excuser, pardonner ***affedersiniz*** excusez-moi, pardon
Afgan afghan
Afganistan Afghanistan
afiş affiche
afiyet bien-être, santé ***afiyet olsun*** bon appétit
Afrika l'Afrique
Afrikalı africain
afyon opium
ağ filet, réseau; toile
ağabey frère aîné
ağaç arbre; bois, de bois
ağaçkakan pic
ağaçlık boisé; bocage, bosquet
ağarmak blanchir, devenir blanc
ağartmak blanchir
ağı poison, venin
ağıl étable, bercail
ağır lourd, pesant; difficile, pénible; grave
ağırbaşlı serieux, grave
ağırbaşlılık dignité, gravité
ağırlamak faire à un hôte les honneurs de sa maison
ağırlaşmak s'alourdir; s'aggraver; relantir
ağırlık poids, pesanteur, gravité; sérieux, lenteur
ağırsıklet poids lourd
ağız bouche; gueule; goulot; tranchat, fil; *«dilb.»* parler, patois ***ağzı bir karış açık kalmak*** rester bouche bée ***ağzı bozuk*** grossier ***ağzına kadar*** à ras bords ***ağzından kaçırmak*** lâcher ***ağzını aramak*** tâter le terrain ***ağzını bozmak*** insulter, injurier ***ağzının suyu akmak*** avoir l'eau à la bouche
ağızlık fume-cigarette
ağlamak pleurer
ağlatı tragédie
ağrı douleur, peine, mal

ağrımak avoir mal
ağrıtmak faire mal, causer de la douleur
ağtabaka rétine
ağustos août
ağustosböceği cigale
ahali habitant, population
ahbap ami, amie
ahbaplık amitié
ahçı cuisinier
ahenk harmonie, accord
ahenkli harmonieux
ahenksiz inharmonieux
ahır écurie, étable
ahize récepteur
ahlak morale, mœurs, conduite, caractère ***ahlak zabıtası*** police des mœurs ***ahlakı bozulmak*** se pervertir ***ahlakını bozmak*** corrompre, démoraliser, dépraver
ahlaki moral, éthique
ahlaksız immoral, impur
ahlaksızlık immoralité
ahmak imbécile, cloche, rigaud
ahret l'autre monde
ahşap en bois, de bois
ahtapot poulpe, pieuvre
ahududu framboise
aidat cotisation, quote-part
aile famille ***aile planlaması*** plan de famille ***aile reisi*** chef de famille
ailevi familial
ait appartenant, concernant, relatif ***ait olmak*** appartenir à
ajan agent
ajanda agenda
ajans agence
ak blanc
akademi académie
akademik académique
akarsu eau courante
akaryakıt carburant
akasya acacia
akbaba vautour
akciğer poumon
Akdeniz la Méditerranée
akıbet fin, issue, sort
akıcı coulant; fluide
akıl raison, intelligence, esprit ***akıl almaz*** inimaginable ***akıl hastanesi*** maison de santé ***akıl hastası*** aliéné, malade mental ***aklı başına gelmek*** devenir raisonnable ***aklı başında*** avisé, conséquent, judicieux ***aklı yatmak*** croire à la possibilité de ***aklıma gelmişken*** à propos ***aklına gelmek*** venir à l'esprit ***aklında kalmak*** ne pas oublier ***aklını çelmek*** séduire, égarer ***aklını kaybetmek*** perdre la raison

akıllanmak retourner à la raison
akıllı intelligent, sage
akılsız inintelligent, stupide
akım courant, tendance
akın incursion, raid; invasion, afflux
akınetmek envahir, affluer
akıntı courant; pus, suppuration
akış écoulement, courant, course
akışkan fluide, liquide
akıtmak laisser couler, faire couler
akis reflet, écho
akkan lymphe
aklamak acquitter, blanchir
aklanmak s'acquitter, se blanchir
aklıselim bon sens
akmak couler, goutter
akordeon accordéon
akort accord ***akort etmek*** accorder
akraba parent
akrabalık parenté
akrep scorpion ***Akrep (burcu)*** le Scorpion
akrobat acrobate
aksak boiteux, éclopé
aksaklık claudication
aksamak boîter, clocher
aksan accent
aksatmak retarder, accrocher
aksesuar accessoire
aksırık éternuement
aksırmak éternuer
aksi opposé, contraire, inverse; entêté, contrariant ***aksi halde*** autrement, sinon
aksilik obstacle, difficulté ***aksilik çıkmak*** avoir de la difficulté
aksine au contraire
akşam soir, soirée ***akşam üzeri*** au soir tombant ***akşam yemeği*** dîner
akşamleyin le soir
akşamüstü au soir tombant
aktarma transbordement ***aktarma yapmak*** changer
aktarmak transborder, changer
aktif actif
aktör acteur
aktris actrice
akupunktur acuponcture, acupuncture
akustik acoustique
akümülatör accumulateur
akvaryum aquarium
akyuvar leucocyte, globule blanc
al rouge, vermeil
ala de divers couleur, bariolé, bigarré
alabalık truite
alaca bariolé, bigarré, tacheté

alacak créance
alacakaranlık crépuscule
alacaklı créancier
alafranga européen; à l'européenne
alaka rapport, relation, intérêt
alakadar intéressé ***alakadar etmek*** intéresser ***alakadar olmak*** s'intéresser
alan surface, superficie, place
alarm alarme
alaşım alliage
alaturka à la turque
alay *«ask.»* régiment; cortège; moqueri, raillerie, ironie ***alay etmek*** se moquer de qn
alaycı railleur, moqueur
alaylı dérisoire, ironique, sarcastique
albay colonel
albüm album
alçak bas, peu élevé; lâche, bas, vil
alçakgönüllü humble, modeste
alçakgönüllülük humilité, modestie
alçaklık bassesse, vilenie
alçalmak s'abaisser, s'affaisser, s'incliner; se déshonorer, s'humilier
alçaltmak baisser, abaisser, diminuer; dégrader, humilier
alçı plâtre
aldanmak se tromper, faire erreur, s'iliusionner
aldatmak tromper, duper
aldırış souci ***aldırış etmemek*** ne se soucier de rien
aldırmak faire prendre, faire acheter, se soucier
alelade ordinaire, habutiel
âlem monde, univers; amusement ***âlem yapmak*** s'amuser
alenen publiquement, en public
aleni public
alerji allergie
alet outil, instrument ***alet olmak*** devenir l'instrument
alev flamme
alevlenmek s'enflammer
aleyh contre, défavorable ***aleyhine*** au préjudice de
alfabe alphabet
alfabetik alphabétique
algı perception
algılamak percevoir
alıcı acheteur; récepteur ***alıcı gözüyle bakmak*** examiner avec attention
alık stupide, étourdi, nigaud

alıkoymak tenir, empêcher, retenir; garder, protéger, conserver
alım achat; charme, attrait ***alım gücü*** pouvoir d'achat ***alım satım*** achat et vente
alımlı attractif, charmant
alın front
alındı reçu
alıngan susceptible, sensible
alınmak se formaliser, se fâcher, se froisser
alıntı citation
alınyazısı destin, sort
alışık accoutumé, habitué
alışkanlık habitude, coutume
alışmak s'accoutumer, s'habituer
alıştırma exercice, entraînement
alıştırmak accoutumer, habituer, familiariser; instruire, dresser
alışveriş achat et vente, commerce, emplettes ***alışveriş etmek*** faire des achats
alkış acclamations, applaudissement
alkışlamak acclamer, applaudir
alkol alcool
alkolik alcoolique
alkollü alcoolisé ***alkollü içki*** boisson alcoolisée
Allah Dieu ***Allah aşkına*** au nom de Dieu ***Allah belanı versin*** va-t-en au diable ***Allah bilir*** Dieu le sait ***Allah kısmet ederse*** plût à Dieu ***Allah ne muradınız varsa versin*** Dieu vous entende ***Allah rahmet eylesin*** Dieu ait son âme ***Allaha şükür*** Dieu soit loué ***Allahın izniyle*** grâce à Dieu ***Allahtan*** par Dieu
allahaısmarladık au revoir, à Dieu
allahlık bonhomme
allahsız athée
allakbullak désordonné, troublé ***allak bullak etmek*** bouleverser ***allak bullak olmak*** être bouleversé, troublé
almak prendre; acheter; accepter, assumer; contenir
Alman allemand
almanak almanach
Almanca allemand
Almanya Allemagne
alo allô!
alt le bas, le dessous ***altını çizmek*** souligner ***altını üstüne getirmek*** bouleverser
alternatif alternative
altgeçit sous-passage
altı six

altın or; d'or
altına dessous, sous
altıncı sixième
altında au-dessous, dessous, sous
altlık support, sous-main
altmış soixante
altta dessous
alttan par-dessous ***alttan almak*** répondre humblement
altüst sens dessus dessous ***altüst etmek*** mettre qch sens dessus dessous ***altüst olmak*** être sens dessus dessous
altyapı infrastructure
altyazı légende, sous-titre
alüminyum aluminium
alyans bague de fiançailles
alyuvar globule rouge, érithrocyte
ama mais
amaç désir, but
amaçlamak viser
amaçsız sans but
amatör amateur
ambalaj emballage, paquetage
ambar magasin, entrepôt, dépôt, grenier
ambargo embargo
amblem emblème, insigne
ambulans ambulence
amca oncle
amele ouvrier
ameliyat opération ***ameliyat olmak*** se faire opérer
ameliyathane salle d'opération
Amerika Amérique ***Amerika Birleşik Devletleri, ABD*** États-Unis d'Amérique, EUA
Amerikalı américain; Américain
Amerikan américain; Américain
amir chef, directeur, supérieur
amiral amiral
amonyak ammoniaque
amorti amortissement; mise récupérée d'un billet de loterie
amortisör amortisseur
ampul ampoule
an instant, moment
ana mère, principale ***ana baba*** parents
anadili langue maternelle
Anadolu Anatolie
anahtar clef, clé
analiz analyse ***analiz etmek*** analyser
ananas ananas
anane tradition
ananevi traditionnel
anaokulu école maternelle
anarşi anarchie
anarşist anarchiste
anatomi anatomie

anavatan pays natal
anayasa constitution
anayasal constitutionnel
anayol grande-route
ancak ne... que, seulement, à peine, mais
angarya corvée
anı mémoire, souvenir
anımsamak se souvenir de, se rappeler
anımsatmak rappeler, évoquer
anırmak braire
anıt monument
ani soudain, subit
aniden subitement, brusquement
anket enquête
anlam sens, signification ***anlamına gelmek*** signigfier, vouloir dire
anlamak comprendre, entendre
anlamlı signifiant
anlamsız insignifiant
anlaşılmak apparaître, se comprendre, être compris
anlaşılmaz incompréhensible
anlaşma entente, accord, contrat
anlaşmak se comprendre; s'entendre, s'arranger
anlaşmazlık désaccord, malentendu, mésentente
anlatım expression
anlatmak conter, raconter; expliquer
anlayış compréhension, intelligence
anlayışlı compréhensif
anlayışsız incompréhensif
anmak se souvenir, évoquer, penser à, commémorer
anne mère ***anneler günü*** fêtes des mères
anneanne grand-mère
anonim anonyme ***anonim şirket*** société anonyme
anons annonce ***anons etmek*** annoncer
anorak anorak
anormal anormal
ansızın soudainement, tout à coup
ansiklopedi encylopédie
ant serment, vœu ***ant içmek*** jurer, prêter serment
anten antenne
antepfıstığı pistache
antibiyotik antibiotique
antifriz antigel
antika antique; antiquité
antikacı antiquaire
antipati antipathie
antipatik antipathique
antlaşma traité, pacte
antoloji anthologie
antre entrée
antrenman entraînement ***antrenman yapmak*** faire de l'entraînement

antrenör entraîneur
antropoloji anthropologie
anüs anus
apaçık tout ouvert, tout évident
apandis appendice
apandisit appendicite
apartman maison, bâtiment, bâtisse
apartopar en toute hâte
apayrı tout à fait different
aperitif apéritif
apostrof apostrophe
apse abcès
aptal sot, stubide
aptallaşmak devenir stubide
aptallık sottise, stupidité
aptallık etmek faire des bêtises
aptes ablution ***aptes almak*** faire ses ablutions
ar honte
ara distance, intervalle ***ara sıra*** de temps en tems ***ara sokak*** rue adjacente ***ara vermek*** espacer, interrompre ***arada bir*** parfois ***arası açık olmak*** avoir de mauvais rapports ***araya girmek*** intercéder, intervenir
araba véhicule, voiture; automobile ***araba vapuru*** bac
arabesk arabesque
arabulucu médiateur, négociateur
arabuluculuk médiation
aracı médiateur, intermédiaire
aracılık médiation, entremise
araç moyen, procédé; véhicule
araklamak voler, dérober, chiper
aralık entrebâillement, intervalle, distance; *«(ay)»* Décembre; entrebâillée, entrouvert
aralıksız sans interruption, incessant
aramak chercher
Arap arabe; Arabe
Arapça langue arabe, Arabe
arasına entre
arasında entre, parmi
arasından au travers, à travers
araştırma recherche, étude, investigation
araştırmacı chercheur
araştırmak examiner, scruter, rechercher
arazi terrain, région
ardıç genévrier
ardıçkuşu grive
ardışık successif, consecutif
ardiye magasin, dépôt
argo argot; argotique
arı abeille; pur, propre, net
arı kovanı ruche

arıtmak nettoyer, purifier, décrasser
arıza panne; accroc, difficulté, empêchement ***arıza yapmak*** tomber en panne
arızalanmak avoir une panne
arızalı accidenté, tourmenté
arife veille, un jour avant
aristokrasi aristocratie
aristokrat aristocrate
aritmetik arithmétique
Arjantin Argentine
arka dos, postérieur, arrierè ***arka arkaya*** l'un après l'autre, consécutivement ***arka çıkmak*** appuyer, soutenir, protéger ***arkası var*** à suivre
arkada derrière
arkadaş camarade, compagnon, ami ***arkadaş olmak*** devenir amis
arkadaşlık camaraderie, amitié ***arkadaşlık etmek*** être ami
arkasına derrière
arkasında derrière, en arrière de
arkeoloji archéologie
arma gréement, agrés, armoiries
armağan cadeau, présent ***armağan etmek*** faire cadeau
armut poire
Arnavut albanais
Arnavutluk Albanie
arpa orge
arsa terrain
arsız éffronté, culotté
arsızlık impudeur, impudence
arşiv archives
art arrière, derrière
artan croissant
artarda coup sur coup, de suite
artı *«mat.»* plus, positif
artık reste, résidu, surplus; ne ... plus; finalement
artırma enchère, adjudication
artırmak augmenter, accroître; épargner, économiser
artış hausse, surcroît
artikel *«dilb.»* article
artist acteur, actrice, artiste ***artist gibi*** beau, belle
artistik artistique ***artistik patinaj*** patinage artistique
artmak augmenter, s'accroitre
arz présentation, soumission; offre; la tere ***arz etmek*** soumettre, présenter ***arz ve talep*** offre et demande
arzu désir, vœu ***arzu etmek*** désirer, vouloir
arzulamak désirer, vouloir
as as; vice-

asabi nerveux
asabiye maladies nerveuses
asabiyeci neurologiste, neurologue
asalak parasite
asalet noblesse
asansör ascenseur
asap nerf ***asabı bozulmak*** être nerveux
asayiş ordre public, sécurité
aseton acéton
asfalt asphalte
asgari minimum, le plus petit ***asgari ücret*** salaire minimum interprofessionnel garanti
asık suspendu ***asık suratlı*** boudeur, maussade
asıl racine, origine, source; original; vrai, propre ***aslı astarı olmamak*** être dénué de fondement
asılmak se pendre; être accroché; racoler, s'accrocher à
asılsız sans fondement
asır siècle
asi désobéissant, insoumis; rebelle, révolté
asil noble
asilzade noble
asistan assistant
asit acide
asker soldat ***asker olmak*** s'engager
askeri militaire ***askeri ateşe*** attaché militaire ***askeri hastane*** hôpital militaire ***askeri mahkeme*** tribunal militaire
askerlik service militaire ***askerlik yoklaması*** conscription
askı cintre; bretelles
askıda en souffrance, en suspense
asla jamais
aslan lion ***Aslan (burcu)*** le Lion
aslında en vérité
asma *«bitk.»* vigne; suspension; pendaison ***asma köprü*** pont suspendu
asmak suspendre, accrocher, pendre
aspirin aspirine
ast inférieur, subordonné
astar doublure
asteğmen sous-lieutenant
astım asthme
astroloji astrologie
astronomi astronomie
astronomik astronomique
astronot astronaute
astsubay sous-officier
Asya Asie
aş repas
aşağı dessous, en bas ***aşağı yukarı*** à peu près
aşağıda en bas, ci-dessous

aşağılamak avilir, humilier
aşağılık bas, vil, ignoble
aşağılık kompleksi complex d'infériorité
aşama étape, grade
aşçı cuisinier
aşı vaccin; vaccination, inoculation; *«bitk.»* greffe ***aşı olmak*** se faire vacciner ***aşı yapmak*** vacciner
âşık amoureux ***âşık olmak*** être amoureux
aşılamak greffer, inoculer, vacciner; endoctriner
aşındırmak éroder, ronger, corroder
aşınmak se corroder, s'éroder, s'user
aşırı excessif, exorbitant, extrême
aşırmak faire passer, faire traverser; piquer, voler, chiper
aşikâr évident, clair
aşina intime, familier; versé dans, connaisseur
aşiret nomade, tribu
aşk amour
aşkın plus (de)
aşmak franchir, traverser
at cheval ***at yarışı*** cours de chevaux ***ata binmek*** monter à cheval
ata père
ataerkil patriarcal
atak audacieux, téméraire, hardi
atama désignation
atamak désigner, nommer
atanmak être désigné, être nommé
atardamar artère
atasözü proverbe
ataş trombone
ataşe attaché
ateist athée
atelye atelier
ateş feu; fièvre ***ateş açmak*** metre le feu ***ateş etmek*** décharger, tirer ***ateş pahası olmak*** coûter les yeux de la tête ***ateşe vermek*** incendier
ateşkes cessez-le-feu
ateşlemek mettre le feu, allumer
ateşli ardent, vif
atılgan énergique, audacieux, entreprenant
atılım essor, élan
atılmak se jeter, se précipiter; être jeté
atış manière de projeter; coup de feu; battement
atışmak se disputer
atıştırmak avaler, manger vite
atik agile, alerte
atkı cache-col, foulard, châle
atlamak sauter, bondir; omettre

atlas atlas, satin
atlatmak faire sauter, faire franchir; surmonter; l'echapper belle
atlet athlète
atletik athlétique
atletizm athlétisme
atmaca faucon
atmak jeter, lancer; *«mec.»* se venter, fanfaronner
atmosfer atmosphère
atom atome ***atom bombası*** bombe atomique ***atom enerjisi*** énergie nucléaire
atölye atelier
av chasse; pêche; gibier ***ava çıkmak*** aller à la chasse
avadanlık trousse à outils
avanak sot, bête, naïf
avans avance ***avans vermek*** avancer
avanta profit
avantaj avantage
avantajlı avantageux
avare oisif, flâneur
avcı chasseur
avcılık chasse
avize lustre
avlamak chasser
avlanmak faire la chasse
avlu cour
avro euro
Avrupa Europe
Avrupalı européen; Européen
avuç paume, poignée ***avuç açmak*** mendier, tendre la main ***avucunu yalamak*** être déçu
avukat avocat
avunmak être amusé, se consoler
avuntu consolation, réconfort
Avustralya Australie
Avustralyalı australien; Australien
Avusturya Autriche
Avusturyalı autrichien; Autrichien
avutmak consoler, réconforter
ay1 lune; mois ***ay başı*** commencement du mois ***ay ışığı*** claire de lune ***ay tutulması*** éclipse de lune ***aydan aya*** au mois, chaque mois
ay2 aïe!, tiens!
aya paume
ayak pied; jambe, patte ***ayak bağı*** entrave ***ayak izi*** vestige ***ayak sesi*** bruit de pas ***ayaklarına kapanmak*** se jeter aux pieds de qn ***ayakta*** debout ***ayakta durmak*** être debout ***ayakta uyumak*** dormir debout, être ignorant ***ayağa kalkmak*** se lever, se mettre debout ***ayağını***

denk almak prendre des précautions
ayakkabı soulier, chaussure ***ayakkabı boyası*** cirage
ayakkabıcı cordonnier
ayaklanma rébellion, révolte, soulèvement, insurrection
ayaklanmak se soulever, se révolter, s'insurger
ayaktakımı populace, racaille
ayaküstü debout, sans s'asseoir
ayar ajustement; aloi, carat, ètalon ***ayar etmek*** régler
ayarlamak régler, ajuster
ayartmak corrompre, débaucher, séduire
ayaz froid rigoureux des nuits claires
aybaşı menstruation, règles
ayçiçeği tournesol
aydın clair, lumineux; éclairé, intellectuel
aydınlanmak s'éclaircir, s'illuminer; être instruit, être éclairé
aydınlatmak éclairer
aydınlık clair, lumineux; clarté, luminosité
ayet verset
aygır étalon
aygıt appareil
ayı ours
ayık dégrisé, dessoûle
ayıklamak trier, nettoyer, éplucher
ayılmak se dégriser, revenir à soi
ayıltmak dégriser, dessoûler; faire revenir à soi
ayıp honte, défaut; malséant, honteux ***ayıp etmek*** faire un défaut ***ayıptır söylemesi*** sauf votre respect
ayıplamak blâmer, réprouver
ayırmak différencier; discerner, distinguer; disjoindre, détacher; écarter, séparer
ayırtetmek discerner, distinguer
ayırtmak louer, retenir, réserver
ayin rite; cérémonie
aykırı contraire, disparate
aylak oisif, désœuvré, faignant ***aylak aylak dolaşmak*** errer, traîner
aylık appointements, traitement; mensuel
ayna miroir, glace
aynen sans changer, exactement
aynı même, pareil ***aynı kapıya çıkmak*** revenir au même ***aynı şekilde*** de même, pareillement ***aynı şey*** la même chose ***aynı zamana rastlamak***

coïncider ***aynı zamanda*** en même temps
ayol mon cher! eh bien! non mais!
ayraç parenthèse
ayran babeurre
ayrı autre, différent, séparé; séparement, indépendamment ***ayrı ayrı*** un à un, une à une, séparément
ayrıca d'autre part
ayrıcalık privilège
ayrıcalıklı privilégié
ayrılık séparation
ayrılmak être séparé, se séparer; divorcer; s'éloigner; quitter
ayrım différence
ayrıntı détail
ayrıntılı détaillé ***ayrınıtılı olarak*** en détail
ayrışmak se décomposer
ayva coing ***ayvayı yemek*** périr, être perdu
ayyaş grand buveur, ivrogne
az peu, médiocrement, pas beaucoup ***az buçuk*** quelque peu ***az çok*** peu ou prou, plus ou moins ***az kalsın*** peu s'en faut que, peu s'en est fallu que ***az önce*** peu avant, tout à l'heure ***az sonra*** peu aprés, bientôt
aza membre, organe
azalmak diminuer, décroître, se réduire
azaltmak diminuer, amoindrir, comprimer
azamet grandeur, orgueil
azametli très grand, orguielleux
azami maximum
azap peine, torture
azar gronderie, réprimande ***azar işitmek*** être grondé
azarazar petit à petit, peu à peu
azarlamak réprimander, gronder
azgelişmiş sousdéveloppé
azgın agité, emporté, exalté
azıcık un peu, un brin de
azık nourriture, provision
azılı fieffé, enragé
azımsamak trouver peu, considerer insuffisant
azınlık minorité
azıtmak aller trop loin, dépasser les limites
azim résolution, volonté
azimli résolu, déterminé
aziz cher, chéri, respectable; saint
azmak s'emporter, se fourvoyer; devenir violent; être gâte; s'envenimer, s'enflammer
azmetmek se déterminer, prendre la résolution
azot azote

B b

baba père; bitte d'amarrage
babaanne grand-mère
babacan gaillard
babayiğit brave, vaillant, courageux
baca cheminée
bacak jambe, cuisse ***bacak kadar*** mince, court
bacanak beau-frère
bacı soeur aînée, soeur
badana badigeon; badigeonnage
badanalamak badigeonner
badem amande
bademcik amygdale
bademyağı huile d'amande
bagaj bagage; coffre, porte-bagages
bağ lien, attache, bande; vigne
bağbozumu vendange
bağdaş action de croiser les jambes ***bağdaş kurmak*** s'assoir en tailleur
bağdaşmak s'accorder, s'entendre
bağıl relative
bağımlı dépendant
bağımlılık dépendance
bağımsız indépendant
bağımsızlık indépendance
bağıntı relation, rapport
bağır sein, poitrine
bağırmak crier, vociférer, hurler
bağırsak intestin
bağırtı cri
bağış don, donation
bağışık exempt de, immunisé
bağışıklık immunité, franchise
bağışlamak faire don, donner; excuser, pardonner
bağlaç *«dilb.»* conjonction
bağlam contexte
bağlama instrument de musique turque à cordes
bağlamak attacher, nouer, enchaîner, joindre
bağlanmak s'attacher; s'amourcher
bağlantı lien, liaison; correspondance
bağlı lié, attaché, noué; engagé; fidèle, loyal ***bağlı olmak*** dépendre de; être fidèle à qn
bağlılık fidélité, dévouement
bağnaz fanatique
bağnazlık fanatisme
bağrışmak s'écrier de concert
bahane prétexte
bahar printemps
baharat épices

bahçe jardin
bahçıvan jardinier
bahçıvanlık jardinage
bahis question, sujet, matière; pari, gageure ***bahse girmek*** parier
bahriye marine, forces navales
bahsetmek parler de, traiter
bahşiş pourboire ***bahşiş vermek*** donner un pourboire
baht destin, chance, fortune
bahtsız malheureux, infortuné
bakan ministre ***Bakanlar Kurulu*** conseil des ministres
bakanlık ministère
bakıcı garde-malade
bakım soins, entretien; point de vue, égard
bakımlı soigné, cultivé, bien tenu
bakımsız négligé
bakınmak regarder ça et là, regarder autour de soi
bakır cuivre
bakış regard, manière de regarder ***bakış açısı*** perspective, point du vue
bakışmak se regarder l'un à l'autre
bakire vierge
bakiye reliquat, résidu
bakkal épicier; *«(dükkân)»* épicerie
bakla fève ***baklayı ağzından çıkarmak*** révéler un secret
bakmak regarder, entretenir
bakteri bactérie
bal miel
balata garniture de frein
balayı lune de miel, voyage de noces
balçık boue, glaise
baldır mollet
baldız belle-sœur
bale ballet
balerin ballerine
balgam crachat
balık poisson ***balık avı*** pêche ***Balık (burcu)*** les Poissons ***balık tutmak*** pêcher
balıkadam plongeur
balıkçı pêcheur; poissonnier
balıkçılık pêche
balıkyağı huile de poisson
balina baleine
Balkanlar les Balkans
balkon balcon
balo bal
balon ballon
balta cognée, hache
baltalama sabotage
baltalamak saboter
balya balle, ballot
balyoz lourd marteau, casse-pierres

bambaşka tout à fait différent
bambu bambou
bamya cambot
bana me, à moi, moi ***bana kalırsa*** à mon avis ***bana ne*** peu importe
bandıra pavillon
bandırmak tremper
bando fanfare
bandrol banderole
bank bank
banka banque ***banka cüzdanı*** carnet de banque ***banka hesabı*** compte en banque ***bankada parası olmak*** avoir de l'argent en banque
bankacı banquier
banker banquier
banknot billet de banque
banliyö banlieue ***banliyö treni*** train de banlieu
banmak tremper
bant bande
banyo bain, baignade; développement ***banyo yapmak*** se baigner, prendre le bain
bar bar, boîte de nuit
baraj barrage
baraka baraque
barbar barbare, sauvage
barbunya *«hayb.»* rouget; *«bitk.»* haricot rouge, flageolet
bardak verre
barfiks barre fixe
barınak abri, asile, refuge
barındırmak donner asile, abriter, loger
barınmak s'abriter, se réfugier
barış paix ***barış antlaşması*** conclusion de la paix
barışçı pacifique
barışmak se réconcilier, faire la paix
barışsever pacifique
barıştırmak réconcilier, racommoder
bari au moins
barikat barricade
bariz évident, visible
barmen barman, serveur de bar
baro le barreau
baron baron
barut poudre
basamak marche, degré, échelon
basık bas, épaté
basım impression, tirage
basımevi imprimerie
basın presse ***basın kartı*** carte de presse ***basın toplantısı*** conférence de presse
basınç pression, compression
basit simple
basketbol basket-ball

baskı impression, tirage; édition ***baskı hatası*** faute d'impression ***baskı yapmak*** exercer une pression sur, presser
baskın assaut, raid, razzia, rafle; dominant ***baskın çıkmak*** surpasser, dominer ***baskın yapmak*** surprendre, razzier
basma compression, pression; impression; indienne, toile impirimée
basmak écraser; presser, serrer; imprimer
basmakalıp rabattu, usé
bastırmak faire presser; faire imprimer; opprimer, réprimer
baston canne, bâton
baş tête, commencement, début ***baş ağrısı*** mal de tête ***baş aşağı*** sans verse ***baş başa*** tête à tête ***baş belası*** casse-pieds ***baş döndürücü*** capiteux, vertigineux ***baş dönmesi*** vertige, étourdissement ***baş göstermek*** avoir lieu, arriver ***baş üstüne*** avec plaisir ***başı ağrımak*** avoir mal à la tête ***başı derde girmek*** avoir un litige avec qn ***başı dönmek*** avoir le vertige ***başından beri*** dès les début ***başından büyük işlere karışmak*** entreprendre des affaires difficile ***başından savmak*** se défaire de ***başını döndürmek*** griser, soûler, étourdir ***başını şişirmek*** échauffer la tête ***başının çaresine bakmak*** chercher le moyen de se délivrer
başak épi; glanage ***Başak (burcu)*** la Vierge
başarı succès, réussite
başarılı réussi, avec succès
başarısız sans succès
başarısızlık insuccès, échec ***başarısızlığa uğramak*** avorter, rater, échouer
başarmak réussir
başbakan premier ministre
başçavuş sergent-major
başhekim le médecin en chef
başıboş errant ***başıboş dolaşmak*** divaguer, rôder
başka autre, différent ***başka biri*** un autre ***başka bir deyişle*** autrement dit ***başka bir şey*** autre chose ***başka türlü*** autrement ***başka yer(d)e*** ailleurs, autre part ***başka zaman*** une autre fois
başkalaşım métamorphose
başkalaşmak se métamorphoser

başkaldırı fronde, mutinerie, révolte
başkaldırmak se revolter, se mutiner, se rebeller
başkan président, chef
başkanlık présidence
başkası autrui, l'autre, un autre
başkent capitale
başkomutan commandant en chef
başkonsolos consul général
başkonsolosluk consulat général
başlamak commencer, débuter
başlangıç commencement, début
başlangıçta au début, à l'origine
başlatmak faire commencer
başlıbaşına indépendamment, sans le seçours
başlıca principal, cardinal, essentiel
başlık bonnet, capuchon, casque; en-tête, titre
başmakale article de fond
başmüfettiş inspecteur en chef
başörtüsü fichu, châle
başparmak pouce
başpiskopos archevêque
başrol grand rôle
başsağlığı condoléances
başsavcı procureur général
başşehir capitale
baştan de nouveau, à nouveau ***baştan aşağı*** complétement, de la tête jusqu'aux pieds ***baştan çıkarmak*** corrompre, pervertir, séduire ***baştan savma*** negligé ***baştan sona*** du début à la fin
başvurmak s'adresser, invoquer, postuler, faire appel à, se référer à
başvuru demande
başyapıt chef d'œuvre
başyazar rédacteur en chef
başyazı article de fond, éditorial
batak marais
batakhane tripot
bataklı marécageux
bataklık marais, marécage, bourbier
batarya batterie
bateri batterie
batı ouest, occident; occidental
batıl faux, erroné ***batıl itikat*** superstition
batılı occidental
batırmak enfoncer, piquer, couler, immerger, plonger
batmak s'enfoncer, couler, sombrer; se coucher; faire faillite
battaniye couverture de lit

bavul valise
bay monsieur
bayağı ordinaire, habituel; vulgaire, médiocre; simple
bayan femme, dame, demoiselle
bayat rassis, insipide
bayatlamak rendre rassis
baygın évanoui, sans connaissance
baygınlık évanouissement, syncope
bayılmak s'évanouir, perdre connaissence; aimer, raffoler de
bayındır florissant, prospère
bayındırlık prospérité ***Bayındırlık Bakanlığı*** ministère des travaux publics
bayır montée, côte, pente
bayi vendeur, dépositaire
baykuş hibou, chouette
bayrak drapeau
bayram fête ***bayram etmek*** se faire une faite de qch ***bayramınız kutlu olsun*** bonne fête
baytar vétérinaire
bazen parfois, quelquefois
bazı quelque, certain
bebek poupée; bébé, nourrisson ***bebek beklemek*** être enceinte, être grosse
beceri adresse, dextérité, habileté
becerikli adroit, habile
beceriksiz gauche, maladroit, incapable
becermek faire, réussir; abîmer
bedava gratuit
bedbin pessimiste
beddua malédiction ***beddua etmek*** faire des imprécations, maudire
bedel équivalent, contre-valeur
beden corps ***beden eğitimi*** exercice physique
bedensel corporel, physique
beğeni goût
beğenmek plaire, admirer, estimer; choisir
beher chaque
bej beige
bek *«sp.»* arrière
bekâr célibataire
bekâret virginité, chasteté
bekârlık célibat
bekçi gardien, veilleur
bekleme attente ***bekleme salonu*** salle d'attente
beklemek attendre, veiller; espérer
beklenmedik fortuit, inattendu
beklenti attente
bekletmek faire attendre

bel taillie, hanche; sperme ***bel ağrısı*** lumbago ***bel bağlamak*** compter sur ***beli gelmek*** émettre le sperme
bela calamité, chagrin, fléau; malheur, désastre ***bela aramak*** chercher querelle, chercher noise
belalı chicaneur
Belçika Belgique
Belçikalı belge
belediye municipalité, mairie ***belediye başkanı*** maire
beleş gratuit; gratuitement
belge document, pièce, acte
belgelemek documenter
belgesel documentaire
belirgin distinct, marqué, évident
belirlemek déterminer, définir, spécifier
belirli certain, défini, déterminé
belirmek paraître, apparaître, se montrer
belirsiz indistinct, vague, imperceptible
belirteç adverbe
belirti indication, manifestation, signe, symptôme ***belirtisi olmak*** témoigner de
belirtmek manifester, déclarer; mettre en évidence
belkemiği échine, épine dorsale
belki peut-être; mais
bellek mémoire
bellemek apprendre par cœur, retenir, apprendre
belli évident, apparent, certain, défini ***belli başlı*** capital, principal ***belli etmek*** déceler ***belli olmak*** s'avérer, se préciser
bembeyaz tout à fait blanc
ben je, me, moi; grain de beauté
bence à mon avis, d'après moi
bencil égoïste
bencillik égoïsme
benek tache, moucheture
benekli moucheté, tigré
beni me, moi
benim mon, ma, mes
benimki le mien, la mienne
benimsemek s'appropier, adopter, emprunter
bent barrage, digue
benzemek ressembler
benzer semblable, pareil, similaire
benzerlik ressemblance, similitude, analogie
benzersiz sans pareil, unique
benzetmek rendre semblable; imiter

benzin esence ***benzin almak*** faire pleine d'essence ***benzin istasyonu*** poste d'essence ***benzini tükenmek*** être en panne d'essence
beraat acquittement ***beraat etmek*** être acquitté
beraber avec; ensemble, conjointement, en commun ***berabere kalmak*** faire match nul
beraberlik réunion, ensemble; match nul
berbat mauvais, sale, souillé ***berbat etmek*** salir, souiller
berber barbier, coiffeur; salon de coiffure
bere béret; meurtrissure
bereket abondance; fécondité ***bereket versin*** heureusement, par bonheur
bereketli fertile, fécond
beri plus près, en deçà; depuis
berrak clair, limpide, transparent
berraklık clarté, limpidité
bertarafetmek écarter, éliminer
besbelli très évident, bien connu
besin nourriture, aliment
beslemek nourrir, alimenter; ravitailler; donner à manger
beslenme alimentation, nutrition
beslenmek se nourrir
besleyici nourrissant, nutritif
beste composition ***beste yapmak*** composer
besteci compositeur
bestekâr compositeur
bestelemek mettre en musique, composer
beş cinq ***beş para etmez*** il ne vaut pas la corde pour le pendre
beşik berceau
bet visage ***beti benzi atmak*** devenir pâle, pâlir ***bet bereket*** abondance
beter pire, pis
betimlemek décrire, dópoindrc
beton béton
bevliye urologie
bevliyeci urologue
bey monsieur, seigneur
beyan déclaration ***beyan etmek*** déclarer, proclamer
beyanat deéclaration
beyanname déclaration écrite
beyaz blanc
beyazlık blancheur
beyefendi monsieur, seigneur
beygir cheval, cheval de somme
beygirgücü cheval-vapeur

beyin cerveau ***beyin kanaması*** hémorragie cérébrale ***beyin yıkamak*** fair subir un lavage de cerveau à
beyinsiz écervelé
beyit distique
beylik principanté, seigneurie; banal
beysbol base-ball
bez toile
bezdirmek lasser, dégoûter, fatiguer
beze glande, ganlion
bezelye pois, petit-pois
bezmek se lasser, se dégoûter
bıçak couteau
bıçaklamak poignarder
bıçkı scie
bıkkın dégoûté, blasé
bıkkınlık dégoût, blasement
bıkmak se dégoûter de, en avoir ras
bıktırmak lasser, dégoûter, fatiguer
bıldırcın caille
bırakmak laisser, quitter, abandonner, délaisser, lâcher
bıyık moustache ***bıyık altından gülmek*** rire dans la barbe
bıyıklı moustachu
bızır clitoris
biber poivre, poivron
biberli poivré
biberon biberon
bibliyografi bibliographie
biblo bibelot
biçem style
biçerdöver moissonneuse-batteuse
biçim forme; manière; coupe, façon ***biçim vermek*** former, donner la forme
biçimlendirmek former, modeler
biçimlenmek se former, prendre la forme
biçimli bien bâti, bien fait
biçimsel formel
biçimsiz mal bâti, mal fait, difforme
biçki coupe, façon
biçmek couper, tailler; faucher; scier
bidon bidon
biftek bifteck
bigudi bigoudi
bikini bikini
bilanço bilan
bilardo billard
bildirge déclaration écrite
bildiri annonce, communiqué, communication, notification
bildirişim communication
bildirmek annoncer, informer, avertir, communiquer, notifier
bile même, aussi, également

bilek poignet, cheville
bilemek aiguiser, affûter
bileşik composé
bileşim composition, combinaison
bileşmek se composer
bileştirmek composer
bilet billet, ticket ***bilet gişesi*** guichet
biletçi contrôleur, receveur
bilezik bracelet
bilfiil en effet, effectivement
bilge savant, sage
bilgi connaissance ***bilgi almak*** s'informer ***bilgi işlem*** traitement de l'information ***bilgi vermek*** avertir, instruire, mettre au courant
bilgiç pédant
bilgili informé, cultivé, instruit
bilgin savant
bilgisayar ordinateur
bilgisiz ignorant
bilgisizlik ignorance
bilhassa surtout, particulièrement
bilim science, savoir ***bilim adamı*** savant, scientifique
bilimkurgu science-fiction
bilimsel scientifique
bilinç conscience ***bilincinde olmak*** avoir conscience de
bilinçaltı subconscient
bilinçdışı inconscience
bilinçli conscient
bilinçsiz inconscient
bilinen connu
bilinmeyen inconnu
bilirkişi expert
bilişim informatique
billur cristal
bilmece devinette, énigme, rébus, mots croisés
bilmek savoir, connaître; être au courant, être informé ***bile bile*** exprès, à dessein, intentionnellement
bilye bille
bin mille ***binde bir*** millième
bina bâtiment, édifice, construction, maison ***bina etmek*** construire, bâtir
binbaşı chef de bataillon, commandant
bindirmak faire monter; aborder; heurter
binek monture ***binek atı*** cheval de selle
binici cavalier
binmek monter
bir un, une ***bir anda*** en un moment, instantanément ***bir ara*** entre temps ***bir bakıma*** à un certain point de vue ***bir daha*** de nouveau ***bir dakika*** un instant ***bir defa*** une fois ***bir deri bir kemik*** décharné, émacié ***bir süre*** pendant un certain temps ***bir süre***

sonra quelque temps après ***bir sürü*** un tas de, une infinité de ***bir şey*** quelque chose ***bir şey değil*** ce la ne fait rien ***bir varmış bir yokmuş*** il était une fois ***bir zamanlar*** il y eut un temps
bira bière
birader frère
birahane brasserie
biraz un peu, quelque peu, un petit peu ***biraz önce*** totu à l'heure ***biraz sonra*** peu après
birazcık un petit peu
birazdan sous peu, bientôt
birbiri l'un et l'autre, les uns les autres
birçok nombreux, plusieurs, beaucoup ***birçok kez*** plusieurs fois
birden tout à coup, inopinément
birdenbire brusquement, tout à coup, soudain
birebir efficace, infaillible
birer par un, un pour chacun ***birer birer*** un à un, une à une
bireşim synthèse
birey individu
bireysel individuel
biri quelqu'un
biricik unique, seul; singulier
birikim accumulation
birikinti amas
birikmek s'amonceler
biriktirmek assembler, rassembler, collectionner; épargner, économiser
birim unité
birinci premier ***birinci olmak*** être le (la) premier
birincilik championnat
birisi quelqu'un
birkaç quelques
birleşik uni, composé
birleşim union, réunion, accouplement
birleşmek s'allier, se réunir; s'unir, s'associer, se coaliser
birleşmiş uni ***Birleşmiş Milletler*** Les Nations Unis
birleştirmek réunir, unir; joindre, unifier; attacher, coaliser
birlik union, réunion, association; alliance, ligue ***birlik olmak*** s'unir, s'allier
birlikte ensemble, de concert
birtakım quelques, certains
bisiklet bicyclette
bisküvi biscuit
bit pou
bitap très fatigué, éreinté ***bitap düşmek*** se fatiguer
bitim fin
bitirim expérimenté
bitirmek finir, terminer

bitişik contigu, adjacent, jontif
bitişmek se joindre, se toucher
bitiştirmek joindre, rejoindre
bitki plante
bitkibilim botanique
bitkin fatigué, épuisé
bitkinlik léthargie, épuisement
bitkisel végétale
bitmek finir, se terminer; s'achever ***bitmez tükenmez*** interminable, sempiternnel
bitpazarı marché aux puces
biyografi biographie
biyoloji biologie
biyolojik biologique
biyonik bionique
biyopsi biopsie
biz nous
bize nous
bizi nous
bizim notre, nos
bizimki nôtre
bizzat même, en personne
blok bloc
bloknot bloc-notes
blöf bluff ***blöf yapmak*** bluffer
blucin blue-jean, jean
bluz blouse
boa *«hayb.»* boa
bobin bobine
bocalamak hésiter, tâtonner, lutter
bodrum cave, sous-sol, caveau ***bodrum katı*** sous-sol
bodur court, trapu
boğa taureau ***Boğa (burcu)*** signe de Taureau ***boğa güreşi*** course de taureau
boğaz gorge ***boğaz ağrısı*** mal de gorge ***boğazı ağrımak*** avoir mal à la gorge ***boğazına düşkün*** gourmand
Boğaziçi Bosphore
boğazlamak égorger
boğmaca coqueluche
boğmak étrangler, étouffer, suffoquer; noyer
boğucu étouffant
boğuk enroué, rauque, sourd
boğulmak étouffer, suffoquer, s'étrangler; se noyer
boğuşma mêlée, rixe
boğuşmak s'entre-égorger, se battre
bohça paquet de toile
bok *«arg.»* excrément, déjection, saleté ***bok etmek*** salir ***boku bokuna*** pour rien du tout
boks boxe ***boks yapmak*** boxer
boksör boxeur

bol ample, large; abondant, beaucoup ***bol bol*** largement, à foison ***bol keseden atmak*** se venter, fanfaronner ***bol şanslar*** bonne chance
bolluk ampleur, abondance, opulence
bomba bombe, grenade
bombalamak bombarder
bombardıman bombardement ***bombardıman etmek*** bombarder
bombok *«arg.»* très mauvais
bomboş tout à fait vide
boncuk verroterie, perle
bono billet à ordre, bon
bonservis certificat, états de service
bora bourrasque, ouragan
borazan trompette
borç dette; débit ***borç almak*** emprunter de l'argent à qn ***borç vermek*** prêter ***borca girmek*** contracter des dettes ***borçlarını ödemek*** payer des dettes
borçlanmak s'endetter
borçlu débiteur; obligé ***borçlu olmak*** devoir
bordro bordereau
bornoz peignoir de bain
borsa Bourse
boru tube, tuyau, conduit; trompette, clairon
bostan potager ***bostan korkuluğu*** épouvantail, homme de paille
boş vide; creux; inoccupé, vacant; chômeur; vain, inutile ***boş bulunmak*** avoir un moment d'inattention ***boş durmak*** ne pas s'occuper à quelque chose ***boş laf*** baliverne ***boş ver*** t'en fais pas! ***boş vermek*** ne pas s'en faire ***boş yere*** en vain ***boş zaman*** loisir ***boşa çıkmak*** ne pas se réaliser ***boşa gitmek*** ne servir à rien
boşalma orgasme
boşalmak se vider, s'évacuer; se soulager
boşaltmak évacuer, vider, vidanger
boşamak répudier une femme
boşanma divorce
boşanmak divorcer, faire divorce
boşboğaz indiscret, bavard
boşluk vide; cavité; vanité
boşuna en vaine, vainement
bot botte, vedette
botanik botanique
boy taille, stature; longueur ***boy atmak*** grandir, pousser ***boy ölçüşmek*** se mesurer avec qn ***boydan boya*** de haute en bas

boyunun ölçüsünü almak échouer
boya teinture, couleur
boyamak peindre, teindre
boykot boycottage ***boykot etmek*** boycotter
boylam longitude
boynuz corne
boynuzlamak encorner; *«mec.»* faire qn cocu
boynuzlu cornu; *«mec.»* cocu, cornu
boyun cou ***boyun eğmek*** se soumettre
boyuna sans cesse, toujours
boyunbağı cravate
boyunca le long de, durant
boyunduruk joug; esclavage
boyut dimension
boz gris, cendré
boza boisson fermentée
bozdurmak faire altérer; faire annuler; fauire changer
bozgun défaite, déroute ***bozguna uğramak*** essuyer une défaite ***bozguna uğratmak*** infliger une défaite à
bozkır steppe, lande
bozmak gâter, corrompre, détériorer, abîmer; démonter; changer
bozuk gâté, corrompu, pourri ***bozuk para*** petite monnaie
bozukluk manque, défaut
bozulmak se gâter, se détériorer, s'avarier; être humilié
bozum humiliationn ***bozum etmek*** humilier ***bozum olmak*** être humilié
bozuntu caricature, soi-disant
bozuşmak se brouiller, se fâcher
bozyap puzzle
böbrek rein
böbürlenmek prendre des aires, se vanter
böcek insecte ***böcek ilacı*** insecticide
böğür flanc; côté
böğürtlen mûre, ronce
bölge zone, région
bölgesel régional
bölme partage; cloison; division
bölmek diviser, couper, séparer
bölü divisé par
bölük compagnie, troupe
bölüm division; partie, chapitre, section
bölünmek se diviser; être divisé
bölüşmek partager, se partager
bölüştürmek répartir
bön niais, nigaud
börek pâte, feuilletage

böyle tel, pareil, semblable; ainsi
böylece ainsi, de cette manière
böylelikle ainsi, de cette manière
branş branche
bravo bravo
Brezilya Brésil
briç bridge
briket briquitte
Britanya Grande-Bretagne
briyantin brillantine
bronş bronche
bronşit bronchite
bronz bronze
bronzlaşmak bronzer
broş broche
broşür brochure, tract
bu ce, celui, cette, ceci, ces ***bu arada*** entre-temps ***bu defa*** cette fois ***bu durumda*** en ce cas ***bu gibi*** semblable ***bu kadar*** si, tant, à ce point ***bu kez*** cette fois ***bu nedenle*** par conséquent ***bu sırada*** sur ces entrefaites ***bu şekilde*** de cette manière, de la sorte ***bu yüzden*** aussi ***buna karşılık*** en revanche, par contre ***buna rağmen*** malgré cela ***bundan başka*** d'ailleurs, de plus, en plus, en outre ***bundan böyle*** à partir de maintenant, désormais ***bunsuz*** sans cela ***bunun için*** c'est pourquoi, pour cela ***bununla birlikte*** pourtant, cependant, tout de même
bucak coin; commune
buçuk demie
budak nœud
budala idiot, sot, bête
budalalık idiotie, sottise, bêtise
budamak tailler, élaguer
Budizm boudhisme
budun éthnie
budunbilim ethnologie
bugün aujourd'hui ***bugün yarın*** un de ces jours ***bugüne kadar*** jusqu'à ce jour
bugünkü de je jour, d'aujourd'hui
bugünlük pour aujourd'hui
buğday blé, froment
buğu vapeur, buée
buğulanmak se couvrir de buée
buğulu vaporeux
buhar vapeur
buharlaşmak s'évaporer
buharlı à vapeur
buhran crise
buji bougie
bukalemun caméléon
buket bouquet
bukle boucle
bulamak rouler; salir, souiller

bulandırmak troubler, brouiller; donner des nausées
bulanık trouble, terne
bulanmak se rouler; se couvrir, se gâter
bulantı nausée
bulaşıcı contagieux, infectieux
bulaşık sale, malpropre, souillé; vaiselle malpropre ***bulaşık makinesi*** lave-vaisselle ***bulaşık yıkamak*** laver la vaiselle
bulaşıkçı plongeur
bulaşmak se souiller; gagner, passer
bulaştırmak salir, souiller; infecter, contaminer
buldok bouledogue
buldozer bulldozer
Bulgar bulgare; Bulgare
Bulgaristan Bulgarie
bulgu découverte, invention
bulmaca mots croisés
bulmak trouver, rencontrer; découvrir, détecter
buluğ puberté
bulundurmak avoir chez soi, à sa disposition; tenir en réserve
bulunmak se trouver, exister, être présent; être trouvé
buluş invention, découverte, création
buluşma entrevue
buluşmak se rencontrer, se réunir, s'assembler, se rejoindre
bulut nuage
bulutlanmak se couvrir, se voiler
bulutlu nuageux, nébuleux
bulvar boulevard
bunak sénile, dément
bunalım angoisse, crise
bunalmak étouffer, respirer difficilement, suffoquer; s'ennuyer
bunaltıcı étouffant, accablant
bunaltmak accabler, étouffer, suffoquer; gêner
bunamak tomber en enfance, tomber en démence
bunca tant, beaucoup ***bunca zaman*** longtemps
bunlar ceux-ci
bura ici, cet endroit, en ce lieu
burada ici, à cet endroit, en ce lieu
burası ici, cet endroit
buraya ici ***buraya kadar*** jusqu'ici, jusqu'à présent
burç bastion; constellation, signe
burçak vesce
burgaç tourbillon
burgu vrille
burjuva bourgeois
burjuvazi bourgeoisie

burkmak fouler, tordre
burkulmak être tordu; se fouler, se tordre
burs bourse
bursiyer boursier
buruk âpre
burun nez ***burun deliği*** narine, naseau ***burnu büyük*** prétencieux ***burnu kanamak*** saigner du nez ***burnunu çekmek*** renifler, priser ***burnunu silmek*** se moucher ***burnunu sokmak*** se mêler à tout
buruşmak être chiffonné, être ridé
buruşturmak chiffonner, rider
buruşuk ride; froissé, ridé, chiffonné
but cuisse, gigot
buyruk ordre, commandement
buyurmak ordonner, commander; vouloir, daigner ***buyurun!*** pour vous servir!
buz glace ***buz gibi*** glacé, glacial ***buz pateni*** patin à glace ***buz tutmak*** se congeler
buzağı veau
buzdağı iceberg
buzdolabı réfrigérateur
buzlu glacé, congelé
buzlucam vitre opaque
buzul glacier
bücür petit
büfe buffet
büklüm boucle ***büklüm büklüm*** en boucles
bükmek tordre; courber, plier
bükük tordu, courbé
bükülmek se plier, se ployer; être filé, être tordu
bülbül rossignol
bülten bulletin
bünye conformation, constitution
büro bureau
bürokrasi bureaucratie
bürokratik bureaucratique
bürümek envelopper, couvrir
bürünmek s'envelopper, se couvrir
büsbütün complètement, entièrement
büst buste
bütçe budget
bütün tout, toute, tous, toutes, entier
bütünleme examen de réparation
bütünlemek compléter, intégrer
bütünlük totalité
büyü charme, enchantement, magie ***büyü yapmak*** pratiquer la magie
büyücü magicien, sorcier
büyük grand, vaste, long, gros

büyükanne grand-mère
büyükbaba grand-père, bon-papa
büyükelçi ambassadeur
büyükelçilik embassade
büyükharf capital, majuscule ***Büyük Millet Meclisi*** Grande Assemblée Nationale ***Büyük Okyanus*** le Pacifique, l'océan Pacifique
büyüklük grandeur, grosseur, ampleur
büyülemek captiver, charmer, ensorceler
büyüleyici charmant, magique, ravisant
büyültmek amplifier
büyümek grandir, devenir grand, croître
büyüteç loupe
büyütmek agrandir, accroître; exagérer
büzmek reserrer, serrer, contracter
büzülmek se contracter, se resserrer

C c

caba gratuit, gratis
cacık salade au yaourt dilué et aux concombres hachés plus ail
cadaloz mégère, furie
cadde avenue, boulevard, grand'rue
cadı sorcière, mégère
cahil ignorant; illettré
cahillik ignorance
caka fanfaronnade, hâblerie, parade
cakasatmak parader, gasconner
cam verre; vitre, glace
cambaz acrobate, saltimbanque
cambazlık acrobatie
camcı vitrier
camekân vitrine, devanture
cami mosquée
camia communauté, société
can vie, âme; animation ***can alıcı nokta*** point sensible ***can atmak*** aspirer, briguer ***can çekişmek*** agoniser, être à l'agonie ***can düşmanı*** ennemi mortel ***can sıkıcı*** ennuyeux, déplaisant ***can sıkıntısı*** ennui ***can vermek*** rendre l'âme, mourir ***cana yakın*** charmant ***canı acımak*** avoir mal ***canı çekmek*** désirer ***canı çıkmak*** mourir, crever ***canı sıkılmak*** s'ennuyer ***canı yanmak*** être touché au vif ***canına kıymak*** se suicider ***canını acıtmak*** faire mal ***canını***

sıkmak ennuyer, perturber ***canla başla*** de tout cœur
canan bien-aimé
canavar bête sauvage, monstre ***canavar düdüğü*** sirène
candan sincère, cordial, intime
cani assassin, criminel
cankurtaran ambulance ***cankurtaran simidi*** bouée de sauvetage ***cankurtaran yeleği*** gilet de sauvetage
canlandırmak animer, vivifier
canlanmak s'animer, se vivifier
canlı vivant, vif, en vie; plein de vie, animé, actif
canlılık vivacité, vitalité
cansız sans vie, inanimé, mort
casus espion, mouchard
casusluk espionage
caydırmak dissuader
caymak renoncer, se dédire, abandonner
caz jazz
cazibe attrait, attraction
cazibeli attirant, attrayant
cazip attirant, attrayant
cebir violence, contrainte, force; algèbre
cebren par contrainte, par force
cefa tourment, torture ***cefa çekmek*** souffrir
cehalet ignorance
cehennem enfer ***cehennem azabı*** supplices de l'enfer ***cehennem gibi*** très chaud
ceket veste, veston, jaquette
cellat bourreau
celse séance, session, réunion
cemaat communauté religieuse
cemiyet association, société
cenaze cadavre ***cenaze alayı*** cortège funèbre ***cenaze töreni*** enterrement, funérailles
cengâver guerrier, combattant
cenin fœtus
cenk combat, bataille
cennet paradis, ciel
centilmen gentil
centilmence gentiment
centilmenlik gentillesse
cep poche ***cep feneri*** lanterne de poche ***cep harçlığı*** argent de poche ***cep saati*** montre de poche ***cep sözlüğü*** dictionnaire de poche ***cep telefonu*** téléphone portatif
cephane munition
cephanelik arsenal, dépôt de munitions
cephe façade; front

cerahat pus
cerahatlenmek former du pus, suppurer
cerahatli purulent, suppurant
cereyan courant, tendance, écoulement ***cereyan etmek*** se dérouler, se passer
cerrah chirurgien, opérateur
cerrahi chirurgical
cerrahlık chirurgie
cesaret courage, bravoure ***cesaret etmek*** prendre courage, oser ***cesaret vermek*** encourager, exciter
cesaretli courageux
cesaretsiz découragé
ceset cadavre, mort
cesur brave, courageux, hardi
cet grand-père, aïeul, ancêtre
cetvel règle; tableau, bordereau
cevap réponse, réplique ***cevap vermek*** répondre
cevher substance, l'essentiel; minéral
ceviz noix
ceylan gazelle
ceza peine, punition, châtiment ***ceza almak*** être puni ***ceza sahası*** surface de réparation ***ceza vermek*** infliger une peine ***ceza vuruşu*** coup franc ***cezasını çekmek*** pâtir de
cezaevi prison, maison d'arrêt
cezalandırmak punir, châtier, pénaliser
cezalı puni
cezbetmek attirer; charmer, fasciner
cezve cafetière
cılız chétif, faible, maigre
cılk nonfrais, pourri
cımbız pincette
cırlak aigu, strident
cıva vif-argent, mercure
cıvata boulon, cheville
cıvık mou, molle; émancipé, importun
cıvıldamak gazouiller, chanter
cıvıltı gazouillement
cıvıtmak amolir, rendre mou; s'émanciper
cıyak cıyak cris perçant ***cıyak cıyak bağırmak*** glapir
cızbız grillé
cızırdamak pétiller, grésiller
cızırtı pétillement, grésillement
cici joli, charmant, mignon
cidden sérieusement
ciddi sérieux ***ciddiye almak*** prendre au sérieux
ciddiyet sérieux
ciğer poumon; foie

cihan monde
cihaz appareil
cihet direction, sens
cila lustre, poli, vernis
cilalamak polir, vernir, lustrer
cilalı poli, verni
cildiye dermatologie
cildiyeci dermatologue
cilt peau; reliur; volume, tome
ciltçi relieur
ciltlemek relier
ciltli relié
ciltsiz non relié
cilve coquetterie
cilveli coquette
cimnastik gymnastique
cimri avare, ladre
cimrilik avarice, ladrerie
cin démon, malin; gin
cinayet crime, meurtre ***cinayet işlemek*** commmettre un crime
cinnet folie
cins espèce, sorte, genre
cinsel sexuel ***cinsel ilişki*** relations sexuelles ***cinsel ilişkide bulunmak*** avoir commerce avec
cinsellik sexualité
cinsiyet genre, sexe, sexualité
cips chips
cirit javelot ***cirit atmak*** s'en payer
ciro endossement ***ciro etmek*** endosser
cisim corps
civar environs, entourage
civciv poussin
coğrafi géographique
coğrafya géographie
cokey jockey
conta joint
cop matraque
coşku enthousiasme, ardeur
coşkulu exalté, fougueux
coşkun ardent, enthousiaste, exalté
coşkunluk enthousiasme, exaltation
coşmak s'enthousiasmer, s'emballer
coşturmak enthousiasmer, exalter
cömert généreux, large
cömertlik générosité, largesse
cuma vendredi
cumartesi samedi
cumhurbaşkanı président de la république
cumhuriyet république
cumhuriyetçi républicain
curcuna tumulte, vacarme
cüce nain, pygmée
cümbüş divertissement, ripaille
cümle phrase, proposition
cüppe soutane

cüret audace, hardiesse *cüret etmek* oser, avoir la hardiesse de
cüretkâr audacieux, osé
cürüm crime, délit
cüsse stature, corpulence
cüsseli corpulent
cüzam lèpre
cüzdan portefeuille
cüzi petit, insignifiant

Ç ç

çaba effort, zèle *çaba göstermek* faire un effort, s'efforcer
çabalamak s'efforcer, tâcher
çabucak prestement, précipilarnment
çabuk rapide, promtement *çabuk olmak* se dépêcher
çabukluk vitesse, rapidité
çaçabalığı spart
çadır tente *çadır kurmak* dresser une tente
çağ époque, période, ère; âge
çağdaş contemporain, moderne, à la page
çağdışı démodé
çağıldamak *«(ırmak)»* murmurer, *«(dalga)»* mugir
çağırmak appeler, faire venir; inviter, convoquer
çağla fruit vert
çağlamak murmurer
çağlayan chute, cascade, cataracte
çağrı invitation, convocation
çağrılı convive, invité
çağrışım association
çakal chacal
çakı canif
çakıl caillou, gravier
çakırkeyf éméché, gris
çakışmak coïncider
çakmak1 briquet
çakmak2 clouer, planter, enfoncer; éclairer; comprendre, entendre
çaktırmadan en cachette, à la dérobée
çalarsaat réveil, réveille-matin
çalgı instrument de musique
çalgıcı musicien
çalı broussaille, buisson *çalı çırpı* bois mort
çalıfasulyesi haricot nain
çalıkuşu roitelet
çalılık broussailles, buissons
çalım parade, arrogance, morgue *çalım satmak* parader
çalışkan laborieux, travailleur, studieux
çalışma travail; étude; activité *Çalışma Bakanlığı* ministère du travail *çalışma müsadesi* permis

de travail ***çalışma odası*** cabinet de travail, étude
çalışmak travailler; marcher, fonctionner; étudier
çalıştırıcı entraîneur, moniteur
çalıştırmak faire travailler; faire fonctionner; employer; entraîner
çalkalamak agiter, secouer; rincer
çalmak voler, dérober; jouer
çam pin, sapin ***çam devirmek*** faire une gaffe
çamaşır linge ***çamaşır ipi*** corde à linge ***çamaşır makinesi*** machine à laver ***çamaşır suyu*** eau de Javel ***çamaşır tozu*** lessive ***çamaşır yıkamak*** laver du linge
çamaşırhane blanchisserie
çamfıstığı amande de la pomme de pin
çamlık lieu planté de pins
çamur boue ***çamur atmak*** calomnier, diffamer
çamurlu boueux
çamurluk garde-boue, pare-boue
çan cloche
çanak plat, écuelle, gamelle, pot ***çanak çömlek*** poterie, vaisselle
ÇanakkaleBoğazı Dardanelle
çanta cartable, serviette, sac ***çantada keklik*** c'est tout assuré
çap diamètre; calibre
çapa houe; ancre
çapak chassie; mâchefer
çapkın coureur de filles, tombeur
çapkınlık galanterie ***çapkınlık yapmak*** courir après les femmmes
çapraşık confus, compliqué
çapraz en écharpe, en croix
çaprazlama de travers
çapulcu pillard
çar tsar
çarçabuk trés vite, aussitôt
çarçur dilapidation ***çarçur etmek*** dilapider, dissiper ***çarçur olmak*** être dilapidé, être dissipé
çardak treille, tonnelle
çare moyen, issue, remède ***çare bulmak*** parer à
çaresiz irrémédiable; désespéré
çaresizlik situation sans issue, désespoir
çark roue, mécanisme
çarlık tsarisme
çarmıh croix ***çarmıha germek*** crucifier, mettre en croix
çarpı signe de multiplication
çarpık courbé, tordu, crochu

çarpılmak devenir tordu, se tordre, se courber
çarpım produit
çarpıntı battements de cœur, palpitations
çarpışma heurt, collision; combat
çarpışmak combattre; se tamponner
çarpıtmak àrformer, distordre
çarpma coup, heurt, collision; multiplication
çarpmak heurter, cogner, frapper; multiplier
çarşaf drap
çarşamba mercredi
çarşı marché, bazar
çatal fourche, fourchette
çatı toit, toiture ***çatı katı*** étage sous le toit, mansarde
çatırdamak craquer, pétiller
çatırtı craquement, fracas
çatışma escarmouche, accrochage
çatışmak se heurter, entrer en collision; se quereller
çatlak crevasse, lézarde, gerçure; crevé, fêlé
çatlamak crever, casser, éclater, se briser
çatlatmak faire éclater, faire crever, crevasser
çatmak faufiler; joindre; chercher noise
çavdar seigle
çavuş sergent, sous-officier
çay thé; rivière, ruisseau ***çay içmek*** boire du thé ***çay demlemek*** infuser le thé ***çay servisi*** service à thé
çaydanlık théière
çayevi salon du thé
çayır pré, prairie
çehre face, visage, figure
çek chèque ***çek defteri*** carnet de chèques
çekecek chausse-pied, corne
çekememek être jaloux, envier
çekici attirant, attrayant
çekicilik attraction, attrait
çekiç marteau
çekidüzen ordre ***çekidüzen vermek*** mettre qch en ordre
çekiliş tirage
çekilmek reculer, céder, se retirer; démissionner, donner sa démission
çekilmez insupportable, intolérable
çekim attraction, attrait; *«dilb.»* déclinaison, conjugaison
çekimser abstentionniste ***çekimser kalmak*** s'abstenir
çekimserlik abstention
çekingen timide, réservé

çekingenlik crainte, timidité
çekinmek se gêner, hésiter, avoir peur
çekirdek noyau, pépin, graine
çekirge sauterelle, grillon
çekişme dispute, querelle
çekişmek se tirer mutuellement
çekiştirmek tirailler; médire (de)
çekmece coffre
çekmek tirer, traîner; amener; attirer; retirer, enlever, extraire; ôter; supporter, subir ***çekip gitmek*** s'en aller, ficher le campe
Çekoslavak tchécoslavaque
Çekoslavakya Tchécoslovaquie
çektirmek faire retirer, faire arracher; faire arborer, faire hisser; tourmenter, torturer
çelenk couronne, guirlande
çelik acier
çelimsiz faible, chétif
çelişik contradictoire
çelişki contradiction
çelişkili contradictoire
çelişmek être en contradiction
çelme croc-en-jambe ***çelme takmak*** faire un croc-en-jambe
çember circonférence; cerceau
çene menton, mâchoire ***çene çalmak*** babiller, bavarder, jaser ***çenesi düşük*** bavard ***çenesini tutmak*** parler peu, silencer
çenebaz bavard, babillard
çengel croc, crochet
çengelliiğne épingle de sureté
çentik encoche, entaille, brèche
çentmek ébrécher, entailler
çepçevre tout autour
çerçeve cadre, châssis
çerçevelemek encadrer, mettre dans un cadre
çerçöp sans valeur
çerez hors-d'œuvre
çeşit assortiment, sorte, espèce, modèle, variété
çeşitli différent, divers
çeşme fontaine
çeşni goût, saveur
çete bande
çetin acharné, ardu
çetrefil confus, compliqué
çevik agile, leste, vif
çeviklik agilité, promptitude
çeviri traduction
çevirmek tourner, retourner; traduire
çevirmen traducteur
çevre cercle, millieu; environs, alentours;

circonscription ***çevre kirlenmesi*** saleté de circonscription
çevrebilim écologie
çevrebilimci écologiste
çeyiz trousseau, dot
çeyrek quart
çıban abcès, furoncle
çığ avalanche
çığır chemin, voie, sentier ***çığır açmak*** frayer la voie à
çığlık cri, clameur, hurlement ***çığlık atmak*** pousser un cri
çıkagelmek arriver inopinément, surgir
çıkar intérêt, avantage ***çıkar yol*** issue, solution
çıkarma extraction; débarquement; soustraction; renvoi, congédiement
çıkarmak ôter, tirer, arracher; extraire, faire sortir; jeter dehors, mettre à la porte; publier, éditer
çıkartma débarquement
çıkık dislocation; proéminent, saillant
çıkıntı saillie, arête
çıkış sortie, issue
çıkışmak gronder, réprimander
çıkmak sortir; monter; s'ensuivre, résulter de
çıkmaz impasse ***çıkmaz sokak*** impasse, cul-de-sac ***çıkmaza girmek*** être dans une impasse
çıldırmak devenir fou, perde la raison
çıldırtmak rendre fou; mettre en colère, fâcher
çılgın fou, folle, dingue
çılgınlık folie, égarement, extravagance
çınar platane
çıngar bagarre, querelle ***çıngar çıkarmak*** occasionner, provoquer une bagarre
çıngırak sonnette, clochette
çıngıraklıyılan serpent à sonnettes
çıngırdamak sonner, tinter
çınlamak résonner, tinter
çıplak nu, dénudé ***çıplaklar kampı*** camp de nudistes
çıplaklık nudisme, nudité
çırak apprenti, élève, novice
çıraklık apprentissage
çırçıplak tout nu
çırpınmak se mouvoir, se débattre, se démener; se donnerbeaucoup de peine
çırpmak secouer; épousseter
çıta latte
çıtçıt bouton-pression
çıtıpıtı délicat, gentil, mignon

çıtırdamak craquer, crépiter, pétiller
çıtırtı crépitation, crépitement
çıtkırıldım homme trop coquet, douillet
çıtlamak craquer; se lézarder
çiçek fleur; *«hek.»* petite vérole, variole ***çiçek açmak*** fleurir
çiçekçi fleuriste
çift paire; couple; double
çiftçi fermier, agriculteur
çifte double; fusil de chasse; canot à deux rames
çiftleşme copulation
çiftleşmek copuler
çiftlik ferme
çiğ cru, criard
çiğdem colchique
çiğnemek mâcher, mastiquer; écraser; fouler, piétiner
çiklet chewing-gum
çikolata chocolat
çile écheveau; peine, souffrance ***çile çekmek*** souffrir ***çileden çıkarmak*** exaspérer, révolter ***çileden çıkmak*** s'emporter, sortir de ses gonds
çilek fraise
çilingir serrurier
çim pelouse, gazon
çimdik pincement, pinçon
çimdiklemek pincer
çimen gazon, pelouse
çimento ciment
Çin Chine
çinakop espèce de petite bonite
Çince chinois
Çingene bohémien, gitan
çingene mesquin, ladre
çini faïence
çinko zinc
Çinli Chinois
çirkef masse d'eau croupie; salaud, personne déloyale, homme vil
çirkin laid, vilain
çirkinleşmek devenir laid
çirkinlik laideur
çiroz maquereau séché, hareng saur
çise pluie fine, bruine
çiselemek bruiner
çiş pipi, urine, pisse ***çiş etmek*** faire pipi, pisser
çit haie, claie, clôture
çivi clou
çivilemek clouer, clouter
çizelge liste, tableau
çizgi ligne, trait ***çizgi çizmek*** tirer, tracer une ligne ***çizgi film*** dessin animé ***çizgi roman*** bande dessinée
çizgili rayé, réglé
çizik sillon, rayure, égratignure; effacé, tracé

çiziktirmek gribouiller, griffonner
çizim construction
çizme botte
çizmek tirer, tracer; rayer, biffer; égratigner, érafler
çoban berger, pâtre ***çoban köpeği*** chien de berger
Çobanyıldızı étoille du berger, Vénus
çocuk enfant, garçon, garçonnet, fille, fils ***çocuk arabası*** poussette ***çocuk bakıcısı*** nourrice ***çocuk doğurmak*** enfanter, accoucher ***çocuk doktoru*** pédiatre ***çocuk düşürmek*** avorter ***çocuk felci*** paralysie infantile ***çocuk yuvası*** garderie
çocukça enfantin
çocukluk enfance, enfantillage
çocuksu enfantin, puéril
çoğalmak augmenter, se multiplier
çoğaltmak augmenter, multiplier
çoğu la plupart de
çoğul pluriel
çoğunluk majorité
çoğunlukla en majorité, pour la plupart
çok beaucoup, nombreux; beaucoup, très, trop, fort, bien, vivement ***çok bilmiş*** sournois, audacieux ***çok fazla*** exorbitant, fort ***çok geçmeden*** avant longtemps, avant peu ***çok ileri gitmek*** exagérer ***çok olmak*** fourmiller ***çok sayıda*** en grande quantité, nombreux
çokanlamlı équivoque
çokgen polygone
çokluk abondance; fréquemment
çoksesli polyphonic
çoktan déjà, auparavant ***çoktan beri*** depuis longtemps
çolukçocuk femme et les enfants
çorak aride, sec
çorap bas, chaussette
çorba soupe, potage ***çorba kâsesi*** soupière ***çorba kepçesi*** louche
çökelmek se précipiter
çökelti dépôt, sédiment
çökertmek déprimer, saper
çökmek s'écrouler, s'effondrer; s'affaisser; s'enfoncer; s'agenouiller; s'affaler
çöküntü sédiment, précipité; dépression
çöküş décadence, naufrage
çöl désert
çömelmek s'accroupir
çömlek pot

çöp brin; ordures, balayures ***çöp kutusu*** poubelle ***çöp sepeti*** corbeille à papier
çöpçatan marieur
çöpçü balayeur municipal
çöplük décharge publique
çörek gâteau, brioche
çöreotu nigelle
çözelti dissolution, solution
çözmek dénouer, défaire, détacher, séparer
çözülmek se dénouer, se détacher; se décomposer; se dégeler
çözüm dénouement, solution, résolution
çözümleme analyse
çözümlemek analyser; arranger
çözümsel analytique
çözünmek se décomposer, se désintégrer
çubuk pipe, barre, baguette
çukur fosse, trou; creux, creusé, vide
çul chiffe, chabraque
çullanmak tomber sur, fondre sur
çulluk bécasse
çuval sac
çuvallamak *«arg.»* être vaincu
çük pénis
çünkü parce que, car, puisque
çürük gâté, pourri, corrompu; pourriture; *«hek.»* ecchymose, meurtrissure
çürümek se gâter, se pourrir, se corrompre, se détériorer, se carier
çürütmek pourrir, gâter; réfuter
çüş hue! dia!

D d

da en, à, dans; aussi
dadanmak s'adonner, fréquenter assidûment
dadı nourrice, gouvernante, nurse
dağ mont, montagne
dağcı alpiniste
dağcılık alpinisme
dağılım dissociation, dispersion
dağılmak se disperser, se dissiper, se séparer; être distribué, être partagé
dağınık en désordre; désordonné
dağınıklık désordre
dağıtıcı distributeur
dağıtım distribution
dağıtımcı distributeur
dağıtmak disperser, éparpiller, dissiper; distribuer, répartir, partager

dağlamak stigmatiser, cautériser
dağlık montagneux
daha plus, encore ***daha çok*** plus de, davantage ***daha doğrusu*** plûtot, à proprement parler ***daha neler*** tiens, vous nous en direz tant ***daha sonra*** puis, après, ensuite ***dahası var*** ce ne sont pas tous, ce n'est pas tout
dahi aussi, encore, même
dâhi génie
dahil intérieur, dedans; y compris, inclus ***dahil etmek*** renfermer, embrasser, comprendre ***dahil olmak*** entrer, participer, intervenir
dahili intérieur, interne
dahiliye maladies internes
daima toujours, sans arrét
daimi durable, permanent
dair relatif à, concernant
daire cercle, circonférence; bureau, office, service; appartement
dakik ponctuel, exact
dakika minute
daktilo machine à écrire; dactylo ***daktiloda yazmak*** écrire à la machine, taper
dal branche, remeau; section, division
dalak rate
dalamak piquer
dalaş querelle, dispute, rixe
dalaşmak se battre, se quereller
dalavere intrigues ***dalavere çevirmek*** intriguer, tromper
daldırmak plonger, tremper, immerger
dalga vague; onde; ondulation ***dalga geçmek*** mystifier, rigoler
dalgacı songe-creux, distrait
dalgakıran brise-lames, jetée
dalgalanmak s'agiter, flotter; ondoyer; onduler
dalgalı ondulé, ondulant
dalgıç plongeur, scaphandrier
dalgın distrait, songeur
dalgınlık inattention, distraction; assoupissement
dalkavuk flatteur, adulateur
dalkavukluk flatterie, aduler ***dalkavukluk etmek*** flatter, aduler
dalmak plonger, se plonger, s'immerger; s'assoupir, s'endormir; devenir pensif
dam toit ***damdan düşer gibi*** brusquement
dama jeu de dames
damak palais

damar veine, vaisseau
damar tıkanıklığı embolie
damarına basmak agacer
damat gendre, beau-fils
damga timbre, cachet, empreinte ***damga pulu*** timbre à quittances
damgalamak timbrer, poinçonner, marquer, cacheter
damıtmak distiller
damızlık reproducteur
damla goutte
damlamak goutter, dégoutter
damlatmak verser goutte à goutte
damping dumping
-dan,-den de, depuis, par
dana veau
dangalak nigaud, niais, croquant
danışma information; consultation
danışmak prendre avis, consulter, conférer
danışman conseiller
Danıştay conseil d'Etat
Danimarka Danemark
Danimarkalı danois
dans danse
dansetmek danser
dansör danseur
dansöz denseuse
dantel dentelle
dar étroit; restreint, limité ***dar açı*** angle aigu ***dar gelirliler*** à faibles revenus
dar kafalı borné
daracık très étroit
darağacı potence
daralmak devenir étroit, se rétrécir
daraltmak rendre étroit, rétrécir
darbe coup, tape, heurt
darboğaz *«coğ.»* cluse
dargın fâché, brouillé
dargınlık brouille
darı millet
darılmak se fâcher, se brouiller
darıltmak fâcher, brouiller
darlık étroitesse; manque, misère
darmadağın sens dessus dessous, en désordre
darphane hôtel des monnaies
dava procès, cause, litige
dava etmek plaider
davacı demandeur
davalı défendeur
davar bétail, troupeau
davet invitation, convocation
davet etmek inviter, convier
davetiye billet/lettre d'invitation, convocation
davetli invité, convié
davranış comportement, attitude, conduite

davranmak agir, se comporter, se conduire
davul grosse caisse, tambour
dayak coup, volée, raclée ***dayak atmak*** battre, frapper ***dayak yemek*** recevoir une volée, être battu
dayamak appuyer, adosser, fonder
dayanak appui, support
dayanıklı endurant, persévérant, résistant, tenace
dayanıksız inconsistant, faible, débile
dayanılmaz irrésistible, intolérable
dayanışma solidarité
dayanmak s'appuyer, s'adosser; endurer, résister, supporter
dayatmak appuyer, baser; résister, insister
dayı oncle (maternel)
dazlak chauve, dégarni
de aussi, également
debdebe pompe, somptuousité
debdebeli pompeux, somptueux
debelenmek se rouler dans
debriyaj débrayage, embrayage ***debriyaj pedalı*** levier de débrayage ***debriyaj yapmak*** débrayer
dede grand-père, grand-papa
dedikodu cancan, commérage ***dedikodu yapmak*** cancanner, faire des commérages
dedikoducu cancanier, potinier
defa fois
defalarca à plusieurs reprises
defetmek chasser, expulser, déloger
defile défilé
define trésor
defne laurier
defnetmek enterrer
defo défaut
defolmak s'éloigner, s'absenter, s'en aller
defter cahier; registre, carnet ***defter tutmak*** tenir les livres
defterdar trésorier général
değer valeur, prix ***değer biçmek*** estimer, évaluer ***değer vermek*** faire grand cas de
değerlendirmek faire valoir, mettre en valeur
değerli précieux, de grand valeur
değersiz sans valeur, futile, insignifiant

değgin concernant
değil ne ... pas, ne ... point ***değil mi*** n'est-ce pas?
değin jusqu'à
değinmek toucher, mentionner
değirmen moulin
değiş échange, troc ***değiş etmek*** faire un échange, échanger ***değiş tokuş*** échange, change, troc ***değiş tokuş etmek*** troquer, échanger
değişik changé, altéré, variable, instable, différent
değişiklik changement, variation, modification
değişim changement, modification, variation
değişken changeant, inconstant, variable
değişmek changer, se modifier, se transformer
değiştirmek changer, modifier, altérer
değmek toucher; atteindre; effleurer
değnek bâton, baguette
deha génie
dehliz vestibule
dehşet frayeur, effroi, terreur ***dehşet saçmak*** semer la terreur ***dehşete kapılmak*** être glacé de terreur
dehşetli terrible, étonnant
dejenere dégénéré ***dejenere olmak*** dégénérer, s'abâtardir
dek jusqu'à
dekan doyen
dekanlık décanat
dekar dix ares
deklanşör déclencheur
dekolte décolleté
dekor décor
dekorasyon décoration
dekoratif décoratif
dekoratör décorateur
dekore décoré ***dekore etmek*** décorer
delege délégué, député, envoyé
delgi poinçon
deli fou, aliéné, insensé, dingue ***deli etmek*** rendre fou ***deli gibi*** comme fou ***deliye dönmek*** perdre la raison
delice follement
delik trou, ouverture; troué, percé ***delik açmak*** percer un trou ***delik deşik*** plein de trous
delikanlı adolescent, gars, garçon
delikanlılık jeunesse, adolescence
delil preuve, argument, témoignage
delilik folie, démence
delirmek devenir fou

delirtmek randre fou
delmek trouer, perforer, percer, creuser
demeç déclaration ***demeç vermek*** faire une déclaration
demek dire, parler; signifier, vouloir dire ***demek istemek*** entendre, vouloir dire
demet bouquet, fagot, botte
demin tout à l'heure
demir fer; *«den.»* ancre ***demir almak*** lever l'ancre ***demir atmak*** jeter l'ancre
demirbaş inventorié
demirperde le rideau de fer
demiryolu chemin de fer, voie ferrée
demlemek infuser
demlenmek s'infuser; boire, picoler
demlik théier
demode démodé
demokrasi démocratie
demokrat démocrate
demokratik démocratique
denden guillemets de répétition
denek essayé
deneme épreuve, expérience, essai
denemek éprouver, expérimenter, essayer
denet contrôle, inspection
denetçi inspecteur, contrôleur
denetim contrôle, inspection
denetlemek contrôler, inspecter
deney expérience
deneyim expérience
deneyimli expérimenté
deneyimsiz inexpérimenté
deneysel expérimental
denge balance, équilibre
dengelemek stabiliser, équilibrer
dengeli pondéré, équilibré
dengesiz déséquilibré
deniz mer; marin, naval ***deniz banyosu*** bain de mer ***deniz kazası*** naufrage ***deniz kıyısı*** côte ***deniz kuvvetleri*** forces navales ***deniz mili*** mille marin ***deniz seviyesi*** le niveau de la mer ***deniz tutması*** mal de mer ***deniz ürünleri*** fruits de mer ***deniz üssü*** base navale ***deniz yolculuğu*** navigation ***deniz yoluyla*** par voie maritime ***denize açılmak*** prendre le large
denizaltı sous-marin
denizanası méduse
denizaşırı outre-mer
denizci marin, navigateur
denizcilik navigation
denk balle, égal

denklem équation
denklik équevalance, équilibre
denli à tel point, tant; plein de tact
densiz qui manque de tact
deodoran deodorant
deplasman déplacement
depo dépôt, entrepôt, magasin
depolamak emmagasiner
depozito dépôt, cautionnement
deprem tremblement de terre, séisme
depresyon dépression
derbeder bohème, errant
dere ruisseau
derebeyi seigneur féodal
derebeylik régime féodal, féodalité
derece degré; thermomètre
dereotu fenouil
dergi périodique, revue, magazine
derhal tout de suite, aussitôt, immédiatement
deri peau; cuir
derin profond
derinlik profondeur
derlemek cueillir, rassembler, compiler
derlitoplu ordonné, en ordre
derman remède; force
dermeçatma mal fait, en désordre, de fortune
dermek collecter
dernek association, société, corporation
ders leçon ***ders vermek*** enseigner, donner des leçons
dershane classe; école privée qui offre des cours spéciaux
derslik classe
dert douleur, peine, chagrin ***dert etmek*** se mettre en peine de
dertli souffrant, chagriné, peiné
dertsiz sans souci, insouciant
derya mer, océan
desen dessin
desinatör dessinateur
despot despote
destan épopée
deste bouquet, paquet
destek support, appui, soutien ***destek olmak*** prêter son appui à qn
desteklemek soutenir, appuyer, étayer
deşarj décharge
deşmek percer; renouveler, réveiller
detay détail
detaylı détaillé
detektif détective
deterjan détersif, détergent

dev ogre, géant, monstre ***dev gibi*** gigantesque, énorme
deva remède, médicament
devam continuité, durée ***devam etmek*** continuer, durer
devamlı continu, permanent
deve chameau
devekuşu autruche
devim mouvement
devingen mobile
devinim motion, mouvement
devinmek se mouvoir
devir époque, période; tour, mouvement
devirmek faire tomber, renverser, bouleverser
devlet état, empire, royaume ***devlet adamı*** homme d'État ***devlet başkanı*** chef d'état ***devlet kuşu*** fortune inéspérée ***devlet memuru*** fonctionnaire ***devlet yardımı*** subvention
devletleştirmek étatiser, nationaliser
devre époque, période; mi-temps; circuit
devretmek tourner, pivoter; remettre, transférer
devrik renversé, abattu
devrim révulotion
devrimci révolutionnaire
devriye patrouille
deyim expression, terme, locution, idiome
deyiş prononciation, expression
dezavanatjlı désavantageux
dezavantaj désadvantage
dézavantaj désavantage
dırdır bavardage, babillage ***dır dır etmek*** marmonner, gronder
dış extérieur, externe ***dış pazar*** marché externe ***dış ticaret*** commerce extérieur
dışalım importation
dışarı extérieur, dehors ***dışarı çıkmak*** aller dehors
dışarıda dehors
dışarıya dehors
dışında hors de, en dehors de
dışişleri affaires étrangères ***Dışişleri Bakanı*** ministre des affaire étrangères ***Dışişleri Bakanlığı*** ministère des affaires étrangères
dışkı crotte, excréments
dışlamak isoler, exclure
dışsatım exportation
didinmek peiner, lutter, s'efforcer, se débattre
diferansiyel différentiel
difteri diphtérie
diğer autre ***diğer taraftan*** par ailleurs

dik droit, escarpé, perpendiculaire ***dik dik bakmak*** regarder avec défi/haine ***dik kafalı*** buté, opiniâtre
dikdörtgen rectangle
dikelmek se dresser
diken épine, piquant
dikenli épineux, hérissé
dikey droit, vertical
dikiş couture, suture ***dikiş dikmek*** coudre ***dikiş iğnesi*** aiguille à coudre ***dikiş makinesi*** machine à coudre
dikiz regard ***dikiz aynası*** rétroviseur ***dikiz etmek*** observer d'un regard scrutateur
dikkat attention ***dikkat etmek*** faire attention, prendre garde
dikkatli attentif, soigneux
dikkatsiz inattentif, distrait
dikkatsizlik insouciance, inattention
dikmek planter; coudre; arborer, élever, dresser
diktatör dictateur
diktatörlük dictature
dikte dictée ***dikte etmek*** dicter
dil langue, langage ***dil uzatmak*** médire ***dile getirmek*** conter, exprimer, traduire ***dile kolay*** c'est facil à dire ***dilinde tüy bitmek*** repeter plusieur fois ***dilinin ucunda olmak*** avoir un mot sur la langue
dilbalığı sole
dilber charmant, gracieux, séduisant
dilbilgisi grammaire
dilbilim linguistique
dilbilimci linguiste
dilek désir, souhait, vœu
dilekçe requête, pétition
dilemek désirer, souhaiter, demander
dilenci mendiant, gueux
dilenmek mendier
dilim rondelle, tranche
dilimlemek couper en tranches
dilmaç interpréte, truchement
dilmek couper en tranches
dilsel linguistique
dilsiz muet
dimağ cerveau
dimdik tout droit
din religion, foi
dinamik dynamique
dinamit dynamite
dinamo dynamo
dinç robuste, vigoureux, vivace
dinçlik force, vigueur, vivacité
dindar religieux, pieux, dévot
dindarlık piété, dévotion

dindirmek calmer; apaiser; arrêter
dingil essieu, axe
dini religieux
dinlemek écouter, entendre; obéir à
dinlence vacance
dinlendirmek faire reposer
dinlenmek se reposer, se délasser
dinleti concert
dinleyici auditeur
dinleyiciler auditeurs, auditoire
dinmek cesser, se calmer, apaiser
dinsel réligieux, spirituel
dinsiz athée, incroyant
dip fond; pied
dipçik crosse
dipdiri vigoureux, plein de vie
diploma diplôme, certificat
diplomasi diplomatie
diplomat diplomate
diplomatik diplomatique
dipnot post-scriptum
dipsiz sans fond, insondable
direk poutre, colonne, pilier
direksiyon volant, direction
direkt direct
direktif directive, instruction
direktör directeur
direnç résistance
direniş opposition, persistance
direnmek résister, insister, persister
diretmek s'obstiner
diri vivant, en vie
dirilmek réssusciter, revivre
diriltmek ranimer, réssusciter
dirsek coude
disiplin discipline
disiplinli discipliné
disiplinsiz indiscipliné
disk disque
diskalifiye disqualifié ***diskalifiye etmek*** disqualifier
disko(tek) discothèque
dispanser dispensaire
distribütör distributeur
diş dent ***diş ağrısı*** mal de dents ***diş bilemk*** avoir une dent contre ***diş fırçası*** brosse à dents ***diş hekimi*** dentiste ***diş macunu*** dentifrice ***dişini sıkmak*** serrer les dents ***dişlerini fırçalamak*** se brosser les dents
dişçi dentiste
dişeti gencive
dişi femelle; féminin
dişil féminin
diyagram diagramme
diyalog dialogue
diyar pays, contrée
diye afin de, afin que, pour que

diyet diète
diz genou ***diz çökmek*** s'agenouiller
dizanteri dysenterie
dize ligne
dizel diesel
dizge système
dizgi composition
dizgici compositeur
dizgin bride ***dizginleri eline almak*** prendre le contrôle
dizginlemek brider
dizi série, rangée, file
dizilmek être rangé, ère enfilé
dizin index
dizmek ranger, enfiler; composer
dobradobra rondement, tout de go ***dobra dobra konuşmak*** parler sans détours
doçent chargé de cours, maitre de conférences
doğa nature
doğal naturel
doğmak naître, venir au monde; se lever, poindre; provenir, résulter
doğrama découpage, morcellement; ouvrage de menuisier, menuiserie
doğramacı menuisier, charpentier
doğramak couper, morceler, dépecer
doğru droit, direct; honorable, honnête; vrai, juste, exact; tout droit, directement; vers ***doğru bulmak*** approuver ***doğru durmak*** se tenir droit ***doğru dürüst*** convenable, décent ***doğrudan doğruya*** directement
doğrulamak confirmer, affirmer, vérifier
doğrulmak se redresser; se diriger vers; se mettre debout, se lever
doğrultmak redresser, diriger vers; rectifier
doğrultu direction
doğruluk justesse, droiture, loyauté
doğrusu au juste ***doğrusunu söylemek gerekirse*** à vrai dire
doğu est; d'est
doğum naissance, accouchement ***doğum günü*** anniversaire ***doğum kontrolü*** contrôle de naissance ***doğum tarihi*** date de naissance ***doğum yapmak*** accoucher ***doğum yeri*** lieu de naissance
doğumevi maternité, clinique d'accouchement

doğurmak enfanter, accoucher; causer, produire
doğuş naissance
doğuştan de naissance, inné, natif
dok dock
doksan quatre-vingt-dix
doktor médecin, docteur
doktora doctorat
doktorluk médecine
doktrin doctrine
doku tissu, texture
dokuma tissage; tissu, textile ***dokuma tezgâhı*** métier à tisser
dokumak tisser
dokunaklı touchant, émouvant, poignant
dokundurmak faire toucher, faire effleurer
dokunmak toucher
dokunulmazlık immunité
dokuz neuf ***dokuz doğurmak*** s'impatienter beacoup
doküman document
dolamak enrouler, envelopper
dolambaç sinuosité, détour, courbe
dolambaçlı sinueux, tortueux
dolandırıcı trompeur, filou, escroc
dolandırıcılık escroquerie
dolandırmak tromper, duper, escroquer
dolanmak s'enrouler; circuler, rôder
dolap armoire, buffet; ruse, astuce ***dolap çevirmek*** intriguer, tramer
dolar dollar
dolaşık détourné; enchevêtre
dolaşım circulation
dolaşmak aller çà et là, se promener, flâner
dolaştırmak promener, faire errer; emmêler, enchevêtrer
dolay pourtour, voisinage
dolayı à cause de, en raison de, par suite de
dolayısıyla par conséquence
dolaylı indirect
dolaysız direct
doldurmak emplir, remplir, garnir; charger; empailler
dolgu plombage ***dolgu yapmak*** plomber (une dent)
dolgun bien fourni de chair, charnu, potelé
dolma mets farci
dolmak se remplir
dolmakalem stylo
dolmuş plein, rempli; taxi loué en groupe, taxibus
dolu plein, rempli; grêlon, grêle
doludizgin à bride abattue

dolunay pleine lune
domates tomate
domuz porc, cochon ***domuz gibi*** comme un cochon
don caleçon, culotte, slip; gelée, gel
donakalmak être frappé, rester pétrifié
donanım *«den.»* gréement; *«biliş.»* matériel
donanma flotte; illumination
donatı matériel, equipement
donatım équipement, armement
donatmak décorer, parer, orner
dondurma glace
dondurmak congeler, geler
donmak geler, se congeler
donuk mat, terne, trouble
doping doping
doru bai
doruk sommet, cime, faîte
dosdoğru tout droit
dost ami; amant, amante, maîtresse ***dost olmak*** frayer avec
dostça amical, cordial; en ami, amicalement
dostluk amitié ***dostluk göstermek*** témoigner de l'amitié ***dostluk kurmak*** se lier d'amitié avec qn
dosya dossier
doymak se rassasier, être rassasie
doyum contentement, satisfaction
doyurmak rassasier, nourrir; satisfaire, assouvir
doz dose
dökmek verser, répandre, fondre
dökülmek être versé, être coulé; se verser, se répandre
döküm fonte, moulage, coulée
döküntü déchet, débris
döl génération; descendance, postérité
dölüt fœtus
dölyatağı matrice, utérus
dölyolu vagin
döndürmek tourner, retourner, renverser
dönek inconstant, changeant
dönem période; semestre
dönemeç virage, tournant
dönence tropique
döner tournant, rotatif ***döner kapı*** porte tournante ***döner sermaye*** capital roulant
döngel nèfle
dönmek tourner; revenir, retourner; faire demi-tour
dönüm tour; fois; mesure agraire de 100 mètres carrés ***dönüm noktası*** tournant, moment décisif
dönüşlü *«dilb.»* réfléchi
dönüşmek se transformer

dönüştürmek transformer, convertir
dönüşüm transformation
döpiyes deux-pièces
dört quatre ***dört gözle beklemek*** s'impatienter
dörtgen quadrilatère
dörtlük croche
dörtnal galop ***dörtnala gitmek*** galoper
dörtyol croisement
döş poitrine; garrot
döşek matelas; lit
döşeli meublé
döşeme plancher, sol, parquet; mobilier, ameublement
döşemek meubler, installer
döviz devise
dövizkuru le cours du change
dövme tatouage ***dövme yapmak*** tatouer
dövmek battre, frapper, rosser
dövüş combat, lutte, querelle
dövüşmek se battre, lutter, combattre
dram drame
dramatik dramatique
dua prière ***dua etmek*** prier
duba chaland
dublaj doublage ***dublaj yapmak*** doubler
duble double
dublör doubleur
dudak lèvre ***dudak boyası*** rouge à lèvres
dul veuf, veuve; divorcé
duman fumée; brume, brouillard
dumanlı fumeux, brumeux
durak arrét, station
duraklamak faire une pause, s'interrompre; hésiter
duraksamak hésiter, vaciller
durdurmak arrêter, interrompre
durgun stagnant, immobile, inerte; languissant
durgunluk stagnation, langueur
durmadan sans cesse, sans ârrêt
durmak s'arrêter, rester, cesser
duru clair, limpide
durulamak clarifier, rincer
durulmak se clarifier
durum situation, position, attitude, état, condition
duruş attitude, pose, posture
duruşma débats
duş douche ***duş almak*** prendre une douche
dut mûre ***dut yemiş bülbüle dönmek*** devenir muet
duvak voile de la mariée
duvar mur, paroi ***duvar ilanı*** placard, écriteau ***duvar kâğıdı*** papier peint,

tapisserie ***duvar saati*** pendule, horloge
duy douille, fiche femelle
duyarlı sensible
duyarlık sensibilité
duyarsız insensible
duyarsızlık insensibilité
duygu sentiment, sensibilité
duygulandırmak attendrir, impressionner
duygulanmak être touche, être affecté
duygulu sensible, sentimental
duygusal sentimental
duygusallık sensibilité
duygusuz insensible, impassible
duygusuzluk insensibilité, apathie
duymak entendre, ouïr; sentir, ressentir, percevoir
duyu sens
duyum sensation
duyurmak faire entendre, annoncer
duyuru annonce
düdük sifflet ***düdük çalmak*** siffler ***düdüklü tencere*** cocotte-minute
düello duel
düğme bouton
düğmelemek boutonner
düğüm nœud
düğümlemek nouer, faire un nœud
düğümlenmek se nouer, être noué
düğün noce, noces
dük duc
dükkân magasin, boutique
dülger charpentier, menuisier
dümdüz tout uni, tout plat
dümen gouvernail, barre, volant
dün hier
dünkü d'hier, de la veille
dünür parent par allience
dünya monde ***dünya âlem*** tout le monde ***dünya evine girmek*** se marier ***dünya rekoru*** record du monde ***dünya şampiyonu*** champion du monde ***dünyaya gelmek*** naitre ***dünyaya getirmek*** donner daissance à
dünyevi terrestre; matériel
düpedüz ouvertement, sans détour
dürbün lunette d'approche, jumelles
dürmek plier, mettre en rouleau
dürtmek pousser, heurter, aiguillonner
dürtü aiguillon, stimulation
dürtüklemek bousculer
dürüst honnête, correct, loyal

dürüstlük honnêteté, integrité, probité
düş rêve ***düş görmek*** faire un rêve ***düş kırıklığı*** déception, déconvenue ***düş kırıklığına uğratmak*** décevoir ***düş kurmak*** songer
düşes duchesse
düşeş aubaine
düşey vertical
düşkün déchu, infortuné, pauvre; épris, friand, passionné
düşkünlük pauvreté, misère; passion
düşlemek rêver
düşman ennemi
düşmanlık hostilité, inimitié
düşmek tomber
düşük tombé, déchu; incorrect, défectueux; *«hek.»* avortement, fausse couche
düşünce pensée, idée, avis; souci, peine, chagrin ***düşünceye dalmak*** méditer, se recueillir
düşünceli réfléchi, pensif; prévenant
düşüncesiz irréfléchi; insouciant, sans souci
düşüncesizlik insouciance, imprudence
düşündürmek faire réfléchir, faire penser
düşünmek penser, réfléchir ***düşünüp taşınmak*** penser sur
düşünür penseur
düşürmek faire tomber, laisser tomber; faire baisser
düşüş chute, descente
düz poli, plat, uni, net
düzelmek s'améliorer, se corriger, se redresser
düzeltme reprise, réparation, correction, rectification
düzeltmek polir, lisser, aplanir; rectifier, corriger; arranger
düzeltmen correcteur
düzen ordre, disposition, harmonie; astuce, ruse ***düzene sokmak*** mettre en ordre, ranger
düzenbaz trompeur, rusé
düzenek mécanisme
düzenleme arrangement
düzenlemek arranger, ordonner, organiser
düzenli ordonné, régleé, régulier
düzensiz désordonné, irrégulier
düzensizlik désordre, confusion
düzey niveau
düzgün réglé, régulier
düzine douzaine
düzlem plan

düzlük plaine
düzme(ce) faux, inventé, mensonger
düzmek ordonner, ranger, règler
düzyazı prose

E e

ebat dimensions
ebe sage-femme; accoucheuse
ebe(m)kuşağı arc-en-ciel
ebedi éternel
ebediyen éternellement, pour toujours
ebediyet éternité, perpétuité
ebeveyn parents
ecdat ancêtres, aïeux
ecel terme de la vie prédéterminé par Dieu, mort ***ecel teri dökmek*** être saisi d'une grande frayeur ***eceline susamak*** courir à la mort ***eceliyle ölmek*** mourir de mort naturelle
ecnebi étranger
ecza drogue
eczacı pharmacien
eczane pharmacie
eda air, ton, manière, style
edat particule, préfixe, suffixe, préposition
edebi littéraire
edebiyat littérature
edep pudeur, décence, politesse
edepli pudique, décent, poli
edepsiz impudique, impoli, éhonté
edepsizlik effronterie, impudence, indécence
eder coût
edilgen passif
edinmek acquérir, obtenir, se procurer
editör éditeur
efendi monsieur, seigneur
efkâr tristesse, inquiétude ***efkâr basmak*** s'inquiéter, s'attrister
efkârlı triste, attristé
eflatun lilas, mauve
efsane légende, mythe
efsanevi fabuleux, légendaire
Ege mer Egée
egemen dominant, souverain
egemenlik domination
egoist égoiste
egoizm égoisme
egzama eczéma
egzersiz exercice
egzotik exotique
egzoz échappement ***egzoz borusu*** pot d'échappement
eğe lime
eğelemek limer
eğer si, au cas où, dans le cas où

eğik incliné, penché, oblique
eğiklik inclinaison, obliguité
eğilim tendance, inclination
eğilimli enclin à ***eğilimli olmak*** avoir tendance à
eğilmek se courber, se baisser; plier, fléchir, incliner
eğim déclivité, inclinaison
eğirmek filer
eğitici éducateur; éducatif
eğitim éducation
eğitmek éduquer, élever, dresser, instruire
eğitsel éducatif, pédagogique
eğlence plaisir, distraction, amusement, divertissement
eğlenceli amusant, plaisant, drôle
eğlendirici amusant, plaisant
eğlendirmek amuser, divertir
eğlenmek s'amuser, se divertir; plaisanter, bidaner
eğmek courber, fléchir, incliner
eğreti emprunté, postiche; provisoire
eğri courbe, oblique, tordu
eğrilik courbure, incurvation
eğrilmek se courber, se tordre
eh eh!
ehemmiyet importance
ehemmiyetli important
ehemmiyetsiz sans importance
ehli apprivoisé, domestique
ehlileştirmek apprivoiser, domestiquer
ehliyet capacité, compétence; permis de conduire
ehliyetli capable, compétent
ejder(ha) dragon
ek appendice, annexe, supplément; *«dilb.»* suffixe, préfixe
ekim octobre; ensemencement, semailles
ekin semence, semailles; culture ***ekin ekmek*** semer
ekinsel culturel
okip équipe
eklem joint; jointure
eklemek ajouter, annexer, emboîter
eklenti chose ajoutée, addition
ekmek1 pain ***ekmek elden su gölden*** vivre aux dépens d'autrui ***ekmek kapısı*** gagne-pain ***ekmek kızartma makinesi*** grille-pain ***ekmek tahtası*** planche à pain ***ekmeğini eline almak*** avoir un métier
ekmek2 semer, ensemencer, planter

ekol école
ekoloji écologie
ekonomi économie
ekonomik économique
ekran écran
ekselans Votre Excellence
eksen axe, arbre, essieu
ekseriya la plupart du temps, généralement
ekseriyet majorité
eksi moins
eksik manquant, en moins, incomplet ***eksik etmemek*** avoir toujours ***eksik olmayın*** c'est gentil à vous
eksiklik lacune, manque, défaut
eksiksiz complet, irréprochable
eksilmek diminuer, manquer, s'amoindrir
eksiltme adjudication, reduction
eksiltmek diminuer, amoindrir, réduire
eksper expert
ekspres express
ekstra extra
ekşi aigre, sur, acide
ekşilik aigreur
ekşimek devenir aigre, s'aigrir
ekşitmek aigrir, rendre aigre
ekvator équateur
el1 étranger
el2 main ***el açmak*** mendier ***el altında olmak*** avoir sous la main ***el altından*** en sous main ***el bombası*** grenade ***el çantası*** sac à main ***el çekmek*** abdiquer ***el ele*** main dans la main ***el ele tutuşmak*** se donner la main ***el freni*** frein à main ***el işi*** travail manuel ***el kitabı*** manuel ***el koymak*** confisquer, usurper ***el sallamak*** faire signe de la main ***el sıkışmak*** se serrer la main ***el yazısı*** écriture ***el yazması*** manuscrit ***elde etmek*** acquérir, emporter, obtenir ***elden düşme*** d'occasion ***elden geçirmek*** remanier, réviser ***elden geldiğince*** autant que possible ***ele almak*** aborder, attaquer, traiter ***ele geçirmek*** accrocher, capter, conquérir ***ele geçmek*** être arrêté, être trouvé ***ele vermek*** dénoncer, trahir ***eli açık*** généreux, large ***eli boş dönmek*** revenir les mains vides ***eli kulağında*** imminent ***eli sıkı*** avare ***elinden tutmak*** aider ***elini çabuk tutmak*** s'activer, se dépêcher ***eller yukarı*** hauts les mains!

ela couleur marron de l'œil
elâlem tout le monde
elastiki élastique
elbet(te) sûrement, certainement
elbise vêtement, costume, habit ***elbise dolabı*** penderie ***elbise fırçası*** brosse à habits
elçi ambassadeur
elçilik ambassade
eldiven gant
elebaşı meneur, instigateur
elek tamis, crible
elektrik électricité; électrique ***elektrik süpürgesi*** aspirateur
elektrikçi électricien
elektrikli électrique
elektromanyetik électromagnétique
elektron électrone
elektronik électronique
elem douleur, mal, souffrance
eleman élément, corps simple
elemek cribler, tamiser; éliminer
element élement
eleştiri critique
eleştirmek critiquer
eleştirmen crtique
elktrolit électrolite
elktroliz élektrolyse
ellemek toucher, manier
elli cinquante
elma pomme
elmas diamant
elti belle-sœur
elveda adieu
elverişli favorable, approprié, convenable
elverişsiz imprope, inepte
elvermek suffire, être suffisant
elyaf fibres
elzem très nécessaire, indispensable
emanet consignation; consigne ***emanet etmek*** confier
emare signe, marque, indice
emaye émaillé
embriyon embryon
emek travail, peine, application ***emek vermek*** prendre la peine
emekçi prolétaire, laboureur
emeklemek ramper
emekli retraité ***emekli maaşı*** pension de retraite, retraite ***emekli olmak*** prendre sa retraite
emeklilik retraite
emektar vieux serviteur, vétéran
emel désir, souhait, vœu
emin certain, sûr; solide, de confiance; fidèle, éprouvé ***emin olmak*** être sûr

emir ordre ***emir almak*** recevoir un ordre ***emir subayı*** officier d'ordonnance ***emir vermek*** donner un ordre, ordonner
emlak immeubles, biens immobiliers ***emlak komisyoncusu*** agent immobilier
emmek sucer, téter, aspirer
emniyet sûreté, sécurité; confiance ***emniyet etmek*** avoir confiance ***emniyet kemeri*** ceinture de sécurité ***emniyet müdürlüğü*** préfecture de police ***emniyet müdürü*** préfet de police ***emniyet tedbiri*** mesure de sécurité
emniyetli sûr, de confiance
emniyetsiz peu sûr
emperyalist impérialiste
emperyalizm impérialisme
emprime imprimé
emretmek ordonner, commander
emsal exemples, pareils, égaux
emsalsiz sans égal, sans pareil
emtia marchandise
emzik sucette
emzirmek allaiter, nourrir
en largeur; le plus, le mieux ***en aşağı*** au moins, du moins ***en azından*** au moins, du moins ***en geç*** au plus tard ***en sonunda*** en dernier ressort, finalement ***eninde sonunda*** finalement, en fin de compte
enayi crédule, goélette, vache à lait
enayilik jobardise, jobarderie
encümen comité, commission
endam stature, taille
ender rare
endişe inquiétude, anxiété ***endişe etmek*** s'inquiéter
endişelenmek se soucier
endişeli inquiet, soucieux, inquiétant
endişesiz calme, tranquille, insouciant
Endonezya Indonesie
endüstri industrie
endüstriyel industriel
enerji énergie
enerjik énergique
enfarktüs infartus
enfeksiyon infection
enfes délicieux, excellent, exquis
enfiye tabac à priser
enflasyon inflation
engebe accident, inégalité
engebeli accidenté, inégal
engel obstacle, empêchement, barricade

engel olmak empêcher, embarrasser
engellemek embarrasser, empêcher, gêner
engerek vipère, couleuvre
engin large, étendu, vaste
enginar artichaut
enikonu en détail, longuement
enişte beau-frère; mari de la sœur ou de la tante
enjeksiyon injection
enkaz décombres, débris
enlem latitude
enli large, ample, vaste
ense nuque
enselemek attraper, arrêter
ensiz étroit
enstitü institue
enstrüman instrument
entari robe
entrika intrigue ***entrika çevirmek*** intriguer
entrikacı intrigant
envanter inventaire
epey(ce) passable, assez, passablement
e-posta courrier électronique
er1 simple soldat
er2 tôt
erbap expert, connaisseur, compétant
erbaş sous-officier
erdem vertu
erdemli vertueux
erek intention, but
ergeç tôt ou tard
ergen adulte, adolescent
ergenlik célibat, adolescent
ergimek se fondre
ergin adulte, pubère
erginlik maturité, adolescence
erguvan arbre de Judée
erik prune
eril masculin
erim halte, portée
erimek fondre, dépérir
erişmek atteindre, arriver, parvenir
erişte vermicelle turque
eritmek fondre, dissoudre, dégivrer
eriyik solution
erk pouvoir
erkân règles, usages, coutumes
erke énergie
erkek mâle, masculin, viril; homme, mari ***erkek çocuk*** garçon ***erkek delisi*** nymphomane ***erkek evlat*** fils ***erkek kardeş*** frère ***erkek oyuncu*** acteur ***erkek yeğen*** neveu
erkekçe bravement, virilement
erkeklik virilité, bravoure
erken de bonne heure, tôt
erkenden de bon matin, de bonne heure

ermek atteindre, arriver, parvenir
Ermeni Arménien
ermiş saint
eroin héroïne
erotik érotique
erotizm érotisme
erozyon érosion
ertelemek ajourner, retarder, remettre
ertesi lendemain ***ertesi akşam*** le lendemain soir ***ertesi gün*** le lendemain ***ertesi sabah*** le lendemain matin
erzak provisions, vivres
esans parfum
esaret esclavage, captivité
esas fondement, base; principal, fondamental
esasen fondamentalement, principalement
esen sain, sauf
esenlik santé
eser œuvre, ouvrage
esin inspiration
esinlemek inspirer
esinlenmek être inspiré
esinti brise
esir prisonnier de guerre, captif; esclave ***esir almak*** faire prisonnier
esirgemek garder, protéger, épargner
eski vieux, vieille; ancien
eskici chiffonnier
eskiçağ antiquité
eskiden autrefois, dans le temps
eskimek vieiller, s'user
Eskimo Esquimau
eskitmek user, détériorer, abîmer
eskrim escrime
esmek souffler
esmer brun
esna intervalle; temps
esnaf artisan
esnasında pendant, durant
esnek élastique, souple
esneklik élasticité, souplesse
esnemek bâiller
espri humour, plaisanterie ***espiri yapmak*** faire de l'esprit
esrar mystére; haschisch
esrarengiz mystérieux
esrarkeş fumeur de hachisch
estağfurullah je vous en prie
estetik esthétique
eş semblable, égal; époux, épouse ***eş dost*** ami
eşanlamlı synonyme
eşantiyon échantillon
eşarp écharpe
eşcinsel homosexuel
eşdeğer équivalent
eşek âne; stupide ***eşek gibi çalışmak*** travailler comme un nègre

eşeklik ânerie, bêtise *eşeklik etmek* faire des bêtises
eşelemek creuser, farfouiller
eşey sexe
eşgüdüm coordination
eşik seuil
eşit égal, pareil
eşitlik égalité
eşkâl formes, figures, signalement
eşkıya brigand, bandit
eşlik accompagnement *eşlik etmek* accompagner, escorter
eşmek creuser
eşofman survêtement
eşsiz unique, singulier, sans égal
eşya objets, choses, meubles, bagages
et viande; chair *et suyu* bouillon, consommé *etine dolgun* plantureux
etajer étagère
etap étape
etçil carnassier, carnivore
etek pan; jupe
eteklik jupon
eter éther
etiket étiquette
etken facteur; *«dilb.»* actif
etki effect, influence
etkilemek influencer, affecter
etkileşim interaction
etkileyici impressionnant, pathétique
etkili influent, efficace, puissant
etkin actif
etkinlik activité
etkisiz inefficace, inactif
etmek faire; valoir
etmen facteur
etnik éthnique
etoburlar carnivores
etraf environs, entourage, alentours
etrafında autour de
etraflı détaillé
etrafta aux alentours, aux environs
ettirgen *«dilb.»* causatif
etüd étude
ev maison *ev bark* habitation *ev bark sahıbı* père de famille *ev kadını* ménagère *ev kirası* loyer *ev sahibi* propriétaire, hôtesse
evcil domestique
evcilleştirmek apprivoiser, domestiquer
evermek marier
evet oui, si
evham anxiété, illusion, chimère
evhamlı soupçonneux, anxieux
evlat enfant *evlat edinmek* adopter

evlatlık enfant adoptif
evlendirmek marier, unir
evlenmek épouser, se marier
evli marié
evlilik mariage, alliance
evliya saint
evrak feuilles, papiers
evre phase, stade, étape
evren univers
evrensel universel
evrim évolution
evvel premier, initial
evvela premièrement, primo
evvelki le premier, le précédent ***evvelki gün*** avant dernier jour
evye évier
ey ô!
eyalet province
eyer selle
eylem verbe
eylemek faire
eylül septembre
eyvah hélas! quel malheur!
eyvallah *«kon.»* adieu; merci
ezan appel à la prière chez les musulmans
ezber par cœur, de mémoire
ezbere par cœur ***ezbere bilmek*** savoir par cœur
ezberlemek apprendre par cœur
ezel éternité
ezeli éternel
ezgi air, mélodie
ezici écrasant, accablant
ezik contusion, meurtrissure
ezilmek être écrasé, être broyé
eziyet supplice, tourmant, torture ***eziyet etmek*** tourmenter, torturer
eziyetli atroce, torturant
ezme broiement, broyage; écrasement
ezmek écraser, broyer, fouler; opprimer

F f

faal actif
faaliyet activité ***faaliyete geçmek*** entrer en fonction
fabrika usine, fabrique
fabrikatör fabricant
facia catastrophe; drame
fahiş excessif, exorbitant
fahişe prostituée
fahişelik prostitution
fail coupable, complice
faiz intérêt
fakat mais
fakir pauvre
fakirlik pauvreté
faks télécopie
faksimile fac-similé
faktör facteur
fakülte faculté
fal augure

falan un tel, une telle
falanca une telle personne
falcı diseuse de bonne aventure
falso erreur, faute, gaffe
fanatik fanatique
fani mortel, temporel
fanila flanelle
fantezi fantaisie
far phare
faraş pell à balayures
faraza supposons que, à supposer que
fare souris, rat
fark différence ***fark etmek*** aviser, remarquer ***farkına varmak*** remarquer, comprendre
farklı différent
farksız indifférent
Farsça langue persane
farz supposition, hypothèse ***farz etmek*** imaginer, supposer
Fas Maroc
fasafiso paroles en l'airs
fasarya vaines paroles
fasıl paragraphe, chapitre
fasıla séparation, distance; interruption
fasikül fascicule
fasulye haricot
faşing fasching
faşist fasciste
faşizm fascisme
fatih conquérant
fatura facture, note, addition
faul faute ***faul yapmak*** faire la faute
favori favori, préféré
fayans faïence
fayda utilité, profit, intérêt
faydalanmak profiter de
faydalı utile
faydasız inutile
faz phase
fazilet mérite, vertu
faziletli vertueux
fazla surplus, excés; excéssif, superflu; trop, beaucoup ***fazla mesai*** heures supplémentaires ***fazla mesai yapmak*** faire des heures supplémentaires
fazlalık superfluité
feci terrible, tragique, horrible
feda sacrifice, abandon ***feda etmek*** sacrifier
fedakâr dévoué
fedakârlık sacrifice, dévouement ***fedakârlık etmek*** faire des sacrifices
federal fédéral
federasyon fédération
federe fédéré
felaket catastrophe, désastre, malheur
felaketzede sinistré
felç paralysie, apoplexie ***felce uğratmak*** paralyser
felçli paralytique

felek fortune, sort, providence ***felekten bir gün çalmak*** passer un jour plaisant ***feleğin çemberinden geçmek*** gagner d'expérience
felsefe philosophie
felsefi philosophique
feminist féministe
feminizm féminisme
fen science, art, technique
fena mauvais, mal ***fena değil*** pas mal
fenalaşmak devenir mauvais; s'aggraver
fenalık mal; dommage; gêne, indisposition
fener lanterne, phare
feodal féodal
feodalite féodalité
feragat abnégation ***feragat etmek*** renoncer, se désister
ferah large, spacieux
ferahlamak se soulager, éprouver du soulagement
ferahlık aise, soulagement
ferdi individuel
feribot ferry-boat
ferman ordre, décret
fermuar fermeture éclair
fert individu, personne
feryat cri, clameur ***feryat etmek*** crier, gémir
fes fez
fesat méchanceté, perversité
fesatçı conspirateur, fauteur
feshetmek abolir, annuler, résilier
fesih abolition, résiliation
festival festival
fethetmek conquérir, prendre
fetih conquête, prise
fevkalade extraordinaire, exceptionnel
fıçı tonneau, fût, baril ***fıçı birası*** bière (à la) pression
fıkırdamak bouillonner, être en ébullition
fıkra anecdote, chronique
fındık noisette
fırça brosse, pinceau ***fırça atmak*** disputer, gronder
fırçalamak brosser
fırıldak fourberie ***fırıldak çevirmek*** user de ruse
fırıldakçı fourbe
fırın four, fourneau
fırıncı boulanger
fırlama charogne, voyou
fırlamak bondir, se jeter, s'élancer, sortir
fırlatmak jeter, lancer
fırsat moment opportun ***fırsatı kaçırmak*** saisir l'occasion ***fırsattan yararlanmak*** profiter de l'occasion
fırsatçı profiteur
fırtına orage, tempête
fırtınalı orageux, tempétueux

fısıldamak chuchoter
fısıltı chuchotement
fıskıye jet d'eau
fıstık pistache, pignon
fışkırmak jaillir, gicler
fışkırtmak faire jaillir, éjaculer
fıtık hernie
fıttırmak devenir fou
fidan bourgeon, pousse, plant
fide plant, rejeton, pousse
fidye rançon
figür figure
figüran figurant
fihrist table des matières, index
fiil action, acte; *«dilb.»* verbe
fikir idée, vue, avis, opinion ***fikir vermek*** donner une idée ***fikrini almak*** prendre l'avis de ***fikrini değiştirmek*** changer d'avis
fil éléphant
filan un tel, un certain, une telle
fildişi ivoire
file filet
fileto filet
filika canot de sauvetage
Filistin Palestine
Filistinli palestinien
filiz rejeton, pousse; minéral, minerai
film film ***film çevirmek*** tourner un film ***film yıldızı*** vedette de cinéma, star ***filme almak*** filmer
filo flotte, escadrille
filoloji philologie
filozof philosophe
filtre filtre
Fin finlandais
final finale
finans finance
finanseetmek financer
fincan tasse
fingirdek coquet
fingirdemek faire la coquette
finiş *«sp.»* arrivée; *«kon.»* c'est fini
Finlandiya Finlande
Finlandiyalı finlandais
firar fuite, désertion ***firar etmek*** s'enfuir, déserter
firari fuyard, déserteur
firavun pharaon
fire déchet, freinte ***fire vermek*** subir du déchet
firkete épingle à cheveux
firma firme
fiske chiquenaude ***fiske vurmak*** donner une chiquenaude
fiskos chuchotement
fiş fiche
fişek cartouche
fitil mèche, étoupille ***fitil gibi sarhoş*** ivre-mort

fitne discorde, division, désordre
fitnelemek semer la discorde
fitolmak être quitte
fiyaka vantardise, fanfaronnade ***fiyaka yapmak*** se vanter, fanfaronner
fiyakacı vantard, fanfaron
fiyasko fiasco
fiyat prix, coût
fizik physique
fizikçi physicien
fiziksel physique
fizyoloji physiologie
fizyolojik physiologique
flama flamme, fanion
flaş flash
floresan fluorescent
flört flirt ***flört etmek*** flirter
flüt flûte
fobi phobie
fok phoque
fokurdamak bouillonner
folklor folklore
fon fond
fondöten fard, fond de teint
fonetik phonétique
fonksiyon fonction
form formulaire; forme ***formunda olmak*** être en forme
forma forme, format
formalite formalité
formül formule
forvet avant
fosfat phosphate
fosfor phosphore
fosil fossile
foto photo
fotoğraf photographie ***fotoğraf çekmek*** photographier, prendre la photo ***fotoğraf makinesi*** appareil photographique
fotoğrafçı photographe
fotokopi photocopie ***fotokopi makinesi*** photocopieur ***fotokopisini çekmek*** photocopier
fotoroman roman photo
Fransa France
Fransız français
Fransızca le français
frekans fréquence
fren frein ***fren yapmak*** freiner
frengi syphilis
frenlemek freiner, gouverner
freze machine à fraiser, fraise
frikik coup de franc
fritöz friteuse
fuar foire
fuhuş prostitution ***fuhuş yapmak*** se prostituer
fukara pauvres
fular foulard
fulya narcisse, jonquille
funda arbuste, broussailles
fundalık brousse, lande

futbol football ***futbol alanı*** terrain de football ***futbol maçı*** match de football ***futbol topu*** ballon de football
futbolcu footballeur
fuzuli vain, inutile, superflu
füme fumé
füze fusée, missile

G g

gaddar creul, atroce
gaddarlık cruauté, atrocité
gaf gaffe ***gaf yapmak*** gaffer
gafil inattentif, imprudent ***gafil avlamak*** surprendre, prendre de court ***gafil avlanmak*** être pris de court
gaga bec
gagalamak picoter, becqueter
gala gala
galeri galerie
galeta galette
galiba probablement, apparemment, il paraît que, je crois que
galibiyet victoire
galip vainqueur; victorieux ***galipgelmek*** vaincre, triompher
galon gallon
gam chagrin, regret
gamlı chagriné, triste
gammaz dénonciateur, daléteur
gammazlamak dénoncer
gamsız sans souci, insouciant
gamze fossette, œillade
gangren gangrène
gangster gangster, bandit
ganimet butin, trophée
ganyan cours de cheval
gar gare
garaj garage
garanti garantie ***garanti etmek*** garantir
garaz, garez haine, rancune, animosité ***garez beslemek*** avoir de la haine contre qn
gardırop garde-robe
gardiyan geôlier, gardien
gargara gargarisme ***gargara yapmak*** se gargariser
gariban misérable, pauvre
garip étrange, curieux ***garibine gitmek*** paraître étrange
gariplik étrangeté, drôlerie
garipsemek trouver étrange
garnitür garniture
garnizon garnison
garson garçon, serveur
gasp usurpation, spolation ***gasp etmek*** usurper, spolier
gâvur infidèle

gaye but, fin, projet
gayet extrêmement, fort
gayret zèle, effort ***gayret etmek*** s'efforcer de, tâcher
gayretli zélé, laborieux
gayri autre; plus, en outre ***gayri ihtiyari*** involontaire ***gayri menkul*** immeuble; propriéte immobilière ***gayri meşru*** illégitime ***gayri safi*** brut
gaz gaz, fluide ***gaz bombası*** bombe à gaz ***gaz maskesi*** masque à gaz ***gaz pedalı*** accélérateur ***gaz vermek*** mettre les gaz
gazap colère, courroux
gazete journal, gazette
gazeteci journaliste; marchand de journaux
gazetecilik journalisme
gazi triomphateur, victorieux
gazino casino
gazlamak gazer
gazlı gazeux ***gazlı bez*** gaze de pansement
gazoz limonade gazeuse
gebe enceinte, grosse ***gebe kalmak*** devenir enceinte
gebelik grossesse ***gebelik önleyici*** anticonceptionnel, contraceptif
gebermek mourrir, crever
gebertmek tuer, faire mourir
gece nuit ***gece gündüz*** nult et jour ***gece kulübü*** boîte de nuit ***gece yarısı*** minuit
gecekondu baraque, maison de champignon
gecelemek passer la nuit
geceleyin la nuit, pendant la nuit
gecelik chemise de nuit
gecikme retard, retardement
gecikmek s'attarder, retarder
geciktirmek retarder, attarder
geç tard; tardif, avancé ***geç kalmak*** s'attarder, être en retard
geçen dernier, passant
geçenlerde dernièrement, récomment
geçer bon débit, courant
geçerli en cours, valide
geçersiz invalide, caduc
geçici transitoire, provisoire, temporaire ***geçici olarak*** provisoirement, temporairement
geçim revenu, subsistance; accord, entente
geçimsiz incompatible, acariâtre
geçimsizlik incompatibilité, insociabilité
geçindirmek nourrir, alimenter

geçinmek vivre; s'entendre; passer pour ***geçinip gitmek*** gagner sa vie
geçirmek faire entrer; faire passer, laisser passer; accompagner, escorter
geçiş passage
geçişli transitif
geçişsiz intransitif
geçit passage, gorge, détroit; défilé, parade ***geçit töreni*** défilé, parade, revue
geçkin trop mûr; âgé
geçmek passer; dépasser, surpasser; être valable, avoir cours
geçmiş passé, écoulé ***geçmiş olsun*** meilleure santé! ***geçmiş zaman*** passé
geçmişte au temps passé
gedik bréche, trouée
geğirmek éructer, roter
gelecek futur, avenir ***gelecek zaman*** *«dilb.»* futur
gelecekte à l'avenir
gelenek tradition, usages
geleneksel traditionnel
gelgit marée
gelin mariée; bru, bell-fille
gelincik *«hayb.»* belette; *«bitk.»* coquelicot
gelinlik robe de mariée
gelir revenu
gelişigüzel n'importe comment, au hasard
gelişim développement
gelişme développement
gelişmek se développer, prospérer
geliştirmek développer
gelmek venir, arriver
gemi navire, bateau
gemici marin, navigateur
genç jeune ***genç adam*** jeune homme ***genç kız*** jeunne fille
gençleşmek rajeunir
gençlik jeunesse
gene à nouveau, de nouveau
genel général, public ***genel kurul*** assemblée générale ***genel müdür*** directeur général ***genel olarak*** en général, généralement ***genel sekreter*** secrétaire général
genelev bordel, maison close
genelge circulaire, avis
genelkurmay état-major général
genellikle généralement, en général
general général
genetik génétique
geniş large, ample, vaste
genişlemek s'élargir
genişletmek élargir, rendre large

genişlik largeur, étendu
geniz fosses nasales
genleşmek se dilater
genlik amplitude
gensoru interpellation
geometri géométrie
geometrik géométrique
gerçek vrai, véritable, réel; vérité, réalité
gerçekçi réaliste
gerçekdışı irréel
gerçekleşmek se réaliser
gerçekleştirmek réaliser, effecteur
gerçeklik vérité
gerçekten vraiment, réellement
gerçi bien que, bien sûr, il est vrai, certes
gerdan cou, col
gerdanlık collier
gerdek chambre nuptiale
gereç matériel, matériaux
gerek nécessaire; nécessité, besoin
gerekçe raison, motif
gerekli nécessaire
gerekmek falloir, devoir ***gerekirse*** s'il le faut, au besoin
gereksinim besoin, nécessité
gereksinmek avoir besoin de
gereksiz inutile, superflu
gerektirmek nécessiter, requérir, réclamer
gergedan rhinocéros
gergin tendu
geri arrière, derrière; en arrière ***geri almak*** reprendre ***geri çekilmek*** reculer, se retirer ***geri çekmek*** reculer, retirer ***geri çevirmek*** rendre, retourner ***geri dönmek*** retourner, revenir ***geri gelmek*** revenir ***geri getirmek*** ramener, rapporter ***geri gitmek*** retourner, faire marche arrière ***geri göndermek*** renvoyer ***geri götürmek*** remporter ***geri istemek*** réclamer, demander la restitution ***geri kalmak*** rester en arrière, retarder ***geri vermek*** rendre, restituer
gerici réactionnaire
gericilik réaction
geride en arrière
gerilemek reculer, rétrograder
gerilim tension, stress; voltage
gerilla guérilla
gerilmek se contracter, se crisper
geriye en arrière

germek tendre, étendre, étirer
gerzek con, manche
getirmek apporter, amener
gevelemek bredouiller
geveze bavard, verbeux
gevezelik bavardage, loquacité ***gevezelik etmek*** bavarder, caqueter
gevrek croquant, friable
gevşek lâche, détendu, relâché
gevşemek se relâcher, mollir, se détendre
gevşetmek desserrer, relâcher, détendre
geyik cerf, daim
gezdirmek promener, piloter
gezegen planète
gezgin voyageur
gezi voyage, excursion, promenade ***geziye çıkmak*** voyager, faire un voyage
gezici ambulant
gezinmek se promener, se balader
gezinti promenade, balade
gezmek se promener, faire un tour; voyager ***gezip tozmak*** flâner, vagabonder
gıcık accès de toux, bourru ***gıcık etmek*** agacer
gıcırdamak grincer, craquer
gıcırdatmak faire grincer
gıcırgıcır tout neuf, flambant neuf
gıcırtı grincement
gıda nourriture, aliment
gıdaklamak caqueter
gıdıklamak chatouiller, exciter
gıdıklanmak être chatouilleux
gına contentement, suffisance ***gına getirmek*** en avoir assez, être saturé
gıpta envie ***gıpta etmek*** envier
gırgır filet de pêche; drôle, bavardage ***gırgır geçmek*** se moquer de
gırtlak gorge, gosier
gibi comme, tel que ***gibi görünmek*** affecter, passer pour
gider frais, dépenses
giderayak au dernier moment, juste avant de partir
giderek par degré, graduellement
gidermek dissiper, suprimer, ôter
gidiş départ, marche ***gidiş dönüş bileti*** billet aller et retour
girdap tourbillon
girgin entreprenant, sociable
girinti enforcement, renforcement
giriş entrée
girişim entreprise

girişmek commencer; etreprendre, tenter
girmek entrer, pénétrer
gişe guichet, bureau de location
gitar guitare
gitarist guitariste
gitgide de plus en plus, peu à peu
gitmek aller, partir, s'en aller
gittikçe avec le temps, de plus en plus
giydirmek habiller, vêtir
giyecek vêtement, habit
giyim habillement, habit ***giyim kuşam*** habits, vêtement
giyinmek s'habiller, se vêtir
giymek s'habiller, se vêtir
giyotin guillotine
giysi vêtement, habit, costume
giz mystère, secret
gizem mystère
gizemli mystèrieux
gizlemek cacher, dissimuler
gizlenmek se cacher, se dissimuler
gizli caché, secret
gizlice en cachette, en secret
gocunmak être affligé, se fâcher
gofret gaufrette
gol but ***gol atmak*** marquer un but
golcü buteur
golf golf
gonca bouton
gondol gondole
goril gorille
göbek nombril ***göbek bağlamak*** prendre du ventre ***göbek dansı*** danse de ventre
göbekli ventru
göç immigration, migration, émigration ***göç etmek*** émigrer, immigrer
göçebe nomade
göçertmek emboutir
göçmek émigrer; s'effondrer, s'écrouler
göçmen émigrant, immigrant, immigré
göğüs poitrine, sein ***göğüs germek*** résister
gök ciel ***gök gürlemek*** toner ***gök gürültüsü*** tonnerre
gökbilim astronomie
gökcismi corps céleste
gökdelen gratte-ciel
gökkuşağı arc-en-ciel
göktaşı météore
gökyüzü ciel
göl lac
gölge ombre
gömlek chemise, chemisette
gömmek enterrer
gön cuir, peau
gönder hampe
gönderen expéditeur

göndermek envoyer
gönül cœur, sentiment, affection ***gönül almak*** contenter, gagner le cœur de ***gönül eğlencesi*** plaisir ***gönül eğlendirmek*** s'amuser ***gönül vermek*** aimer, tomber amoureux
gönüllü volontaire
gönye équerre
göre selon, conformément à
görenek usage, coutume
görev devoir, service, tâche
görevlendirmek charger, commettre
görevli employé, officier
görgü expérience, usage, bienséance ***görgü kuralları*** convenances, protocole ***görgü tanığı*** témoin oculaire
görgülü expérimenté, éprouvé, poli
görgüsüz inexpérimenté, impoli
görkem gloire, pompe, splendeur
görkemli glorieux, pompeux, solonnel
görmek voir ***göresi gelmek*** avoir de la nostalgie de qch, manquer à
görsel visuel
görsel-işitsel audio-visuel
görümce belle-sœur, sœur du mari
görünmek être vu, se voir; paraître, sembler; apparaître
görünmez invisible
görüntü image
görünüm apparence, aspect
görünüş apparence, aspect ***görünüşe göre*** selon les apparences
görüş vue, opininon, avis, point de vue
görüşme entretien, conversation, entrevue
görüşmek s'entretenir; discuter, débattre
görüşürüz au revoir! à bienbientôt!
gösterge indicateur, aiguille
gösteri manifestation, démonstration; attraction, spectacle ***gösteri yapmak*** manifester
gösterici manifestant
gösteriş ostentation, effet, faste
gösterişli clinquant, pompeux, solonnel
gösterişsiz modeste, simple
göstermek montrer; indiquer; témoigner, manifester
göt *«kab.»* derrière, cul
götürmek emporter, porter, transporter, emmener
götürü forfait ***götürü iş*** travail aux pièces
gövde tronc, corps, buste

göz œil ***göz alıcı*** clinquant, attrayant ***göz atmak*** jeter un coup d'œil sur ***göz dikmek*** convoiter, lorgner ***göz etmek*** faire de l'œil à ***göz gezdirmek*** parcourir ***göz göre göre*** devant les yeux ***göz kamaştırıcı*** splendide ***göz kararıyla*** au jugé ***göz kırpmak*** cligner de l'œil ***göz koymak*** lorgner ***göz kulak olmak*** avoir l'œil à, veiller sur ***göz önünde tutmak*** considérer, noter ***göz yummak*** fermer les yeux sur qch ***gözden geçirmek*** examiner, revoir, réviser ***gözden kaçmak*** passer inaperçu ***gözden kaybolmak*** disparaître ***göze almak*** risquer, envisager ***gözlerine inanamamak*** ne pas en croire ses yeux ***gözlerini ayırmamak*** ne pas détourner les yeux ***gözlerini fal taşı gibi açmak*** écarquiller les yeux ***gözü açık*** éveillé; vigilant ***gözü korkmak*** s'épouvanter ***gözü pek*** hardi, audacieux ***gözü yaşlı*** éploré ***gözünde tütmek*** désirer ardemment ***gözüne ilişmek*** aviser ***gözünü dört açmak*** ouvrir de grands yeux ***gözüyle bakmak*** tenir pour

gözaltı surveillance de la police ***gözaltına almak*** surveiller, interner

gözbebeği pupille

gözcü sentinelle, observateur

gözdağı intimidation, menace ***gözdağı vermek*** intimider

gözde favori, préféré

göze cellule

gözenek pore

gözetim surveillance

gözetlemek être aux aguets, épier, espionner, surveiller

gözetmek garder, observer; attendre, guetter

gözkapağı paupière

gözlem observation

gözlemci observateur

gözlemek attendre; guetter, épier

gözlemevi observatoire

gözlük lunettes

gözlükçü opticien

gözükmek se voir, apparaître, se montrer

gözyaşı larme ***gözyaşı dökmek*** tomber, verser des larmes

grafik graphique

gram gramme

gramer grammaire

gravür gravure

grekoromen greco-romain
grev grève ***grev yapmak*** faire grève, se mettre en grève
greyfrut pamplemousse
gri gris
grip grippe ***grip olmak*** avoir la grippe
grup groupe
gruplandırmak grouper
guatr goiatre
gudde glande
guguk coucou
gurbet séjour dans un pays étranger; éloignement de la patrie, exil
guruldamak gargouiller
gurultu garguillement
gurup coucher du soleil
gurur orgueil, fierté ***gurur duymak*** s'enorguellllr
gururlanmak se rengorger, s'énorgueillir
gururlu fier, orgueilleux
gübre engrais, fumier
gücendirmek blesser, froisser
gücenmek se formaliser, se fâcher
güç puissance, force, énergie; difficile, pénible ***gücüne gitmek*** affecter
güçlendirmek renforcer, fortifier
güçlenmek prendre ses forces
güçleştirmek rendre dificile, aggraver
güçlü fort, puissant
güçlük difficulté, peine ***güçlük çekmek*** rencontrer des difficultés ***güçlük çıkarmak*** faire des difficultés
güçsüz faible, impuissant
güçsüzlük faiblesse, impuissance
güderi peau de daim/chamois
güdümlü dirigé, guidé ***güdümlü mermi*** projectile téléguidé
güfte paroles d'une chanson
gül rose ***gül gibi geçinmek*** vivre confortablement ***gülü seven dikenine katlanır*** point de roses sans épines
güldürmek faire rire, égayer, réjouir
güldürü comédie
güle güle au revoir
güleç gai, riant
gülegüle au revoir
güleryüzlü sincère, souriant
gülle boulet de canon
gülmece humour
gülmek rire
gülümseme sourire
gülümsemek sourire
gülünç ridicule, drôle, comique ***gülünç duruma düşmek*** se ridiculiser

gülüşmek rire ensemble, plaisanter
gümbürdemek tonner
gümbürtü bruit tonnant
gümrük douane ***gümrük kontrolü*** contrôle douanier ***gümrük memuru*** agent de douane ***gümrük ödemek*** payer les droits de douanes ***gümrük vergisi*** impôt en douane ***gümrüğe tabi*** soumis à la douane
gümrükçü douanier
gümrüksüz exempté de douane, hors-taxe
gümüş argent
gün jour, journée ***gün ağarmak*** poindre ***gün batışı*** coucher du soleil ***gün doğuşu*** lever du soleil ***gün görmek*** vivre heureux ***günden güne*** de jour en jour ***günü gününe*** au jour le jour ***gününü göstermek*** punir
günah péché ***günah çıkartmak*** confesser ***günaha girmek*** commettre un péché, pécher
günahkâr pécheur
günahsız innocent
günaydın bonjour
güncel actuel
güncellik actualité
gündelik journée, salaire; quotidien, journalier
gündelikçi salarié, journalier
gündem ordre de jour
gündüz jour, journée
gündüzün pendant la jornée
güneş soleil ***güneş banyosu*** bain de soleil ***güneş banyosu yapmak*** prendre un bain de soleil ***güneş çarpmak*** prendre un coup de soleil ***güneş çarpması*** coup de soleil ***güneş gözlüğü*** lunettes de soleil ***güneş ışını*** rayon de soleil ***güneş sistemi*** système solaire ***güneş şemsiyesi*** ombrelle, parasol ***güneş tutulması*** éclipse solaire ***güneş yağı*** huile solaire
güneşlenmek se chauffer au soleil, prendre un bain de soleil
güneşli ensoleillé
güney sud
güneybatı sud-ouest
güneydoğu sud-est
günlük journalier, quotidien ***günlük güneşlik*** ensoleillé
günübirlik jour de visite
güpegündüz en plein jour
gür touffu, fort, dense
gürbüz robuste, vigoureux
güreş lutte
güreşçi lutteur
güreşmek lutter
gürgen charme, orme

gürlemek gronder, rugir
gürültü bruit, fracas, tumulte ***gürültü etmek*** faire du bruit
gürültücü bruyant, tapageur
gürültülü bruyant, strident
gürültüsüz sans bruit, sans tumulte
gütmek garder, surveiller, conduire
güve teigne, mite
güveç terrine
güven confiance, sûreté
güvence assurance, garant, garantie
güvenilir sûr, sérieux
güvenilirlik sérieux, solidité
güvenlik sûreté, sécurité ***güvenlik konseyi*** conseil de sécurité
güvenmek avoir confiance (en)
güvenoyu vote de la confiance
güvensizlik défiance
güvercin pigeon, colombe
güverte pont de bateau
güvey nouveau marié
güya comme si, on dirait que
güz automne
güzel beau, belle, bel, joli; bon, excellent ***güzel sanatlar*** beaux-arts
güzelleşmek devenir beau/belle, s'embellir
güzelleştirmek embellir
güzellik beauté ***güzellik kraliçesi*** reine de beauté ***güzellik uzmanı*** esthéticienne, visagiste
güzergâh passage, route
güzide élu, choisi
güzün en automne

H h

ha hein! ah! mais oui! ***ha bire*** sans relâche, continuellement
haber nouvelle, information, avis ***haber ajansı*** agence d'information ***haber alma*** intelligence ***haber almak*** apprendre ***haber bülteni*** bulletin d'information ***haber vermek*** annoncer, informer, avertir, faire, savoir ***haberi olmak*** être renseigné, être prévenu
haberci messager, précurseur
haberdar informé, renseigné ***haberdar olmak*** être averti
haberleşme communication
haberleşmek correspondre, communiquer
habersiz sans nouvelle, sans prévenir
habis vilain, méchant, malin

hac pèlerinage ***hacca gitmek*** aller en pèlerinage
hacı pèlerin
hacim volume, étendue
haciz saisie ***haciz koymak*** opérer la saisie
haczetmek saisir
haç croix
had limite, borne ***haddinden fazla*** excessif; excessivement ***haddini bildirmek*** tancer qn vertement ***haddini bilmek*** ne pas dépasser la mesure
hademe garçon de bureau, huissier, appariteur
hadım castrat, eunuque ***hadım etmek*** châtrer, castrer
hadise événement, incident
haf *«(futbol)»* demi
hafız qui connait le Coran par cœur
hafıza mémoire
hafif léger ***hafife almak*** prendre à la légère
hafifçe légèrement
hafiflemek devenir léger
hafifletmek alléger
hafiflik légèreté
hafta semaine ***hafta sonu*** week-end
haftalarca par semaines
haftalık hebdomadaire; semaine, salaire hebdomadaire
haftaym mi-temps
hain traître
Hak Dieu ***Hakkın rahmetine kavuşmak*** mourir
hak droit, justice, raison ***hak etmek*** mériter ***hak vermek*** donner raison ***hak yemek*** ne pas donner raison ***hakkından gelmek*** punir, chatier
hakan souverain, empereur
hakaret insulte ***hakaret etmek*** insulter
hakem arbitre, juge
haki kaki
hakikat vérité
hakikaten en vérité
hakiki vrai, véritable
hâkim juge; régnant, dominant ***hâkim olmak*** dominer
hâkimiyet souveraineté; domination
hakir indigne ***hakir görmek*** mépriser, dédaigner
hakkında à propos de, au sujet de
haklamak vaincre, battre, briser
haklı qui a droit, juste, équitable ***haklı olmak*** avoir raison
haksız injuste, inique ***haksız yere*** injustement, sans aucune raison

haksızlık injustice, illégitimité ***haksızlık etmek*** faire tort à qn
hal1 état, condition ***hal hatır sormak*** échanger des compliments ***halden anlamak*** compatir ***hali vakti yerinde*** cossu, avise, riche
hal2 marché aux légumes
hâlâ encore, toujours
hala tante (sœur du père)
halat cordage, câble
halbuki en réalité, cependant, mais, or
halen à présent, actuellement
halı tapis
haliç estuaire
halife calife
halifelik califat
halis vrai, sans mélange, pur
halk peuple, nation, public
halka anneau, rond
halkçı populiste
halkoylaması référendum
halletmek régler, résoudre
halsiz faible, impuissant
halsizlik faiblesse, impuissance
halt mélange ***halt etmek*** mélanger
halter haltère
ham vert, brut, cru
hamal porteur
hamam bain, bain public
hamarat laborieux, diligent, actif
hamburger hamburger
hamile enceinte
hamilelik grossesse
hamle assaut, élan, effort
hammadde matière première
hamsi anchois
hamur pâte ***hamur işi*** pâte alimentaire
han khan; hôtellerie, auberge
hançer poignard
hanedan dynastie
hangar hangar
hangi quel, quelle, quels, quelles; lequel, laquelle, lesquels, lesquelles
hangisi lequel, laquelle, lesquels, lesquelles
hanım dame; femme, demoiselle, mademoisele; épouse ***hanım evladı*** enfant gâté
hanımefendi dame, madame
hanımeli chèvrefeuille
hani et alors
hantal volumineux, gros, lent
hap pilule ***hapı yutmak*** avaler la pilule
hapis emprisonnement; prison ***hapis cezası*** peine de prison ***hapis yatmak*** être en prison ***hapse atmak*** mettre en prison

hapishane prison
hapsetmek enfermer, emprisonner
hapşırmak éternuer
harabe ruine
haraç tribut ***haraç vermek*** payer tribut
haram qui est défendu par la religion, prohibé, illicite
harap en ruine, délabré; mal en point ***harap etmek*** détruire, démolir, dévaster ***harap olmak*** être détruit, être dévasté
hararet chaleur
harbi d'une manieré directe, sans crainte ***harbi konuşmak*** parler franchement, parler ouvertement
harcama dépense
harcamak dépenser
harcırah frais de déplacemenet
harç mortier; taxe
harçlık argent de poche
hardal moutarde
harekât opérations
hareket mouvement; départ; action, activité; conduite, comportement ***hareket etmek*** se mouvoir; agir, se conduire; partir ***harekete geçmek*** entrer en action, agir
hareketli actif, vivant
hareketsiz immobile, sans mouvement
harem harem
harf lettre
harılharıl à grand fracas, incessamment ***harıl harıl çalışmak*** travailler sans interruption
harici extérieur
hariciye pathologie externe
hariç excepté, sauf
harika extraordinaire, miraculeux
harita carte (géographique)
harman battage, aire; mélange
harp guerre; *«müz.»* harpe
has propre à, particulier à
hasar dommage, dégât ***hasara uğramak*** se détériorer
hasat récolte, moisson
hâsılat produit, revenus
hâsılolmak provenir, résulter
hasım ennemi
hasır paille, natte
hasret regret, nostalgie, aspiration ***hasret çekmek*** désirer revoir ***hasret kalmak*** être privé d'une chose désirée
hassas sensible, tendre
hassasiyet sensibilité, susceptibilité
hasta malade; patient ***hasta etmek*** faire malade ***hasta***

olmak tomber malade *hastası olmak «kon.»* raffoler de, passionner pour
hastabakıcı infirmier, garde-malade
hastalanmak tomber malade
hastalık maladie
hastalıklı maladif
hastane hôpital ***hastaneye kaldırmak*** admettre dans un hôpital
haşarat insectes
haşarı indocile, espiègle
haşere insecte
haşhaş pavot
haşin rude, âpre
haşlamak échauder, faire bouillir
hat ligne, trait
hata faute, erreur ***hata yapmak*** commettre une faute
hatalı erroné, fautif
hatır mémoire; déférence, respect ***hatırı için*** de complaisance ***hatırı sayılır*** considérable, notable ***hatırında olmak*** avoir présent à la mémoir ***hatırından çıkmak*** perdre la mémoire de qch ***hatırını sormak*** demander des nouvelles de la santé de qn
hatıra souvenir, mémoire ***hatıra defteri*** journal intime
hatırlamak se souvenir de, se rappeler
hatırlatmak rappeler
hatırlı complaisant, influent
hatta même, voire, même si
hava air; atmosphère; temps ***hava akımı*** courant d'air ***hava almak*** prendre l'air, s'aérer ***hava atmak*** crâner ***hava durumu*** situation du temps ***hava korsanı*** pirate de l'air ***hava kuvvetleri*** forces aérienne ***hava raporu*** bulletin météorologique ***hava tahmini*** prévisions météorologiques
havaalanı aérodrome, terrain d'aviation
havacı aviateur
havacılık aéronautique, aviation
havadis nouvelle, information
havagazı gaz de ville
havalandırmak aérer
havalanmak s'aérer; décoller
havale transmission, transfert; ordre de payement ***havale etmek*** transférer, transmettre

havalı aéré, pneumatique; prétentieux, ostentatoire
havalimanı aéroport
havari apôtre
havasız lourd, étouffant
havayolu ligne aérienne
havlamak aboyer, japper
havlu serviette, essuie-mains
havra synagogue
havuç carotte
havuz piscine
havyar caviar
havza bassin
haya testicule
hayal image; imagination, fantaisie; spectre, phantôme ***hayal etmek*** rêver, s'imaginer ***hayal kırıklığı*** désespérance ***hayal kırıklığına uğramak*** être déçu ***hayal kurmak*** s'imaginer ***hayal meyal*** vaguement, confusément
hayalet fantôme, spectre
hayali imaginaire, chimérique ***hayali ihracat*** exportation imaginaire
hayalperest visionnaire, rêveur
hayat vie, existence ***hayat pahalılığı*** cherté des vivres ***hayat standardı*** niveau de vie ***hayatını kazanmak*** gagner son pain ***hayatta olmak*** être en vie
hayati vital
haydi allons! voyons! eh bien!; allez! en route!
haydut brigand, bandit
hayhay certainement, avec plaisir
hayır1 non, mais mon
hayır2 bien, bienfait, bonté ***hayır işlemek*** faire le bien ***hayra alamet değil*** c'est de mauvais augure
hayırlı bon, bonne; qui porte bonheur ***hayırlı olsun*** je vous souhaite un bon usage
hayırsever bienfaiteur
hayırsız funeste, qui porte malheure
haykırış cri
haykırmak crier, s'écrier
haylaz oisif, fainéant
haylazlık oisiveteé, paresse
hayli bien de, assez, pas mal
hayran admirateur ***hayran olmak*** admirer
hayranlık admiration
hayret stupéfaction, étonnement ***hayret etmek*** s'étonner, être étonnée
haysiyet dignité, honneur
hayvan animal ***hayvanat bahçesi*** zoo
haz joie, plaisir ***haz duymak*** prendre plaisir ***haz vermek*** faire plaisir
hazım digestion

hazımsızlık indigestion
hazır prêt, préparé; présent ***hazır bulunmak*** être prêt, être présent ***hazır etmek*** préparer ***hazır olmak*** être prêt, être disposé
hazırlamak préparer, apprêter
hazırlanmak se préparer, s'apprêter
hazırlık préparation, préparatif ***hazırlık yapmak*** faire des préparatifs
hazin triste, douloureux
hazine trésor, trésorie
haziran juin
hazmetmek digérer
hece syllabe
hecelemek épeler
hedef cible; objectif
hediye cadeau, présent ***hediye etmek*** faire cadeau
hekim médecin
hektar hectare
hela lieux d'aisances
helal chose permise par la religion, légitime ***helal etmek*** donner de bon cœur ***helal olsun*** je vous offre sans regret
hele surtout, en particulier, quant à
helezon spirale
helikopter hélicoptère
helva manne, pâte au sucre
helyum hélium
hem et, aussi, et aussi, et puis
hemen tout de suite, immédiatement ***hemen hemen*** bientôt, presque
hemfikir du même avis
hemoroit hémerroïde
hemşeri concitoyen, compatriote
hemşire infirmière, garde-malade
hemzemingeçit passage à niveau
hendek fossé, tranchée
hengâme bruit, tumulte
hentbol hand-ball
henüz à peine, justement; pas encore
hep tot, toute, tous, toutes ***hep beraber*** tous ensemble
hepsi tout, tous
hepten entièrement
her chaque, chacun ***her an*** en tout temps, en toute heures ***her gün*** chaque jour ***her kim*** quiconque ***her ne pahasına olursa olsun*** à tout prix ***her ne vakit*** chaque fois que ***her neyse*** n'en parlons plus ***her şeyden önce*** avant tout ***her yerde*** partout ***her zaman*** toujours
hercai changeant, inconstant, capricieux

hergele canaille, fripon
herhalde certainement
herhangi quelconque ***herhangi bir kimse*** n'importe qui ***herhangi bir şey*** n'importe quoi
herif bougre, type, mec
herkes chacun, tout le monde
hesap calcul, compte; addition, note ***hesap etmek*** compter, calculer ***hesap makinesi*** calculateur électronique ***hesap sormak*** demander compte à qn de qch ***hesap vermek*** rendre ses comptes ***hesaba katmak*** tenir compte de, considérer ***hesabı ödemek*** payer l'addition ***hesabını yapmak*** faire le compte
hesaplamak calculer, compter
hesaplaşmak régler ses comptes avec qn
hesaplı économique
hesapsız incalculable
heves désir, inclination ***heves etmek*** désirer
hevesli désireux, zélé
heybe besace
heybet majesté, grandeur
heybetli majestueux, imposant
heyecan émotion, excitation, enthousiasme
heyecanlandırmak enthousiasmer, émouvoir
heyecanlanmak s'émouvoir, s'émotionner
heyecanlı émouvant, émotif, passionnant
heyelan éboulement
heyet commission, comité, mission
heykel statue
heykeltıraş sculpteur
hezimet défaite ***hezimete uğramak*** essuyer une défaite ***hezimete uğratmak*** infliger une défaite
hıçkırık songlot, hoquet ***hıçkırık tutmak*** avoir la hoquet
hıçkırmak sangloter, pleurer
hımbıl bâte, niais
hınç ressentiment, rage, haine ***hıncını almak*** se venger
hınzır cochon, porc
hırçın revêche, acariâtre
hırdavat quincaillerie, bric-à-brac
hırıldamak râler
hırıltı râlement, râle
Hıristiyan chrétien
Hıristiyanlık christianisme
hırka cardigan
hırlamak râler; grogner

hırpalamak malmener, abîmer, friper
hırpani déchiré, en lambeaux
hırs ambition, colère
hırsız voleur, filou
hırsızlık vol, larcin
hırslı avide, en colère
hısım parent
hışırdamak froufrouter, frémir
hışırtı frou-frou
hıyar concombre
hız vitesse, rapidité; élan ***hız yapmak*** faire de la vitesse
hızar scie
hızla rapidement, vivement
hızlandırmak accélérer, hâter
hızlanmak s'accélérer
hızlı vite, rapide, prompt
hibe don, donation ***hibe etmek*** faire don de qch
hiciv satire
hicvetmek satiriser
hiç aucun, rien, point, jamais ***hiç değilse*** au moins, ne serait-il que ***hiç olmazsa*** au moins, du moins
hiçbir aucun ***hiçbir kimse*** personne, nul ***hiçbir şekilde*** aucunement, en aucun cas, nullement ***hiçbir şey*** rien ***hiçbir yerde*** en aucun lieu, nulle part ***hiçbir zaman*** jemais
hiçbiri aucun
hiddet colère, fureur, irritation
hiddetlenmek se mettre en colère
hiddetli furieux
hidrojen hydrogène
hikâye histoire, récit
hilal demi-lune, croissant
hile ruse, astuce ***hile yapmak*** escroquer, ruser
hileci rusé, astucieux
hilekâr rusé, astucieux
himaye protection, sauvegarde ***himaye etmek*** protéger, sauvegarder
hindi dindon, dinde
hindiba chicorée
Hindistan Inde
hindistancevizi noix de coco, coco
Hintli Indien
hintyağı huile de ricin
hipermetrop hypérmetrope
hipertansiyon hypertension
hipnotizma hypnotisme
hipodrom champ de courses, hippodrome
hipotez hypothèse
hippi hippie
his sentiment, sens
hisar fort, fortresse
hisse part, portion ***hisse senedi*** action
hissedar associé, actionnaire

hissetmek éprouver, sentir, percevoir
hitapetmek adresser la parole, s'adresser
hiyerarşi hiérarchie
hiza alignement ***hizaya gelmek*** s'aligner
hizip clique
hizmet service, emploi ***hizmet etmek*** servir
hizmetçi servant, domestique
hizmetkâr servant
hobi passe-temps favori
hoca prêtre musulman, hodja; maître, insituteur
hokkabaz prestidigitateur, jongleur
hol hall, entrée
holding holding
Hollanda Hollande
Hollandalı hollandais, néerlandais
homoseksüel homosexuel
homurdanmak grommeler, grogner
homurtu grognement, ronflement
hoparlör haut-parleur
hoplamak bondir, sauter
hoppa fripon, frivole
hor méprisable, vil ***hor görmek*** dédaigner, mépriser
horlamak ronfler; mépriser
hormon hormone
horoz coq
hortlak revenant, fantôme
hortlamak ressusciter
hortum trombe; tuyau; cyclone
horultu ronflement
hostes hôtesse de l'air
hoş agréable, plaisant, bon ***hoş geldiniz*** soyez le bienvenu ***hoş görmek*** tolérer ***hoşuna gitmek*** agréer à ***hoşuna gitmemek*** déplaire à
hoşaf compote
hoşçakal adieu!
hoşgörü tolérance, indulgence
hoşgörülü tolérant, indulgent
hoşgörüsüz intolérant
hoşlanmak aimer, se plaire à
hoşnut satisfait, content ***hoşnut etmek*** satisfaire, contenter
hovarda coureur de jupons, débauché, dépensier
hovardalık débauche ***hovardalık etmek*** courir le jupon
hoyrat maladroit, gauche
hödük croquant, goujat
höpürdetmek siroter
hörgüç bosse
hububat céréales
hudut frontière, limite

hukuk droit
hukuki juridique, légale
hulasa extrait, résumé; bref, en résumé
huni entonnoir
hurda déchet, bric-à-brac
hurdacı marchand de bric-à-brac
huri houri, fée
hurma datte
husus affaire, sujet
hususi privé, particulier, spécial
hususiyet propriété, caractéristique
hususunda à l'égard de, concernant
husye testicule
huy caractère, habitude, humeur
huysuz acariâtre, grincheux, grognon
huysuzluk mauvais caractère, acrimonie
huzur présence; calme, tranquillité
huzurlu calme, silencieux
huzursuz inquiet, nerveux ***huzursuz olmak*** être inquiet
huzursuzluk malaise, trouble
hücre cellule
hücum attaque, assaut ***hücum etmek*** attaquer, se jeter sur
hükmetmek juger, décider, admettre
hüküm validité, valeur; stipulation, clause; jugement, décision ***hüküm sürmek*** régner ***hüküm vermek*** juger
hükümdar souverain, monarque
hükümdarlık règne, souveraineté
hükümet gouvernement ***hükümet darbesi*** coup d'état
hükümsüz nul, invalide
hümanist humaniste
hüner habileté, talent
hünerli habile, adroit
hür libre, indépendant
hürmet respect, révérence ***hürmet etmek*** respecter, honorer
hürriyet liberté
hüsran déception, désappointemenet ***hüsrana uğramak*** être déçu ***hüsrana uğratmak*** décevoir
hüviyet identité ***hüviyet cüzdanı*** carte d'identité
hüzün tristesse
hüzünlü triste, affilé

I ı

ıhlamur tilleul
ılıca source thermal
ılık tiède, tempéré
ılıman tiède
ılımlı modéré
ılıştırmak tiédir
Irak Irak
ırak loin, éloigne
Iraklı irakien
ırgalamak secouer, agiter
ırk race
ırkçı raciste
ırkçılık racisme
ırmak fleuve, rivière
ırz honneur, chastaté ***ırza geçmek*** violer
ısı chaleur
ısınmak chauffer, devenir chaud
ısırgan ortie
ısırık morsure
ısırmak mordre
ısıtıcı chauffe-eau
ısıtmak réchauffer, chauffer
ıska effleurement ***ıska geçmek*** effleurer
ıskarta rebut, déchet
ıskonto escompte ***ıskonto etmek*** escompter
ıslah amélioration, réforme ***ıslah etmek*** améliorer, corriger ***ıslah olmaz*** incorrigible
ıslahat réformes
ıslahatçı réformiste
ıslahevi maison de correction
ıslak mouillé, humide
ıslaklık humidité, moiteur
ıslanmak se mouiller
ıslatmak mouiller, tremper
ıslık sifflement ***ıslık çalmak*** siffler
ısmarlama commande; sur mesure
ısmarlamak commander
ıspanak épinard
ısrar insistance, persistance ***ısrar etmek*** insister, persister
ıssız désert, solitaire, vide
ıstakoz homard
ıstırap douleur, souffrance ***ıstırap çekmek*** souffrir ***ıstırap vermek*** causer de la peine
ışık lumière; lampe ***ışık tutmak*** éclairer
ışıklandırmak éclairer, illuminer
ışıklı éclairé, lumineux ***ışıklı reklam*** réclame lumineuse
ışıldak projecteur
ışıldamak luire, briller
ışıltı éclat, lueur
ışımak poindre
ışın rayon

ıvırzıvır guenilles
ızbandut hercule ***ızbandut gibi*** gigantesque
ızgara gril; grillade ***ızgarada pişirmek*** griller

I i

iade restitution, remboursement, renvoi ***iade etmek*** restituer, renvoyer, rétablir
ibadet prière, adoration ***ibadet etmek*** adorer, faire ses prières
ibare terme
ibaret qui consiste, consistant ***ibaret olmak*** consister, être composé de
ibik crête
iblis satan, diable
ibne saliguad, salopard
ibraz presentation ***ibraz etmek*** présenter, produire
ibre aiguille
ibret exemple, leçon ***ibret almak*** tirer une leçon ***ibret olsun*** servir de leçon
ibrik aiguière
ibrişim fil de soie
icap nécessité ***icap etmek*** être nécessaire, falloir ***icabına bakmak*** s'occuper de, se charger de ***icabında*** éventuellement, si besoin est
icat invention, création ***icat etmek*** inventer
icra exécution, accomplissement ***icra etmek*** exécuter, accomplir ***icraya vermek*** mettre à exécution
icraat travail
iç intérieur, dedans; interne ***iç açıcı*** agréable ***iç çamaşırı*** sous-vêtement ***iç hastalıkları*** maladies internes ***iç içe*** l'un dans l'autre ***iç karartıcı*** lugubre, maussade ***iç lastik*** chambre à air ***iç savaş*** guerre civile ***iç sıkıntısı*** ennui ***içi geçmek*** défaillir de faim ***içi içine sığmamak*** être transporte de joie ***içi sıkılmak*** s'ennuyer ***içini dökmek*** épancher son cœur, s'ouvrir
içbükey concave
içecek boisson
içerde au dedans, à l'intérieur
içeri intérieur, dedans ***içeri almak*** faire entrer ***içeri girmek*** entrer dans
içerik contenu
içerisi intérieur, dedans
içerlemek être en fureur

içermek contenir, comporter, inclure
içgöç migration interne
içgüdü instinct
içgüdüsel instinctif
içgüvey gendre qui habite chez ses beaux-parents
için pour
içinde dans, dedans
içindekiler table des matières
içinden à travers ***içinden çıkamamak*** ne pas pouvoir venir à bout de qch ***içinden gelmek*** désirer
içine dans ***içine çekmek*** boire, respirer ***içine doğmak*** pressentir ***içine etmek*** bousiller
içişleri affaires intérieures ***İçişleri Bakanı*** ministre de l'intérieur ***İçişleri Bakanlığı*** ministère de l'intérieur
içki boisson alcoolique ***içki içmek*** boire
içkici buveur, ivrogne
içli sensible, sentimentale
içlidışlı intime
içmek boire, prendre; fumer
içten sincère, cordial
içtenlik sincérité
içtenlikle sincèrement
içyağı suif
içyüz secret, dessous
idam exécution capitale ***idam etmek*** exécuter
idare administration, direction ***idare etmek*** administrer, gouverner; économiser; être suffisant
idareci administrateur
idareli économique, économe
idari administratif
iddia prétention ***iddia etmek*** prétendre, soutenir
ideal idéal
idealist idéaliste
ideoloji idéologie
idman entraînement ***idman yapmak*** faire de l'entraînement
idrak compréhension, perception ***idrak etmek*** comprendre, percevoir
idrar urine
ifa execution, accomplissement ***ifa etmek*** exécuter, accomplir
ifade expression; *«huk.»* déposition ***ifade etmek*** expliquer, exprimer, articuler ***ifade vermek*** déposer en justice
iffet chasteté
iffetli chaste
iflah salut, bonheur ***iflah olmak*** trouver le bonheur
iflas banqueroute, faillite ***iflas etmek*** faire faillite
ifrat démesure, excés

ifşa divulgation ***ifşa etmek*** divilguer, révéler
iftar rupture de jeûne ***iftar etmek*** rompre le jeûne
iftihar fierté, orgueil ***iftihar etmek*** être fier de
iftira calomnie, diffamation ***iftira etmek*** calomnier, diffamer
iftiracı calomniateur
iğ fuseau, broche
iğde eléagne
iğfal séduction ***iğfal etmek*** séduire
iğne aiguille, épingle; injection, piqûre ***iğne deliği*** le chas d'une aiguille ***iğne yapmak*** injecter
iğrenç dégoûtant, répugnant
iğrendirmek répugner, dégoûter
iğrenmek se dégoûter, répugner à
ihale adjudication
ihanet trahison, traîtrise ***ihanet etmek*** trahir
iharacatçı exportateur
ihbar avertissement, notification ***ihbar etmek*** dénoncer, avertir, informer
ihbarname notification
ihlal violation ***ihlal etmek*** violer
ihmal négligence ***ihmal etmek*** négliger
ihmalci négligent
ihracat exportation ***ihracat yapmak*** faire de l'exportation
ihracatçı exportateur
ihraç exportation ***ihraç etmek*** exporter
ihsan faveur, grâce ***ihsan etmek*** accorder une grâce
ihtar avertissement ***ihtar etmek*** avertir
ihtilaf désaccord, conflit
ihtilaflı litigieux, contesté
ihtilal insurrection, révolution ***ihtilal yapmak*** se révolter, faire une révolution
ihtilalci révolutionnaire
ihtimal possibilité, probabilité
ihtimam soin, sollicitude ***ihtimam göstermek*** soignor
ihtiras ambition, avidité, passion
ihtiraslı ambitieux, passionné
ihtisas spécialisation ***ihtisas yapmak*** se spécialiser
ihtişam pompe, magnificence
ihtişamlı pompeux, magnifique
ihtivaetmek contenir, renfermer, comprendre
ihtiyaç besoin, nécessité ***ihtiyacı olmak*** avoir besoin (de)
ihtiyar vieux, vieil; vieillard

htiyarlamak vieillir
ıhtiyarlık vieillesse
ıhtiyat prudence, précaution
ihtiyatlı prudent, réservé
ihtiyatsız imprudent, inconsidéré
ihya animation, ravivement ***ihya etmek*** vivifier, animer
ikamet séjour ***ikamet etmek*** habiter, résider
ikametgâh résidence
ikaz avertissement ***ikaz etmek*** avertir
iken pendant que, tandis que, bien que
iki deux ***iki misli*** double ***iki nokta üst üste*** les deux points ***iki yakası bir araya gelmemek*** être toujours à cours d'argent ***ikide bir*** fréquemment
ikilem dilemme
ikinci deuxième, second
ikincil secondaire
ikindi après-midi
ikircim scrupule
ikiyüzlü hypocrite, faux
ikiyüzlülük hypocrisie
ikiz jumeau, jumelle ***İkizler (burcu)*** les Gémeaux
iklim climat
ikmal complètement ***ikmal etmek*** accomplir, achever
ikna persuaison, conviction ***ikna etmek*** convaincre, persuader
ikram action d'offrir à manger ou à boire; rabais ***ikram etmek*** offrir, honorer
ikramiye gratification, prime, lot ***ikramiye kazanmak*** gagner le lot
iksir élixir
iktibas citation
iktidar pouvoir, autorité ***iktidara gelmek*** venir au pouvoir
iktidarsız impuissant
iktidarsızlık impuissance
iktisadi économique
iktisat économie
iktisatçı économiste
il pays, province
ilaç médicament, remède, médecine
ilah Dieu
ilahe déesse
ilahi hymne; divine
ilahiyat théologie
ilan annonce, avis; affiche, placard ***ilan etmek*** proclamer, déclarer, afficher
ilave addition, supplément, annexe ***ilave etmek*** ajouter, adjoindre
ilçe sous-préfecture
ile avec, et
ilelebet éternellement
ilenç malédiction
ileri avant; en avant; avancé ***ileri atılmak*** s'élancer ***ileri***

gelenler les notables ***ileri gelmek*** provenir, résulter ***ileri geri konuşmak*** radoter ***ileri gitmek*** aller en avant, avancer; exagérer, aller loin ***ileri sürmek*** avancer, énoncer, proposer ***ileriyi görmek*** prévoir

ilerici progressiste

ileride à l'avenir

ilerlemek avancer; progresser, faire des progrès

iletim transmission

iletişim communication

iletken conducteur

iletki rapporteur

iletmek mener, porter, conduire

ilgeç particule, préposition

ilgi rapport, relation, intérêt ***ilgi çekici*** intéressant ***ilgi çekmek*** attirer l'attention ***ilgi göstermek*** s'intéresser à ***ilgi zamiri*** pronom relatif

ilgilendirmek concerner, intéresser

ilgilenmek s'intéresser

ilgili intéressé

ilginç intéressant

ilgisiz désintéressé, indifférent

ilgisizlik apathie, indifférence

ilham inspiration ***ilham almak*** s'inspirer

ilik moelle; boutonnière ***iliklerine kadar ıslanmak*** être trempé jusqu'à moelle

iliklemek boutonner

ilim science, savoir

ilişik annexe; rapport, relation ***ilişik olmak*** être join à

ilişki rapport, relation

ilişkin concernant, touchant

ilişmek se joindre, s'accrocher; toucher

iliştirmek joindre, attacher, accrocher

ilk premier; initial; préliminaire ***ilk defa*** pour la première fois ***ilk görüşte*** au premier abord, de prime abord ***ilk olarak*** d'abord, premièrement

ilkbahar printemps

ilkçağ antiquité

ilke principe

ilkel primitif

ilkin d'abord, premièrement

ilkokul école primaire

ilköğretim enseignement primaire

ilkönce tout d'abord, premièrement

ilkyardım aide urgence

illa(ki) absolument, à tout prix

illallah bon Dieu! sacrebleu!

ille absolument, à tout prix
illet maladie, mal
ilmek nœud coulant
ilmi seientifique
ilmühaber certificat, acquit
iltica refuge, asile ***iltica etmek*** se réfugier
iltifat compliment ***iltifat etmek*** complimenter
iltihap inflammation
iltimas faveur, protection ***iltimas etmek*** favoriser, protéger
ima allusion ***ima etmek*** faire allusion, insinuer
imal fabrication, confection ***imal etmek*** fabriquer, manufacturer, confectionner
imalat production, fabrication
imalatçı fabricant
imalı allusif
imam imam
iman croyance, foi ***iman etmek*** croire
imansız incroyant, incrédule
imar construction ***imar etmek*** construire
imdat secours
imece corvée
imge image
imgelem imagination
imgelemek imaginer
imha destruction ***imha etmek*** détruire
imkân possibilité
imkânsız impossible
imla orthographe
imparator empereur
imparatoriçe impératrice
imparatorluk impire
imrenmek envier, avoir envie de
imtihan examen
imtiyaz privilège, concession
imtiyazlı privilégié
imza signature ***imza atmak*** signer
imzalamak signer
imzasız non signé
in caverne, grotte, tanière
inanç confiance; croyance
inandırıcı persuasif
inandırmak persuader, convaincre
inanılmaz incroyable, miraculeux
inanmak croire, avoir confiance
inat obstination ***inat etmek*** s'obstiner, persister
inatçı obstiné, entêté
ince mince, fin ***ince eleyip sık dokumak*** fendre un cheveu en quatre
incebağırsak intestin grêle
incecik grêle, ténu
inceleme recherce, examen, étude
incelemek examiner, étudier
incelik minceur, finesse; raffinement

incelmek devenir mince
inceltmek amincir
inci perle
İncil bible, évangile
incinmek se meurtir, se contusionner; se froisser, se formaliser
incir figue
incitmek faire mal à; blesser
indirim réduction, rabais ***indirim yapmak*** accorder une remise à qn
indirmek descendre, faire descendre, abaisser
inek vache
ineklemek piocher, potasser
infaz exécution ***infaz etmek*** exécuter
infilak explosion ***infilak etmek*** exploser, éclater
İngiliz Anglais
İngilizce langue anglaise, anglais
İngiltere l'Angleterre
-inhali génitif
inildemek gémir
inilti gémissement, geignement
inisiyatif initiative
iniş descente, baisse
inkâr négation, dénégation, démenti ***inkâr etmek*** nier, démentir
inkılap révolution
inlemek gémir, geindre
inme descente; apoplexie, paralysie
inmek descendre; s'abaisser; décroître; baisser
inorganik inorganique
insaf équité, justice ***insaf etmek*** avoir pitié, agir avec conscience
insaflı juste, équitable
insafsız injuste, inhumain, impitoyable
insafsızca injustement, cruellement
insan homme
insanbilim anthropologie
insanca avec bienveillance
insaniyet humanité
insaniyetli humain, civil
insaniyetsiz inhumain
insanlık humanité ***insanlık dışı*** inhumain
insanoğlu homme
inşa construction ***inşa etmek*** construire, édifier
inşaat construction ***inşaat mühendisi*** ingénieur de construction
inşallah si Dieu veut!
internet Internet
intiba impression
intibak adaptation ***intibak etmek*** s'adapter
intihar suicide ***intihar etmek*** se suicider

intikal changement, transfert *intikal etmek* se transmettre; revenir à
intikam vengeance *intikam almak* se venger
intizam ordre, régularité
intizamlı régulier, ordonné
inzibat ordre, discipline
inziva solitude, retraite *inzivaya çekilmek* vivre loin du monde
ip corde, cordeau *ip atlamak* sauter à la corde *ipe sapa gelmez* sans rime, ni raison *ipin ucunu kaçırmak* ne pas savoir que faier
ipek soie
ipekböceği ver à soie
ipekli soyeux
iplik fil
ipnotizeetmek hypnotiser
ipnotizma hypnotisme
ipotek hypothèque
ipsiz sans corde; vagabond
iptal annulation, abolition *iptal etmek* annuler, abolir
iptidai primitif
ipucu tuyau
irade volonté
iradeli volontaire
İran Iran
İranlı iranien; Iranien
irat revenu
irdelemek examiner
irfan connaissance, savoir
iri gros, volumineux
irilik grosseur, volume
irin pus
irinli purulent, suppurant
iriyarı corpulent, fort
irkilmek faire un mouvement brusque
İrlanda Irlande
İrlandalı irlandais
irmik semoule
irsi héréditaire
irtibat rapport, liaison
irtica réaction
irticalen par improvisation
irtifa hauteur, altitude
is suie
İsa Jésus-Christ
isabet action de frapper *isabet etmek* toucher, atteindre, frapper
isabetli exact, qui convient
ise si
ishal diarrhée *ishal olmak* avoir la diarrhée
isim nom; *«dilb.»* substantif *isim vermek* donner un nom
iskambil carte à jouer; jeu de cartes *iskambil oynamak* jouer aux cartes
iskân peuplement
iskele débarcadère, appontement; bâbord, port
iskelet squelette
iskemle chaise
İskoç écossais

İskoçya Ecosse
İslam Islam
İslami islamique
İslamiyet islamisme
İspanya Espagne
İspanyol espagnol
İspanyolca espagnol
ispat preuve ***ispat etmek*** prouver, démontrer
ispatlamak prouver, démontrer
ispinoz pinson
ispirto alcool
ispiyon espion
ispiyonlamak dénoncer
israf prodigalité, gaspillage ***israf etmek*** prodiguer, gaspiller
İsrail Israël
İsrailli israélien
istasyon gare, station
istatistik statistique
istavrit saurel
istek désir, vouloir; souhait, appétit
istekli intéressé; candidat
isteksiz langoureux, tiède
istem demande, désir
istemek vouloir
isteristemez bon gré mal gré
istibdat despotisme, tyrannie
istidat dispositon, capacité
istif empilage, emmagasinage ***istif etmek*** empiler, emmagasiner
istifini bozmamak ne pas bouger
istifa démisson ***istifa etmek*** démissionner
istifade avantage, profit, bénéfice ***istifade etmek*** profiter, tirer profit de
istihbarat renseignements, informations ***istihbarat bürosu*** bureau de renseignements
istihdam emploi ***istihdam etmek*** employer
istihkâm fortification; génie
istikamet direction, côte
istikbal avenir, futur
istiklal indépendance ***istiklal marşı*** hymne national turc
istikrar stabilité, fermeté
istikrarlı constant, durable
istikrarsız instable, inconstant
istila invasion, irruption ***istila etmek*** envahir, submerger
istim vapeur
istimlak expropriation ***istimlak etmek*** exproprier
istirahat repos, pause ***istirahat etmek*** se reposer
istirham supplication, prière ***istirham etmek*** supplier, prier
istiridye huître
istismar exploitation ***istismar etmek*** exploiter
istisna exception

istisnai exceptionnel
istişare consultation
İsveç Suède
İsveçli suédois
İsviçre Suisse
İsviçreli suisse
isyan soulèvement, révolte, insurrection ***isyan etmek*** se révolter, s'insurger
isyancı rebelle, revolté
iş travail, occupation, besogne; affaire ***iş bölümü*** division du travail ***iş işten geçti*** il est trop tard ***iş görmek*** travailler ***iş mektubu*** lettre d'affaires ***iş vermek*** embaucher ***işe girmek*** entrer en service ***işe koyulmak*** se mettre au travail ***işe yaramak*** faire l'affaire ***işe yaramaz*** futile, inutile ***işi düşmek*** avoir affaire à ***işini bilmek*** savoir y faire ***işten çıkarmak*** donner congé ***işten kaçmak*** fuir le travail
işadamı homme d'affaires
işaret signe, marque, indice ***işaret etmek*** signer
işaretlemek marquer, pointer
işbaşı commencement de travail
işbirliği collaboration, coopération ***işbirliği yapmak*** collaborer, coopérer
işçi ouvrier, travailleur
işemek pisser, uriner
işgal occupation ***işgal etmek*** occuper
işgücü pouvoir de travail
işgünü jour ouvrable
işgüzar laborieux, empressé
işitmek entendre, ouïr
işkembe tripe, boyau
işkence torture, tourment ***işkence etmek*** torturer, tourmenter
işlek passant
işlem opération
işlemek travailler; façonner; fonctionner; traiter
işletme exploitation, entreprise
işletmek faire travailler; mettre en marche, exploiter; se moquer de
işlev fonction
işlevsel fonctionnel
işlik atelier, studio
işporta éventaire de marchant ambulant
işportacı colporteur, camelot
işsiz sans-travail, chômeur ***işsiz olmak*** être en chômage
işsizlik chômage ***işsizlik sigortası*** assurance-chômage

iştah appétit ***iştah açıcı*** appétissant, apéritif
işte voilà, voici
iştirak participation ***iştirak etmek*** participer, prendre part à
işveren employeur
işyeri bureau, office
it chien
itaat obéissance ***itaat etmek*** obéir
itaatli obéissant, docile
itaatsiz désobéissant
italik italique
İtalya Italie
İtalyan italien; Italien
İtalyanca italien
itelemek repousser
itfaiye sapeurs-pompier
itfaiyeci sapeur-pompier
ithaf dédicace ***ithaf etmek*** dédier (à)
ithal importation ***ithal etmek*** importer ***ithal malı*** marchandise d'importation
ithalat importation
ithalatçı importateur
itham accusation ***itham etmek*** accuser
itibar considération, etsime ***itibar etmek*** estimerm ***itibar görmek*** être respecté
itibaren dès, à partir de
itici impulsif, rébarbatif
itikat foi, croyance ***itikat etmek*** croire
itilaf entente, accord
itimat confiancé ***itimat etmek*** se confier
itina soin, scrupule ***itina göstermek*** avoir soin de, prendre soin de
itinalı soigneux, scrupuleux
itinasız insouciant, négligent
itiraf aveu, confession ***itiraf etmek*** avouer, confesser
itiraz objection ***itiraz etmek*** objecter, opposer
itmek pousser, propulser
ittifak alliance, concorde
ivedi hâte; urgent
ivme accélération
iye possesseur
iyelik possession ***iyelik adılı «(zamiri)»*** pronom possessif
iyi bon, bien ***iyi etmek*** faire bien, faire du bien ***iyi geceler*** bonne nuit! ***iyi gelmek*** porter bonheur, convenir à, accommoder à ***iyi gitmek*** aller bien, seoir ***iyi hal kâğıdı*** certificat de bonne conduite ***iyi ki*** par bonheur ***iyi niyet*** bonne volonté ***iyi yolculuklar*** bon voyage!
iyice fort, fortement
iyileşmek s'améliorer, se rétablir

iyileştirmek améliorer, guérir
iyilik bonté, bienveillance *iyilik etmek* faire du bien
iyilikçi bienfaisant, bienveillant
iyiliksever bienfaiteur
iyimser optimiste
iyimserlik optimisme
iyon ion
iyot iode
iz trace, signe, marque
izafi relatif
izafiyet relativité
izah explication *izah etmek* expliquer, éclaircir
izahat explications
izci scout, éclaireur
izcilik scoutisme
izdiham foule, encombrement
izdüşüm projection
izin permission; congé *izin almak* prendre permission *izin istemek* demander la permission *izin vermek* donner la permission (à) *izine çıkmak* partir en vacances
izinli en permission; en congé
izinsiz sans permission
İzlanda Islande
İzlandalı islandais
izlemek suivre; regarder
izlenim impression
izleyici spectateur
izmarit *«hayb.»* mendole; mégot
izolasyon isolation
izole isolé *izole bant* bande isolante *izole etmek* isoler
izzetinefis amour-propre

J j

jaguar jaguar
jaluzi jalousie
jambon jambon
jandarma gendarmerie; gendarme
jant jante
Japon Japonais
Japonca japonais
Japonya Japon
jartiyer jarretière
jelatin gélatine
jenaretör générateur
jenerik générique
jeolog géologue
jeoloji géologie
jest geste
jet jet
jeton jeton
jigolo gigolo
jilet lame de rasoir
jimnastik gymnastique *jimnastik yapmak* faire de la gymnastique
jimnastikçi gymnaste
jinekolog gynécologue

jinekoloji gynécologie
joker joker
jokey jockey
jöle gelée
judo judo
jübile jubilé
Jüpiter Jupiter
jüpon jupon
jüri jury

K k

kaba grossier, gros, épais ***kaba et*** fesse ***kaba saba*** grossier ***kaba taslak*** simple projet
kabadayı bravache, fanfaron
kabadayılık bravacherie, fantaronnade
kabahat faute, délit ***kabahat etmek*** commettre une faute
kabahatli fautif, coupable
kabak courge ***kabak tadı vermek*** ennuyer, se rendre insupportable
kabakulak oreillons
kabalaşmak devenir grossier, devenir vulgaire
kabalık grossièreté, impolitesse ***kabalık etmek*** se montrer grossier
kaban caban
kabarcık bulle, globule; enflure, pustule
kabarık enflé, gonflé
kabarmak gonfler; enfler, grossir
kabartma relief
kabartmak faire gonfler, enfler, gonfler
Kâbe Kaaba
kabız constipation ***kabız olmak*** être constipé
kabızlık constipation
kabile tribu
kabiliyet aptitude, talent
kabiliyetli capable, doué
kabiliyetsiz incapable, inhabile
kabine cabine; cabinet
kabir tombeau, sépulcre
kablo câble
kabuk écorce, croûte, pelure, peau, enveloppe, coque ***kabuk bağlamak*** être couvert d'une écorce ***kabuğunu soymak*** écorcer
kabuklu couvert d'une écorce
kabul acceptation; réception ***kabul etmek*** accepter, agréer, recevoir
kaburga côte
kâbus cauchemar
kabza poignée

kaç combien ***kaç kere*** combien de fois? ***kaç para*** combien sa coûte?
kaça à combien, à quel prix
kaçak fugitif, déserteur
kaçakçı contrebandier
kaçakçılık contrabande ***kaçakçılık yapmak*** frauder, trafiquer
kaçamak fuite; faux-fuyant ***kaçamak yapmak*** user de faux-fuyant
kaçık dingue, loufoque
kaçınılmaz inévitable
kaçınmak s'abstenir, éviter
kaçırmak manquer, rater
kaçış fuite, évasion
kaçmak fuir, s'evader, s'en aller, s'enfuir
kadar tant, tant que; environ, approximativement; jusqu'à, jusqu'en
kadastro cadastre
kadavra cadavre
kadeh verre, coupe
kademe degré, échelon
kader destin, destinée
kadın femme, dame
kadınlık féminité, état de femme
kadınsı efféminé
kadırga grande galère
kadife velours
kadir1 puissant, capable
kadir2 valeur, etsime ***kadir bilmek*** apprécier le mérite
kadran cadran
kadro cadre
kafa tête; mentalité ***kafa dengi*** ami intime ***kafa patlatmak*** se creuser la tête ***kafa şişirmek*** échauffer la tête ***kafa tutmak*** tenir tête ***kafadan kontak*** au cerveau fêlé ***kafası çalışmak*** avoir de la tête, être intelligent ***kafası kızmak*** piquer une colère ***kafasına koymak*** se mettre qch dans la tête ***kafasına takılmak*** obséder ***kafasını karıştırmak*** intriguer ***kafasını ütülemek*** raser ***kafayı çekmek*** boire un coup de trop
kafalı intelligent, réfléchi
kafasız stupide, sot
kafatası crâne
kafein cafeine
kafes cage, grillage
kafeterya café
kâfi suffisant; assez
kafile convoi, caravane
kâfir infidèle
kafiye rime
kâğıt papier ***kâğıt mendil*** mouchoir en papier, kleenex ***kâğıt oyunu*** jeu de cartes ***kâğıt para*** billet de banque ***kâğıt sepeti*** corbeille à papier

kâh parfois, tantôt ***kâh ... kâh*** tantôt ... tantôt
kahır souffrance, chagrin
kâhin devin, oracle
kahkaha éclat de rire ***kahkaha atmak*** éclater de rire
kahpe prostituée; perfide
kahpelik prostitution; perfidie
kahraman héros
kahramanlık héroïsme
kahretmek écraser, affliger, chagriner
kahrolmak être très chagriné ***kahrolsun*** à bas ...!
kahvaltı petit déjeuner ***kahvaltı yapmak*** faire le petit déjeuner
kahve café ***kahve fincanı*** tasse à café ***kahve kaşığı*** cuiller à café ***kahve yapmak*** faire du café
kahvehane café
kahverengi brun
kâhya intendant
kaide fondement, base; régle, principe
kâinat univers
kaka crottin ***kaka yapmak*** faire caca
kakao cacao
kakmak pousser, ficher; incruster, marqueter
kaktüs cactus
kala moins, avant
kalabalık foule; encombré par le foule
kalan reste, restant
kalas poutre
kalay étain
kalaylamak étamer; reprocher, gronder
kalbur crible
kalburüstü élite, choisi
kalça hanche
kaldıraç levier
kaldırım pavé ***kaldırım mühendisi «arg.»*** flâneur, fainéant
kaldırmak soulever, lever, hausser; enlever, abolir
kale fort, citadelle; but
kaleci gardien de but
kalem crayon ***kalem kutusu*** plumier ***kalem ucu*** mine, plume ***kaleme almak*** rédiger
kalemtıraş taille-crayon
kalender débonnaire, bohème
kalfa apprenti avancé dans un métier
kalıcı continuel, permanent
kalın épais, gros ***kalın kafalı*** esprit obtus, tête dure
kalınbağırsak gros intestin
kalınlık épaisseur
kalıntı reste, débris
kalıp moule, forme, matrice
kalıt héritage
kalıtım hérédité

kalifiye qualifié ***kalifiye işçi*** ouvrier qualifié
kalite qualité
kaliteli de qualité
kalitesiz calité inférieure
kalkan bouclier; *«hayb.»* turbot
kalkındırmak relever, développer
kalkınma développement, relèvement
kalkınmak se relever, se développer
kalkış départ
kalkışmak entreprendre, tenter, se mettre à
kalkmak se lever, se mettre debout; s'élever, se relever; être enlevé, s'abolir
kalleş trompeur, fourbe
kalleşlik fourbe, fourberie
kalmak rester, demeurer ***kaldı ki*** or, de plus
kalori calorie
kalorifer chauffage central
kalp1 cœur ***kalp krizi*** crise cardiaque ***kalbini kırmak*** affliger, briser le cœur à
kalp2 faux, falsifié
kalpazan faux-monnayeur
kalsiyum calcium
kaltak femme de mauvaise vie
kama poignard, coin
kamara cabine; chambre
kamaşmak être agacé, s'éblouir
kamaştırmak agacer, éblouir
kambiyo change
kambur bossu; bosse
kamçı fouet, cravache
kamçılamak fouetter; stimuler
kamera caméra
kameraman caméraman
kamış roseau, canne; phallus, pénis
kamp camp ***kamp kurmak*** camper ***kamp yeri*** lieu de camp, camping
kampanya campagne
kamping camping
kampus campus
kamu public
kamuflaj camouflage
kamufle camouflé ***kamufle etmek*** camoufler
kamulaştırmak nationaliser
kamuoyu opinion public
kamyon camion
kamyonet camionnette
kan sang ***kan basıncı*** pression artérielle ***kan davası*** vendetta ***kan dolaşımı*** circulation du sang ***kan grubu*** groupe sanguin ***kan kanseri*** leucémie ***kan kaybı*** perte de sang ***kan portakalı*** sanguine ***kan tahlili*** analyse du sang ***kan ter***

içinde kalmak suer trés fortement ***kan vermek*** donner du sang
kanaat contentement, sobriété; conviction ***kanaat etmek*** se contenter ***kanaat getirmek*** se convaincre de
kanaatkâr qui se suffit, modeste dans ses désirs
Kanada Canada
Kanadalı canadien
kanal canal
kanalizasyon canalisation
kanama saignement
kanamak saigner
kanarya canari
kanat aile
kanca croc, crochet ***kancayı takmak*** ne pas laisser tranquille
kancık garce; traître
kandırmak persuader, convaincre
kandil lampe à huile
kanepe canapé
kangal corde
kangren gangrène
kanguru kangourou
kanı conviction
kanıksamak être habitué, se lasser
kanıt preuve, argument
kanıtlamak prouver, argumenter
kanlı sanglant, sanguin, saignant
kanmak se persuader, être trompé
kanser cancer
kansız anémique
kansızlık anémie
kantar balance romaine
kantin cantine
kanun loi
kanuni légal
kanunsuz illégal
kanyak cognak
kap vaisselle ***kap kacak*** ustensiles, batterie de cuisine
kapak couvercle, clapet
kapalı fermé, couvert, barré
kapamak fermer, couvrir, barrer, clore
kapan trappe, piège ***kapana kısılmak*** tomber dans un piège
kapanış fermeture, clôture
kapanmak se fermer, fermer, se boucher
kaparo acompte, arrhes
kapasite capacité
kapatmak enfermer, couvrir, fermer, boucher, barrer
kapı porte ***kapı dışarı etmek*** mettre à la porte ***kapıyı çalmak*** sonner à la porte
kapıcı concierge, portier
kapılmak se laisser entraîner, se laisser séduire

kapış action de saisir ***kapış kapış gitmek*** s'écouler bien
kapışmak se battre, se disputer
kapital capital
kapitalist capitaliste
kapitalizm capitalisme
kaplamak couvrir, recouvrir, envelopper
kaplan tigre
kaplıca station thermale
kaplumbağa tortue
kapmak arracher, saisir, happer
kaporta capot
kapris caprice
kaprisli capricieux
kapsam envergure, portée, teneur
kapsamak contenir, comprendre
kapsül capsule
kaptan capitaine
kaput manteau militaire, capote
kâr bénéfice, profit ***kâr etmek*** gagner, profiter, faire un gain
kar neige ***kar gibi*** blanc comme la neige ***kar fırtınası*** tempête de neige ***kar yağmak*** neiger ***kardan adam*** le bonhomme de neige
kara1 noir; malheureux, sinistre ***kara cahil*** illettré ***kara çalmak*** calomnier ***kara haber*** nouvelle douleureuse ***kara liste*** liste noir
kara2 terre, terre ferme ***kara kuvvetleri*** armée de tere ***karaya çıkmak*** débarquer ***karaya oturmak*** échouer
karabasan cauchemar
karabatak plongeon
karabiber poivre noir
karaborsa marché noir
karaca chevreuil
karaciğer foie
Karadeniz Mer Noire
karakol commissariat de police, poste de jandarmerie
karakter caractère
karakteristik caractéristique
karaktersiz sans caractère
karalamak noircir, ébaucher un texte
karaltı noirceur, silhouette
karambol carambolage
karamela caramel
karamsar pessimiste
karamsarlık pessimisme
karanfil œillet; girofle
karanlık obscurité; obscure, sombre ***karanlık basmak*** faire nuit
karanlıkta dans l'obscurité

karantina quarantaine *karantinaya almak* mettre en quarantaine
karar résolution, décision *karar vermek* décider *kararını vermek* se décider
karargâh quartier, quartier général
kararlaştırmak arrêter, décider, fixer
kararlı résolu, décidé
kararmak noircir; s'obsurcir
kararname décret
kararsız indécis, instable
kararsızlık indécision, irrésolution
karartma black-out
karartmak assombrir, noircir, obscurcir
karasevda mélancolie
karasuları eaux territoriales
karatahta tableau noir
karatavuk merle
karate karaté
karavan caravane
karavana gamelle
karayel vent du nord-ouest
karayolu nationale
karbon carbone
karbonkâğıdı carbone
karbüratör carburateur
kardeş frère, sœur
kardeşlik fraternité
kare carré
karekök racine carrée
kareli quadrillé
karga corbeau
kargaşa bouleversement, chaos
kargo cargo
karı épouse, femme *karı koca* époux
karın ventre, abdomen *karın ağrısı* colique *karnı acıkmak* avoir faim *karnı doymak* être rassasié
karınca fourmi
karıncalanmak fourmiller
karış empan
karışık mêlé, mixte, mélangé; en désordre, pêle-mêle
karışıklık désordre, confusion
karışım mélange, mixture
karışmak se mêler, se confondre; intervenir
karıştırmak mêler, melanger; embrouiller, mettre en désordre
karides crevette
karikatür caricature
kariyer carrière
karlı neigeux
kârlı profitable, lucratif
karma mêlé, mixte
karmak amalgamer, battre
karmakarışık embrouillé, pêle-mêle
karmaşık complexe, touffu
karnabahar chou-fleur
karnaval carnaval

karne carnet; bulletin
karo carreau
karoser carrosserie
karpuz pastèque
kârsız sans profit
karşı contre, vis-à-visde, vers; vis-à-vis; opposé, contraire ***karşı çıkmak*** s'opposer à, protester contre ***karşı gelmek*** déroger à, tenir tête à ***karşı karşıya*** en regard, vis-à-vis ***karşı koymak*** s'opposer, résister, faire face ***karşı olmak*** être opposé à
karşılamak accueillir, recevoir, aller au devant de
karşılaşmak se rencontrer, s'affronter
karşılaştırmak comparer
karşılık réponse, réplique, répartie; compensation, récompense ***karşılık olarak*** en réponse à ***karşılık vermek*** répliquer, répondre
karşılıklı réciproque, mutuel
karşılıksız découvert ***karşılıksız çek*** chèque sans provision
karşın malgré, en dépit de
karşıt opposé ***karşıt görüşlü*** dissident
karşıtlık contraste, opposition
kart carte; vieux, défraichi
kartal aigle
karton carton
kartpostal carte postale
kartvizit carte de visite
karyola lit
kas muscle
kasa coffre-fort, caisse
kasaba petite ville, bourg
kasap boucher; *«(dükkân)»* boucherie
kâse tasse, bol, écuelle
kaset cassette
kasık aine
kasılmak se contracter, se raccourcir; se vanter, fanfaronner
kasım novembre
kasımpatı chrysanthème
kasıntı somptueux, faste
kasırga tourbillon, ouragon
kasıt intention, but, dessein
kasıtlı avec préméditation, intentionnel
kasiyer caissier
kaskatı très dure
kasket casquette
kasmak raccourcir, rétrécir, resserrer ***kasıp kavurmak*** terroriser
kasnak cerceau, cercle
kasten intentionnellement, à dessein
kastetmek entendre, viser, avoir l'intention de
kasti intentionnel, délibéré

kasvet tristesse, mélancolie, ennui
kasvetli triste, mélancolique, sombre
kaş sourcil ***kaş çatmak*** froncer les sourcils ***kaş göz etmek*** faire des signes d'habileté ***kaşla göz arasında*** en un clin d'oeil
kaşar sorte du fromage turc
kaşe cachet
kaşık cuiller, cuillère
kaşımak gratter
kaşınmak se gratter; démanger
kaşıntı démangeaison
kâşif explorateur, inventeur
kaşkol cache-col
kat étage, couche; pli ***kat kat*** en plusieurs étages
kataliz catalyse
katalog catalogue
katar train
katedral cathédrale
kategori catégorie
katetmek couper; traverser, franchir
katı dur, solide, rigide ***katı yükrekli*** qui a le cœur dur, sec
katılaşmak se durcir, se solidifier
katılım participation
katılmak être ajouté, être mêlé; particeper, prendre part à
katır mulet
kati définitif, précis, certain
katil assassin, meurtrier
kâtip secrétaire
katiyen définitivement, jamais
katkı contribution, additif ***katkıda bulunmak*** contribuer
katlamak plier, plisser
katlanmak se plier, être plié; endurer, supporter
katletmek assassiner, tuer; massacrer
katliam massacre, carnage
katma action d'ajouter ***katma değer vergisi, KDV*** impôt de valeur ajouté, IVA
katmak ajouter, joindre, attacher
katman couche
Katolik catholique
Katoliklik catholicisme
katot cathode
katran goudron
katsayı coefficient
kauçuk caoutchouc
kavak peuplier
kaval flûte de berger
kavalye cavalier
kavanoz pot, bocal
kavga querelle, dispute ***kavga etmek*** se quereller, se disputer
kavgacı querelleur
kavim peuple, tribu

kavis arc, courbe
kavram concept, notion
kavramak empoigner, saisir; comprendre, concevoir
kavrayış compréhension, intelligence
kavşak confluent, croisement, jonction
kavuk bonnet de drap
kavun melon
kavuniçi couleur d'un jaune rougeâtre et foncé
kavurma viande fricassée, viande rôtie; conserve de viande
kavurmak griller, rôtir
kavuşmak se joindre, se toucher; se rencontrer, se revoir
kaya roc, rocher, roche
kayak ski ***kayak yapmak*** faire du ski, skier
kaybetmek perdre, égarer
kaybolmak se perdre, s'égarer
kaydetmek écrire, inscrire, enregistrer
kaydolmak se faire inscrire
kaygan glissant
kaygı souci, chagrin, anxiété
kaygılandırmak tracasser, inquiéter, ennuyer
kaygılanmak se soucier de, s'inquiéter
kaygılı soucieux, affligé, inquiet
kaygısız insoucieux, sans souci
kayık canot, barque
kayın *«bitk.»* hêtre; beau-frére
kayınbirader beau-frére
kayınpeder beau-père
kayınvalide belle-mère
kayıp perte, dommage; perdu
kayırmak protéger, soigner, favoriser
kayısı abricot
kayış courroie, lanière
kayıt enregistrement
kayıtlı inscrit, enregistré
kayıtsız ne pas enregistré; indifférent, insouciant ***kayıtsız kalmak*** rester insoucieux ***kayıtsız şartsız*** inconditionnel, sans aucune réserve
kayıtsızlık indifférence
kaymak1 crème
kaymak2 glisser, couler
kaymakam sous-préfet
kaymaklı crémeux
kaynak soudure; source; origine ***kaynak yapmak*** souder
kaynakça bibliographie
kaynaklanmak procéder de, résulter de
kaynama ébullition, bouillonnement ***kaynama noktası*** point d'ébullition

kaynamak bouillir; fourmiller
kaynana belle-mère
kaynar bouillant
kaynarca saurce d'eau chaude
kaynaşmak s'unir, se souder; fourmiller
kaynata beau-père
kaynatmak faire bouillir
kaypak glissant; instable, inconstant
kaytarmak éviter, user de faux-fuyant
kaz oie
kaza1 accident, sinistre ***kaza yapmak*** faire un accident ***kazaya uğramak*** subir un accident
kaza2 sous-préfecture
kazak chandail, pull-over; marı autoritaire et respecté
kazan chaudière, chaudron
kazanç gain, bénéfice, profit
kazançlı avantageux, lucratif
kazanmak gagner; acquérir
kazara par hasard
kazazede sinstré
kazı excavation ***kazı yapmak*** excaver, pratiquer une excavation
kazık pieu, poteau, piquet; coup de fusil, très cher ***kazık atmak*** prendre des prix exagérés ***kazık yemek*** être dupé
kazıkçı dupeur qui vend trop cher
kazıklamak prendre des prix exagérés
kazıklanmak être dupé
kazımak gratter, racler
kazma pioche, pic
kazmak creuser, fouiller
kebap rôti
keçi chèvre ***keçileri kaçırmak*** dire des folies
keçiyolu sentier
keder peine, souci, chagrin
kederlenmek s'affliger, s'attrister
kederli affligé, triste
kedi chat
kedigözü feu arrière
kefal muge, cabot
kefalet caution, garantie
kefaret expiation; pénitence
kefen linceul
kefil caution, garant ***kefil olmak*** cautionner, garantir
kehanet prédiction, divination
kek cake
kekelemek bégayer, bredouiller
kekeme bégayant; bègue
kekik thym
keklik perdrix
kel teigne, croûte; teigneux
kelebek papillon
kelek melon non mûr
kelepçe menottes

kelepir occasion
kelime mot ***kelime oyunu*** jeu de mots
kelle tête
keman violon
kement lasso
kemer ceinture, ceinturon; arche, voûte, arc
kemik os
kemirmek ronger; corroder
kemiyet quantité
kemkümetmek être indécis, bafouiller
kenar bord, bordure, côté, lisière ***kenar mahalle*** faubourg, banlieue ***kenara çekilmek*** s'effacer, se ranger
kendi même, lui-même ***kendi başına*** tout seul ***kendi halinde*** calme, inoffensif ***kendi kendine*** tout seul, de soi-même ***kendinden geçmek*** s'évanouir ***kendine gelmek*** revenir à soi ***kendini beğenmiş*** suffisant, vaniteux ***kendini bir şey sanmak*** se donner de l'importance ***kendini kaybetmek*** perdre connaissance, être hors de soi ***kendini öldürmek*** se suicider ***kendini toparlamak*** se reprendre, se ressaisir ***kendini tutmak*** se modérer
kendileri eux-mêmes, elles-mêmes
kendiliğinden automatiquement, par soi
kendim moi-même
kendimiz nous-mêmes
kendin toi-même
kendir chanvre
kendisi elle-ême, lui-même, soi
kene tique
kenef lieux d'aisance, latrines
kenet crampon, crochet
kenetlemek cramponner
kenetlenmek se cramponner
kenevir chanvre
kent ville, cité
kepaze éhonté, méprisable, ridicule ***kepaze etmek*** tourner en riducule ***kepaze olmak*** s'avilir, se déshonorer
kepçe louche, écumoire
kepek son; pellicule
kepekli pelliculeux
kepenk volet, rideau de fer
keramet miracle, oracle
kere fois
kereste bois de construction, bois de charpente
kereviz céleri
kerhane bordel
keriz égout, vache à lait

kermes kermesse
kerpeten tenailles
kerpiç pisé
kerte degré
kertenkele lézard
kertik coche, brèche; ébréché
kertmek tailler, entailler
kervan caravane
kesat stagnation des affaires
kese bourse; sachet
keser doloire
kesici tranchant
kesif dense, épais
kesik coupé; entrecoupé; coupure, incision
kesilmek être coupé, être tranché; être taillé; être abattu; être interrompu
kesim action de couper; forme, façon; secteur
kesin définitif, certain, décisif ***kesin olarak*** définitivement
kesinleşmek se déterminer, devenir certain
kesinlik certitude, exactitude, précision
kesinlikle certainement, absolument
kesinti coupure, fragment
kesintisiz brut, de suite
kesir fraction
kesişmek s'entrecouper, s'entrecroiser
kesit coupe
keskin tranchant, coupant; aigu; âcre
kesmek couper, tailler, trancher; interrompre
kestane châtaigne, marron
kestirme somme; raccourci ***kestirmeden gitmek*** raccourcir son chemin
kestirmek faire couper, faire trancher; évaluer, conjecturer
keşfetmek découvrir, explorer
keşif découverte, exploration
keşiş prêtre, moine
keşişleme vend du sud-est
keşke ah, si ..., que ne ...
keşmekeş confusion, désordre, tohu-bohu
ketçap ketchup
keten lin
kevgir écumoire
keyfi arbitraire, despotique
keyif aise, bonne humeur; plaisir ***keyif çatmak*** boire, s'enivrer ***keyif vermek*** enivrer ***keyfi kaçmak*** être troublé ***keyfi yerinde olmak*** avoir de l'humeur
keyifli gai, de bonne humeur
keyifsiz de mauvais humeur, indisposé, souffrant
keyifsizlik indisposition
kez fois
keza de même, aussi

kezzap eau-forte, acide nitrique
kıble direction de la Mecque
Kıbrıs Chypre
kıç derrière, croupe
kıdem ancienneté, antériorité
kıkırdak cartilage
kıl poil, cheveu ***kıl payı kurtulmak*** l'échapper belle ***kılı kırk yarmak*** couper les cheveux en quatre ***kılına dokunmak*** toucher à un cheveu de sa tête ***kılını bile kıpırdatmamak*** ne pas remuer le petit doigt
kılavuz guide, conducteur
kılavuzluk guidage, pilotage ***kılavuzluk etmek*** guider, orienter
kılçık arête
kılıbık pantouflard, homme qui a peur de sa femme
kılıç épée, sabre
kılıçbalığı espadon
kılıf gaine, étui, fourreau
kılık habillement, accoutrement, tenue
kılıksız mal habillé
kıllı poilu, velu
kılmak faire, rendre
kılsız sans cheveux, chauve
kımıldamak bouger, se mouvoir
kımıldatmak bouger, mouvoir, remuer
kın fourreau, gaine
kına henné
kınamak blâmer, reprocher
kıpırdamak bouger, se mouvoir
kıpırdatmak mouvoir, remuer
kıpırtı mouvement, frétillement
kıpkırmızı très rouge
kır1 champs, campagne
kır2 gris, grisâtre
kıraç inculte, aride
kırağı gelée blanche
kırat carat
kırbaç fouet, cravache
kırbaçlamak cravacher, fouetter
kırgın faché, blessé, froissé
kırgınlık fâcherie, ressentiment
kırıcı froisse, blesse
kırık cassé, rompu; cassure; fracture
kırılmak être cassé; se casser, se briser; se fâcher
kırmızıbiber paprika, poivron rouge
kırıntı débris, fragment, miette
kırışık plissé, froisse; ride
kırışmak se froisser; partager
kırıştırmak rider, froisser; flirter
kırıtmak faire des manières, minauder

kırk quarante ***kırk yılda bir*** peu fréquent
kırkayak mille-pattes
kırkmak tondre
kırlangıç hirondelle
kırmak casser, briser; rompre, fracasser; blesser, froisser, heurter
kırmızı rouge ***kırmızı şarap*** vin rouge
kırpmak tondre, tailler
kırsal rural, rustique
kırtasiye papeterie
kırtasiyeci papetier; papeterie
kısa court, bref, sommaire ***kısa çizgi*** trait d'union ***kısa çorap*** chaussette, socquette ***kısa dalga*** onde courte ***kısa sürede*** à bref délal
kısaca brièvement, en bref
kısacası bref, en résumé
kısalık brièveté
kısalmak devenir court, se raccourcir, diminuer
kısaltma abréviation
kısaltmak raccourcir, écourter, diminuer
kısık serré, comprimé, rauque
kısım partie, part, portion
kısır stérile, improductif
kısırdöngü cercle vicieux
kısırlık stérilité
kısıtlama restriction
kısıtlamak restreindre
kısıtlı restreint
kıskaç pince, tenaille
kıskanç envieux, jaloux
kıskançlık envie, jalousie
kıskandırmak inspirer de la jalousie
kıskanmak envier, être jaloux
kısmak diminuer, amoindrir
kısmen en partie, partiellement
kısmet sort, chance, destinée
kısmi partiel
kısrak jument
kıstas critère
kıstırmak serrer, comprimer, coincer
kış hiver ***kış uykusu*** sommeil hivernal ***kış uykusuna yatmak*** hiberner ***kışı geçirmek*** passer l'hiver
kışın l'hiver, en hiver
kışkırtmak stimuler, provoquer, inciter
kışla caserne
kışlık hivernal, propre à l'hiver
kıt peu, rare, en petite quantité ***kıt kanaat geçinmek*** joindre difficilement les deux bouts
kıta continent; ***«ask.»*** détachement; strophe

kıtırkıtır croquant, croustillant
kıtlık disette, famine
kıvam consistance
kıvanç joie, plaisir ***kıvanç duymak*** avoir plaisir
kıvılcım étincelle
kıvırcık crépu, frisé
kıvırmak plisser, friser, ourler, onduler
kıvırzıvır peu important
kıvrak leste, agile
kıvranmak se tortiller
kıvrılmak être tordu; se tortiller, s'accroupir
kıvrım pli, boucle, anse
kıyafet habillement, tenue, accoutrement ***kıyafet balosu*** bal costumé
kıyak suberbe, excellent
kıyamet résurrection; tumulte, confusion ***kıyamet gibi*** en très grand nombre ***kıyameti koparmak*** se fâcher rouge, faire une scène
kıyas analogie, comparaison
kıyasıya impitoyablement, sans merci
kıyaslamak comparer
kıyı bord, rive, rivage, côte
kıyma hachis
kıymak hacher; faire du mal, tuer; ne pas épargner
kıymet valeur, prix
kıymetli précieux
kıymetsiz sans valeur
kıymık écharde
kız fille, jeune fille; vierge ***kız arkadaş*** petite amie ***kız evlat*** fille ***kız kardeş*** sœur
kızak traîneau, luge ***kızak kaymak*** aller en luge, luger
kızamık rougeole
kızarmak rougir; frire
kızartma rôti, friture
kızartmak rôtir, frire, faire rougir
kızdırmak agacer, fâcher, exciter, irriter; chauffer
kızgın très chaud, ardent; en colère, furieux
kızgınlık ardeur, colère, irritation; chaleur
kızıl rouge, écarlate; ***«hek.»*** scarlatine
Kızılay Croissant-Rouge
kızılcık cornouille
Kızılderili Peau-Rouge
Kızılhaç Croix-Rouge
kızlık virginité
kızmak se fâcher, se mettre en colère; chauffer
ki que
kibar distingué, gentil, élégant
kibarlık distinction, élégance, gentillesse
kibir orgueil, arrogance
kibirli orgueilleux, arrogant
kibrit allumette
kifayet suffisance

kil argile, glaise
kiler garde-manger, cave
kilim tapis ras
kilise église
kilit serrure
kilitlemek fermer à clé
kilitli fermé à clé
kilo kilo, kilogramme ***kilo almak*** grossir, prendre du poids ***kilo vermek*** maigrir
kilometre kilomètre
kilovat kilowatt
kim qui ***kim o*** qui est-ce? ***kim olursa olsun*** n'importe qui
kimi certains ***kimi zaman*** parfois, quelquefois
kimin à qui, de qui
kimlik identité ***kimlik kartı*** carte d'identité
kimse quelqu'un, personne
kimsesiz seul, sans famille
kimya chimie
kimyager chimiste
kimyasal chimique
kimyon cumin
kin haine, rancune ***kin beslemek*** nourrir une haine contre qn
kinaye allusion
kinci haineux, vindicatif
kip *«dilb.»* mode
kir crasse, saleté
kira loyer, louage ***kiraya vermek*** louer
kiracı locataire
kiralamak louer
kiralık à louer
kiraz cerise
kireç chaux
kiremit tuile
kiriş poutrelle ***kirişi kırmak*** fuir
kirlenmek se salir, se souiller
kirletmek salir, souiller
kirli sale, crasseux
kirpi hérisson
kirpik cil
kişi homme, personne
kişilik personnalité
kişisel personnel
kişnemek hennir
kitabe inscription, épitaphe
kitabevi librairie
kitap livre
kitapçı libraire
kitaplık bibliothèque
kitapsever bibliophile
kitle masse
klakson klaxon, corne ***klakson çalmak*** avertir, klaxonner
klasik classique
klasör classeur
klavye clavier
klima aire-condition
klinik clinique
klişe cliché
klor chlore
koalisyon coalition

kobay cobaye, cochon d'inde
koca1 époux, mari ***kocaya vermek*** marier
koca2 grand, énorme
kocamak vieillir
kocaman grand, énorme, colossal
koç bélier ***Koç (burcu)*** le Bélier
koçan épi; talon, souche
kod code
kodaman huile, magnat
kodes prison
kof creux, vide
koğuş dortoir
kok coke
kokain cocaïne
kokarca putois
koklamak sentir, flairer
kokmak sentir
kokteyl cocktail
koku odeur, parfum ***koku sürmek*** parfumer
kokulu parfumé, odorant
kokusuz inodore
kokutmak répandre une odeur, empester
kol bras; manche; loquet ***kol gezmek*** croiser, patrouiller ***kol kola*** bras dessus, bras dessous ***kol saati*** montre-bracelet
kola amidon, colle
kolay facile, aisé ***kolay gelsin*** bonne succès! ***kolayını bulmak*** trouver les moyens
kolayca facilement
kolaylaşmak être facile
kolaylaştırmak faciliter, simplifier
kolaylık facilité, aisance
kolej collège, école privée
koleksiyon collection ***koleksiyon yapmak*** collectionner
koleksiyoncu collectionneur
kolektif collectif ***kolektif şirket*** société en nom collectif
kolera choléra
kolestrol cholestérol
koli colis postal
kollamak guetter, attendre; préserver, garder
koloni colonie
kolonya eau de Cologne
kolordu corps d'armée
koltuk aiselle; fauteuil ***koltuk değneği*** béquille ***koltukları kabarmak*** s'enorgueiller
kolye collier
koma coma ***komaya girmek*** entrer dans la coma
komanditşirket société en commandite
komando commando
kombinezon combinaison
komedi comédie
komedyen comédien

komik comique, plaisant, rigolo
komiser commissaire
komisyon commission
komisyoncu commissionnaire
komite comité
komodin table de nuit
kompartıman compartiment
komple complet; complètement
kompleks complexe
kompleksli complexé
kompliman compliment ***kompliman yapmak*** complimenter
komplo complot ***komplo kurmak*** comploter
komposto compote
kompozisyon composition
komşu voisin
komşuluk voisinage
komut ordre, commandement
komutan commandant
komutanlık commandement
komünist communiste
komünizm communisme
konak résidence, relais, étape
konaklamak stationner, résider
konçerto concerto
kondansatör condansateur
kondisyon condition
konfeksiyon confection, prêt-àporter
konferans conférence ***konferans vermek*** donner une conférence
konfor confort
konforlu confortable
konforsuz inconfortable
kongre congrès
koni cône
konjonktür conjoncture
konmak descendre, camper; tomber, se poser
konsantrasyon concentration
konsantreolmak se concentrer
konser concert
konservatuvar conservatoire
konserve conserve
konsolos consul
konsolosluk consulat
kont comte
kontak contact, court-circuit
kontaklens verres de contact
kontenjan contingent
kontrat contrat
kontratak contreattaque
kontrol contrôle, inspection ***kontrol etmek*** contrôler
kontrplak contre-plaqué
konu sujet, objet, thème
konuk hôte, invité

konukomşu voisins et pussants
konuksever hospitalier
konukseverlik hospitalité
konum position, location
konusunda au sujet de, sur
konuşkan causeur, jaseur
konuşma conversation; conférence
konuşmacı conférencier, orateur
konuşmak parler, dire
konut domicile, habitation, logement
konvoy convoi
konyak cognac
kooperatif coopérative
koordinasyon coordination
koparmak arracher, détacher, couper
kopça agrafe
kopmak se couper, se rompre, être arraché
kopuk détaché; polisson, vagabond
kopya copie ***kopya çekmek*** copier
kor brasier, braise
kordon cordon
korgeneral général de corps d'armée
koridor corridor
korkak peureux, poltron, lâche
korkaklık lâcheté, poltronnerie
korkmak craindre, avoir peur
korku crainte, peur
korkuluk épouvantail; parapet, garde-fou
korkunç horrible, terrible, effrayant
korkusuz intrépide, sans peur
korkutmak effrayer, faire peur
korna klaxon ***korna çalmak*** klaxonner
korner corner
korniş corniche
koro chœur
korsan corsaire, pirate
korsanlık piraterie
koru bois, bocage, bosquet
koruma protection
korumak protéger
korunmak être protégé, se ménager, se garder
koruyucu protecteur; préventif
koskoca très grand, énorme
kostüm costume
koşmak courir
koşu course
koşucu coureur
koşul condition
koşuşmak courir ça et là, accourir en foule
koşut parallèle
kot *«kon.»* blue-jean
kota contingent, quota
kotra cotre

kova seau ***Kova (burcu)*** le Verseau
kovalamak poursuivre, pourchasser
kovan ruche; douille
kovboy cow-boy ***kovboy filmi*** western
kovmak chasser, expulser
koy baie, anse
koyak valée
koymak mettre, poser, placer
koyu épais, visqueux; foncé
koyulaşmak s'epaissir, devenir fonce
koyulaştırmak rendre épais; rendre plus foncé
koyulmak commencer, entreprendre
koyun1 mouton
koyun2 sein ***koynuna girmek*** coucher avec qn
koyuvermek lâcher, libérer; lâcher prise, ne pas tenir
koz atout
koza cocon
kozalak cône
kozmetik cosmétique
kozmopolit cosmopolite
köfte boulette
köhne vieux, périmé; usé
kök racine ***kök salmak*** enraciner ***kökünü kazımak*** exterminer, extirper
köken source, origine
köklü enraciné, fondamental
köknar sapin, pin sylvestre
köle esclave
kölelik esclavage, servitude
kömür charbon
köpek chien
köpekbalığı requin
köprü pont
köpük écume, mousse
köpüklü écumeux, mousseux ***köpüklü şarap*** vin mousseux
köpürmek écumer, mousser
kör aveugle ***kör etmek*** aveugler ***kör talih*** malchance ***körü körüne*** en aveugle
körbağırsak cœcum, appendice
körebe colin-maillard
körelmek perdre sa vivacité, perdre son activité
körfez golfe
körlük cécité; aveuglement
körpe frais, tendre
körük soufflet
köse imberbe, glabre
kösele cuir
köstebek taupe
köstek entrave
kösteklemek entraver
köşe coin, angle ***köşe atışı*** corner ***köşe başı*** coin d'une rue ***köşe bucak*** dans les coins et recoins ***köşe kapmaca*** quatre

coins ***köşeyi dönmek*** s'enrichir
köşegen diagonal
köşeli angulaire, anguleux ***köşeli parantez*** crochets
köşk villa, chalet, manoir
kötek rossée, bastonnade ***kötek atmak*** donner une bastonnade ***kötek yemek*** recevoir une bastonnade
kötü mauvais; méchant ***kötü gitmek*** aller mal, clocher ***kötü kalpli*** malveillant ***kötü karakter*** mauvais carctère ***kötü söz*** méchanceté ***kötü yola düşmek*** devenir prostituée ***kötüye kullanmak*** abuser de
kötülemek blâmer, dénigrer
kötüleşmek devenir mauvais, se gâter
kötülük mal, méchanceté ***kötülük etmek*** faire du mal à
kötümser pessimiste
kötümserlik pessimisme
kötürüm estropié, paralytique
köy village, campagne
köylü villageois, paysan
kral roi
kraliçe reine
kraliyet monarchie
krallık royaume, royauté
kramp crampe
krampon crampon
krater cratère
kravat cravate
kredi crédit ***kredi kartı*** carte de crédit ***kredi mektubu*** lettre de crédit
krem crème
krema crème
kremalı crémeux
krep crêpe
kreş crèche, pouponnière
kriket cricket
kriko cric
kristal cristal
kriter critère
kritik critique
kriz crise
kroki croquis
krom chrome
kromozom chromosome
kronik chronique
kronometre chronomètre
kuaför coiffeur
kubbe coupole, dôme
kucak giron, sein
kucaklamak étreindre, embrasser
kucaklaşmak s'étreindre, s'embrasser
kudret puissance, force
kudretli puissant
kudurmak avoir la rage; enrager, être furieux
kuduz rage
kuğu cygne
kukla marionnette, fantoche

kul esclave, serf; créature
kulaç brasse
kulak oreille ***kulak ağrısı*** otalgie ***kulak asmamak*** ne pas écouter ***kulak kabartmak*** tendre l'oreille ***kulak vermek*** prêter l'oreille ***kulaklarını açmak*** ouvrir ses oreilles ***kulağı ağır işitmek*** avoir l'oreille dure ***kulağına söylemek*** chuchoter qch à l'oreille de qn ***kulağını çekmek*** tirer l'oreille à qn
kulaklık écouteur; appareil acoustique
kulampara pédéraste
kule tour, clocher
kulis coulisse
kullanıcı utilisateur, usager
kullanılmış usé, usagé
kullanım usage
kullanış emploi
kullanışlı maniable, pratique, commode
kullanışsız incommode, inconfortable
kullanmak se servir, utiliser, employer; conduire
kulp anse, manche
kuluçka couveuse; incubation ***kuluçkaya yatmak*** couver
kulübe cabane, hutte
kulüp club
kum sable ***kum fırtınası*** tempête de sable
kuma deuxième femme
kumanda commandement ***kumanda etmek*** commander
kumandan commandant
kumanya provisions
kumar jeu, jeu de hasard ***kumar oynamak*** jouer
kumarbaz joueur
kumarhane tripot, maison de jeu
kumaş étoffe, tissu
kumbara tirelire
kumral châtain clair
kumru tourterelle
kumsal grève, plage
kumul dune
kundak maillot d'enfant
kundakçı incendiaire
kundaklamak emmailloter
kundura soulier, chaussure
kunduracı cordonnier
kunduz castor
kupa coupe
kupkuru très sec
kupon coupon
kupür coupure
kur cour; cours ***kur yapmak*** faire la cour (à)
kura tirage au sort ***kura çekmek*** tirer au sort
kurabiye macaron
kurak sec, aride
kuraklık sécheresse, aridité

kural règle
kuraldışı exceptionnel
kurallı régulier
kuralsız irreégulier
kuram théorie
kuramsal théorique
Kuran le Coran
kurbağa grenouille, crapaud
kurban offrande, sacrifice, victime ***kurban kesmek*** immoler une bête ***kurbanı olmak*** être (la) victime de
kurcalamak tripoter, manipuler
kurdele ruban
kurgu montage
kuriye courrier
kurmak monter, instaurer, installer; fonder
kurmay état-major
kurnaz rusé
kurnazlık ruse, astuce
kurs cours
kursak jabot, gésier
kurşun plomb; bale ***kurşuna dizmek*** fusiller
kurşuni gris
kurşunkalem crayon
kurt loup, louve; ver, larve ***kurt köpeği*** chien-loup
kurtarmak sauver, délivrer, libérer
kurtlu véreux, vermoulu
kurtulmak se sauver, se libérer; échapper, s'évader
kurtuluş délivrance, salut
kuru sec, aride ***kuru fasulye*** haricot blanc ***kuru soğuk*** froid sec ***kuru temizleme*** nettoyage à sec
kurucu fondateur
kurul comité, commission
kurulamak sécher, essuyer
kurulmak être monté, être fondé; s'asseoir confortablement
kurultay congrès
kuruluş fondation, création, constitution, institution
kurum association, société, établissement; morgue, pose; suie
kurumak sécher, tarir
kuruntu appréhension, inquiétude
kuruntulu d'humeur inquiétude
kurutmak sécher, faire sécher
kuruyemiş fruits secs
kurye courrier
kusmak vomir, rendre
kusur défaut, faute, manque, erreur ***kusur bulmak*** trouver à redire à ***kusur etmek*** manquer ***kusura bakmamak*** excuser, pardonner
kusurlu défectueux, vicieux, fautif
kusursuz sans défaut, parfait

kuş oiseau ***kuş beyinli*** écervelé
kuşak ceinture, sangle; génération; zone
kuşanmak ceindre
kuşatma encerclement; siège
kuşatmak ceindre, entourner, enclaver
kuşbakışı à vol d'oiseau
kuşet couchette
kuşkonmaz asperge
kuşku soupçon, angoisse
kuşkucu soupçonneux
kuşkulanmak soupçonner, douter de
kuşkulu incertain, douteux
kuşkusuz certainement, sans doute
kuşpalazı diphtérie
kuştüyü duvet, plume
kuşüzümü raisin sec à grain
kutlamak fêter, célébrer
kutlu heureux, content
kutsal sacré, saint
kutsamak consacrer, sanctifier
kutu boîte, étui, coffre
kutup pôle
Kutupyıldızı étoile polaire
kuvars quartz
kuvvet force, puissance, pouvoir
kuvvetlendirmek renforcer, fortifier
kuvvetlenmek se renforcer, avoir plus de force
kuvvetli fort, puissant
kuvvetsiz faible, débile
kuyruk queue ***kuyruğa girmek*** faire la queue
kuyrukluyıldız comète
kuytu isolé, écarté
kuyu puits
kuyumcu orfèvre
kuzen cousin
kuzey nord
kuzeybatı nord-ouest
kuzeydoğu nord-est
kuzgun corbeau, corneille
kuzu agneau
Küba Cuba
kübik cubique
küçücük tout petit, minuscule
küçük petit ***küçük aptes*** petit d'aisances ***küçük düşürmek*** humilier, avilir ***küçük harf*** minuscule
küçüklük petitesse
küçülmek devenir petit; s'humilier
küçültmek réduire, rapetisser; humilier
küçümsemek mépriser, dédaigner
küf moisissure, moisi
küfe couffe
küflenmek moisir
küflü moisi
küfretmek injurier, jurer

küfür juron, blasphème
kükremek rugir
kükürt soufre
kül cendre ***kül tablası*** cendrier
külah bonnet
külçe lingot
külfet peine, fatigue
külfetli penible
külfetsiz sans peine
külhanbeyi matamore
küllük cendrier
külot culotte, slip
külrengi gris
kültür culture
kültürel culturel
kültürlü cultivé
kültürsüz inculte, sans culture
külüstür démodé ***külüstür araba*** tacot
küme tas, amas, groupe
kümes poulailler, basse-cour ***kümes hayvanları*** volaille
künk tuyau, conduite d'eau
künye matricule
küp jarre; cube ***küplere binmek*** être furieux
küpe boucle d'oreille
kür cure
kürdan cure-dents
küre sphère, globe
kürek pelle, bêche
küremek pelleter
kürk fourrure
kürsü chaire; tribune
kürtaj curetage utérin
küskün fâché, brouillé
küsmek se fâcher, se brouiller
küstah insolent, impertinent
küstahlık insolence, impertinence ***küstahlık etmek*** avoir le toupet
küt non aigu
kütle bloc, masse
kütük tronc; registre
kütüphane bibloithèque
kütürdemek rendre un bruit sourd, craquer
kütürtü bruit, tapage
küvet cuvette

L l

labirent labyrinthe
laboratuvar laboratoire
lacivert bleu foncé
laçka relâché ***laçka olmak*** se relâcher
laf parole, mot ***laf dinlemek*** obéir, écouter qn ***laf etmek*** parler, converser ***laf işitmek*** être grondé ***laf lafı açar*** mot entraîne l'autre ***lafa karışmak*** se mêler à une conversation ***lafı değiştirmek*** changer de conversation ***lafını bilmek*** savoir ce qu'on dit ***lafını***

kesmek couper la parole à qn
lafebesi moulin à paroles
lağım canal souterrain
lahana chou
lahit tombe, tombeau
laik laïque
laiklik laïcisme
lakap surnom, sobriquet ***lakap takmak*** surnommer
lakayt indifférent, nonchalant
lakırdı parole, mot, entretien
lakin mais, cependant
laklak paroles vaines, jaserie ***laklak etmek*** jaser, jacasser
lale tulipe
lalettayin n'importe quoi, n'importe qui
lamba lampe
lanet malédiction ***lanet etmek*** maudire ***lanet olsun*** au diable!
lapa bouille, pâtée
lastik caoutchouc; pneu
latife plaisanterie, bon mot
Latin latin
Latince latin
laubali désinvolte
laubalilik désinvolture
lav lave
lavabo lavabo
lavanta lavande
layık digne, convenable ***layık olmak*** mériter, être digne de
lazer laser
lazım nécessaire, indispensable ***lazım olmak*** être nécessaire
leblebi pois chiches grillés
leh en faveur de, pour, dans l'intérêt de ***lehine*** en feveur de
Leh polonais
lehçe dialecte, patois
Lehçe polonais
lehim soudure, étain
lehimlemek souder
leke tache ***leke etmek*** tacher
lekelemek tacher, salir, souiller
lekelenmek se tacher
lekeli taché
lenf lymphe
lens lentille; *«kon.»* verres de contact
leopar léopard
lesbiyen lesbienne
leş charogne ***leş gibi kokmak*** puer, sentir mauvais
levha tableau, panneau, plaque
levrek bar
levye levier
leylak lilas
leylek cigogne
leziz délicieux, délicat
lezzet goût, saveur; plaisir
lezzetli délicat, délicieux

lezzetsiz sans goût, sans saveur
liberal libérale
liberalizm libéralisme
Libya Lybie
Libyalı lybien
lider leader
lif filament, fibre
lig ligue
likör liqueur
liman port, rade
limit limite
limon citron
limonata limonade, citronnade
linç lynchage ***linç etmek*** lyncher
linyit lignite
lira livre
lirik lyrique
lisan langue, langage
lisans licence
lise lycée
liseli lycéen
liste liste
literatür littérature
litre litre
loca loge
lodos vend du sud-ouest
logaritma logarithme
loğusa accouchée
loğusalık couches
lojman logement
lokal local
lokanta restaurant
lokavt lock-out
lokma bouchée
lokomotif locomative
lokum lokoum, bonbon turc
lort lord
losyon lotion
loş sombre
lüfer bonite
lügat dictionnaire
lüks luxe; luxueux
lüle boucle
lütfen s'il vous plaît, s'il te plaît
lütfetmek vouloir bien, accorder
lütuf bonté, bienveillance; grâce, faveur
lüzum nécessité, besoin
lüzumlu nécessaire, indispensable
lüzumsuz inutile, superflu

M m

maalesef malheureusement
maarif instruction, éducation
maaş appointement, traitement, salaire
mabet temple
Macar hongrois
Macarca hongrois
Macaristan Hongrie
macera aventure
maceracı aventurier
macun pâte; mastic

maç match
maça pique
madalya médaille
madalyon médaillon
madde matière, substance; poste, article
maddeci matérialiste
maddecilik matérialisme
maddesel matériel
maddi matériel
maddiyat corporelles, choses matérielles
mademki puisque, attendu que
maden métal; mine, carrière
maden cevheri minerai
maden mühendisi ingénieur des mines
maden ocağı mine
madencilik exploitation des mines
madeni métallique
madensuyu eau minérale
madik tromperie ***madik atmak*** tromper, duper
mafsal jointure
magazin magazine
magnezyum magnésium
mağara caverne, grotte
mağaza dépot, magasin, boutique
mağdur qui a subi une injustice, lésé
mağduriyet privation, injustice
mağlubiyet défaite, échec
mağlup vaincu, battu
mağlup etmek vaincre
mağlup olmak être vaincu
mağrur orgueilleux, arrogant
mahalle quartier
mahalli local
maharet habileté, talent
mahcubiyet timidité, réserve
mahcup timide, réservé, honteux ***mahcup etmek*** faire honte à ***mahcup olmak*** avoir honte
mahfaza étui, écrin, boîte
mahiyet qualité, essence
mahkeme tribunal, cour
mahkûm condamné
mahkûm etmek condamner
mahkûmiyet condamnation
mahluk créature
mahmur langoureux
mahmurluk langueur, torpeur
mahmuz éperon
mahrem secret, confidentiel
mahrum privé, dépourvu
mahrum etmek priver
mahrum olmak manquer de, se priver de
mahrumiyet privation
mahsul produit, récolte
mahsur assiégé, cerné
mahsur kalmak être assiégé
mahsus propre d, particulier à

mahvetmek détruire, anéantir
mahvolmak être anéanti, être détruit
mahzen cave, magasin
mahzun triste, affligé
mahzur inconvénient
maiyet suite
majeste majesté
makale article
makam poste, autorité
makara bobine, poulie
makarna macaroni
makas ciseaux, cisailles
makat anus, derrière
makbul accepté, admis; agréable ***makbule geçmek*** faire plaisir
makbuz quittance, reçu
maket maquette
makine machine ***makine mühendisi*** ingénieur mécanicien
makineli avec machine ***makineli tüfek*** mitrailleuse
makinist mécanicien
maksat intention, but, dessein
maksimum maximum
maktul tué, assassiné
makul raisonnable, logique
makyaj maquillage ***makyaj yapmak*** se maquiller
mal bien, fortune, propriéte ***mal etmek*** s'approprier ***mal mülk*** fortune ***mal olmak*** revenir à ***mal sahibi*** propriétaire
mala truelle
mali financier, pécuniaire
malikâne grande propriété
maliye finances ***Maliye Bakanı*** ministre des finances ***Maliye Bakanlığı*** ministère des finances
maliyet prix de revient
malul infirme, invalide
malum connu ***malum olmak*** être connu
malumat connaissance, savoir, information ***malumat vermek*** informer, donner avis ***malumatı olmak*** être au courant de
malzeme matériel, matériaux
mama repas
mamul fabriqué, manufacturé
mana sens, signification
manalı significatif, expressif
manasız insignifiant, absurde
manastır monastère
manav fruitier
manda buffle; mandat
mandal loquet
mandalina mandarine
mandıra étable, bercail
mandolin mandoline
manen moralement
manevi moral, spirituel
maneviyat moral

manevra manœuvre
manevra yapmak manœuvrer
manga escouade
mangal réchaud, brasero
manganez manganèse
mangır obale, pognon
mâni obstacle, empêche
mâni olmak empêcher, gêner
manifatura manufacture
manikür manucure
manita mensonge, môme
manivela manivelle, levier
mankafa pauvre d'esprit, stupide
manken mannequin
manolya magnolia
manşet manchette
mantar champignon; liège; bouchon
mantı pâté au yogourt
mantık logique
mantıklı logique, raisonnable
mantıksız illogique, irrationnel
manto manteau
manyak maniaque
manyetik magnétique
manyeto magnéto
manzara vue, spectacle
marangoz menuisier
maraton marathon
mareşal maréchal
margarin margarine
marifet habileté, adresse
marifetli habile
mariz rossée
marizlemek rosser, donner une correction
marka marque
Marksist marxiste
Marksizm Marxisme
marmelat marmelade
Mars Mars
marş marche *marş motoru* démarreur
mart mars
martaval futilités, fanfaronnade, gasconnade
martaval okumak blaguer, hâbler, gasconner
martı mouette
marul laitue
maruz exposé, sujet à
maruz kalmak subir
masa table
masaj massage *masaj yapmak* masser
masal conte, histoire
masatenisi ping-pong, tennis de table
maskara bouffon *maskara olmak* se ridiculiser
maskaralık bouffonnerie
maske masque
maskeli masqué *maskeli balo* mascarade, bal masqué
maskot mascotte
maslahatgüzar chargé d'affaires

mason franc-maçon
masraf dépense, frais
masraf etmek dépenser
masrafa girmek faire beaucoup de frais
masraflı dispendieux
masrafsız sans frais
mastar infinitif
mastürbasyon masturbation
masum innocent
masumiyet innocence
maşa pincettes
maşallah bravo! comme c'est beau! mes compliments!
mat mat *mat etmek* donner échec à qn *mat olmak* être mat
matara gourde
matbaa imprimerie
matbu imprimé
matem deuil
matematik mathématique
materyalist matérialiste
materyalizm matérialisme
matine matinée
matkap foret, drille
matrak amusant, drôle
matrak geçmek se moquer de qn
maun acajou
mavi bleu
maya ferment, levain
mayasıl eczéma
maydanoz persil
mayhoş aigrelet, aigre-doux
mayın mine *mayın tarlası* champ de mines
mayıs mai
maymun singe *maymun iştahlı* capricieux
maymuncuk passe-partout, rossignol
mayo maillot de bain
mayonez mayonnaise
mazeret excuse
mazi passé
mazlum opprimé, tyrannisé
mazot mazout
mazur excusé, excusable
mazur görmek excuser, pardonner
meblağ somme, montant
mebus député
mecaz métaphore, sens figuré
mecazi figuré, métaphorique
mecbur forcé, obligé
mecbur etmek forcer, contraindre, imposer
mecbur olmak être obligé
mecburen forcément, obligatoirement
mecburi obligatoire
mecburiyet obligation, contrainte
meclis assemblée, conseil
meçhul inconnu, ignoré
medeni civilisé, civil
medeniyet civilisation

medet secours, assistance *medet ummak* attendre l'aide
medrese école réligionnaire
medya mass-media
meğer or, donc, mais
mehtap clair de lune
mekân endroit, lieu
mekanik mécanique
mekanizma mécanisme
mekik navette *mekik dokumak* faire la navette
Mekke La Macque
Meksika Mexique
Meksikalı mexicain
mektep école
mektup lettre
mektuplaşmak correspondre
melankoli mélancolie
melankolik mélancolique
melek ange
melemek bêler
melez métis
melodi mélodie
meltem vent de mousson
memba source, fontaine; origine
meme mamelle, sein, téton *meme emmek* têter
memeli mammifère
memleket pays; patrie
memnun content, satisfait *memnun etmek* satisfaire, contenter *memnun olmak* être content
memnuniyet contentement, satisfaction
memnuniyetle avec plaisir
memur employé, fonctionnaire, agent
memuriyet fonction, mission, office
men interdiction, prohibition *men etmek* prohiber, interdire
mendebur répugnant
menderes méandre
mendil mouchoir
mendirek brise-lames
menekşe violette
menfaat intérêt, profit, avantage
menfi négatif
mengene étau, presse
meni sperme
menkul transporté, transféré *menkul mallar* biens meubles
menopoz ménopause
mensucat textiles
mensup appartenant à
menteşe charnière, gond
menzil halte, station, étape
mera pâturage
merak curiosité, intérêt, goût *merak etmek* être curieux de, s'intéresser
meraklanmak s'inquiéter, se faire du souci
meraklı curieux; passionné

meram intention, dessein ***meramını anlatmak*** s'expliquer
merasim cérémonie
mercan corail
mercek lentille
merci autorité compétente
mercimek lentille
merdane rouleau
merdiven escalier, échelle
merhaba bonjour, bonsoir, salut
merhale étape
merhamet pitié, compassion ***merhamet etmek*** avoir pitié
merhametli pitoyable, miséricordieux
merhametsiz sans pitié, sans merci
merhem onguent, pommade
merhum défunt, décédé
meridyen méridien
Merih Mars
merkez centre; siège, central ***merkez bankası*** banque centrale
merkezi central
mermer marbre
mermi projectile, obus
merserize mercerisé
mersi merci
mert brave, courageux
mertçe bravement
mertebe degré, grade
mertlik bravoure
Meryem Marie
mesafe distance, espace
mesai efforts, travail ***mesai yapmak*** faire des heures supplémentaires
mesaj message
mesane vessie
mescit petite mosquée
mesela par exemple
mesele problème, affaire, question ***mesele çıkarmak*** faire des difficultés
mesken habitation, logement
meskûn habité
meslek profession, carrière
mesleki professionnel
meslektaş collègue, confrère
mest ivre, enthousiaste ***mest etmek*** griser, envirer ***mest olmak*** s'envirer, se griser
mesul responsable
mesuliyet responsabilité
mesuliyetli responsible
mesut heureux
meşakkat peine, fatigue, difficulté
meşale flambeau, torche
meşe chêne
meşgale occupation, travail
meşgul occupé ***meşgul etmek*** occuper, déranger ***meşgul olmak*** s'occuper
meşguliyet occupation
meşhur fameux, renommé
meşin peau, cuir

meşru légal, légitime ***meşru müdafa*** légitime défense
meşrubat boissons
meşrutiyet gouvernement costitutionnel
metabolizma métabolisme
metafizik métaphysique
metal métal
metalurji métallurgie
metan méthane
metanet solidité, fermeté
metelik sou ***meteliğe kurşun atmak*** n'avoir ni sou ni maille
meteliksiz fauché, sans le sou
meteor météore
meteoroloji météorologie
methetmek louer
metin texte; ferme, solide
metot méthode
metre mètre ***metre kare*** mètre carré ***metre küp*** mètre cube
metres maîtresse
metro métro
mevcut présent, existant; disponible, effectif ***mevcut olmak*** exister, être
mevduat depôt en banque
mevki lieu, place; position
mevsim saison
mevzi place, position
mevzu sujet, objet, matière
mevzuat législation
meydan place, champ ***meydan okumak*** braver, défier ***meydana çıkarmak*** découvrir, dévoiler ***meydana çıkmak*** se faire jour ***meydana gelmek*** avoir lieu ***meydana getirmek*** composer, enfanter
meydanda visible
meyhane cabaret, bistrot, taverne
meyil inclinaison, pente
meyilli incliné, penché
meymenet bonheur
meymenetsiz de mauvais augure
meyve fruit ***meyve salatası*** salade de fruits ***meyve suyu*** jus de fruits
mezar tombeau, sépulcre
mezarlık cimetière
mezat enchère
mezbaha abattoir
meze hors-d'œuvre
mezgit merlan
mezhep religion, secte
meziyet vertu, qualité
mezun diplomé, gradué ***mezun olmak*** terminer ses études (à une école)
mezuniyet remise de diplômes
mezura mètre à ruban
mıknatıs aimant
mıntıka zone, région

mırıldanmak murmurer, marmonner
mırıltı murmure, marmottement
Mısır Égypte
mısır maïs
Mısırlı égyptien
mısra vers
mışılmışıluyumak dormir à poings fermés
mıymıntı lambin, lourdaud, maladroit
mızıkçı tricheur
mızıkçılık tricherie
mızmız tâtillon, difficile, méticuleux
mızrak lance
mide estomac ***mide ağrısı*** maux d'estomac, gastralgie ***mide bulantısı*** nausée ***mide iltihabı*** gastrite ***midesi bulanmak*** avoir la nausée
midye moule
migren migraine
miğfer casque
mihnet peine, souffrance
mihrak foyer
mihrap autel de mosquée
mihver axe, pivot
mika mica
mikrofilm microfilm
mikrofon micro, microphone
mikrop microbe ***mikrop kapmak*** s'infecter
mikroskop microscope
mikser mixer
miktar quantité, nombre
mil poinçon; mille
milat ère chrétienne ***milattan önce*** avant Jésus-Christ ***milattan sonra*** après Jésus-Christ
miligram milligramme
milimetre millimètre
milis milice
militan militant
millet nation, peuple ***millet meclisi*** assemblée nationale
milletlerarası international
milletvekili député
milli national ***milli bayram*** fête nationale ***Milli Eğitim Bakanı*** ministre de l'éducation nationale ***mili kıyafet*** costume national ***milli marş*** hymne national ***milli piyango*** loterie nationale ***Milli Savunma Bakanı*** ministre de la défense nationale ***milli takım*** équipe nationale
milliyet nationalité
milliyetçi nationaliste
milyar milliard
milyarder milliardaire
milyon million
milyoner millionnaire
mimar architecte
mimari architectural; architecture

mimarlık architecture
mimik mimique
mimlemek marquer, noter
minare minaret
minder coussin
mine émail
mineral minéral
mini minuscule ***mini etek*** mini-jupe
minibüs minibus
minicik très petit
minik infime
minimum minimum
minnacık très petit
minnet obligation, gratitude ***minnet etmek*** demander la faveur de qn
minnettar reconnaissant, obligé
mintan chemise
minyatür miniature
minyon mignon
miras héritage, succession ***mirasa konmak*** hériter
mirasçı héritier
mis musc ***mis gibi*** odorant; *«mec.»* excellent
misafir hôte, hôtesse, visiteur ***misafir etmek*** donner l'hospitalité ***misafir odası*** chambre d'amis
misafirperver hospitalier
misal exemple
misilleme représailles ***misilleme yapmak*** user de représailles
miskin paresseux, fainéant
miskinlik paresse, fainéantise
misyoner missionnaire
miting meeting ***miting yapmak*** faire un meeting
mitoloji mythologie
miyavlamak miauler
miyop myope
mizaç humeur, tempérament
mizah humour
mobilya meuble
mobilyalı meublé
moda mode, vogue; en vogue, à la mode ***moda olmak*** être en vogue, être à la mode ***modası geçmiş*** démodé, dépassé ***modayı takip etmek*** suivre la mode
model modèle
modern moderne, à la mode
modernleşmek se moderniser
modernleştirmek moderniser
Moğol mongol
Moğolistan Mongolie
mola pause, halte ***mola vermek*** faire une halte
molekül molécule
moloz décombres
monaraşi monarchie
monitör moniteur
monoton monotone
monotonluk monotonie

montaj montage
monteetmek monter, asembler
mor violet
moral morale ***morali bozulmak*** se démoraliser ***moralini bozmak*** démoraliser
morarmak devenir violet, être meutri
morartı couleur violet
morartmak rendre violet
morfin morphine
morg morgue
morina cabillaud, morue
mors morse ***mors alfabesi*** alphabet morse
moruk vieillard
mosmor tout à fait violet
mostra échantillon
motel motel
motif motif
motivasyon motivation
motor moteur
motosiklet motocyclette, moto
mozaik mosaïque
mönü menu
mösyö monsieur
muaf exempt ***muaf tutmak*** exempter
muafiyet immunité, exemption
muallak pendu, suspendu ***muallakta olmak*** être en suspens
muamele traitement, procédé, transaction ***muamele etmek*** traiter
muamma énigme
muaşeret bienséance, savoir-vivre
muavin aide, assistant
muayene examen; inspection ***muayene etmek*** examiner
muayenehane cabinet (de médecin)
muayyen fixé, déterminé
muazzam très grand, énorme
mucit inventeur
mucize miracle
muğlak obscur, confus, complique
muhabbet amitié, affection; conversation ***muhabbet etmek*** bavarder, causer ***muhabbet tellalı*** proxénète
muhabbetkuşu perruche
muhabere communication
muhabir correspondant, reporter
muhafaza surveillance, conservation, préservation ***muhafaza etmek*** garder, conserver, préserver
muhafazakâr conservateur
muhafız gardien, conservateur

muhakeme raisonnement, jugement ***muhakeme etmek*** juger; réfléchir, considérer
muhakkak certain, assuré; sûrement, certainement
muhalefet opposition ***muhalefet partisi*** parti d'opposition
muharebe bataille, combat
muhasara siège
muhasebe comptabilité
muhasebeci comptable
muhatap interlocuteur; tiré
muhayyile imagination
muhbir dénonciateur, informateur
muhit milieu, ambiance
muhtaç indigent, nécessiteux ***muhtaç olmak*** avoir besoin de
muhtar préposé de village ou de quartier
muhtelif différent, divers
muhtemel probable
muhtemelen probablement
muhterem estimé, honoré
muhteşem superbe, magnifique, somptueux
muhteva contenu
muhtıra note; mémorandum
mukabele réplique, réponse ***mukabele etmek*** répondre, répliquer
mukabil opposé, contraire, contre
mukadderat destin
mukaddes sacré, saint
mukavele contrat, convention ***mukavele yapmak*** conclure un contrat
mukavemet résistance
mukavva carton
mukayese comparaison ***mukayese etmek*** comparer
muktedir puissant ***muktedir olmak*** être capable de
mum cire; bougie, cierge
mumya momie
munis sociable, apprivoisé, doux
muntazam régulier ***muntazam olarak*** régulièrement
murat désir, vœu, intention ***muradına ermek*** obtenir ce qu'on désire
musallat obsédant, vexateur ***musallat olmak*** poursuivre, vexer
Musevi israélite, juif
musibet malheur, calamité
musiki musique
muska amulette
musluk robinet
muson mousson
muşamba toile cirée, linoléum
muşmula nèfle
mutaasıp fanatique

mutabakat accord, conformité
mutabık conforme, concordant ***mutabık kalmak*** être d'accord
mutat habituel, usuel
muteber estimé, honoré; valable
mutedil tempéré, modéré
mutena soigneux
mutfak cuisine
mutlak absolu
mutlaka absolument, à coup sûr
mutlakıyet autocratie
mutlu heureux
mutluluk bonheur
mutsuz malheureux
mutsuzluk malheur
muvaffak réussi ***muvaffak olmak*** réussir
muvaffakıyet réussite, succès
muvakkat provisoire, temporaire
muvakkaten provisoirement, temprorairement
muvazene équilibre, balance
muz banane
muzaffer victorieux
muzır nuisible, préjudiciable
muzip malicieux, taquin
mübadele échange, troc
mübalağa exagération ***mübalağa etmek*** exagérer
mübarek béni, sacré
mübaşir huissier
mücadele combat, lutte ***mücadele etmek*** lutter
mücahit combattant
mücellit relieur
mücevher bijou, joaillerie
müdafaa défense ***müdafaa etmek*** défendre
müdahale intervation ***müdahale etmek*** intervenir
müddet durée, délai, terme
müdür directeur; principal
müebbet eternel, perpétuel ***müebbet hapis*** prison perpétuelle
müessese établissement, institution
müeyyide sanction
müfettiş inspecteur
müflis failli, banqueroutier
müfredat détail, détails ***müfredat programı*** programme d'etudes
müfreze détachement
müftü mufti
mühendis ingénieur
mühim important
mühimmat munitions
mühlet délai, relâche, terme ***mühlet vermek*** accorder un délai
mühür sceau, cachet
mühürlemek cacheter, sceller
müjde bonne nouvelle

mükâfat récompense, prix
mükâfatlandırmak récompenser
mükellef contribuable
mükemmel excellent, parfait, complet
mükerrer répété, réitéré
mülakat entrevue, interview
mülayim accommodant, doux, complaisant
mülk propriété, biens
mülkiyet propriété, possession
mülteci réfugié
mümbit fertile
mümessil représentant
mümin croyant, fidèle
mümkün possible ***mümkün mertebe*** dans la mesure du possible ***mümkünse*** si c'est possible
münakaşa dispute, querelle ***münakaşa etmek*** se disputer, se quereller
münasebet relation, rapport; occasion
münasebetsiz inconvenant, importun
münasip convenable, opportun ***münasip görmek*** juger bon
münazara débat
müneccim astrologue
münhal vacant
münzevi isolé, solitaire
müphem vague, indéterminé
müracaat recours, sollicitation ***müracaat etmek*** s'adresser, recourir
mürebbiye gouvernante
müreffeh aisé, prospère
mürekkep encre
mürettebat équipage
mürettip compositeur, typographe
mürüvvet humanité, générosité ***mürüvvetini görmek*** voir naître de qn
müsaade permission, autorisation ***müsaade etmek*** permettre, autoriser
müsabaka concours
müsademe escarmouche
müsadere confiscation
müsait favorable, convenable
müsamaha tolérance ***müsamaha etmek*** être indulgent, tolérer
müsamahakâr indulgent
müsavi égal
müsekkin sédatif
müshil purgatif
Müslüman musulman, mahométan
Müslümanlık Islam, mahométisme
müspet positif
müsrif prodigue, gaspilleur
müstahak qui mérite, digne ***müstahak olmak*** mériter, être digne

müstahdem employé
müstakbel futur
müstakil indépendant
müstehcen licenceux, obscène
müsterih tranquille ***müsterih olmak*** se tranquilliser
müstesna excepté, sauf; exceptionnel
müsteşar conseiller, sous-secrétaire d'état
müsvedde brouillon
müşahede observation, constatation ***müşahede etmek*** observer, constater
müşavir conseiller
müşerref honoré ***müşerref olmak*** être honoré
müşfik tendre, compatissant
müşkül difficile, ardu; difficulté
müşkülat difficultés, obstacles
müşkülpesent difficile, exigeant
müşterek commun, collectif
müşteri client, acheteur
mütareke armistice
müteahhit fournisseur, entrepreneur
müteessir affligé, attristé, touché ***müteessir olmak*** s'affliger, s'attrister
mütehassıs spécialiste, expert
mütemadiyen continuellement, sans cesse
mütercim traducteur
müteşebbis entreprenant, entrepreneur
müteşekkil formé, constitué
müteşekkir reconnaissant
mütevazı modeste, humble
müthiş terrible, horrible
müttefik allié
müvekkil mandant, client
müzakere débat, pourparles ***müzakere etmek*** débattre, négocier
müzayede enchère
müze musée
müzik musique
müzikal musical
müziksever amateur de musique, mélomane
müzisyen musicien
müzmin chronique ***müzmin bekâr*** célibataire endurci

N n

nabız pouls
nadas jachère
nadide rare
nadir rare
nadiren rarement
nafaka pension alimentaire

nafile inutile, vain; en vain ***nafile yere*** inutilement, en vain
naftalin naphtaline
nağme mélodie, ton
nahiye commune
nahoş mauvais, désagréable
nailolmak obtenir, parvenir à
nakarat refrain
nakavt knock-out ***nakavt etmek*** mettre qn knock-out
nakden en argent comptant, au comptant
nakış broderie
nakil transport, transfert, transmission
nakit argent comptant, numéraire
naklen par tradition ***naklen yayın*** transmission en direct
nakletmek transporter, transférer, emmener
nakliyat transport, expédition
nakliye transport
nal fer à cheval
nalbant maréchal-ferrant
nalbur quincaillier
nam nom; renommée, réputation
namağlup invaincu
namaz prière (selon le rite musulman) ***namaz kılmak*** faire sa prière, prier
namına au nom de
namlu canon
namus honneur, honnêteté
namuslu honnête, chaste
namussuz malhonnête, coquin
namzet candidat, aspirant
nane menthe
nanemolla douillet, mauviette
nankör ingrat
nankörlük ingratitude
nar grenade
nara grand cri, vocifération ***nara atmak*** crier, vociférer
narenciye agrumes
nargile narghilé
narin délicat, subtil; poli, élégant
narkotik narcotique
narkoz narcose
nasıl comment ***nasıl olursa olsun*** n'importe comment ***nasılsınız*** comment allez-vous?
nasılsa accidentellement
nasır cor
nasihat conseil, avis ***nasihat etmek*** conseiller, donner des conseils
nasip part, portion, lot ***nasip olmak*** échoir, être donné
natüralizm naturalisme
natürmort nature morte
navlun fret
naylon nylon

naz minauderie, coquetterie ***naz etmek*** faire des minauderies, minauder
nazar regard, coup d'œil; mauvais œil ***nazar boncuğu*** perle bleue ***nazar değmek*** attraper le mauvais œil ***nazarımda*** pour moi
nazaran selon, suivant, d'après
nazari théorique
nazariye théorie
nazarlık talisman, amulette
nazım vers, versification
nazır qui a vue sur ***nazır olmak*** donner sur, avoir vue sur
nazik délicat, poli; fragile, frêle
nazlanmak minauder, faire des manières
nazlı coquet, gâté
ne quoi, que ***ne de olsa*** cependant, toutefois ***ne haber*** quoi de neuf? quelle nouvelle? ***ne kadar*** combien? ***ne ... ne*** ni ... ni ***ne olur ne olmaz*** en toute éventualité ***ne olursa olsun*** de toute façon, n'importe quoi ***ne oluyor*** qu'est-ce qui passe? ***ne var ne yok*** qu'y a-t-il de neuf? ***ne zaman*** quand?
nece en quelle langue
neci de quel métier
neden pourquoi, pour quelle raison; cause, raison ***neden olmak*** causer, amener, occasionner
nedeniyle à cause de
nedense pour n'importe quelle raison
nefes souffle, respiration ***nefes almak*** respirer ***nefes darlığı*** asthme ***nefes nefese*** hors d'haleine ***nefes nefese kalmak*** être hors d'haleine ***nefes vermek*** souffler
nefis1 délicieux, exquis
nefis2 le moi
nefret dégout, haine ***nefret etmek*** haïr, exécrer
negatif négatif
nehir fleuve, rivière
nem humidité
nemli humide, moite
Neptün Neptune
nerede où
nereden d'où
neredeyse presque, quasi
nereli d'oû, de quel pays
neresi où
nereye où
nergis narcisse
nesil génération
nesir prose
nesne chose, objet
nesnel objectif
neşe joie, gaieté, entrain

neşelenmek devenir gai, se réjouir
neşeli gai, de bonne humeur
neşesiz morose, sombre
neşriyat publications, éditions
neşter lancette
net net
netice résultat, conclision
nevale provisions, vivres
nevi espèce
ney chalumeau
nezaket politesse
nezaketli poli, gentil
nezaketsiz impoli, incivil
nezaret surveillance, contrôle ***nezaret etmek*** surveiller
nezle rhume ***nezle olmak*** être enrhumé
nışadır sel ammoniac
nice comment, combien, plusieurs
nicel quantitatif
nicelik quantité
niçin pourquoi, pour quelle raison
nihai final, définitive
nihayet fin, terme, bout; enfin, finalement
nikâh contrat de mariage
nikel nickel
nikotin nicotine
nilüfer nénuphar
nimet bienfait, grâce
nine grand-mère
ninni berceuse
nisan avril
nispet relation; proportion, comparaison
nispeten comparativement, par rapport à
nişan marque, signe; trace, empreinte; fiançailles ***nişan almak*** viser, metre en joue ***nişan koymak*** faire une marque ***nişanı bozmak*** rompre les fiançailles
nişanlanmak se fiancer
nişanlı fiancé
nişasta amidon
nitekim du reste, d'ailleurs
nitel qualitatif
nitelemek qualifier
nitelendirmek qualifier
nitelik qualité
nitelikli qualifié
nitrat nitrate
niye pourquoi
niyet intention, dessein ***niyet etmek*** avoir l'intention de
nizam ordre, arrangement
Noel Noël ***Noel ağacı*** arbre de Noël ***Noel baba*** père Noël
nohut pois chiche
noksan manque, défaut, insuffisance; insuffisant, manquant
noksansız correct, parfait
nokta point

noktalama ponctuation
noktalı ponctué ***noktalı virgül*** point-virgule
normal normale ***normal olarak*** normalement
Norveç Norvège
Norveçli norvégien
not note ***not almak*** prendre des notes ***not defteri*** cahier, carnet de notes ***not etmek*** noter
nota note
noter notaire
nöbet service, garde; tour, tour de rôle; accès ***nöbet beklemek*** monter le garde
nöbetçi sentinelle; de garde
nöroloji neurologie
nötr neutre
nötron neutron
numara numéro ***numara yapmak*** faire semblant
numaralamak numéroter
numune échantillon, spécimen
nur lumière, clarté
nutuk discours ***nutuk çekmek*** pérorer
nüans nuance
nüfus habitants, population ***nüfus cüz danı*** carte d'identité, extrait de naissance ***nüfus sayımı*** recensement
nüfuz pénétration; influence ***nüfuz etmek*** pénétrer
nüfuzlu influent
nükleer nucléaire ***nükleer enerji*** énergie nucléaire
nüksetmek récidiver
nükte esprit, bon mot ***nükte yapmak*** faire de l'esprit
nüsha copie, exemplaire

O o

o il, lui, elle; ce, cet, cette, cela, ça; celui, celle ***o halde*** alors, donc ***o kadar*** tant, tellement ***o sırada*** en ce moment-là, alors ***o zaman*** alors, en ce temps-là ***ondan sonra*** ensuite, après cela
objektif objectif
obua hautbois
obur gourmand, glouton
oburluk gourmandise, gloutonnerie
ocak janvier; fourneau, cheminée; foyer, home; four
oda chambre, pièce
odak foyer
odun bois, bûche
ofis office
ofsayt hors-jeu
oğlak chevreau ***Oğlak (burcu)*** le Capricorne
oğlan garçon, garçonnet

oğul fils; essaim
oh oh! ***oh olsun*** c'est bien fait
oje vernis à ongles
ok flèche
oklava rouleau à pâtisserie
oksijen oxygène
okşamak caresser, cajoler, frôler
oktan octane
okul école ***okula gitmek*** aller à l'école ***okuldan kaçmak*** faire l'école buissonnière
okumak lire; étudier; chanter
okumuş instruit, lettré
okunaklı lisible
okunaksız illisible
okur lecteur
okutmak faire lire; enseigner, instruire
okutman lecteur
okuyucu lecteur
okyanus océan
olabilir possible
olacak possible ***olacak gibi değil*** c'est impossible ***olacak şey değil*** c'est incroyable
olağan coutumier, ordinaire
olağanüstü extraordinaire, exceptionnel
olamaz impossible
olanak possibilité
olanaklı possible
olanaksız impossible
olanaksızlık impossibilité
olanca tout
olarak à titre de, si tant est que
olası probable, éventuel
olasılık probabilité
olay fait, événement, incident ***olay çıkarmak*** occasionner un incident
oldukça assez, passablement
olgu fait, phénomène
olgun mûr
olgunlaşmak mûrir
olgunluk maturité
olimpiyat olympiade ***olimpiyat oyunları*** Jeux olympiques
olmadık impossible
olmak être, devenir
olmaz impossible
olmuş mûr, mûri
olta hameçon, ligne
oluk gouttière, chéneau, conduit
oluklu ondulée
olumlu affirmatif, positif
olumsuz négatif
olur d'accord
oluş être, essence, existence
oluşmak se former
oluşturmak former, constituer, composer
oluşum formation
omlet omelette

omur vertèbre
omurga carène, épine dorsale
omurilik moelle épinière
omuz épaule
on dix
ona lui
onamak approuver, agréer
onarım réparation, restauration
onarmak réparer, restaurer
onay agrément, approbation
onaylamak affirmer, confirmer
onbaşı caporal
onlar ils, leur, eux, elles
onlara leur
onları les
onsuz sans lui
onu le, lui, la, elle
onun son, sa, ses ***onun için*** donc, par conséquent
onunki la sienne, le sien
onur honneur ***onur vermek*** honorer
onurlu hautain
opera opéra
operasyon opération
operatör opérateur
ora(sı) là, là-bas
orada là, dans cet endroit-là
oradan de là, de ce côté-là
orak faux
oran proportion
orantı proportion
orantılı proportionnel
oraya là, de ce côté-là
ordu armée
orduevi cercle d'officier
organ organe, membre ***organ nakli*** transplantation
organik organique
organizasyon organisation
organizatör organisateur
organizeetmek organiser
organizma organisme
orgazm orgasme
orgeneral général d'armée
orijinal original
orkestra orchestre ***orkestra şefi*** chef d'orchestre
orkide orchidée
orkinos thon
orman bois, forêt
orospu prostituée
orospuluk prostitution
orotopedi orthopédie
orta milieu, centre; moyen, médiocre ***orta boy*** taille moyenne ***orta direk*** *«kon.»* couche sociale moyenne ***ortada*** apparent, clair, évident ***ortada bırakmak*** quitter ***ortadan kaldırmak*** annihiler, anéantir, détruire ***ortadan kaybolmak*** disparaitre ***ortasında*** au milieu de ***ortaya atmak*** soulever, proposer ***ortaya çıkarmak*** déceler, découvrir, dépister ***ortaya çıkmak*** paraître,

s'offrir, se poser ***ortaya koymak*** accuser
ortaç participe
ortaçağ moyen age
Ortadoğu Moyen Orient
ortak associé; commun, collectif ***ortak olmak*** être associé à ***Ortak Pazar*** Marché commun
ortaklaşa en association
ortaklık association, société
ortalama moyen; en moyenne
ortalık alentour, lieu ***ortalık ağarıyor*** le jour pointe, se lève ***ortalık kararıyor*** la nuit tombe ***ortalığı karıştırmak*** exciter des troubles
ortam ambiance, milieu
ortanca hortensia
ortaokul école secondaire
oruç jeûne ***oruç tutmak*** observer le jeûne, jeûner
Osmanlı Otoman ***Osmanlı İmparatorluğu*** l'Empire Ottoman
osurmak péter
osuruk pet, vent
ot herbe, foin
otel hôtel
otlak pâturage, pacage
otlakçı parasite, pique-assiette
otlamak paître, pâturer
oto auto
otobüs autobus, bus
otomatik automatique ***otomatik olarak*** automatiquement
otomobil automobile, auto
otopark parking
otopsi autopsie
otorite autorité
otoriter autoritaire
otostop l'auto-stop ***otostop yapmak*** faire de l'auto-stop
otostopçu auto-stoppeur
otoyol autoroute
oturma séjour ***oturma izni*** permis de séjour ***oturma odası*** salle de séjour
oturmak s'asseoir; habiter, résider
oturtmak asseoir; placer, poser
oturum séance, session
otuz trente
ova plaine
oval ovale
ovalamak frotter, masser
ovmak frotter, masser
ovuşturmak frotter
oy vote, suffrage ***oy vermek*** voter
oya sorte de dentelle à l'aiguille
oyalamak amuser, occuper, distraire
oyalanmak s'amuser, se distraire; perdre son temps, flâner

oybirliği unanimité des voix
oylum volume
oyma ciselure, taillade, sculpture
oymak creuser, graver, ciseler, découper
oynak mobile, mouvant; coquette, animé
oynamak jouer; danser; se mouvoir
oynaş amant, amante, ami, amie
oynatmak faire jouer; faire danser; perdre la raison; mettre en mouvement
oysa cependant, toutefois, tout de même
oyuk creux; cavité
oyun jeu, amusement; partie, match; danse; jeu de hasard; pièce ***oyun oynamak*** jouer; jouer un tour à qn
oyunbozan trouble-fête
oyuncak jouet, joujou
oyuncu joueur, artiste
ozan poête
ozon ozone

Ö ö

öbek amas, groupe
öbür autre ***öbür dünya*** autre monde, l'au-delà ***öbür gün*** lendemain
öbürü l'autre
öcü ogre
öç vengeance ***öç almak*** se venger
öd bile; courage ***ödü kopmak*** avoir peur (de) ***ödünü koparmak*** effrayer
ödeme paiement, payement
ödemek payer
ödemeli contre remboursement
ödenek indemnité, allocation
ödenti cotisation
ödeşmek être quitte
ödev devoir
ödlek peureux, craintif
ödül prix, récompense
ödüllendirmek récompenser
ödün compensation ***ödün vermek*** donner une compensation
ödünç emprunt ***ödünç almak*** emprunter ***ödünç vermek*** prêter
öfke colère, fureur
öfkelendirmek fâcher, mettre en colère
öfkelenmek s'emporter, se mettre en colère
öfkeli en colère, faché
öğe élément

öğle midi ***öğle yemeği*** le déjeuner ***öğleden sonra*** après midi
öğleyin à midi
öğrenci élève, écolier
öğrenim études ***öğrenim görmek*** faire ses études
öğrenmek apprendre
öğreti doctrine
öğretici didactique, instructif
öğretim enseignement, instruction ***öğretim görevlisi*** universitaire
öğretmek enseigner
öğretmen maître, professeur, instituteur
öğün ration, portion
öğünmek se vanter
öğüt conseil, recommandation ***öğüt vermek*** conseiller
öğütlemek conseiller
öğütmek moudre, broyer
ökçe talon
öksürmek tousser
öksürük toux
öksüz orphelin
öküz bœuf
ölçek mesure; échelle
ölçmek arpenter, mesurer
ölçü mesure ***ölçüyü kaçırmak*** dépasser le mesure
ölçülü mesuré; modéré
ölçüm mesure
ölçüsüz démesuré, débridé
ölçüt critère
öldürmek tuer, abattre, assassiner
öldürücü mortel, fatal
ölmek mourir
ölmez immortel
ölü mort; cadavre, décédé
ölüm mort ***ölüm kalım meselesi*** problème à mort ***ölüm tehlikesi*** danger de mort ***ölüme mahkûm etmek*** condamner à mort
ölümcül mortel, fatal
ölümlü éphémère, mortel
ölümsüz immortel
ölümsüzleşmek s'immortaliser
ölümsüzleştirmek immortaliser
ömür vie, existence
ön devant, avant, front, antérieur ***ön ayak olmak*** être l'instigateur
önce d'abord, avant, premièrement
önceden auparavant, à l'avance ***önceden bildirmek*** prédire
önceki précédent, antérieur
önceleri autrefois
öncelik priorité
öncü précurseur; avant-garde
önde devant
önder leader, chef
önek préfixe

önem importance ***önem vermek*** attacher l'importance à
önemli important ***önemli değil*** n'importe, peu importe, ça ne fait rien
önemsemek attribuer une importance à
önemsiz peu important
önerge proposition, motion
öneri suggestion, offre
önermek proposer, offrir
öngörmek prévoir
öngörü prévoyance
önlem mesure, précaution ***önlem almak*** prendre des précautions
önlemek prevenir, empêcher
önleyici préventif
önlük tablier
önseçim élection primaire
önsezi intuition, prémonition
önsöz avant-propos, préface
önünde au devant
önyargı préjugé
önyargılı plein de préjugés
öpmek embrasser, baiser
öpücük baiser, bise
öpüşmek s'embrasser
ördek canard
ören ruine
örf usage, coutume
örgü tricotage; natte
örgüt organisation
örgütlemek organiser
örgütlenmek s'organiser
örgütsel organisationnel
örmek tresser, tricoter, natter
örneğin par exemple
örnek échantillon; exemple ***örnek almak*** prendre modèle ***örnek olmak*** donner l'exemple
örnekseme analogie
örs enclume
örtbasetmek étouffer, cacher, dissimuler
örtmek couvrir, recouvrir, cacher, voiler
örtü couverture, voile, bâche, enveloppe
örtünmek se couvrir, se revêtir
örümcek araignée ***örümcek ağı*** toile d'araignée
öte au delà, l'autre côté ***öte yandan*** d'autre part, par ailleurs ***ötede beride*** çà et là
öteberi affaires, accompagnement
öteki l'autre ***öteki dünya*** l'autre monde
ötmek chanter
ötürü à cause de, en raison de
övgü louange, éloge
övmek louer, vanter
övüngen vantard, fanfaron
övünmek se vanter
öykü histoire, conte

öyle ainsi, de cette manière, comme cela ***öyle değil mi*** n'estce pas? ***öyle ya da böyle*** te toutes façons
öylesine tant, tellement
öyleyse alors, en ce cas
öz essence; suc; pur, vrai
özdek matière, substance
özdeş identique
özdeşleşmek s'identifier
özdeşlik identité
özdeyiş maxime
özel personnel, privé, spécial ***özel sektör*** le secteur privé ***özel yaşam*** intimité
özeleştiri autocritique
özellik particularité, spécialité, trait
özellikle particulièrement, spécialement
özen soin, scrupule ***özen göstermek*** soigner, s'appliquer
özendirmek encourager, pousser, stimuler
özenli assidu, attentif, soigneux
özenmek soigner, s'appliquer; copier les manières de qn
özensiz négligent
özenti recherche, manière
özerk autonome
özerklik autonomie
özet résumé, extrait, sommaire ***özet olarak*** en résumé, brièvement
özetlemek abréger, résumer
özgeçmiş curriculum vitea
özgü propré à
özgün authentique, original
özgür libre
özgürlük liberté
özlem nostalgie
özlemek désirer revoir, avoir la nostalgie de, manquer à
özne sujet
öznel subjectif
özsu jus
özümlemek assimiler
özümsemek assimiler
özür excuse; défaut ***özür dilemek*** s'excuser, demander pardon à ***özür dilerim*** excusez-moi, pardon
özürlü handicapé, infirme
özveri sacrifice des intérêts
özverili sacrifié

P p

pabuç babouche, pantoufle, chaussure, soulier
paça partie inférieure de la jambe d'un pantalon; pied de mouton ou de veau

paçasını kurtarmak filer, décamper
paçavra chiffon, torchon
padişah padischah, sultan, monarque
paha prix, coût, valeur ***paha biçilmez*** inestimable, inappréciable
pahalanmak enchérir, augmenter
pahalı cher, coûteux
pahalılaşmak augmenter
pahalılık cherté, prix élevé
pak pur, propre
paket paquet, colis
paketlemek empaqueter, envelopper
Pakistan Pakistan
Pakistanlı pakistanais
paklamak nettoyer, purifier
pakt pacte
palabıyık homme à moustaches larges et longues
palamut *«hayb.»* pélamide, pélamyde; *«bitk.»* gland du chêne
palavra hâblerie, fanfaronnade, blague ***palavra atmak*** blaguer, hâbler
palavracı hâbleur, blagueur, fanfaron
palet palette
palmiye palmier
palto paletot, manteau
palyaço clown, paillasse
pamuk coton
panayır foire, kermesse
pancar betterave
panik panique ***paniğe kapılmak*** paniquer
panjur persienne, jalousie
pano panneau
panorama panorama
pansiyon pension
pansiyoner pensionnaire
pansuman pansement ***pansuman yapmak*** panser
panter panthère
pantolon pantalon
panzehir contrepoison, antidote
papa pape
papağan perroquet
papatya marguerite
papaz prêtre, abbé, pasteur
papyon nœud papillon
para argent ***para biriktirmek*** faire des économies ***para bozdurmak*** changer de l'argent ***para cezası*** amende ***para çantası*** porte-monnaie ***para harcamak*** dépenser de l'argent ***para etmek*** valoir ***para kazanmak*** gagner de l'argent ***para saymak*** payer ***para sızdırmak*** soutirer de l'argent à qn ***para yapmak*** faire fortune

para yatırmak déposer de l'argent ***para yedirmek*** corrompre
parafe paraphé ***parafe etmek*** parapher
paragraf paragraphe
paralamak mettre en pièces
paralanmak être déchiré, être brisé
paralel parallèle
paralı riche; payant
paramparça brisé en petits morceaux, déchiré en lambeaux ***paramparça etmek*** mettre en lambeaux ***paramparça olmak*** être brisé en petits morceau, être déchiré
parantez parenthèse
parasal monétaire
parasız sans argent, pauvre; gratis, gratuitement
paraşüt parachute
paratoner paratonnerre
parazit parasite
parça morceau, pièce
parçalamak briser, déchirer, mettre en morceaux
parçalanmak se déchirer, se briser
pardon pardon
pardösü pardessus
parfüm parfum ***parfüm sürmek*** parfumer
parfümeri parfumerie
parıldamak scintiller, briller, luire
parıltı lueur, éclat
park parc ***park etmek*** parquer, stationner ***park yeri*** parking
parke parquet
parkur parcours
parlak brillant, luisant; clair, éclatant
parlaklık éclat, lueur, clarté
parlamak briller, luire
parlamenter parlementaire
parlamento parlement
parlatmak lustrer, polir
parmak doigt ***parmak izi*** empreinte digitale ***parmak kaldırmak*** lever le doigt
parmaklık balustrade, grille, garde-fou
parodi parodie
parola mot de passe, mot d'ordre
pars léopard
parsel parcelle
parti parti ***parti vermek*** donner un parti
partizan partisan
pas rouille ***pas tutmak*** se rouiller
pasaj passage
pasaklı sale, crasseux, malpropre
pasaport passeport
pasif passif
paskalya Pâques

paslanmak se rouiller, s'oxyder
paslanmaz inoxydable
paslı rouillé
paso permis de circulation
paspas paillasson
pasta gâteau
pastane pâtisserie
pastel crayon de couleur, pastel
pastırma spécialité de viande fumée
pastil pastille
paşa pacha, général
patak rossé, coups de bâton
pataklamak battre, rosser
patates pomme de terre
patavatsız indiscret, primesautier, sans-gêne
paten patin à glace ***patenle kaymak*** patiner
patent patente, brevet
patırdamak craquer, faire du bruit
patırtı bruit, tapage, tumulte
patik chausson
patika sentier
patinaj patinage, dérapage ***patinaj yapmak*** patiner, déraper
patiska batiste
patlak fendu, déchiré; crevasse ***patlak lastik*** pneu crevé ***patlak vermek*** éclater, se déchaîner
patlama explosion
patlamak éclater, exploser, crever
patlatmak faire éclater, crever, percer
patlayıcı explosif
patlıcan aubergine
patron patron
pavyon pavillon
pay part, lot, portion ***pay etmek*** diviser, partager
payda dénominateur
paydos repos, arrêt ***paydos etmek*** arrêter le travail
paye grade, degré
paylamak gronder, tancer
paylaşmak se partager entre soi, partager
paytak bancal, cagneux
pazar marché, bazar; dimanche ***pazara gitmek*** aller au marché
pazarlama marketing
pazarlamak commercialiser, vendre
pazarlık marchandage ***pazarlık etmek*** marchander
pazartesi lundi
pazen futain
pazı biceps
peçete serviette
pedagog pédagogue
pedagoji pédagogie
pedal pédale
peder père
pedikür pédicure

pehlivan lutteur
pejmürde chiffonné, usé, misérable
pek très, fort, bien; dur, ferme, solide
pekâlâ d'accord, bien, très bien
peki bien, d'accord
pekişmek se fortifier, s'endurcir
pekiştirmek fortifier, endurcir, consolider
pekmez mout de raisin
pelerin pèlerine
pelikan pélican
pelte gelée
peltek bègue, qui zézale ***peltek konuşmak*** bégayer, zézayer
pembe rose
penaltı pènalty
pencere fenêtre
pençe griffe, serre; semelle
penguen pingouin
penis pénis, phallus
pens(e) pince
perakende en détail ***perakende satmak*** vendre au détail
perçem toupet
perçin rivet, cheville
perdah polissage
perdahlamak polir, lustrer
perde rideau; écran; *«tiy.»* acte ***perdeleri kapatmak*** fermer les rideaux
perende culbute ***perende atmak*** faire la culbute
performans performance
pergel compas ***pergelleri açmak*** marcher vite
perhiz régime, diète ***perhiz yapmak*** faire diète
peri fée, génie
perişan épars, dispersé; abattu, accablé, désolé, malheureux ***perişan etmek*** ruiner, disperser ***perişan olmak*** périr, tomber en ruine
perma permanente
peron perron, quai
personel personnel
perspektif perspective
perşembe jeudi
peruk(a) perruque
pervane phalène; hélice
pes bas; doucement ***pes etmek*** fléchir
pespaye vil, bas
pestil pâte de fruit ***pestilini çıkarmak*** battre qn comme plâtre
peş derrière ***peş peşe*** consécutivement ***peşinde*** en quête de ***peşinden koşmak*** courir après ***peşine takılmak*** être sur les talons de qn
peşin au comptant ***peşin para*** espèces, argent comptant

peşinat espèces, argent comptant
peşinen d'advance, par avance
peşkir serviette
peştamal serviette de bain
petek rayon de miel
petrol pétrole ***petrol kuyusu*** puits de pétrole ***petrol rafinerisi*** raffinerie de pétrole
peydaolmak se produire, survenir
peyderpey l'un après l'autre
peygamber prophète
peynir fromage
pezevenk entremetteur
pıhtı caillot
pıhtılaşmak se coaguler
pılıpırtı vieilleries, hardes
pınar fontaine
pırasa poireau
pırıldamak scintiller, briller
pırılpırıl radieux, tout lumineux
pırıltı lueur, éclat
pırlanta brillant
pısırık maladroit, empoté, pleutre
piç bâtard ***piç kurusu*** mioche, môme
pijama pyjama
pikap pick-up, tourne-disque
piknik pique-nique ***piknik yapmak*** pique-niquer
pil pile
pilav pilaf
piliç poulet
pilot pilote
pingpong ping-pong
pinti avare, ladre
pintilik avarice, ladrerie
pipo pipe
piramit pyramide
pire puce ***pire gibi*** vif, agile ***pireyi deve yapmak*** exagérer
pirelenmek avoir des soupçons
pirinç riz; laiton
pirzola côtelette
pis sale, malpropre ***pis kokmak*** empester, sentir mauvais
pisboğaz goinfre
piskopos évêque
pislenmek se salir
pisletmek salir, souiller
pislik saleté, souillure; excrément
pist piste
piston piston
pisuar pissoir, urinoir
pişirmek cuire, faire cuire
pişkin cuit, bien cuit; mûr, entraîné
pişman repenti ***pişman etmek*** faire repentir ***pişman olmak*** se repentir, regretter
pişmanlık repentir, regret
pişmek cuire, être cuit

piyade piéton; fantassin, infanterie
piyango loterie ***piyango bileti*** billet de loterie
piyanist pianiste
piyano piano
piyasa marché ***piyasaya çıkarmak*** lancer sur le marché ***piyasaya çıkmak*** aller se promener à pied
piyes *«tiy.»* pièce
pizza pizza
plaj plage
plak disque
plaka plaque d'immatriculation
plan plan, dessin
planlamak planifier
plastik plastique
platform plate-forme
platin platine
plato plateau
plazma plasma
podyum podium
poğaça culin
pohpohlamak flatter, aduler
poker poker
polemik polémique
poliçe lettre de change, traite
poliklinik policlinique
polis police; agent de police
politik politique
politika politique
politikacı politicien
Polonya Pologne
Polonyalı polonais
pompa pompe
pompalamak pomper
pop pop
popo postérieur, derrière
popüler populaire
porno pornographique
porselen porcelain
porsiyon portion
porsuk blaireau
portakal orange
portakalrengi orangé
portatif portatif, pliable
Portekiz Portugal
Portekizli portugais
portmanto portemanteau
portre portrait
posa sédiment, marc, résidu
post peau de mouton ***postu kurtarmak*** se guérir ***postu sermek*** tuer
posta poste ***posta havalesi*** mandat-poste ***posta kartı*** cartepostale ***posta kutusu*** boîte aux lettres ***posta pulu*** timbre-poste
postacı facteur
postalamak envoyer par la poste
postane bureau de poste
poster poster
postrestant poste restante
poşet pochette, sachet
pot impair, gaffe ***pot kırmak*** faire une gaffe
potansiyel potentiel

potasyum potassium
potin bottine
potpuri pot-pourri
poyraz vent du nord
poz pose ***poz vermek*** poser
pozisyon position
pozitif positif
pörsük flétri, flasque
pörsümek se rider, se flétrir
pösteki peau de mouton/chèvre ***pösteki saydırmak*** faire des difficultés
pranga galères, bagne
pratik pratique
prens prince
prenses princesse
prensip principe
prestij prestige
prevantoryum préventorium
prezervatif préservatif
prim prime
priz prise
prizma prisme
problem problème
profesör professeur
profesyonel professionnel
profil profil
program programme
programcı programmeur
programlamak programmer
proje projet
projektör projecteur
propaganda propagande ***propaganda yapmak*** faire de la propagande
prostat prostate
protein protéine
Protestan protestant
Protestanlık protestantisme
protesto protestation ***protesto etmek*** protester
protokol protocole
proton proton
prova épreuve, essayage ***prova etmek*** mettre à l'épreuve
provizyon provision
psikanaliz psychanalyse
psikiyatr psychiatre
psikiyatri psychiatrie
psikolog psychologue
psikoloji psychologie
psikolojik psychologique
psikopat psychopathe
psikoterapi psychothérapie
puan point
puding pouding, pudding
pudra poudre
pul timbre; paillette; écaille
pulluk charrue
punt moment propice ***punduna getirmek*** saisir l'occasion
puro cigare
pus brouillard
puslu nébuleux, brumeux
pusu embuscade ***pusu kurmak*** tendre une embuscade

pusula boussole; bilet *pusulayı şaşırmak* perdre la boussole, s'affoler
puşt homosexuel, garçon débauché
put idole
putperest idolâtre
püre purée
pürüz effilochure, rugosité, défaut; obstacle, accroc
pürüzlü rugeux, raboteux
pürüzsüz lisse, poli
püskül houppe, gland
püskürmek lancer, projeter, disséminer
püskürtmek pulvériser, repousser, rejeter

R r

Rab Dieu
rabıta liaison, attache
racon *«arg.»* règle
radar radar
radikal radicale
radyasyon radiation
radyatör radiateur
radyo radio
radyoaktif radioactif
radyoterapi radiothérapie
radyum radium
raf rayon, étagère
rafadan à la coque
rafine raffiné
rafineri raffinerie
rağbet inclination, penchant *rağbet etmek* désirer; avoir du penchant *rağbet görmek* être en vogue, être recherché
rağmen malgré, en dépit de
rahat tranquillité, calme; tranquille, commode, confortable *rahat bırakmak* laisser qn tranquille *rahat durmak* se tenir tranquille, être sage *rahat etmek* être à son aise, se reposer *rahatına bakmak* se mettre à son aise
rahatlamak se reparer, être tranquille
rahatlık confort, commodité
rahatlıkla aisément
rahatsız incommode, inconfortable; mal, souffrant *rahatsız etmek* déranger, gêner, importuner *rahatsız olmak* se déranger; être indisposé
rahatsızlanmak avoir mal à ...
rahatsızlık dérangement, gêne; malaise
rahibe réligieuse, sœur, nonne
rahim utérus, matrice
rahip moine, prêtre, abbé

rahmet pitié, miséricorde; pluie
rahmetli défunt, feu
rakam chiffre, nombre
raket raquette
rakı espèce d'eau-de-vie anisée
rakip rival, concurrent
rakipsiz défiant toute concurrence
ralli rallye
ramazan ramadan
rampa rampe
randevu rendez-vous ***randevu almak*** prendre un rendez-vous m ***randevu vermek*** donner un rendez-vous
randevuevi bordel secret
randıman rendement
randımanlı productif, profitable
rapor rapport ***rapor vermek*** faire un rapport, rapporter
raptiye trombone, punaise
rasat observation
rasathane observatoire
rasgele par hasard, fortuitement
rastgelmek rencontrer
rastlamak rencontrer, tomber sur
rastlantı coïncidence, rencontre
rastlaşmak se rencontrer
rasyonel rationnel
raunt *«sp.»* round
ray rail ***rayına girmek*** commencer à résoudre ***rayına oturtmak*** résoudre un problème
rayiç cours, prix
razı satisfait, content ***razı etmek*** amener à consentir ***razı olmak*** acquiscer, consentir
reaksiyon réaction
reaktör réacteur
realist réaliste
realizm réalisme
reçel confiture, marmelade
reçete ordonnance, recette, prescription
reçine résine
reddetmek refuser, repousser, rejeter
refah bien-être, aisance
refakat accompagnement, compagnie ***refakat etmek*** accompagner, escorter
referandum référandum
referans référence
refleks réflexe
reflektör réflecteur
reform réforme ***reform yapmak*** réformer
regülatör régulateur
rehber guide
rehberlik action de guider ***rehberlik etmek*** guider
rehin gage, hypothèque
rehine otage

reis président, chef

rejim régime ***rejim yapmak*** suivre un régime

rejisör régisseur

rekabet rivalité, concurrence, compétition ***rekabet etmek*** concourir, rivaliser, faire concurrence

reklam réclame, publicité ***reklam ajansı*** agence de publicité ***reklam yapmak*** faire de la publicité

rekolte récolte

rekor record ***rekor kırmak*** battre un record

rekortmen détenteur di record, détentrice du record

rektör recteur

rencide offensé, blessé ***rencide etmek*** blesser, vexer, désobliger

rençper cultivateur, laboureur

rende rabot

rendelemek raboter

rengârenk multicolore, bariolé

renk couleur, teinte ***rengi atmak*** pâlir, se décolorer

renkkörlüğü daltonisme

renkli coloré, en couleur

renksiz incolore, pâle

repertuar répertoire

resepsiyon réception

resepsiyonist réceptionniste

resim image; photo; dessin; tableau ***resim çekmek*** photographier, prendre une photo ***resim yapmak*** dessiner, peindre

resimli illustré ***resimli roman*** dessin animé

resital récital

resmen officiellement

resmi officiel

ressam peintre, dessinateur

restoran restaurant

restorasyon restauration

restoreetmek restaurer

reşit majeur, pubère

ret refus, rejet

reva convenable ***reva görmek*** trouver convenable

revaç valeur, crédit, vogue

revaçta en vogue ***revaçta olmak*** être en vogue

reverans révérance

revir infirmerie

revizyon révision

revü revue

rey vote

reyon rayon

rezalet scandale, éclat ***rezalet çıkarmak*** provoquer un scandale

rezervasyon réservation

rezil déshonoré, infâme, ignoble ***rezil etmek*** ridiculiser ***rezil olmak*** faire une gaffe, être déshonoré

rezillik infâmie
rıhtım quai, dock
rıza consentement, acquiescement ***rıza göstermek*** consentir, acquiescer
rızk subsistance, provision, vivres ***rızkını çıkarmak*** gagner san pain
riayet égard, respect, observation ***riayet etmek*** avoir des égards, honorer, respecter
rica prière, demande ***rica ederim*** je vous en prie ***rica etmek*** prier, solliciter
rimel mascara
ring ring
risk risque ***riske girmek*** courir un risque ***riske sokmak*** risquer
riskli risqué, scabreux
ritim rythme
rivayet raconter, rumeur
riya hypocrisie
riyakâr hypocrite
riziko risque
rizikolu hasardeux
robdöşambr robe de chambre
robot robot
roket fusée, roquette
rol rôle ***rol oynamak*** jouer un rôle
rom rhum
roman roman
romantik romantique
romantizm romantisme
Romanya Roumanie
Romanyalı roumain
romatizma rhumatisme
rosto rôti
rota route
rozet rosette
rölanti ralenti ***rölantide çalışmak*** tourner au ralenti
rölyef relief
römork remorque
römorkör remorqueur
Rönesans Renaissance
röntgen radiographie
röportaj reportage ***röportaj yapmak*** faire un reportage
rötar retard ***rötar yapmak*** retarder
rötuş retouche ***rötuş yapmak*** retoucher
rövanş revanche
ruh âme, vie; esprit ***ruh hastası*** psychopathe ***ruh hekimi*** psychiatre
ruhbilim psychologie
ruhbilimci psychologue
ruhi psychique, psychologique
ruhsal psychique
ruhsat autorisation, permission, permis
ruj rouge à lèvres
rulet roulette
rulman roulement
rulo rouleau

Rum Grec
Rumca grec
Rumen roumain
rumuz signe
Rus Russe
Rusça russe
Rusya Russie
rutubet humidité
rutubetli humide
rüküş manque de goût
rüşt maturité
rüşvet pot-de-vin, corruption ***rüşvet almak*** prévariquer ***rüşvet vermek*** corrompre
rütbe grade, rang
rüya rêve, songe ***rüya görmek*** rêver, faire un rêve
rüzgâr vent
rüzgârlı venteux
rüzgârsız calme, sans vent

S s

saadet bonheur, félicité
saat horloge, montre; heure ***saat kaç*** quelle heure est-il?
saatçi horloger; *«(dükkân)»* horlogerie
sabah matin, matinée
sabahlamak veiller jusqu'au matin
sabahları chaque matins, tous les matins
sabahleyin le matin
sabahlık saut-de-lit, robe de chambre
saban charrue
sabıka antécédent, récidive
sabıkalı repris de justice, récidiviste
sabır patience, persévérance ***sabrı tükenmek*** s'impatienter
sabırlı patient
sabırsız impatient
sabırsızlanmak s'impatienter
sabırsızlık impatience
sabit fixe, ferme, stable ***sabit fikir*** idée fixe
sabotaj sabotage ***sabotaj yapmak*** saboter
sabotajcı saboteur
sabretmek prendre patience, patienter
sabun savon
sabunlamak savonner
sabunlanmak se savonner
sabunluk porte savon
sac tôle
saç cheveu, chevelure ***saç kurutma makinesi*** sèche-cheveux ***saçını taramak*** se peigner
saçak avant-toit, frange, bordure
saçma éparpillement, dispersion; plomb de chasse; absurde, inepte

saçma sapan konuşmak dire des sottise
saçmak répandre, disperser, éparpiller ***saçıp savurmak*** dilapider, dissiper
saçmalamak dire des sottises, radoter
saçmalık absurdité
sadaka aumône
sadakat fidélité
sadakatli fidèle, dévoué
sadakatsiz infidèle
sade simple, modeste, sobre
sadece seulement, uniquement
sadelik simplicité, modestie
sadet propos, sujet, intention ***sadete gelmek*** venir au fait
sadık fidèle, loyal
sadist sadiste
sadizm sadisme
sadrazam grand vizir
saf pur, sans mélange; innocent, naïf
safari safarie
safha phase, stade
safi nette, pure
safkan de race, pur sang
saflık pureté; candeur, credulité, naïveté
safra bile
sağ1 droit ***sağa*** à droite ***sağa dönmek*** tourner à droite ***sağda*** à droite ***sağdan gitmek*** serrer à droitete
sağ2 vivant, en vive ***sağ kalmak*** vivre ***sağ ol*** merci ***sağ olmak*** être en vie ***sağ salim*** sain et sauf
sağaçık ailier droit
sağanak averse
sağbek arrière droit
sağcı conservateur, droitier
sağdıç garçon d'honneur
sağduyu bon sens, sens commun
sağhaf demi droit
sağır sourd ***sağır olmak*** devenir sourd
sağırlık surdité
sağiç intérieur droit
sağlam solide, résistant, robuste ***sağlama bağlamak*** mettre qch en sûreté
sağlamak assurer, obtenir, pourvoir, procurer
sağlamlık solidité, fermeté
sağlık santé ***sağlık durumu*** état de santé ***sağlık ocağı*** clinique de village ***sağlık sigortası*** assurance médicale ***sağlığına içmek*** boire à la santé de ***sağlığına kavuşmak*** se rétablir ***sağlığına kavuşturmak*** rétablir ***sağlığınıza*** à votre santé
sağlıklı en bonne santé

sağlıksız en mauvaise santé
sağmak traire
saha terrain, champ, espace
sahan plat
sahanlık plate-forme, palier
sahi vrai, véritable
sahiden vraiment, en effet
sahil rivage, côté
sahip possesseur, propriétaire; maître ***sahip çıkmak*** protéger
sahipolmak avoir, posséder
sahipsiz abandonné
sahne scène ***sahneye koymak*** mettre en scène
sahte faux, falsifié, postiche
sahtekâr falsificateur, faussaire
sahtekârlık tromperie, fraude, contrefaçon
saka porteur d'eau; *«hayb.»* chardonneret
sakal barbe ***sakal bırakmak*** laisser pousser la barbe
sakallı barbu
sakalsız imberbe
sakar maladroit, gauche
sakarlık maladresse, gaucherie
sakat estropié, infirme
sakatlamak estropier, mutiler
sakatlık mutilation, infirmité
sakınca inconvénient, objection
sakınmak se garder, se préserver, éviter
sakız mastic, chewing-gum
sakin calme, tranquille; habitant, domicilié
sakinleşmek se calmer
sakinleştirmek calmer
saklamak cacher; conserver, réserver
saklambaç cache-cache ***saklambaç oynamak*** jouer à cache-cache
saklanmak se cacher; être caché
saklı caché, secret
saksağan pie
saksı pot de fleurs
saksofon saxophone
sal radeau
salak idiot, nigaud, goélette
salaklık stupidité, sottise
salam saucisson, salami
salamura saumure, marinade
salata salade
salatalık concombre
salça sauce
saldırgan agressif; agresseur
saldırı attaque, agression, assaut
saldırmak assaillir, attaquer
salep orchis
salgı sécrétion
salgılamak sécréter
salgın contagieux; épidémie

salı mardi
salık renseignement ***salık vermek*** renseigner, recommander
salıncak balançoire, escarpolette
salınmak osciller, se dandiner
salıvermek lâcher, laisser, abandonner
salkım grappe
sallamak secouer, balancer, agiter
sallanmak balancer, remuer, ballotter, vaciller
sallantı secousse, oscillation
salmak étendre, lancer, lâcher
salon salon
salt absolu ***salt çoğunluk*** majorité absolue
saltanat souveraineté, règne ***saltanat sürmek*** régner
salya salive, bave
salyangoz escargot
saman paille ***saman altından su yürütmek*** agir en sourdine, être sournois ***saman nezlesi*** le rhume des foins
samanlık pailler
Samanyolu Voie lactée
samimi sincère, cordial, franc
samimiyet franchise, sincérité
samur zibeline
san réputation
sana te, à toi
sanal imaginaire; virtuel
sanat art; métier, profession ***sanat eseri*** œuvre d'art
sanatçı artiste
sanatoryum sanatorium
sanatsal artistique
sanayi industrie
sanayileşmek s'industrialiser
sancak étendard, drapeau
sancı douleur, colique
sancılanmak avoir la colique
sancımak faire mal
sandal sandale; barque, canot
sandalye chaise
sandık caisse, coffre, malle
sandviç sandwich
sanık accusé, prévenu
saniye seconde
sanki comme si, on dirait que
sanmak croire, supposer, s'imaginer
sansar fouine
sansasyon sensation
sansür censure ***sansür etmek*** censurer
santigram centigramme
santigrat centigrade
santim centime
santimetre centimètre
santrafor avant-centre

santral central téléphonique ***santral memuru*** téléphoniste
santrhaf demi-centre
sap manche, poigne, tige
sapa écarté, détourné
sapan fronde
sapasağlam tout à fait sauf
sapık pervers, vicieux
sapıtmak perdre la raison, délirer, divaguer
saplamak enfoncer, planter, percer
saplanmak s'enfoncer, se planter, s'embourber
saplantı idée fixe, obsession
sapmak tourner; dévier
sapsarı tout à fait jaune ***sapsarı kesilmek*** pâlir
saptamak fixer, déterminer, décider
saptırmak détourner, dévier
sara épilepsie
saralı épileptique
sararmak jaunir, pâlir
saray palais, sérail
sardalye sardine
sardunya géranium
sarf dépense
sarfetmek dépenser, employer
sarfiyat dépenses, frais
sargı bande, bandage
sarhoş ivre, pris de vin; ivrogne ***sarhoş etmek*** enivrer, soûler ***sarhoş olmak*** s'énivrer, se soûler
sarhoşluk ivresse, ivrognerie
sarı jaune, blond, pâle
sarık turban
sarılık jaunisse
sarılmak s'envelopper, s'enrouler, enlacer, étreindre
sarışın blond
sarkaç pendule
sarkık pendant
sarkıntılık avances indiscrètes et grossières à une femme ***sarkıntılık etmek*** incommoder, importuner, tracasser (une femme)
sarkıt stalactite
sarkmak se pencher, pendre
sarmak envelopper, enrouler, entourer
sarmaşdolaşolmak s'embrasser étroitement
sarmaşık lierre
sarmısak ail
sarnıç citerne
sarp abrupt, escarpé ***sarpa sarmak*** devenir difficile
sarraf changeur
sarsılmak s'agiter, être ébranlé; être secoué, chanceler
sarsıntı ébranlement, secousse

sarsmak ébranler, secouer, remmuer
sataşmak chercher querelle, embêter, taquiner, importuner
sathi superficiel
satıcı vendeur, marchand
satıh superficie, surface
satılık à vendre
satın almak acheter
satır ligne; couperet
satırbaşı paragraphe
satış vente ***satışa çıkarmak*** mettre en vente
satmak vendre
satranç jeu d'échecs
Satürn Saturne
sauna sauna
sav thèse
savaş guerre, combat
savaşçı combattant, guerrier
savaşmak combattre, lutter
savcı procureur
savmak chasser, congédier
savsak négligent
savsaklamak négliger
savulmak faire place, se garer
savunma défense
savunmak défendre
savurgan prodigue, dépensier
savurganlık prodigalité, dissipation
savurmak éparpiller, disperser
savuşmak passer, se sauver
savuşturmak échapper, se débarrasser
sayaç compteur
saydam transparent
saye ombre
sayesinde grâce à
sayfa page
sayfiye maison de campagne, villégiature
saygı respect, égard ***saygı duymak*** estimer ***saygı göstermek*** respecter
saygıdeğer honorable, respectable
saygılı déférent, respectueux
saygın prestigieux, respectable
saygınlık crédit, prestige
saygısız irrespectueux, insolent
saygısızlık insolence, impertinence
sayı nombre; quantité ***sayı saymak*** compter
sayıklamak délirer, divaguer
sayılmak compter, compter pour
sayım recensement
sayın honorable, honoré
sayısal numérique
sayısız innombrable, infini
Sayıştay Cour des Comptes
saymak compter, énumérer; respecter, révérer
sayman comptable

sayrı malade
sayrılık maladie
saz instrument de musique; roseau, jonc
sazan carpe
seans séance
sebat persévérance, fixité, persistance ***sebat etmek*** tenir bon, persévérer, persister
sebatkâr ferme, persévérant
sebatsız inconstant, versatile
sebep cause, raison, motif ***sebep olmak*** causer
sebepsiz sans raison
sebze légume
seccade tapis de prière
secde prosternation
seçenek alternatif
seçim choix, sélection; élection
seçkin choisi, de choix, d'élite
seçmek choisir, élire
seçmen électeur
seda voix
sedef nacre
sedye brancard
sefa joie, plaisir ***sefa bulduk*** merci ***sefa geldiniz*** soyez le bien venu ***sefa sürmek*** vivre dans les plaisirs
sefahat débauche
sefalet misère ***sefalet çekmek*** vivre dans la misère
sefaret ambassade
sefer voyage; guerre, campagne; fois
seferber mobilisé ***seferber etmek*** mobiliser
seferberlik mobilisation
sefil misérable
segman segment
seğirtmek courir
seher pointe du jour, aube
sehpa chevalet, potence, gibet
sekiz huit
sekmek aller à cloche-pied; ricocher
sekreter secrétaire
sekreterlik secrétariat
seks sex
seksen quatre-vingts
seksi voluptueux
sekte arrêt, interruption, suspension ***sekte vurmak*** atteindre, porter préjudice
sektör secteur
sel torrent, flot
selam salut, salutation ***selam göndermek*** envoyer des compliments ***selam söyle*** mes respects à...
selamet salut, sécurité
selamlamak saluer
selamlaşmak se saluer
sele corbeille, panier
selim sain, sauf
seloteyp papier collant

sema ciel
semaver samovar
sembol symbole
sembolik symbolique
semere fruit; résultat
seminer séminaire
semiz gras, bien nourri
semizotu pourpier
sempati sympathie
sempatik sympathique
sempozyum symposium
semt quartier, contrée, alentours
sen tu, toi
senaryo scénario, livret
senato sénat
senatör sénateur
sendelemek trébucher, tituber, chanceler
sendika syndicat
sene an, année
senet titre, acte, document
senfoni symphonie
senin ton, ta, tes
seninki la tienne, le tien
senlibenli intime, familier ***senlibenli olmak*** être ami intime
sentetik synthétique
sentez synthèse
sepet corbeille, panier
sepetlemek renvoyer, mettre à la porte
sera serre
seramik céramique
serap mirage
serbest libre, indépendant ***serbest bırakmak*** libérer, relâcher ***serbest meslek*** profession libérale
serbestçe librement
serbestlik liberté
serçe moineau
sergi étalage; exposition
sergilemek exposer, étaler
seri prompt, rapide; série
serin frais
serinkanlı du sang-froid
serinlemek se rafraîchir, devenir froid
serinletmek rafraîchir, rendre froid
serinlik fraîcheur
sermaye capital, fonds
sermek étendre, étaler
serpilmek être répandu; se développer
serpinti pluie fine
serpiştirmek disperser, éparpiller
serpmek répandre, parsemer, disséminer
sersem étourdi, stupéfait; stupide, idiot
sersemlemek être étourdi, s'abrutir
sersemletmek stupéfier, étourdir
serseri vagabond, errant
serserilik vagabondage
sert dur, rude; fort, violent
sertifika certificat

sertleşmek durcir, se solidifier
sertleştirmek rendre dur, endurcir
sertlik dureté, rudesse; violence
serum sérum
serüven aventure
servet richesse, fortune
servi cyprès
servis service ***servis istasyonu*** station-service, garage ***servis yapmak*** servir
ses voix, son, cri ***ses çıkarmamak*** faire le silence, passer sous silence ***sesi kısılmak*** s'enrouer ***sesini kesmek*** fermer sa bouche ***sesini kısmak*** en plus murmurer
sesbilgisi phonétique
seslenmek appeler, héler
sesli sonore ***sesli harf*** voyelle
sessiz muet, silencieux ***sessiz harf*** consonne
sessizce silencieusement
sessizlik calme, mutisme, silence
set barrière, digue, barrage
sevap œuvre pie, œuvre pieuse ***sevap işlemek*** faire œuvre pie
sevda amour, passion
sevdalanmak tomber amoureux
sevdalı amoureux
sevecen tendre, affectueux
sevgi amour, attachement, affection
sevgili aimé, cher; amant, amante
sevici lesbienne
sevimli charmant, sympathique, aimable
sevimsiz antipathique, déplaisant
sevinç joie, allégresse
sevinçli joyeux, allégresse
sevindirmek réjouir, enchanter, ravir
sevinmek se réjouir, être enchanté
sevişmek s'aimer, flirter
seviye niveau
seviyesiz inculte
sevk envoi, expédition, livraison ***sevk etmek*** envoyer, expédier; stimuler, exciter
sevkıyat expéditions, transport
sevmek aimer
seyahat voyage ***seyahat acentası*** agence de voyage ***seyahat çeki*** chèque de voyage ***seyahat etmek*** voyager

seyir marche, cours, évolution; contemplation; promenade, voyage
seyirci spectateur
seyrek rare, espacé; rarement
seyretmek regarder, contempler
seyyar ambulant, mobile ***seyyar satıcı*** marchand ambulant
sezgi intuition, instinct
sezinlemek sentir
sezmek sentir, percevoir, deviner, prevoir
sezon saison
sıcak chaud
sıcaklamak avoir chaud
sıcaklık chaleur, température, feu
sıçan souris, rat
sıçmak aller à la selle, chier, fienter
sıçramak sauter, bondir
sıçratmak faire sauter, faire bondir
sıfat attribut, qualité; *«dilb.»* adjectif
sıfır zéro ***sıfırdan başlamak*** commencer de zéro
sığ peu profond
sığa capacité
sığdırmak introduire, faire entrer
sığınak refuge, abri
sığınmak se réfugier, chercher asile
sığıntı intrus, pique-assiette, parasite
sığır espèce bovine, bœuf
sığıreti viande de bœuf
sığmak entrer, tenir, être contenu
sıhhat santé, état de santé ***sıhhatinize*** à votre santé
sıhhatli sain
sıhhi hygiénique ***sıhhi tesisat*** plomberie
sık serré, dense, condensé; fréquent; fréquement ***sık sık*** frequemment, souvent
sıkı étroit, serré; rigoureux, sévère ***sıkı fıkı*** intime
sıkıcı gênant, agaçant, ennuyeux
sıkılgan timide, honteux
sıkılmak se serrer; se gêner, être troublé, s'ennuyer
sıkıntı gêne, ennui, embarras, désagrément ***sıkıntıdan patlamak*** se raser
sıkıntılı gênant, ennuyeux, gêné
sıkışık compact, serré, pressé
sıkışmak se serrer, être serré; être pressé
sıkıştırmak serrer, presser
sıkıyönetim état siège

sıklaşmak se faire plus compact ou plus dense, se faire plus fréquent
siklet pesanteur, poids
sıklık fréquence; densité
sıkmak serrer, presser; ennuyer, gêner
sınai industriel
sınamak essayer, éprouver
sınav examen
sınıf classe; espèce, catégorie ***sınıfta kalmak*** redoubler une classe
sınıflandırma classification
sınıflandırmak classifier, classer
sınır frontière; limite
sınırlandırmak limiter
sınırlı limité
sınırsız illimité
sır1 secret, mystère ***sır saklamak*** garder un secret ***sır vermek*** confier un secret
sır2 vernis, émail
sıra pupitre; rangée, rang, ordre; ligne; tour ***sıra olmak*** se ranger ***sırası gelmişken*** incidemment, à propos ***sıraya koymak*** mettre en rangs
sıradan banal, commun, quelconque
sıralamak mettre en rang, ranger; énumérer
sırdaş confident
sırf uniquement, rien que
sırık perche ***sırıkla atlama*** saut à la perche
sırılsıklam trepé, très mouillé ***sırılsıklam olmak*** tout trempé, trempé jusqu'aux os
sırıtmak ricaner, sourire bêtement
sırnaşık importun, collant
sırt dos ***sırt çantası*** sac à dos ***sırt çevirmek*** tourner le dos à qn ***sırtından geçinmek*** gagner au détriment de qn
sırtüstü sur le dos
sıska débile, malingre, chétif
sıtma malaria
sıva enduit, plâtre
sıvamak plâtrer, enduire
sıvazlamak passer la main su, caresser
sıvı liquide, fluide
sıvışmak filer, déguerpir, s'esquiver
sıyırmak écorcher, érafler
sıyrık éraflure, écorchure; échorcé
sıyrılmak être écorché; glisser, échapper furtivement
sızdırmak laisser transsuder, laisser suinter; soutirer de l'argent
sızı douleur, névralgie
sızıntı liquide suintant

sızlamak faire mal; se lamenter
sızlanmak se plaindre, geindre
sızmak suinter, transsuder; s'assoupir
sicil registre
sicim ficelle
sidik urine
sifon siphon
siftah première vente du jour ***siftah etmek*** faire la première vente, étrenner
sigara cigarette ***sigara içilmez*** défense de fumer ***sigara içmek*** fumer
sigorta assurance ***sigorta etmek*** assurer
sigortalı assuré
siğil verrue
sihir sorcellerie, enchantement
sihirbaz sorcier, magicien
sihirli ensorcelé, enchanté
silah arme
silahlandırmak armer
silahlanma armement ***silahlanma yarışı*** cours aux armements
silahlanmak s'armer
silahlı armé ***silahlı kuvvetler*** la troupe ***silahlı saldırı*** attaque à main armée
silahsız désarmé
silahsızlanma désarmement
silahşor mousquetaire
silecek essuie-glace
silgi gomme, torchon
silik dépoli, effacé
silindir cylindre
silinmek être essuyé; s'essuyer, s'effacer
silkelemek secouer
silkinmek se secouer
silkmek secouer, agiter
silmek essuyer; frotter, nettoyer; effacer ***silip süpürmek*** balayer, faire table rase de
silsile chaîne; série, suite
siluet silhouette
sima visage, figure
simetri symétrie
simetrik symétrique
simge symbol
simgelemek symboliser
simgesel symbolique
simit peteti pâtisserie en forme d'anneau
simsar courtier
simsiyah tout à fait noir
sinagog synagogue
sincap écureuil
sindirim digestion
sindirmek digérer
sine sein, poitrine ***sineye çekmek*** supporter patiemment
sinek mouche ***sinek avlamak*** flâner, paresser
sineksıklet poids mouch

sinema cinéma
sinir nerf ***sinir harbi*** guerre de nerfs ***sinir hastası*** névrosé ***sinir krizi*** crise de nerfs ***sinir sistemi*** système nerveux
sinirlendirmek énerver, irriter, agacer
sinirlenmek s'enerver, s'impatienter
sinirli nerveux, coléreux, irritable
sinirsel nerveux
sinmek se faire petit, se recroqueviller, se tapir
sinsi sournois, insidieux
sinsilik sournoiserie, dissimulation
sinyal signal; indicateur de direction
sipariş commande ***sipariş etmek*** passer une commonde
siper abri, tranchée, rempart
sirayet contagion, propagation ***sirayet etmek*** contaminer, se transmettre
sirk cirque
sirke vinaigre
sis brouillard, brume
sisli brumeux, nébuleux
sistem système
sistemli systématique
site cité
sitem reproche ***sitem etmek*** reprocher
sivil civil; en civil
sivilce bouton, acné
sivri pointu, aigu
sivrilmek devenir pointu; grandir, se distinguer
sivriltmek aiguiser, tailler en pointe
sivrisinek moustique
siyah noir
siyasal politique
siyaset politique, diplomatie
siyasi politique
siyatik sciatique
siz vous
-siz,-sız sans
size à vous
sizi vous
sizin vos
sizinki le vôtre, la vôtre
skandal scandale
skandalyaratmak faire scandale, provoquer un scandale
skor score, marque
slogan slogan
smokin smoking
soba poêle
soda souda
sodyum sodium
sofa entrée, salle, corridor
sofra table à manger ***sofra örtüsü*** nappe ***sofrayı kaldırmak*** desservir ***sofrayı kurmak*** mettre le couvert
sofu dévot

soğan oignon
soğuk froid ***soğuk algınlığı*** refroidissement ***soğuk almak*** prendre froid
soğukkanlı flegmatique, placide
soğumak se refroidir, se rafraîchir
soğutmak rafraîchir, refroidir
soğutucu frigo
sohbet conversation ***sohbet etmek*** s'entretenir, causer
sokak rue ***sokak kadını*** traînée
sokmak faire entrer, introduire; enfoncer; mordre
sokulgan sociable, engageant, insinuant
sokulmak s'enfoncer, s'insérer, s'insinuer
sol gauche ***sola dönmek*** tourner à gauche ***solda*** à gauche
solaçık ailier gauche
solak gaucher
solbek arrière gauche
solcu gauchiste
solgun pâle, fané
solhaf demi gauche
soliç intérieur gauche
solist soliste
sollamak doubler, dépasser
solmak se faner, pâlir, se décolorer
solo solo
solucan ver
soluk1 fané, pâle, décoloré
soluk2 souffle, respiration ***soluk almak*** respirer, se reposer ***soluk borusu*** tube respiratoire ***soluk soluğa*** hors d'haleine ***soluk soluğa kalmak*** haleter, être à bout de souffle ***soluğu kesilmek*** perdre le souffle
solumak humer, respirer
solungaç opercule
solunum respiration
som massif; *«hayb.»* saumon
somun miche; *«tek.»* écrou
somurtkan boudeur, grognon
somurtmak bougonner, bouder
somut concret, tangible
son fin, conclusion, dénouement; dernier, final, terminal ***son bulmak*** expirer, se terminer ***son derece*** rudement ***son olarak*** en dernier ***son zamanlarda*** dernièrement, récemment ***son vermek*** mettre fin ***sona ermek*** aboutir, expirer, se terminer
sonbahar automne
sondaj sondage
sonek suffix

sonra après, ensuite, puis
sonradan ensuite, plus tard, par la suite ***sonradan görme*** parvenu
sonraki dernier, suivant
sonsuz sans fin, infini
sonsuzluk infini, éternité
sonuç résultat, conséquence ***sonuç olarak*** en somme
sonuçlandırmak avoir pour conséquence
sonuçlanmak se terminer, s'accomplir
sonuçsuz sans résultat, sans effet
sonuçta au demeurant, en somme
sonuncu dernier
sonunda finalement, enfin
sopa bâton, gourdin; bastonnade ***sopa atmak*** bâtonner ***sopa yemek*** recevoir une volée
sorgu interrogatoire ***sorguya çekmek*** interroger
sormak demander, questionner, interroger
soru question, interrogation ***soru işareti*** point d'interrogation ***soru sormak*** poser une question
sorumlu responsable
sorumluluk responsabilité
sorumsuz irresponsable
sorumsuzluk irresponsabilité
sorun problème, question
soruşturma enquête, investigation
soruşturmak enquêter, interroger, s'informer
sos sauce
sosis saucisse
sosyal social
sosyalist socialiste
sosyalizm socialisme
sosyete société
sosyolog sociologue
sosyoloji sociologie
sote sauté
Sovyet soviet
soy race, génération ***soy sop*** parents, famille
soya soja
soyaçekim hérédité
soyadı nome de famille
soyağacı arbre généalogique
soydaş même race
soygun vol, rapine
soyguncu voleur
soykırım génocide
soylu noble, relevé
soyluluk noblesse
soymak écorcher, peler; déshabiller, dévêtir; voler, dévaliser
soytarı bouffon, clown
soyunmak se déshabiller, se dévêtir

soyut abstrait
soyutlamak abstraire
söğüş viande froide
söğüt saule
sökmek découdre, défaire; déraciner, extirper; arracher, détacher
sökük décousu
sömestr semestre
sömürge colonie
sömürmek lamper, humer; exploiter
sömürü exploitation
söndürmek éteindre, étouffer; dégonfler
sönmek s'éteindre, se dégonfler
sönük éteint, dégonflé; terne
sövgü injure, juron
sövmek injurier, jurer, pester
söylemek dire, parler
söylence mythe, légende
söyleniş prononciation
söylenmek être dit, se dire
söylenti rumeur, bruit, racontar
söyleşi conversation
söyleşmek converser avec qn, causer
söylev discours ***söylev vermek*** faire un discours
söz parole; promesse; mot ***söz dinlemek*** obéir ***söz etmek*** faire mention de ***söz konusu*** en question ***söz konusu olmak*** être en cause ***söz vermek*** promettre ***sözü geçen*** ci-dessus, susmentionné ***sözünden dönmek*** se dédire, dégager sa parole ***sözünü geri almak*** se dédire, se rétracter ***sözünü kesmek*** interrompre ***sözünü tutmak*** tenir sa parole ***sözünü tutmamak*** manquer à sa parole
sözcü porte-parole
sözcük mot
sözde prétendu, soi-disant
sözel verbal
sözgelimi par example
sözleşme convention, contrat
sözleşmek convenir, tomber d'accord, s'entendre
sözlü oral
sözlük dictionnaire
sözümona soi-disant
spagetti spaghettis
spiker speaker, annonceur
spor sport ***spor araba*** voiture de sport ***spor giyim*** vêtements de sport ***spor yapmak*** faire du sport
sporcu sportif, sportsman
sporsever amateur de sport
sprey bombe, vaporisateur
stadyum stade
staj stage ***staj yapmak*** faire un stage

stajyer stagiaire
standart standard
statik statique
statü statut
steno sténographie
stepne roue de secours
stereo stéréo
stetoskop stéthoscope
stok stock
stoketmek stocker
stop stop
stoplambası stop
strateji stratégie
stratejik stratégique
stres tension
striptiz strip-tease
stüdyo studio
su eau; jus ***su baskını*** inondation ***su basmak*** inonder ***su birikintisi*** flaque ***su gibi konuşmak*** parler couramment ***su gibi para harcamak*** dépenser sans compter ***su götürmez*** incontestable, sûr ***sudan ucuz*** à vil prix ***suya düşmek*** tomber à l'eau ***suyuna gitmek*** se plier aux caprices de qn
sual question
suare soirée
suaygırı hippopotame
subay officier
sucuk sauvisson
suç faute, délit ***suç işlemek*** commettre un délit
suçiçeği varicelle
suçlamak accuser, inculper
suçlu coupable, délinquant
suçluluk culpabilité, délinquance
suçortağı complice, compère
suçsuz innocent, non-coupable
suçsuzluk non-culpabilité, innocence
suçüstü en flagrant délit ***suçüstü yakalamak*** prendre en flagrant délit
Sudan Soudan
sugeçirmez imperméable, étanche
suiistimal abus ***suiistimal etmek*** abuser
suikast attentat, conspiration ***suikast yapmak*** conspirer contre
suikastçı conspirateur
sulamak arroser, irriguer
sulandırmak diluer, mouiller
sulanmak se liquéfier; etre mouillé; faire la cour à, faire des avances à
sulh paix
sultan sultan, monarque; sultane, princesse
sulu liquide, juteux; impertinent
suluboya aquarelle
sululuk impertinence
sulusepken giboulée

sumen sous-main
suni artificiel, factice
sunmak offrir, donner, présenter
sunu offert
sunucu présentateur, animateur, annonceur
supap soupape
sur muraille, rempart
surat visage, face ***surat asmak*** faire la moue, bouder
suratsız laid, boudeur
suret copie, forme ***suret çıkarmak*** copier
Suriye Syrie
Suriyeli syrien
susam sésame
susamak avoir soif; être altéré
susamuru loutre
suskun taciturne
suskunluk mutisme
susmak se taire, ne dire mot
susturmak faire taire, réduire au silence
susuz assoiffé; aride
susuzluk soif, altération
sutopu water-polo
sutyen soutien-gorge
SuudiArabistan Arabie Saoudite
süet daim
sükûnet calme, tranquillité
sülale famille, race
sülfat sulphate
sülük sangsue
sülün faisan
sümbül jacinthe, hyacinthe
sümkürmek se moucher
sümsük imbécile
sümük morve
sümüklü morveux
sünepe empoté, ganache
sünger éponge
süngü baïonnette
sünnet circoncision ***sünnet etmek*** circoncire ***sünnet olmak*** être circoncis
süper *«kon.»* formidable ***süper benzin*** super
süpermarket supermarché
süprüntü balayures, ordures
süpürge balai
süpürmek balayer
sürahi carafe
sürat vitesse, rapidité
süratli vite, prompt, rapide
sürdürmek faire durer, continuer, perpétuer
süre durée, délai ***süresi dolmak*** expirer, échoir
süreç processus
süregelmek continuer
sürekli continu; continûment ***sürekli olarak*** constammant, en permanence
süreklilik continuité
süreksiz transitoire
süresiz sans précision de durée

sürgü verrou
sürgülemek verrouiller
sürgün exil; *«hek.»* diarrhée; *«bitk.»* bouture ***sürgün etmek*** exiler, bannir ***sürgün gitmek*** s'exciler ***sürgüne göndermek*** envoyer en exil
sürmek continuer, durer; conduire; exclure, bannir; étendre, étaler ***sürüp gitmek*** persister, se traîner
sürpriz surprise ***sürpriz yapmak*** faire une surprisé à qn
sürtmek frotter, traîner
sürtük coureuse, traînée
sürtünmek se frotter, frôler
sürtüşmek frotter
sürü troupeau; foule
sürücü chauffeur, conducteur ***sürücü belgesi*** permis de conduire
sürüklemek traîner, entraîner
sürükleyici intéressant, prenant
sürüm débit, écoulement
sürünceme retard, négligence
sürüncemede en souffrance, en suspens ***sürüncemede bırakmak*** traîner en longueur, laisser en suspens ***sürüncemede kalmak*** rester en souffrance
süründürmek réduire à la misère
sürüngen reptile
sürünmek ramper, traîner; se mettre à plat ventre; être réduit à la misère; se frotter
süs ornement, parure, décoration
süslemek parer, orner, décorer
süslenmek se parer, s'orner, faire sa toilette
süslü orné, poré
süt lait ***süt çocuğu*** nourrisson ***süt gibi*** laiteux
sütana nourrice
sütanne nourrice
sütçü laitier
sütdişi dent de lait
sütkardeş frère de lait
sütlaç riz au lait
sütlü au lait ***sütlü kahve*** café au lait
süttozu lait en poudre
sütun colonne
süvari cavalier
süveter sweater
süzgeç filtre, passoire
süzmek filtrer, tamiser, passer; regarder langoureusement, toiser
süzülmek être filtré, filtrer; maigrir; planer

Ş ş

şafak aurore, aube
şaft arbre
şah shah, roi
şahane magnifique, somptueux, impérial
şahaser chef-d'œuvre
şahıs personne
şahin faucon
şahit témoin
şahitlik témoignage ***şahitlik etmek*** témoigner
şahlanmak se cabrer
şahsen personellement, en personne
şahsi personnel, individuel, privé
şahsiyet personnalité, individualité
şair poète
şaka plaisanterie, taquinerie ***şaka etmek*** plaisanter, taquiner ***şakadan anlamak*** entendre la plaisanterie
şakacı taquin, plaisantin
şakak tempe
şakalaşmak se taquiner
şakımak chanter
şakırdamak tinter, craquer, claquer
şakırdatmak faire claquer
şakırtı tintement, cliquetis
şaklaban bouffon, plaisantin
şal châle
şalgam navet
şalter interrupteur, commutateur
şamandıra bouée
şamar soufflet, gifle ***şamar atmak*** souffleter, gifler ***şamar oğlanı*** bouc émissaire
şamata vacarme, bruit, tapage ***şamata etmek*** faire du tapage
şamatacı tapageur
şamdan chandelier, bougeoir
şamfıstığı pistache
şampanya champagne
şampiyon champion
şampiyonluk championnat
şampuan shampooing
şan gloire, honneur, réputation
şanjman boîte de vitesse
şanlı glorieux
şans chance ***şansı olmak*** avoir de la chance
şanslı chanceux, fortuné, heureux
şanssız malchanceux, malheureux
şanssızlık malheur, malchance
şantaj chantage ***şantaj yapmak*** faire du chantage
şantajcı maître chanteur

şantiye chantier
şapırdatmak faire claquer les lèvres
şapka chapeau
şapşal lourdaud, étourdi
şarampol accotement
şarap vin
şarj charge ***şarj etmek*** charger
şarkı chanson ***şarkı söylemek*** chanter
şarkıcı chanteur, chansonnier
şarküteri charcuterie
şarlatan charlatan
şart condition, stipulation ***şart koşmak*** stipuler
şartlı conditionnel
şartsız inconditionnel
şasi châssis
şaşakalmak être stupéfait
şaşı louche
şaşırmak être étonné, être surpris; s'embrouiller
şaşırtıcı surprenant, étonnant
şaşırtmak stupéfier, étonner, surprendre; embrouiller, déconcerter
şaşkın étonné, étourdi, ébahi ***şaşkına çevirmek*** abrutir, renverser ***şaşkına dönmek*** s'étourdir
şaşkınlık stupéfaction, ébahissement, ahurissement
şaşmak être étonné, être stupéfait, s'étonner
şatafat éclat, faste, pompe
şatafatlı fastueux, pompeux
şato château
şayet si, en cas que
şayia bruit, rumeur
şebboy giroflée
şebeke réseau
şebnem rosée
şecere arbre généalogique
şef chef
şeffaf transparent, limpide
şefkat compassion, affection, tendresse
şefkatli tendre, affectueux
şeftali pêche
şehir ville, cité
şehirlerarası interurbain
şehit martyr
şehriye vermicelle
şehvet volupté, sensualité
şehvetli charnel, sensuel, voluptueux
şehzade prince
şeker sucre; bonbon
şekerkamışı canne à sucre
şekerleme confiserie; somme
şekerli sucré
şekerpancarı betterave sucrière
şekil forme, figure; manière
şekillendirmek former
şekillenmek se former
şekilsiz informe, sans forme

şeklen en forme
şelale cascade, chute d'eau
şema schéma
şematik schématique
şemsiye parapluie
şen gai, joyeux
şenlenmek se réjouir
şenlik gaité, allégresse; festival
şer mal
şerbet sorbet, sirop, limonade
şeref honneur, réputation, etsime ***şeref vermek*** honorer
şerefe à votre santé!
şerefli honorable
şerefsiz malhonnête
şeriat loicanonique musulmane
şerif shérif
şerit cordon, galon, ruban
şevk ardeur, enthousiasme, zèle
şey chose, objet
şeyh cheik
şeytan diable, satan
şeytanca satanique, diabolique
şeytanlık diablerie, malice
şezlong chaise longue
şık chic, élégant; alternative
şıkırdamak tinter, cliqueter
şıkırdatmak faire craquer
şıkırtı claquement
şıklık élégance
şımarık gâté
şımarmak être gâté, devenir intraitable
şımartmak gâter
şıngırdamak cliqueter
şıngırtı cliquetis
şıpsevdi qui s'amourache vite
şıra jus de raisin
şırfıntı femme, donzelle
şırıldamak murmurer
şırıltı murmure
şırınga seringue
şiddet violence, force, intensité
şiddetlenmek devenir violent, s'aggraver
şiddetli violent, fort, intense
şifa guérison, rétablissement ***şifa bulmak*** guérir, se rétablir
şifalı curatif, qui guérit
şifoniyer chiffonnier
şifre chiffre
şifreli chiffré
şiir poésie; poème
şikâyet plainte, réclamation ***şikâyet etmek*** se plaindre
şike chiqué
şilep bateau moyen
Şili Chili
Şilili chilien
şilte matelas
şimdi maintenant ***şimdiye kadar*** jusqu'ici, jusqu'à présent

şimdiden dès à présent
şimdiki actuel, présent
şimdilerde de nos jours
şimdilik pour le moment, pour l'instant
şimşek éclair
şimşir buis
şirin sympathique, doux, aimable
şirket société, association
şirret chicaneur, mauvais
şiş broche, brochette; enflure, gonflement; enflé, gonflé ***şiş kebap*** rôti à la broche
şişe bouteille, flacon
şişirmek enfler, gonfler, grossir
şişkin enflé, gonflé
şişkinlik enflure, gonflement
şişko gros, obèse
şişman gros, obèse
şişmanlamak grossir, prendre du poids
şişmanlık obésité
şişmek enfler, gonfler, grossir
şive idiotisme, manière de parler
şizofreni schizophrénie
şofben chauffe-bain, chauffe-eau
şoför chauffeur
şok choc
şort short
şose chaussée
şov démonstration, parade
şöhret réputation, renommé
şöhretli fameux, réputé
şölen banquet, festin
şömine cheminée
şövalye chevalier
şöyle ainsi, comme cela ***şöyle böyle*** comme ci comme ça, passablement
şu ce, ceci, celui-ci ***şu anda*** actuellement, en ce moment ***şu halde*** donc ***şu var ki*** pourtant
şua rayon
şubat février
şube branche, division, section
şuh coquette, accorte
şunlar ce, celle, celui, cette
şûra conseil
şura endroit
şura ici, là
şuradan d'ici, par ici
şurası cet endroit-ci, cet endroit-là
şurup sirop
şut shoot, tir ***şut çekmek*** shooter
şuur conscience
şuurlu conscient
şuursuz inconscient
şükran gratitude, reconnaissance
şükretmek rendre grâce, remercier
şükür actions de grâces

şüphe soupçon, doute *şüphe etmek* soupçonner, douter
şüpheci sceptique, soupçonneux
şüphelenmek soupçonner, se douter de
şüpheli douteux, soupçonneux
şüphesiz sans doute, assurément

T t

ta jusque, jusqu'à *ta ki* afin que, pour que
taahhüt engagement, entreprise *taahhüt etmek* entreprendre, s'engager à
taahhütlü recommandé; en recommandé *taahhütlü mektup* lettre recommandée
taarruz attaque, offensive
taarruzetmek attaquer
tabak assiette, plat
tabaka couche; classe, catégorie
taban plante du pied; semelle, plancher, base *tabanları yağlamak* s'enfuire, filer
tabanca pistolet
tabela panneau, enseigne
tabelacı peintre d'enseignes
tabetmek imprimer, publier
tabi dépendant, soumis *tabi olmak* dépendre
tabiat nature; tempérament, caractère
tabii naturel; bien sûr, naturellement
tabiiyet nationalité
tabip médecin
tabir expression, terme
tabla plateau; cendrier
tablet tablette
tablo tableau
tabu tabou
tabur bataillon
taburcuolmak sortir de l'hôpital
tabure tabouret
tabut cerceuil, bière
tacir marchand
taciz importunité, dérangement
tacizetmek importuner, déranger
taç couronne
tadilat modifications, changements
tafsilat détails
tafsilatlı détaillé
tahakkuk réalisation *tahakkuk etmek* se réaliser, se confirmer
tahammül résistance, patience *tahammül etmek*

supporter, résister, patienter
tahdit restriction, limitation *tahdit etmek* limiter, restreindre
tahıl céréale
tahin farine de sésame
tahkikat instruction, enquête
tahlil analyse *tahlil etmek* analyser
tahliye évacuation *tahliye etmek* évacuer
tahmin supposition; estimation *tahmin etmek* supposer, présumer; estimer
tahminen approximativement
tahribat destructions, dégats
tahrik incitation, encouragement, excitation *tahrik etmek* encourager, exciter, inciter
tahrip destruction, dévastation *tahrip etmek* détruire, ruiner, dévaster
tahriş irritation, excitation *tahriş etmek* irriter
tahsil instruction, études *tahsil etmek* encaisser *tahsil yapmak* faire ses études
tahsildar percepteur, encaisseur
tahsis allocation, assignation *tahsis etmek* allouer, assigner
taht trône *tahta çıkmak* monter sur le trône
tahta bois; planche; de bois
tahtakurusu punaise
tahvil *«tic.»* obligation
takas compensation *takas etmek* compenser
takat force, pouvoir
takdim présentation *takdim etmek* présenter, offrir
takdir appréciation, estimation, évaluation; providence *takdir etmek* apprécier, estimer, évaluer
takdirname certificat d'appréciation
takdis sanctification *takdis etmek* sanctifier
takı parure, terminaison
takılmak s'attacher, se fixer, s'accrocher; plaisanter, taquiner
takım équipe; série, assortiment; complet, ensemble; *«ask.»* section
takımada archipel
takımyıldız constellation
takınmak porter sur soi; prendre, s'armer de
takıntı relation
takırdamak claquer, craquer
takırdatmak faire claquer
takışmak quereller avec qn

takip poursuite ***takip etmek*** suivre, poursuivre
takla culbute ***takla atmak*** faire des culbutes
taklit imitation; imité, copié, faux ***taklit etmek*** imiter, copier
takma emprunté, faux ***takma ad*** surnom, nom d'emprunt, pseudonyme ***takma diş*** fausse dent
takmak fixer, attacher, accrocher
takoz cheville
takriben approximativement, à peu près
taksi taxi
taksim partage, division, répartition ***taksim etmek*** diviser, partager
taksimetre taximètre
taksit acompte, versement
taksitle à tempérament
taktik tactique
takvim calendrier
takviye renforcement, consolidation ***takviye etmek*** fortifier, consolider
talaş copeau, sciure
talebe écolier, étudiant
talep demande, réquisition ***talep etmek*** demander, exiger
tali secondaire, accessoire
talih sort, fortune, chance
talihli heureux, fortuné
talihsiz malheureux, infortuné
talihsizlik infortune, malchance
talim entraînement; enseignement ***talim yapmak*** s'exercer, s'entraîner
talimat instructions, directives
talimatname règlement
talip demandeur, candidat ***talip olmak*** demander
tam entier, total, complet ***tam olarak*** en entier, complètement ***tam zamanında*** au juste moment, en temps opportune
tamah avidité, avarice
tamahkâr avide, avare
tamam totalité; complet, fini, achevé, prêt; assez! cela suffit!
tamamen complètement, entièrement
tamamıyla complètement, entièrement
tamamlamak achever, compléter
tamir réparation, restauration ***tamir etmek*** réparer, raccommoder
tamirci réparateur, mécanicien

tamirhane atelier de de réparation
tamlama «*dilb.*» complément
tampon tampon
tamsayı nombre entier
tamtakır tout à fait vide
tan aurore, aube
tane morceau; pièce; grain ***tane tane*** grain par grain ***tane tane konuşmak*** parler net, articuler
tangırdamak rendre un bruit sec
tangırtı bruit sec, cliquetis
tango tango
tanı diagnostic
tanıdık connaissance
tanık témoin ***tanık olmak*** être témoin de
tanıklık témoignage ***tanıklık etmek*** témoigner
tanım définition
tanımak connaître; reconnaître
tanımlamak définir
tanımlık article
tanınmak être connu; être reconnu
tanınmış connu, renommé
tanış connaissance
tanışmak faire la connaissance de
tanıştırmak présenter qn à
tanıtım présentation, promotion
tanıtma présentation, promotion
tanıtmak lancer, présenter
tank réservoire; char, tank
tanker pétrolier, camion-citerne
tanksavar antichar
Tanrı Dieu
Tanrıbilim théologie
Tanrıça déesse
Tanrısal divin
tansiyon tension artérielle ***tansiyon düşüklüğü*** hypotension ***tansiyon yüksekliği*** hypertension
tantana pompe, faste
tanzim règlement, disposition, arrangement, organisation ***tanzim etmek*** régler, arranger, organiser
tapa bouchon
tapınak temple
tapmak adorer
tapu titre de propriété
taraça terasse
taraf côté, part; parti, partie ***taraf tutmak*** prendre le parti de qn
taraflı partial
tarafsız impartial, neutre ***tarafsız kalmak*** rester neutre
tarafsızlık impartialité, neutralité
taraftar partisan, supporter ***taraftar olmak*** être pour

tarak peigne
taramak peigner, carder; draguer
taranmak se peigner
tarçın canelle
tarım agriculture
tarımsal agricole
tarif définition, description *tarif etmek* décrire, définir
tarife tarif
tarih histoire; date *tarih koymak* mettre la date
tarihçe historique, exposé
tarihçi historien
tarihi historique
tarihli daté
tarihsel historique
tarihsiz sans date
tarikat ordre réligieux
tarla champ
tartaklamak maltraiter, brutaliser
tartı pesage, pesée; poids
tartılmak être pesée
tartışma discussion, débat
tartışmak se disputer, se quereller
tartmak peser, soupeser
tarz manière, façon, mode
tas écuelle, timbale
tasa chagrin, souci, peine
tasalanmak se chagriner, se soucier, s'inquiéter
tasalı affligé, triste
tasarı plan, projet
tasarım imagination
tasarlamak projéter, conjecturer
tasarruf épargne, économie *tasarruf etmek* épargner, économiser
tasasız insouciant, indifférent
tasavvuf mysticisme
tasavvur imagination, conception *tasavvur etmek* imaginer, projeter, concevoir
tasdik affirmation, confirmation *tasdik etmek* approuver, confirmer, ratifier
tasdikname certificat
tasfiye raffinage; épuration; liquidation *tasfiye etmek* raffiner; épurer; liquider
tashih correction, rectification
taslak ébauche, esquisse, croquis
taslamak affecter, simuler, se poser en
tasma collier, laisse
tasnif classement, classification *tasnif etmek* classer, classifier
tasvip approbation *tasvip etmek* approuver
tasvir image, portrait; description *tasvir etmek* décrire, dépeindre
taş pierre; en pierre *taş atmak* jeter une pierre

dans le jardin de qn ***taş gibi*** pierreux ***taşı gediğine koymak*** avoir de la repartie
taşak testicule
taşımacı transporteur
taşımacılık transport
taşımak porter, transporter
taşınmak être porté, être transporté; déménager, déloger
taşırmak faire déborder
taşıt véhicule, moyen de transport
taşıyıcı porteur
taşkın débordé, éxalté, débordant
taşkınlık débordement, exaltation
taşkömürü houille
taşmak déborder
taşra province
taşralı provincial
tat goût, saveur ***tat almak*** goûter ***tat vermek*** donner le goût ***tadı kaçmak*** avoir un mauvais goût ***tadına bakmak*** goûter, déguster ***tadını çıkarmak*** savourer, jouir de
tatbik adaptation, application ***tatbik etmek*** adapter, appliquer
tatbikat application, pratique
tatil vacances; jour férié; congé ***tatil etmek*** suspendre, cesser ***tatile gitmek*** partir en vacances
tatlandırmak adoucir, sucrer
tatlanmak s'adoucir
tatlı doux, savoureux; douceurs, dessert ***tatlı su*** eau douce ***tatlı şarap*** vin doux ***tatlıya bağlamak*** règler à l'amiable
tatlılık douceur
tatmak goûter, savourer
tatmin satisfaction, contentement ***tatmin etmek*** satisfaire ***tatmin olmak*** être satisfait
tatminkâr satisfaisant
tatsız sans goût, fade, désagréable
tav degré de chaleur requis pour battre le fer; le bon moment, l'occasion
tava poêle à frire
tavan plafond ***tavan arası*** grenier, mansarde
taverna taverne
tavır attitude, manière, air, conduite
taviz concession, compensation ***taviz vermek*** faire des concessions
tavla écurie; jeu de trictrac
tavlamak rougir; embobiner, enjôler

tavsiye recommandation, conseil ***tavsiye etmek*** recommander, conseiller
tavşan lièvre, lapin
tavuk poule
tavus paon
tay poulain
tayf spectre
tayfa équipage, matelot
tayın ration
tayin désignation; détermination; nomination ***tayin etmek*** désigner; déterminer; nommer
tayyör tailleur
taze frais; nouveau ***taze fasulye*** haricot vert
tazelemek renouveler
tazelik fraîcheur
tazı levrier
tazminat indemnisation; indemnité ***tazminat davası*** action d'indemnité ***tazminat vermek*** indemniser, dédommager
tazyik pression
tebaa ressortissant
teberru donation, don
tebessüm sourire ***tebessüm etmek*** sourire
tebeşir craie
tebligat notification
tebliğ communiqué; notification ***tebliğ etmek*** communiquer, notifier
tebrik félicitation, congratulation ***tebrik etmek*** féliciter, congratuler
tecavüz agression, attaque; viol, violation ***tecavüz etmek*** dépasser, attaquer; violer
tecelli apparition; sort, destinée ***tecelli etmek*** apparaître, se présenter
tecil ajournement, renvoi ***tecil etmek*** surseoir, ajourner
tecrit isolation, séparation ***tecrit etmek*** isoler
tecrübe épreuve, expérience ***tecrübe etmek*** expérimenter, éprouver
tecrübeli expérimenté
tecrübesiz inexpérimenté
teçhiz dodation, équipage ***teçhiz etmek*** équiper, munir
teçhizat équipement, armement, munition
tedarik procuration ***tedarik etmek*** procurer
tedavi traitement, cure ***tedavi etmek*** traiter, soigner
tedavül circulation, cours ***tedavülde olmak*** être en circulation ***tedavülden kalkmak*** se retirer de la circulation

tedbir précaution, mesure ***tedbir almak*** prendre des mesures
tedbirli prudent, prévoyant
tedbirsiz imprévoyant, malavisé
tedhiş terreur
tedirgin incommode, inquiet ***tedirgin etmek*** incommoder, importuner
teessüf regret ***tessüf etmek*** regretter, déplorer
tefeci usurier
tefecilik usure
teferruat détails
teferruatlı détaillé
tefsir interprétation, commentaire
teftiş inspection ***teftiş etmek*** inspecter
teğet tangent
teğmen lieutenant
tehdit menace ***tehdit etmek*** menacer
tehir retard, ajournement ***tehir etmek*** retarder, ajourner
tehlike danger, péril ***tehlikede olmak*** être en danger ***tehlikeye atılmak*** courir un danger ***tehlikeye atmak*** hasarder, mettre en danger
tehlikeli dangereux
tehlikesiz sans danger
tek unique; seul ***tek başına*** seul, tout seul ***tek tek*** un à un, une à une ***tek tük*** sporadique ***tek yataklı oda*** chambre à un lit
tekdüze monotone
teke bouc
tekel monopole
teker roue
teker teker un à un, une à une
tekerlek roue
tekil singulier
teklemek ne pas marcher bien
teklif proposition, offre ***teklif etmek*** proposer, offrir
teklifsiz familier, sans façon
tekme coup de pied ***tekme atmak*** donnor un coup de pied
tekmelemek donner un coup de pied
tekne auge, huche; coque, vaisseau
teknik technique ***teknik arıza*** panne
teknisyen technicien
teknoloji technologie
teknolojik technologique
tekrar répétition ***tekrar etmek*** répeter
tekrarlamak répéter, réitérer, redire
teksir multiplication, reproduction ***teksir etmek***

multiplier, augmenter ***teksir makinesi*** duplicateur
tekstil textile
tekzip démenti ***tekzip etmek*** démentir
tel fil; télégramme
telaffuz prononciation ***telaffuz etmek*** prononcer
telafi compensation, récupération ***telafi etmek*** récupérer, compenser
telaş alarme, affolement, inquiétude ***telaş etmek*** s'alarmer, être inquiet
telaşlanmak s'alarmer
telaşlı inquiet
telef perte, mort ***telef olmak*** être perdu, mourir
teleferik téléphérique
telefon téléphone ***telefon etmek*** téléphoner ***telefon kulübesi*** cabine téléphonique ***telefon rehberi*** annuaire téléphonique ***telefonu kapamak*** raccrocher
telekız call-girl
teleks télex
telepati télépathie
teleskop télescope
televizyon télévision ***televizyon izlemek*** regarder la télévision
telgraf câble, télégramme, dépêche ***telgraf çekmek*** câbler, télégraphier
telif compilation ***telif hakkı*** copyright
telkin inspiration, inculcation ***telkin etmek*** inspirer
telsiz radio
temas contact ***temas etmek*** être en contact, se toucher ***temas kurmak*** joindre, toucher
tembel paresseux
tembellik paresse
tembih avertissement, recommandation ***tembih etmek*** avertir, recommander
temel fondement, fondation, base; fondamental, principal ***temel atmak*** jeter les fondements ***temel taşı*** pierre angulaire, pierre de base
temelli radicalement, définitivement
temelsiz sans fondement
temenni souhait, vœu ***temenni etmek*** souhaiter
temin garantie, assurance ***temin etmek*** garantir, assurer
teminat garantie, assurences
temiz propre, pur, net ***temiz kalpli*** candide, ingénu

temiz tutmak tenir propre *temize çekmek* mettre au net
temizlemek nettoyer
temizlenmek se laver, être nettoyé
temizlik propreté, nettoyage
temizlikçi femme de ménage, femme de chambre
temkin dignité, gravité
temkinli sérieux, grave
temmuz juillet
tempo tempo
temsil représentation *temsil etmek* représenter
temsilci représentant
ten teint, peau
tencere casserole, marmite
teneffüs respiration; pause, récréation *teneffüs etmek* respirer
teneke fer-blanc
tenezzül abaissement, descente, chute *tenezzül etmek* s'abaisser, daigner
tenha peu fréquenté, solitaire, écarté
tenis tenis *tenis kortu* court de tennis
tenkit critique *tenkit etmek* critiquer
tente banne, bâche
tentürdiyot teinture d'iode
tenzilat réduction *tenzilat yapmak* faire une réduction
tenzilatlı réduit *tenzilatlı satış* vente à réduction
teori théorie
teorik théorique
tepe colline; sommet; tête *tepesi atmak* s'emporter
tepetaklak sur sa tête
tepinmek trépigner
tepki réaction, contrecoup
tepkime réaction
tepmek ruer, repousser
tepsi plateau
ter sueur, transpiration
teras terasse
terazi balance *Terazi (burcu)* la Balance
terbiye éducation; politesse, civilité; assaisonnement, sauce *terbiye etmek* élever, éduquer; dresser; assaisonner
terbiyeli bien élevé, décent
terbiyesiz mal élevé, fruste, impoli
terbiyesizlik impolitesse, insolence
tercih préférence *tercih etmek* préférer
tercihan de préférence
tercihli préférentiel *tercihli yol* route de faveur
tercüman interprète

tercüme traduction ***tercüme etmek*** traduire, interpréter
tere cresson
tereddüt irrésolution, hésitation ***tereddüt etmek*** hésiter, balancer
tereyağı beurre
terfi promotion, avancement ***terfi etmek*** être promu
terhis licenciement ***terhis etmek*** libérer du service militaire
terim terme
terk abandon ***terk etmek*** abandonner, laisser
terlemek suer, transpirer
terletmek faire transpirer
terlik pantoufle
termik thermique
terminal terminal, terminus
termometre thermomètre
termos thermos
termosfer thermosphère
termosifon thermosiphon
termostat thermostat
terör terreur
terörist terroriste
ters envers, dos; renversé, contraire; à l'envers, de travers ***ters gitmek*** aller de mauvais côté
tersane arsenal maritime
tersine à l'envers, au contraire ***tersine çevirmek*** renverser
terslemek réprimer, rudoyer
terslik malchance, mésaventure
tertemiz brillant de propreté
tertip arrangement, ordre, composition ***tertip etmek*** arranger, mettre en ordre, composer, organiser
tertipli en ordre, ordonné, bien organisé
tertipsiz en désordre, désordonné, mal organisé
terzi tailleur, couturier, couturière
tesadüf hasard, rencontre ***tesadüf etmek*** rencontrer, tomber
tesadüfen par hasard, accidentallement
tesadüfi accidentel, occasionnel
tescil enregistrement
teselli consollation ***teselli etmek*** consoler
tesir effet, influence; impression ***tesir etmek*** influencer, faire impression
tesirli efficace, impressionnant
tesis établissement, fondation ***tesis etmek*** fonder, établir
tesisat installation
tesisatçı plombier
teskin apaisement ***teskin etmek*** calmer, apaiser

teslim livraison, remise ***teslim etmek*** livrer, rendre, remettre ***teslim olmak*** se rendre, céder
tespih chapelet, rosaire
tespit fixation ***tespit etmek*** fixer
test test
testere scie
testi cruche
tesviye nivellement, aplanissement
teşbih comparaison, allégorie
teşebbüs entreprise, initiative ***teşebbüs etmek*** entreprendre, tenter
teşekkül formation; organisme ***teşekkül etmek*** se former, se constituer
teşekkür remerciement ***teşekkür ederim*** merci ***teşekkür etmek*** remercier
teşhir exposition, divulgation ***teşhir etmek*** exposer, divulguer
teşhis identification; diagnostic ***teşhis etmek*** identifier; diagnostiquer
teşkil formation ***teşkil etmek*** former, organiser
teşkilat organisation
teşrif action d'honorer; arrivée, visite ***teşrif etmek*** honorer de sa présence, visiter, venir
teşrifat étiquette, protocole
teşvik encouragement, exhortation ***teşvik etmek*** encourager, exhorter
tetanos tétanos
tetik détente; vif, alerte ***tetikte beklemek*** être aux aguets
tetkik examen, étude ***tetkik etmek*** examiner, étudier
tevazu modestie
tevkif arrestation, arrêt ***tevkif etmek*** arrêter, appréhender
Tevrat Ancien Testament
teyel faufilure
teyellemek faufiler
teyp magnétephone
teyze tante
tez thèse; vite, vif
tezahürat ovation, vivats
tezat contraste
tezgâh établi
tezgâhtar vendeur, vendeuse
tezkere billet; permis
tıbbi médical
tıbbiye faculté de médecin
tıfıl bambin, enfant petit
tığ aiguille à tricoter
tıkaç bouchon, tampon
tıkalı bouché, obstrué
tıkamak boucher, tamponner; obstruer
tıkanıklık obstruction, embouteillage

tıkanmak se boucher; s'étouffer, suffoquer
tıkınmak s'empiffrer
tıkırdamak claquer, cliqueter
tıkırdatmak faire claquer, frapper
tıkırtı cliquetis, craquement
tıklımtıklım à craquer
tıkmak enfoncer, bourrer, parquer
tıknaz trapu, dodu
tılsım talisman
tımarhane asile d'aliénés
tıngırdamak cliqueter, claquer
tıngırdatmak faire cliqueter
tıngırtı cliquetis, craquement
tınlamak retentir
tınmamak ne rien dire, garder le silence
tıp médecine
tıpa bouchon
tıpatıp comme deux gouttes d'eau; entièrement, complètement
tıpkı même; exactement, tout à fait
tırabzan balustrade, rampe
tıraş rasage ***tıraş bıçağı*** lame de rasoir ***tıraş etmek*** raser ***tıraş köpüğü*** mousse à raser ***tıraş kremi*** crème à raser ***tıraş makinesi*** rasoir ***tıraş olmak*** se raser
tıraşlı rasé
tıraşsız non rasé
tırıs trot ***tırıs gitmek*** trotter, aller au trot
tırmalamak griffer, égratigner
tırmanmak grimper, esclader, gravir
tırmık râteau
tırnak ongle, corne, sabot ***tırnak cilası*** vernis à ongles ***tırnak işareti*** guillemets ***tırnak makası*** ciseaux à ongles ***tırnak törpüsü*** lime à ongles
tırpan faux
tırtıl chenille
ticaret commerce, trafic ***ticaret odası*** chambre de commerce ***ticaret yapmak*** faire le commerce
ticarethane maison de commerce, magasin, boutique
ticari commercial
tifo fièvre typhoïde
tiftik mohair
tifüs typhus
tik tic
tiksinç abominable, exécrable, infect
tiksindirmek dégoûter, écœurer
tiksinmek se dégoûter, répugner
tiksinti dégoût, répugnance
tilki renard

timsah crocodile, alligator
timsal symbole
tin esprit
tinsel spirituel
tip type
tipi tempête de neige
tipik typique
tiraj tirage
tirbuşon tire-bouchon
tire trait d'union
tiroit thyroïde
tiryaki grand fumeur, grand buveur, grand amateur de, invétéré, adonné
tişört tee-shirt
titiz méticuleux, vétilleux, minutieux
titizlik méticulosité, minutie
titrek tremblotant, chevrotant
titremek trembler, frissonner
titreşim vibration
titreşmek frémir
tiyatro théâtre
tiz aigu, perçant
tohum graine, semence; sperme
tok rassasié, assouvi
toka boucle
tokalaşmak se serrer la main
tokat soufflet, gifle ***tokat atmak*** flanquer une gifle à
tokatlamak gifler
tokgözlü content de peu
tokmak pilon, maillet
tomar rouleau
tombala tombola
tombul dodu, potelé
tomruk tronc d'arbre
tomurcuk bourgeon, bouton
ton tonne; ton; *«hayb.»* thon
tongayabasmak tomber dans un piège
tonik tonique
top balle, ballon, boule; *«ask.»* canon ***top oynamak*** jouer à la bale ***topu atmak*** faire faillite
topaç toupie
topak rond, arrondi
topal boiteux
topallamak boiter, être boiteux
toparlak rond, arrondi
toparlamak réunir, rassembler
toparlanmak s'amonceler, être prêt
topçu artillerie
toplam total
toplama addition
toplamak assembler, rassembler, collectionner, ramasser; additionner; amasser, cueillir
toplanmak se ramasser, se réunir, se rassembler; s'attrouper, s'amonceler, s'accumuler, s'assembler
toplantı assemblée, réunion, rencontre
toplardamar veine

toplu réuni; ordonné, en ordre; collectif ***toplu konut*** habitation à posseder modéré ***toplu taşıma*** transport en commun
topluiğne épingle
topluluk communauté, société, corps, collectivité
toplum société
toplumbilim sociologie
toplumbilimci sociologue
toplumsal social
toplusözleşme convention collective
toprak terre, sol; territoire
toptan en gros
toptancı marchand de gros, grossiste
topuk cheville, talon
topuz massue; chignon
topyekûn complètement, entièrement
torba sac
torna tour
tornacı tourneur
tornavida tournevis
torpil torpille, mine; piston
tortu lie, sédiment, résidu
torun petit-fils, petite-fille
tosbağa tortue
toslamak cogner, buter
tost toast
toy novice, inexpérimenté
toz poussière; poudre ***toz bezi*** torchon ***toz olmak*** épousseter
tozlanmak se couvrir de poussière
tozlu poussièreux
tozşeker sucre semoule
tozutmak faire de la poussière
tökezlemek trébucher, buter
töre mœurs
tören cérémonie, fête
törpü râpe, lime
törpülemek râper, limer
tövbe pénitence, repentir ***tövbe etmek*** renoncer sous serment, jurer
tövbekâr pénitent
trafik circulation ***trafik ışıkları*** feux (de circulation) ***trafik işareti*** panneau de signalisation ***trafik kuralları*** code de la route ***trafik polisi*** police de la route ***trafik sıkışıklığı*** embouteillage, encombrement
trafo transformateur
trajedi tragédie
trajik tragique
traktör tracteur
Trakya Thrace
trampet tambour, tambourain
tramvay tramway
transfer transfert ***transfer etmek*** transférer
transformatör transformateur

transistor transistor
transit transit ***transit geçmek*** transiter
tren train
tribün tribune
trigonometri trigonométrie
triko tricot
trilyon trillion
troleybüs trolleybus
trompet trompette
tropikal tropical
tröst trust
tual toile
tufan déluge
tugay brigade
tuğamiral contre-amiral
tuğgeneral générale de brigade
tuğla brique
tuhaf curieux, étrange, drôle
tuhafiye mercerie
tuhaflık singularité, bizarrerie, drôlerie
tulum outre; salopette
tulumba pompe
tumturak pompe, somptuosité
tumturaklı pompeux, somptueux
tunç bronze
Tunus Tunisie
tur tour, promenade
turatmak se promener
turfanda en sa primeur, de primeur
turist touriste
turistik touristique
turizm tourisme ***turizm acentesi*** bureau de tourisme ***Turizm ve Tanıtma Bakanlığı*** ministère de tourisme et de l'information
turkuaz turquoise
turna grue
turne tournée ***turneye çıkmak*** partir en tournée
turnike tourniquet
turnuva tournoi
turp radis
turşu pickles ***turşu gibi*** très fatigue ***turşu kurmak*** mettre qch en conserve
turuncu orangé
turunç orange amère
tuş touche
tutam poigné, pincée
tutanak procès-verbal
tutar montant, somme
tutarlı cohérent
tutarsız incohérent
tutkal colle
tutku passion, ambition
tutkulu passioné, ambitieux
tutkun épris, passionné; amoureux
tutmak tenir, saisir, empoigner, toucher; engager, louer; entraver, barrer; considérér comme, attraper
tutsak prisonnier

tutsaklık captivité
tutturmak faire tenir; attacher, fixer; insister
tutucu conservateur
tutuculuk conservatisme
tutuk pusillanime, timoré; hésitant
tutuklamak arrêter
tutuklu détenu
tutulmak être tenu, être arrêté; tomber amoureux; s'éclipser
tutum attitude, conduite; économie
tutumlu économe
tutumsuz dépensier, prodigue
tutunmak se tenir à, s'accrocher, se maintenir
tutuşmak s'enflammer, s'allumer, prendre feu
tutuşturmak allumer, enflammer
tuvalet toilette, waters, w.-c. ***tuvalet kâğıdı*** papier hygiénique ***tuvalete gitmek*** aller au cabinet
tuz sel
tuzak piège, trappe ***tuzak kurmak*** tendre un piège ***tuzağa düşmek*** tomber dans un piège
tuzla saline
tuzlama salaison
tuzlamak saler
tuzlu salé; cher
tuzluk salière
tuzsuz non salé
tüberküloz tuberculose
tüccar marchand, commerçant
tüfek fusil
tükenmek finir, être consumé, être épuisé
tükenmez inépuisable; *«kon.»* stylo à bille
tükenmezkalem stylo à bille
tüketici consommateur
tüketim consommation
tüketmek consommer, finir, épuiser
tükürmek cracher
tükürük crachat, salive
tül tulle
tülbent mousseline, batiste
tüm entier, total, complet, tout
tümce phrase
tümdengelim déduction
tümen division
tümevarım induction
tümleç *«dilb.»* complément
tümör tumeur
tümsek petite colline
tünaydın bonsoir
tünel tunnel
tünemek percher, se percher
tüp tube
tür espèce, genre, sorte
türban turban
türbe mausolée

türemek se produire, émerger, prendre corps
türetmek dériver
türev dérivée
Türk Turc, Turque
Türkçe turc
Türkiye Turquie
türkü chanson
türlü divers, différent
tütmek fumer, filer
tütsü fumigation
tütsülemek fumiger
tütün tabac
tüy poil, duvet, plume ***tüy gibi*** très leger ***tüyler ürpertici*** atroce ***tüyleri diken diken olmak*** avoir la chair de poule
tüylü poilu, velu, pelu
tüymek filer, décamper
tüysıklet poids plume
tüysüz déplumé, glabre, imberbe
tüzük statut, règlement

U u

ucuz bon marché ***ucuz atlatmak*** l'échapper belle
ucuza à bon marché
ucuzlamak devenir moins cher, baisser
ucuzlatmak diminuer les prix
ucuzluk bon marché
uç pointe, bout, extrémité ***uç uca*** bout à bout
uçak avion ***uçakla*** par avion ***uçakla gitmek*** aller en avion
uçaksavar défense contre avions, DCA
uçandaire soucoupe volante
uçarı effrené, indomptable
uçmak voler, s'envoler; s'évaporer, se volatiliser
uçsuz sans bout ***uçsuz bucaksız*** immense, sans fin
uçuk pâle, décoloré
uçurmak faire voler; jeter en l'air; évaporer, volatiliser
uçurtma cerf-volant
uçurum précipice, gouffre
uçuş vol
uçuşmak voleter, voltiger
ufacık très petit, minuscule
ufak petit, menu; insigníflant, médiocre ***ufak çapta*** petit, peu ***ufak para*** petite monnaie ***ufak tefek*** bagatelle; insignifiant ***ufak ufak*** peu à peu
ufaklık marmot
ufalamak mettre en petits morceaux
ufalanmak s'effriter
ufalmak rapetisser, raccourcir, s'amoindrir
ufaltmak réduire, rapetisser
ufuk horizon

uğrak escale
uğramak passer, faire escale; être victime, éprouver
uğraş occupation
uğraşı occupation
uğraşmak s'occuper, travailler; s'efforcer, tâcher
uğraştırmak donner de occupations; causer beaucoup de peines et de soucis
uğuldamak bourdonner, bruire
uğultu bourdonnement, bruissement
uğur chance, bonheur ***uğur getiremek*** porter bonheur
uğurlu qui porte bonheur, faste
uğursuz sinistre, néfaste, funeste
uğursuzluk fatalité, malchance, malheur
ukala pédant
ukalalık pédanterie
ulak courier, massager
ulan hé!
ulaşım transport, communication
ulaşmak parvenir, arriver, atteindre
ulaştırma communication ***Ulaştırma Bakanlığı*** ministère des communications
ulaştırmak faire parvenir
ulu grand, élevé
ulumak hurler
uluorta ouvertement, sans ménagement
ulus nation
ulusal national
ulusçu nationaliste
ulusçuluk nationalisme
uluslararası international
ummadık inattendu, imprévu
ummak espérer, s'attendre
umum tout, entier, général
umumi général, public
umumiyetle en général
umur affaires, occupations
umursamak se soucier, s'intéresser
umursamaz sans-gêne, sans-souci
umursamazlık insouciance
umurumdabiledeğil je m'en fous
umut espérance, espoir ***umut etmek*** espérer, avoir de l'espoir ***umut vermek*** promettre, donner l'espoir ***umudu kesmek*** perdre l'espoir
umutlu plein d'espoir
umutsuz désespéré, sans espoir
umutsuzluk désespoir, désespérance ***umutsuzluğa düşmek*** désespérer, se désespérer

un farine
unlu farineux
unsur élément, principe
unutkan oublieux, distrait
unutkanlık oubli, distraction
unutmak oublier
unutulmak être oublié, tomber dans l'oubli
unvan titre
ur tumeur
Uranus Uranus
uranyum uranium
us entendement, raison
usanç dégout, satiété ***usanç vermek*** ennuyer
usandırıcı ennuyeux, gênant
usandırmak agacer, ennuyer, importuner
usanmak se lasser, en avoir assez
usare jus, sève, suc
uskumru maquereau
uskur hélice
uslanmak se corriger, se ranger
uslu sage, tranquille
usta maître; adroit, expert
ustabaşı maître d'œuvre
ustalık maîtrise; habilité, adresse, dextérité
ustura rasoir
usul méthode, procédé, maniére
usulca doucement, lentement
usulsüz abusif, illégitime
uşak serviteur, domestique, valet
ut luth
utanç honte ***utancından yerin dibine girmek*** être pénétré de honte ***utanç verici*** honteux, infâme, scandaleux
utandırmak faire honte, confondre
utangaç honteux, pudique, timide
utanmak avoir honte, se gêner
utanmaz éhonté, impudent
utanmazlık effronterie, impudence
utku triomphe, victoire
uyak rime
uyandırmak réveiller, éveiller
uyanık éveille, réveillé; dégourdi, déluré
uyanıklık lucidité, vigilance
uyanmak s'éveiller, se réveiller
uyarı avertissement
uyarıcı stimulant
uyarlama adaptation
uyarlamak adapter
uyarmak avertir; stimuler
uydu satellite
uydurma ajustement, invention; forgé, controuvé
uydurmak adapter, ajuster; imaginer, inventer

uyduruk inventé, controuvé
uygar civilisé
uygarlık civilisation
uygulama application, pratique
uygulamak appliquer, pratiquer
uygulamalı appliqué
uygun conforme, convenable ***uygun görmek*** consentir ***uygun olmak*** convenir, correspondre
uygunsuz inconvenant, indécent
uyku sommeil ***uyku hapı*** somnifère ***uyku tulumu*** sac de couchage ***uykusu gelmek*** avoir sommeil ***uykuya dalmak*** s'assoupir, s'endormir
uykucu dormeur
uykusuz sans sommeil
uykusuzluk insomnie, veille
uyluk cuisse
uymak convenir, être convenable, aller, seoir; s'adapter; obêir, regarder à
uyruk sujet
uysal conciliant, accommodant, traitable
uyuklamak sommeiller, somnoler
uyum harmonie ***uyum sağlamak*** s'adapter à
uyumak dormir
uyumlu assorti, harmonieux
uyumsuz discordant, inadapté à
uyurgezer somnambule
uyuşmak s'engourdir; devenir paresseux; tomber d'accord
uyuşmazlık désaccord, différend, divergence
uyuşturmak engourdir; accorder
uyuşturucu stupéfiant, narcotique ***uyuşturucu kullanmak*** se droguer
uyuşuk engourdi, gourd; paresseux, lent
uyuşukluk engourdissement; paresse
uyutmak endormir, faire dormir
uyuz gale; galeux ***uyuz olmak*** avoir la gale
uzak loin, lointain; éloigné ***uzak akraba*** parent éloigné ***uzak durmak*** s'abstenir de ***uzak tutmak*** tenir eloigné de
Uzakdoğu l'Extrême-Orient
uzaklaşmak s'écarter, s'éloigner
uzaklaştırmak écarter, éloigner
uzaklık distance; éloignement
uzakta au loin, loin

uzaktan de loin ***uzaktan kumanda*** commande à distance, télécommande
uzamak s'allonger, se prolonger
uzanmak s'étendre
uzatma prolongation, prolongement
uzatmak prolonger, allonger, étendre
uzay espace
uzayadamı astronaute, spationaute
uzaygemisi vaisseau spatial
uzlaşma entente, arrangement, accord
uzlaşmak s'arranger, se mettre d'accord
uzlaştırmak concilier, réconcilier
uzman spécialiste, expert
uzmanlaşmak se spécieliser
uzmanlık spécialité
uzun long, prolongé ***uzun atlama*** saut en longeur ***uzun boylu*** de grande taille ***uzun menzilli*** à long portée ***uzun ömürlü*** vivace ***uzun sözün kısası*** en bref ***uzun zamandan beri*** depuis longtemps
uzunçalar microsillon
uzunluk longueur
uzuv organe, membre

Ü ü

ücra inhabité, désert, éloigné
ücret salaire, rénuméation; coût, prix, frais
ücretli salarié, payant
ücretsiz gratuit
üç trois ***üç aşağı beş yukarı*** à n'importe quel prix
üçgen triangle
üçkâğıt artifice
üçkâğıtçı trompeur, fourbe
üçüncü troisième
üçüz triplés
üflemek souffler, gonfler
ülke pays, territoire
ülkü idéal
ülser ulcère
ültimatom ultimatum
ümit espoir ***ümit etmek*** espérer ***ümit vermek*** promettre, donner de l'espoir
ümitlendirmek donner de l'espoir
ümitlenmek prendre espoir
ümitli plein d'espoir
ümitsiz désespéré
ümitsizlik dabattement, désespoir ***ümitsizliğe düşmek*** désespérer, se désespérer

ün renommée, célébrité ***ün kazanmak*** arriver à la célébrité
üniforma uniforme
üniversite université
ünlem exclamation ***ünlem işareti*** point d'exlamation
ünlü célèbre; *«dilb.»* voyelle
ünsüz consonne
Ürdün Jordanie
üre urée
üreme reproduction ***üreme organları*** organes de reproduction
üremek se reproduire, se multiplier
üretici producteur
üretim production
üretken productif
üretmek produire, fabriquer
ürkek timide, ombrageux, peureux
ürkmek prendre peur, prendre ombrage, s'effrayer
ürküntü alarme, panique
ürkütmek effaroucher, effrayer, épouvanter
ürpermek frémir, frissonner; avoir la chair de poule
ürün produit, production
üs base
üslup style
üst partie supérieure, dessus, surface; supérieur ***üst baş*** accoutrement, habillement
üstat maître
üste en sus de ***üstesinden gelmek*** aplanir, surmonter
üsteğmen lieutenant
üstelemek insister
üstelik par-dessus le marché, de plus
üstgeçit passage par dessus
üstlenmek assumer, revendiquer
üstün supérieur, éminent ***üstün olmak*** exceller, primer, prédominer ***üstün tutmak*** préférer
üstünde au-dessus de, sur ***üstünde durmak*** insister
üstüne dessus, sur ***üstüne almak*** assumer, se charger de ***üstüne basmak*** mettre le doigt dessus
üstünkörü superficiellement, négligemment
üstünlük supériorité, avantage
üşengeç paresseux, indolent
üşenmek répugner à agir
üşümek avoir froid
üşüşmek accourir en foule, s'amasser
üşütmek se refroidir, prendre froid
üşütük *«arg.»* dingue
ütü fer à repasser
ütülemek repasser

üvey beau-, belle- ***üvey anne*** belle-mère ***üvey baba*** beau-père ***üvey erkek kardeş*** demi-frère ***üvey kız*** belle-fille ***üvey kız kardeş*** demi-sœur ***üvey oğul*** beau-fils
üye membre ***üye olmak*** être membre de
üzere sur le point de, en train de ***üzere olmak*** être en passe de faire
üzeri dessus, surface
üzerinde sur ***üzerinde durmak*** insister sur
üzerine sur, à la suite de
üzgün triste, attristé, désolé
üzmek tourmenter, tracasser, énerver, navrer, peiner
üzücü ennuyeux, triste, fâcheux
üzülmek regretter, déplorer, se tourmenter
üzüm raisin
üzüntü ennui, tourment, peine, chagrin
üzüntülü anxieux, triste, désolé, soucieux

V v

vaat promesse ***vaat etmek*** promettre
vaaz sermon, préche ***vaaz vermek*** prêcher, sermonner
vade terme, délai
vadeli à terme
vadi vallée
vaftiz baptéme ***vaftiz anası*** marraine ***vaftiz babası*** parrain ***vaftiz etmek*** baptiser ***vaftiz evladı*** filleul
vagon wagon ***vagon restoran*** wagon-restaurant
vaha oasis
vahşet sauvagerie, brutalité
vahşi sauvage, féroce
vaiz prédicateur, prêcheur
vaka événement, fait
vakıf fondation pieuse
vakit temps ***vakit geçirmek*** passer le temps ***vakit kazanmak*** gagner du temps ***vakit öldürmek*** tuer le temps
vakitsiz intempestif
vaktinde à temps
vaktiyle dans le temps
vale valet
valf valve
vali gouverneur
valiz valise
vallahi par Dieu
vampir vampire
vana valve
vanilya vanille
vantilatör ventilateur
vapur bateau, navire, vapeur

var il y a, il existe ***var olmak*** exister
vardiya vigie
varış arrivée
varil tonnelet, baril
vâris *«huk.»* héritier
varlık existence, être; fortune, richesse
varlıklı riche, fortuné
varmak arriver, parvenir à
varoluş existence
varoş faubourg
varsayım supposition, hypothèse
varsaymak présumer, supposer
vasat moyen, médiocre
vasıf décrit, qualité
vasıflı qualifié
vasıfsız sans qualifié
vasıta moyen
vasıtasıyla au moyen de
vasi tuteur
vasiyet testament; dernières volontés ***vasiyet etmek*** tester
vasiyetname testament
vaşak lynx
vat watt
vatan patrie
vatandaş compatriote, citoyen
vatandaşlık nationalité
vatansever patriote
vatka quate
vazgeçirmek détourner, dissuader
vazgeçmek renoncer; abandonner, abdiquer
vazife devoir, tâche
vaziyet situation, position, état
vazo vase
ve et
veba peste
vecize maxime, aphorisme
veda adieu ***veda etmek*** faire ses adieux, prendre congé
vedalaşmak se faire des adieux, prendre congé l'un de l'autre
vefa fidélité, constance
vefalı fidèle, constant
vefasız infidèle, inconstant
vefat mort, décès ***vefat etmek*** mourir, décéder
vekâlet mandat, procuration
vekâleten par intérim, par procuration
vekâletname procuration
vekil mandataire, remplaçant, suppléant
velet enfant, mioche
veli tuteur
veliaht héritier présomptif
velinimet bienfaiteur
Venüs Vénus
verecek dette
verecekli débiteur
verem tuberculose

veresiye à crédit ***veresiye almak*** acheter à crédit
vergi taxe, impôt
vergilendirmek imposer, taxer
veri donnée
verici émetteur, transmetteur
verim produit, rendement
verimli productif, fructueux
verimlilik productivité
verimsiz improductif, stérile
vermek donner
vernik vernis, laque
vesaire et ainsi de suite
vesait moyens
vesika document
vesile prétexte; occasion
vestiyer vestiaire
vesvese suspicion, inquiétude, appréhension
veteriner vétérinaire
veto veto ***veto etmek*** mettre son veto
veya ou
vezir vizir, ministre
vezne caisse
veznedar caissier
vınlamak siffler, bourdonner
vızgelmek ne pas donner importance, ne pas prêter l'oreille
vızıldamak bourdonner
vızıltı bourdonnement
vicdan conscience ***vicdan azabı*** remords
vicdanlı consciencieux
vicdansız scélérat
vida vis
video video
Vietnam Vietname
vilayet province, préfecture
villa villa, chalet
vinç grue
viraj virage
viran ruiné, en ruine
virgül virgule
virüs virus
viski whisky
vişne griotte
vitamin vitamine
vites vitesse ***vites değiştirmek*** changer de vitesse ***vites kolu*** levier de changement de vitesse ***vites kutusu*** boîte de vitesses ***vites küçültmek*** rétrograder
vitrin vitrine
viyola viole
viyolon violon
viyolonsel violoncelle
vize visa
vizite visite (médicale)
vizon vison
volan volant
voleybol volley-ball
volkan volcan
volt volt
voltaj voltage
votka vodka
vukuat événements, faits

vukubulmak arriver, avoir lieu
vurdumduymaz insensible
vurgu accent
vurgulamak accentuer
vurgulu accentué
vurgun amoureux; spéculation
vurguncu spéculateur
vurgunvurmak accaparer
vurmak frapper, battre, cogner, heurter; tuer, blesser
vurulmak être frappé; s'amourcacher
vuruş coup, frappement
vücut corps

Y y

ya ou; et; si, oui; tiens! non! c'est incroyable! ***ya ... ya da*** soit ... soit
yaban désert; étranger; inculte, dépeuplé ***yabana atmak*** ne pas faire cas de, ne pas prendre en considération
yabancı étranger ***yabancı dil*** langue êtrangère ***yabancı düşmanlığı*** xénophobie
yabancılaşmak s'aliéner
yabani sauvage, farouche
yabankazı oie sauvage
yabanördeği canard sauvage
yâdetmek évoquer, rappeler
yadırgamak se sentir étranger, s'adapter difficilement
yadsımak nier, renier
yağ huile, graisse ***yağ çekmek*** flatter
yağcı flatteur
yağcılık flatterie
yağış pluie
yağışlı pluvieux
yağlamak huiler, graisser
yağlı huileux, graisseux
yağlıboya peinture à l'huile
yağma pillage, butin ***yağma etmek*** piller, saccager
yağmak pleuvoir
yağmalamak piller, écumer
yağmur pluie ***yağmur yağmak*** pleuvoir
yağmurlu pluvieux
yağmurluk imperméable
yahni civet, ragoût
yahu hé! holà! dites donc!
Yahudi juif
Yahudilik judaïsme
yahut ou, ou bien
yaka col, collet; rive, côte ***yaka silkmek*** en avoir assez de ***yakayı kurtarmak*** s'en tirer
yakacak combustible
yakalamak saisir, attraper

yakarmak implorer, invoquer
yakıcı brûlant
yakın proche, près; familier, intime
yakında près; bientôt
yakından de près
yakınında près de, pau bord de
yakınlaşmak s'approcher, s'avancer
yakınlık proximité; rapprochement, affinité ***yakınlık göstermek*** montrer un intérêt amical
yakınmak se plaindre
yakışık convenance ***yakışık almak*** être convenable, convenir
yakışıklı beau
yakışıksız inconvenant, malséant
yakışmak seoir, aller bien
yakıştırmak attribuer, trouver digne de
yakıt carburant, combustible
yaklaşık approximatif ***yaklaşık olarak*** par approximation
yaklaşım approche, démarche
yaklaşmak s'approcher, approcher
yaklaştırmak approcher, rapprocher
yakmak brûler, allumer ***yakıp yıkmak*** dévaster, ravager
yakut rubis
yalak auge
yalamak lécher; effleurer
yalan mensonge; mensonger, faux, controuvé ***yalan söylemek*** mentir
yalancı menteur; faux
yalandan faussement ***yalandan yapmak*** simuler
yalanlamak démentir, contredire
yalçın abrupt, escarpé
yaldız dorure, argenture
yalı rivage, rive; villa
yalın nu, simple
yalınayak nu-pieds
yalıtım isolation
yalıtmak isoler
yalnız seul, solitaire; seulement; cependant
yalnızca uniment
yalnızlık isolement, solitude
yalpalamak rouler
yaltaklanmak flatter, flagorner
yalvarmak supplier, implorer
yama pièce, raccomodage
yamaç flanc
yamak aide, apprenti
yamamak rapiécer, raccommoder
yaman étonnant, épatant
yamuk trapèze; courbé

yamyam cannibale
yan côté, flanc; latéral ***yan bakmak*** faire preuve d'hostilité ***yan çizmek*** escamoter, s'en aller furtivement ***yan hakemi*** juge de touche ***yan yana*** côte à côte
yanak joue
yanardağ volcan
yanaşmak approcher, accoster
yanaştırmak faire approcher, rapprocher
yandaş partisan, adhérent
yangı inflammation
yangın incendie, feu ***yangın çıkarmak*** mettre le feu, incendier ***yangını söndürmek*** éteindre l'incendie
yanı sıra en plus de
yanık brûlure; brûlé
yanılgı faute, erreur
yanılmak se tromper, faillir, pécher
yanıltmak tromper, induire en erreur
yanında près de, auprès de, à côte de
yanıt réponse ***yanıt vermek*** relever, répondre
yanıtlamak répondre
yani c'est-à-dire, à savoir
yankesici pick-pocket
yankı écho
yankılanmak faire écho, retentir
yanlış faute, erreur; erronné, incorrect ***yanlış anlamak*** mal comprendre ***yanlış yapmak*** commettre une faute
yanlışlık erreur, faute, méprise
yanlışlıkla par erreur
yanmak brûler; prendre feu, s'allumer
yansımak se réfléchir
yansıtmak réfléchir, refléter
yansız neutre, impartial
yansızlık impartialité, neutralité
yapay artificiel
yapayalnız tout à fait seul
yapı construction, édifice; bâtiment; structure
yapım production, fabrication
yapımcı producteur
yapısal structural
yapışkan adhébif, gluant; importun
yapışmak se coller, adhérer
yapıştırıcı adhésif, colle
yapıştırmak coller, attacher
yapıt œuvre, ouvrage
yapmacık artificiel, composé, guindé
yapmacıklı pincé, recherché
yapmak faire
yaprak feuille
yaptırım sanction

yâr amant, amante
yara blessure
Yaradan Créateur, Dieu
yaradılış création; nature, caractère
yaralamak blesser, meurtrir
yaralanmak être blessé
yaralı blessé
yaramak être utile à, servir
yaramaz méchant, coquin, espiègle
yaramazlık espièglerie, méchanceté ***yaramazlık yapmak*** se conduire mal
yaranmak plaire, complaire
yarar bénéfice, utilité
yararlanmak profiter, utiliser
yararlı utile, profitable
yararsız inutile
yarasa chauve-souris
yaratıcı créateur
yaratıcılık création
yaratık créature
yaratmak créer
yarbay lieutenant-colonel
yardakçı flatteur
yardım aide, secours, assistance ***yardım etmek*** aider, seconder, assister
yardımcı aide, assistant ***yardımcı fiil*** auxiliaire
yardımlaşmak s'entr'aider
yardımsever bienfaisant, philanthrope
yargı jugement
yargıç juge
yargılamak juger
Yargıtay cour de cassation
yarı moitié; demi ***yarı yarıya*** à moitié ***yarı yolda*** à mi-chemin ***yarıda bırakmak*** abandonner, interrompre
yarıçap rayon
yarık fente, crevesse; fendu
yarıküre hemisphère
yarılamak faire la moitié
yarılmak se fendre, se crevasser
yarım demi; incomplet ***yarım pansiyon*** demi-pension ***yarım saat*** une demi-heure ***yarım yamalak*** incomplet
yarımada péninsule
yarımgün à mi-temps
yarımküre hémisphère
yarın demain ***yarın akşam*** demain soir ***yarın sabah*** demain matin
yarış course, concurrence c ***yarış atı*** heval de course ***yarış etmek*** faire la course
yarışma compétition, concours, concurrence
yarışmacı compétiteur, concurrent
yarışmak concourir, courir
yarıyıl semestre
yarkurul commission
yarmak fendre, crevasser
yas deuil ***yas tutmak*** porter le deuil

yasa loi ***yasa tasarısı*** projet de loi
yasadışı illégal, illégitime
yasak défense, interdiction; défendu, interdit
yasaklamak défendre, interdire
yasal légal, légitime
yasemin jasmin
yaslamak appuyer
yaslanmak s'appuyer
yassı plat, plan, aplati
yastık coussin; oreiller
yaş1 âge ***yaş günü*** anniversaire de naissance ***yaşını göstermek*** paraître son âge
yaş2 humide, mouillé
yaşa vive! bravo!
yaşam vie ***yaşam düzeyi*** le niveau de vie ***yaşam tarzı*** mode de vie
yaşamak vivre, exister
yaşantı vie
yaşarmak s'humecter, se mouiller; larmoyer
yaşatmak faire vivre, laisser vivre
yaşıt du même âge
yaşlanmak être vieux, vieillir
yaşlı âgé, vieux
yaşlılık vieillesse
yat yacht
yatak lit ***yatak çarşafı*** draps ***yatak odası*** chambre à coucher ***yatak yapmak*** faire le lit
yatakhane dortoir
yataklı fourni de lits ***yataklı vagon*** wagon-lit
yatay horizontal
yatık couché; penchant, courbé
yatılı pensionnaire ***yatılı okul*** pensionnat ***yatılı öğrenci*** interne, pensionnaire
yatırım investissement, placement ***yatırım yapmak*** investir qch dans
yatırmak coucher; jeter par terre, déposer; investir
yatışmak s'apaiser, se calmer
yatıştırıcı calmant, sédatif
yatıştırmak calmer, apaiser
yatkın penchant, apte à
yatkınlık aptitude
yatmak se coucher, coucher; gésir; s'aliter
yavan maigre, fade
yavaş lent; lentement ***yavaş yavaş*** petit à petit, lentement
yavaşça doucement, lentement
yavaşlamak ralentir, se ralentir
yavaşlatmak ralentir, apaiser
yaver aide-de-camp

yavru petit, enfant
yay arc; ressort ***Yay (burcu)*** le Sagittaire
yaya à pied; piéton ***yaya geçidi*** passage clouté ***yaya gitmek*** aller à pied ***yaya kaldırımı*** trottoir
yayan à pied ***yayan gitmek*** aller à pied
yaygara tapage, cri, tumulte
yaygaracı tapageur, criailleur
yaygın très répandu, diffus
yaygınlaşmak se généraliser
yayık baratte
yayılmak se répandre, être répandu; être diffusé
yayım publication
yayımcı éditeur
yayımlamak publier
yayın publication, édition
yayıncılık édition
yayınevi maison d'édition
yayınlamak publier
yayla plateau
yaymak étendre, répandre, propager
yayvan large, plat
yaz été
yazar auteur ***yazar kasa*** caisse enregistreuse
yazgı destin
yazı écriture ***yazı makinesi*** machine à écrire ***yazı yazmak*** écrire
yazıhane office, étude
yazık hélas, tant pis
yazılı écrit ***yazılı sınav*** examen écrit
yazılım logiciel
yazılmak être écrit; être enregistré
yazım orthographe
yazın en été; littérature
yazınsal littéraire
yazışma correspondance
yazışmak s'écrire, correspondre
yazıt inscription
yazlık villégiature ***yazlığa gitmek*** aller en villégiature
yazmak écrire
yazman secretaire
yedek provision, stock; de réserve ***yedek parça*** pièce de rechange ***yedek subay*** officier de réserve
yedi sept
yedirmek faire manger, donner à manger
yegâne unique
yeğ meilleur, préférable ***yeğ tutmak*** préférer
yeğen neveu, nièce
yeğlemek préférer, aimer mieux
yekûn total, somme
yel vent
yele crinière
yelek gilet

yelken voile ***yelken açmak*** hisser les voiles
yelkenli avec des voiles; voilier
yelkovan aiguille des minutes
yelpaze éventail
yeltenmek tenter, essayer, entreprendre
yem forrage, pâtée; appât
yemek1 manger
yemek2 repas, mets ***yemek borusu*** tube digestif ***yemek listesi*** menu ***yemek pişirmek*** faire la cuisine ***yemek salonu*** salle à manger ***yemek yemek*** manger
yemekhane réfectoire
yemekli accompagné d'un repas ***yemekli vagon*** wagon-restaurant
yemin serment ***yemin etmek*** jurer, prêter sermert
yemiş fruit
yemyeşil tout à fait vert
yen manche de vêtement
yenge femme du frère ou de l'oncle
yengeç crabe ***Yengeç (burcu)*** le Cancer
yeni nouveau, neuf; récent ***yeni baştan*** de nouveau, à nouveau ***yeni yıl*** Nouvel An
yeniçeri Janissaire
yeniden de nouveau
yenik rongé, piqué des vers; vaincu, battu
yenilemek renouveler, rénover
yenileşmek se renouveler
yenileştirmek moderniser, rajeunir, rénover
yenilgi défaite, échec ***yenilgiye uğramak*** être vaincu
yenilik nouveauté
yenilikçi novateur
yenilmek être vaincu; perdre au jeu
yenir mangeable, comestible
yeniyetme jeune
yenmek vaincre, battre, triompher
yepyeni tout à fait neuf
yer terre, terrain; lieu, place, endroit ***yer almak*** prendre place ***yer tutmak*** tenir de la place ***yere inmek*** atterrir ***yerini almak*** succèder à ***yerini tutmak*** supléer à
yeraltı souterrain ***yeraltı geçidi*** passage souterrain
yerbilim géologie
yerçekimi gravité
yerel local
yerfıstığı arachide, cacahuète
yergi satire
yerinde bienséant, opportun ***yerinde saymak*** piétiner

yerine à la place de ***yerine geçmek*** relayer, remplacer ***yerine getirmek*** acomplir, effectuer, exaucer ***yerine koymak*** remettre, remplacer
yerinmek se dégouter
yerleşik établie
yerleşmek s'installer, se placer, s'établir
yerleştirmek placer, établir, installer
yerli indigène, aborigène
yerliyerinde à sa place convenable
yermek dénigrer, rabaisser
yersarsıntısı tremblement de terre
yersiz sans abri, déplacé, inconvenant
yeryüzü terre
yeşermek verdir, feuiller
yeşil vert
yeşilaycı *«kon.»* antialcoolique
yeşim jade
yetenek aptitude, capacité, talent, portée
yetenekli capable, compétent, talentueux
yeteneksiz incapable, inhabile
yeter assez, suffisant
yeterince assez, suffisamment
yeterli suffisant, honnête
yeterlik aptitude, capacité
yetersiz insuffisant, incompétent
yetim orphelin
yetimhane orphelinat
yetinmek se contenter de
yetişkin mur, adulte, formé
yetişmek atteindre, arriver; suffire; grandir, pousser
yetiştirmek faire arriver; élever, cultiver
yetke autorité
yetki autorisation, autorité, pouvoir ***yetki vermek*** donner procuration, autoriser
yetkili autorisé, compétent
yetkin parfait
yetmek suffire, satisfaire
yetmiş soixante-dix
yığılmak s'accumuler, se ramasser
yığın tas, amas, masse
yığmak amonceler, entasser, masser
yıkamak laver, baigner
yıkanmak se laver, se baigner
yıkık abattu, démoli
yıkılış effondrement, écroulement
yıkılmak être démoli, être abattu; s'en aller
yıkım ruine, démolition
yıkıntı ruines, décombres

yıkmak démolir, renverser, ruiner
yıl an, année
yılan serpent
yılanbalığı anguille
yılbaşı jour de l'an, Nouvel An
yıldırım foudre
yıldırmak terrifier, effrayer, agacer
yıldız étoile, astre; astérisque; vedette
yıldönümü anniversaire
yılıdırımsavar paratonnerre
yılışık flatteur, importun, collant
yılışmak flagorner
yıllanmak s'éterniser, rester depuis un an
yıllık annuel, annal; annuaire
yılmak se sentir découragé, prendre peur
yıpranmak s'user, se fatiguer
yıpratıcı épuisant, usant
yıpratmak user, élimer, fatiguer
yırtıcı féroce, carnassier ***yırtıcı hayvan*** fauve, bête féroce ***yırtıcı kuş*** oiseau de proie
yırtık déchiré; déchirure; *«mec.»* délure, effronté ***yırtık pırtık*** usé, râpé
yırtmak déchirer; esquiver, éluder
yiğit vaillant, brave, courageux
yiğitlik bravoure, vaillance, courage
yine encore; de nouveau ***yine de*** néanmoins, pourtant, quand même
yineleme répétition
yinelemek répéter, redire
yirmi vingt
yitik perdu
yitirmek perdre, égarer
yitmek s'égarer, se perdre
yiv rainure
yiyecek aliment, vivres
yobaz bigot, cagot
yoga yoga
yoğun épais, dense, intense, intensif
yoğunlaşmak se condenser, s'intensifier
yoğunlaştırmak condenser, intensifier
yoğunluk densité, épaisseur
yoğurmak pétrir
yoğurt yogourt, yaourt
yok inexistant, absent; il n'y a pas ***yok etmek*** anéantir, annihiler, exterminer ***yok olmak*** disparaître, périr ***yok pahasına*** pour un morceau de pain ***yok yere*** pour rien, en vain
yoklama appel; examen; inspection

yoklamak tâter, palper, examiner
yokluk absence, manque, néant; pauvreté
yoksa ou, sinon, autrement
yoksul pauvre, indigent
yoksulluk pauvreté, indigence
yoksun dépourvu ***yoksun bırakmak*** priver, frustrer ***yoksun olmak*** manquer de, se priver de
yokuş montée, pente ***yokuş aşağı*** en descendant ***yokuş yukarı*** en montant
yol voie, chemin, route; méthode, manière, façon; moyen ***yol açmak*** donner lieu à, causer, engendrer ***yol almak*** avancer ***yol göstermek*** guider, montrer le chemin ***yola çıkmak*** se mettre en route ***yola gelmek*** se ranger ***yola koyulmak*** se mettre en route ***yoldan çıkmak*** dérailler ***yolu düşmek*** passer par hasard ***yoluna koymak*** régler, arranger ***yolunda*** en voie de ***yolunu şaşırmak*** s'égarer ***yolunuz açık olsun*** bon voyage! ***yoluyla*** par la voie de
yolcu voyageur, passager
yolculuk voyage ***yolculuk yapmak*** faire un voyage
yoldaş compagnon, camarade
yollamak envoyer, expédier
yollanmak se mettre en route
yolluk frais de voyage; provisions de voyage
yolmak arracher, déraciner, épiler
yolsuz irrégulier, abusif, clandestin
yolsuzluk irrégularité, illégalité
yonca trèfle
yonga copeau
yontmak tailler, sculpter
yontu sculpture, statue
yorgan couverture
yorgun fatigué
yorgunluk fatigue
yormak fatiguer; attribuer
yortu féte religieuse chrétienne
yorucu fatigant
yorulmak se fatiguer
yorum interprétation, commentaire
yorumlamak commenter, interpréter
yosma gracieuse, coquette
yosun mousse
yoz dégénéré
yozlaşmak dégénérer

yön direction, sens; côté, face
yönelik à l'usage de, orienté
yönelmek se diriger, tendre à
yöneltmek braquer, orienter
yönerge instructions, directive
yönetici administrateur, gérant
yönetim administration; régime
yönetmek adminstrer, gérer, gouverner
yönetmelik statut, régulation
yönetmen metteur en scène, réalisateur, régisseur
yönlendirmek canaliser, orienter
yöntem méthode
yöntemli méthodique
yöre environs, alentours
yöresel local
yörünge orbite
yudum gorgée, trait
yudumlamak siroter, boire à petites gorgées
yufka tendre, fragile; pâte de farine feuilletée ***yufka yürekli*** compatissant
Yugoslav yougoslave
Yugoslavya Yougoslavie
yuhalamak conspeur, huer
yukarı partie supérieure; haut; en haut
yukarıda en haut ***yukarıda sözü edilen*** lesdites
yukarıdan d'en haut
yukarıya en haut ***yukarıya çıkmak*** monter
yulaf avoine
yumak pelote, flocon
yummak fermer
yumruk poing, coup de poing
yumurcak bambin, gamin, gosse, marmot
yumurta œuf ***yumurta akı*** blanc d'œuf ***yumurta sarısı*** jaune d'œuf
yumurtalık coquetier; ovaire
yumurtlamak pondre
yumuşacık mollet
yumuşak mou, tendre, mollet ***yumuşak başlı*** docile, débonnaire
yumuşaklık douceur, mollesse
yumuşamak se ramollir; devenir doux
yumuşatmak amollir; mollifier
Yunan Grec
Yunanca grec
Yunanistan Grèce
yunusbalığı dauphin
yurt pays natal, patrie; foyer, maison
yurtdışı étranger
yurtsever patriote
yurttaş compatriote, citoyen

yurttaşlık citoyenneté
yutkunmak avaler sa salive
yutmak avaler
yutturmak faire avaler; tromper
yuva nid, aire; foyer ***yuva kurmak*** faire son nid
yuvar sphère
yuvarlak rond, arrondi
yuvarlamak rouler
yuvarlanmak rouler, se rouler, tomber
yüce haut, élevé, auguste
yücelik hauteur, élévation
yücelmek s'élever
yüceltmek exalter, glorifier
yük fardeau, charge
yüklem attribut
yüklemek charger, embarquer
yüklenmek se charger, assumer
yüksek haut, élevé ***yüksek atlama*** saut en hauteur ***yüksek sesle*** à haute voix
yükseklik hauteur, élévation
yüksekokul école supérieure
yükseköğrenim enseignement supérieur
yükseliş élévation
yükselmek s'élever, monter
yükseltmek élever, hausser
yüksük dé à coudre
yüküm obligation
yükümlü obligé, responsable
yükümlülük charge, obligation
yün laine; en laine
yünlü de laine, en laine
yürek cœur; courage, hardiesse
yüreklendirmek encourager, animer
yürekli courageux, hardi
yüreksiz sans courage, poltron
yürekten ardemment, sincerement
yürümek marcher, aller à pied; avancer
yürürlük validité ***yürürlükte olmak*** être valide, avoir cours ***yürürlükten kalkmak*** tomber en désuétude ***yürürlüğe koymak*** valider
yürütmek faire marcher
yürüyen roulant ***yürüyen merdiven*** escalier roulant
yürüyüş marche
yüz visage, face; surface, dessus; cent ***yüz akı*** honneur ***yüz göz olmak*** devenir familier ***yüz vermek*** faire bon visage à qn ***yüz yüze*** face à face ***yüze gülmek*** flatter ***yüzüne söylemek*** dire en face
yüzbaşı capitaine
yüzde pour cent

yüzey surface
yüzeysel superficiel
yüzgeç nageoire
yüzkarası opprobre, déshonneur
yüzleşmek se confronter
yüzleştirmek confronter
yüzme nage ***yüzme havuzu*** piscine
yüzmek nager, flotter; écorcher, peler
yüznumara toilettes
yüzölçümü superficie, surface
yüzsüz effronté, impudent
yüzsüzlük effronterie, impudence
yüzücü nageur
yüzük bague, anneau
yüzükoyun sur le poitrine
yüzünden à cause de
yüzüstü à l'abandon ***yüzüstü bırakmak*** laisser, abandonner
yüzyıl siècle

Z z

zaaf faiblesse
zabıt procès-verbal ***zabıt tutmak*** dresser un procès-verbal
zabıta police, agent de police
zafer victoire, triomphe ***zafer kazanmak*** remporter une victoire
zahmet peine, fatigue; embarras, difficulté ***zahmet etmek*** donner la peine, se fatiguer
zahmetli pénible, fatigant
zahmetsiz facile, sans peine
zalim cruel, inhumain, implacable
zam augmentation, majoration ***zam yapmak*** augmenter, majorer
zaman temps ***zaman kazanmak*** gagner du temps ***zaman zaman*** de temps en temps ***zamana uymak*** suivre le temps
zamanında en son temps
zamanla dans la suite des temps
zamanlama temporisation
zamanlamak temporiser
zambak lis, lys
zamir pronom
zamk colle, gomme
zampara coureur de filles
zamparalık galanterie, débauche ***zamparalık etmek*** courir de jupons
zanaat métier, profession
zanaatçı artisan
zangırdamak vibrer ou trembler avec fracas
zannetmek croire, supposer

zapt prise, action de s'emparer ***zapt etmek*** saisir, s'emparer
zar pelure; membrane; dé
zarafet élégance, grâce
zarar dommage, perte ***zarar etmek*** perdre ***zarar vermek*** nuire, endommager ***zararı yok*** ce la ne fait rien, ça ne fait rien
zararlı nuisible, malfaisant
zararsız inoffensif, anodin
zarf enveloppe; *«dilb.»* adverbe
zarif élégant, chic, gracieux
zaruret nécessité, urgence; misère
zaruri nécessaire
zarzor difficilement, avec difficulté
zat personne, individu
zaten d'ailleurs
zatürree pneumonie
zavallı pauvre
zayıf faible, maigre
zayıflamak maigrir, s'affaiblir
zayıflık maigreur
zayiat pertes ***zayiat vermek*** avoir de pertes
zebra zèbre
zedelemek tourmenter, maltraiter
zehir poison, venin
zehirlemek empoisonner, intoxiquer
zehirlenmek s'empoisonner, s'intoxiquer
zehirli vénimeux, toxique
zekâ intelligence, sagacité
zeki intelligent
zelzele tremblement de terre
zemberek ressort, spiral
zemin sol, terre; terrain ***zemin katı*** rez-de-chaussée
zencefil gingembre
zenci nègre
zengin riche
zenginleşmek s'enrichir
zenginlik richesse
zerre atome, molécule
zerrin jonquille
zerzavat légumes
zerzavatçı marchand de légumes
zevk goût, plaisir ***zevk almak*** prendre plaisir, s'amuser ***zevk vermek*** plaire, réjouir ***zevki çıkmak*** être bien goûté ***zevkini çıkarmak*** goûter avec plaisir
zevkli réjouissant, amusant, divertissant
zevksiz dépourvu de goût
zeytin olive
zeytinyağı huile d'olive
zıkkım poison
zıkkımlanmak se gorger de nourriture

zılgıt gronderie, réprimande ***zılgıt yemek*** être grondé, être réprimandé
zımba poinçonneuse, perforateur
zımbalamak perforer, poinçonner
zımbırdatmak jouer maladroitement
zımbırtı chose, machin
zımpara émeri ***zımpara kâğıdı*** papier émeri, papier de verre
zımparalamak passer à l'émeri, polir à l'émeri
zıpır folâtre
zıpkın harpon
zıplamak bondir, rebondir, sauter
zırdeli fou
zırh cotte de mailles; armure, cuirasse
zırhlı cuirassé
zırıldamak grogner, vociférer
zırıltı grognement, bruit
zırva balivernes, charabia
zırvalamak divaguer
zıt contraire, opposé
zıvana tube ***zıvanadan çıkmak*** devenir fou
zibidi gueux, déguenillé
zifaf entrée du mari auprès de la nouvelle mariée ***zifaf gecesi*** nuit de noces
zifiri noir comme poix ***zifiri karanlık*** obscur, ténébreux
zift poix
zihin esprit, intelligence, mémoire
zihinsel intellectuel, mental
zihniyet mentalité
zikzak zigzag ***zikzak yapmak*** zigzaguer
zikzaklı en zigzag
zil sonnette; sonnerie
zilzurna très ivre
zimmet dette, pasif ***zimmetine geçirmek*** détourner
zina adultère ***zina yapmak*** commettre un adultère
zincir chaîne ***zincire vurmak*** enchaîner, mettre aux fers
zindan cachot, bagne ***zindana atmak*** mettre au cachot
zinde vif, fort, vigoureux
zira car, parce que
ziraat agriculture
zirai agricole
zirve sommet
ziyade très, trop ***ziyade olsun*** merci
ziyafet banquet, festin ***ziyafet vermek*** donner un banquet
ziyan dommage, perte ***ziyan etmek*** subir un dommage ***ziyanı yok*** ce la ne fait rien
ziyaret visite ***ziyaret etmek*** visiter, rendre visite

ziyaretçi visiteur
zonklamak élancer
zooloji zoologie
zor force, vigueur; violence, contrainte; difficulté, peine; difficile ***zor gelmek*** être difficile pour qn ***zor kullanmak*** user de force ***zorunda bırakmak*** obliger ***zorunda kalmak*** être obligé de
zoraki par force
zorba malandrin, forban
zorbalık violence, injustice
zorbela bon gré mal gré
zorla par force ***zorla almak*** extorquer, forcer, usurper
zorlamak forcer, obliger
zorlanmak être forcé
zorlaşmak devenir difficile
zorlaştırmak rondre plus difficile
zorlu fort, vigoureux
zorluk difficulté ***zorluk çıkarmak*** faire des difficultés
zorunlu nécessaire, obligatoire
zorunluk nécessité
zulmetmek opprimer, persécuter
zulüm oppression, tyrannie
zücaciye verrerie
züğürt fauché
zührevi vénérien ***zührevi hastalıklar*** maladies vénériennes
zümre groupe, classe
zümrüt émeraude
züppe dandy, snob
züppelik snobisme
zürafa girafe